BAEDEKER

KUBA

www.baedeker.com

Verlag Karl Baedeker

Top-Reiseziele

Kuba hat weit mehr zu bieten als Sonne, Salsa, Rum und Zigarren! Liebhaber malerischer Kolonialstädte kommen in den UNESCO-geschützten Altstädten genauso auf ihre Kosten wie Naturfreunde in rund 100 Naturschutzgebieten. Nicht zuletzt stellen die Strände, die der Bezeichnung »paradiesisch« recht nah kommen, ein lohnenswertes Ziel dar. Wir verraten Ihnen, was Sie auf keinen Fall verpassen dürfen!

❶ ✶✶ Varadero
Kubas Urlaubsort Nummer eins lockt mit schier unendlichen Unterhaltungsmöglichkeiten. **Seite 304**

❷ ✶✶ Havanna
Die »große alte Dame der Karibik« zieht jeden Besucher in ihren Bann — mit ihrer herausgeputzten Altstadt, der Hemingway-Romantik, der Tropicana-Revue und den bröckelnden Fassaden am Malecón, der ozeanumtosten Uferpromenade. **Seite 185**

❸ ✶✶ Valle de Viñales
Eine der beeindruckendsten Landschaften und Paradies für Naturfreunde mit vielen endemischen Pflanzen und Vögeln. **Seite 297**

❹ ✶✶ Cienfuegos
Auch ein UNESCO-Weltkulturerbe: Kubas »Perle des Südens« **Seite 161**

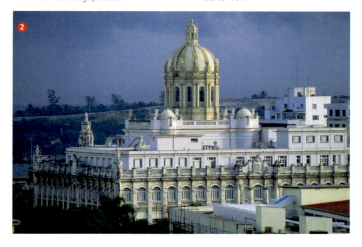

Top-Reiseziele · INHALT

❺ ★★ Valle de los Ingenios
Früher gab es hier fast 50 Zuckermühlen, heute steht das Tal mit Palmen, Feldern und Höfen unter dem Schutz der UNESCO.
Seite 295

❻ ★★ Trinidad
Die Stadt mit ihren prunkvollen Kolonialpalästen aus der Ära der Zuckerbarone ist Pflichtprogramm für jeden Besucher. **Seite 283**

❼ ★★ Cayo Largo
Auch hier findet der Kubareisende ein herrliches Urlaubsparadies und nicht minder verlockende Gewässer vor. **Seite 166**

❽ ★★ Cayo Coco · Cayo Guillermo
Türkis schimmerndes Meer, leuchtend weißer Strand und Korallenriffe, kurzum: ein Traumziel für alle Urlauber.
Seite 161

❾ ★★ Playa Santa Lucía
Das Taucherparadies der Insel: Über 500 Fischarten tummeln sich in den Gewässern bei Santa Lucía. Unerschrockene können auch Haie füttern. **Seite 250**

❿ ★★ Guardalavaca
Schon Kolumbus schwärmte: »Das ist das schönste Land, das menschliche Augen je gesehen haben.« Völlig zu Recht!
Seite 180

★★ Santiago de Cuba
»Die Wiege der Revolution« begeistert ihre Besucher mit geschichtsträchtigen Schauplätzen und kolonialer Atmosphäre.
Seite 266

Lust auf …

… neue Entdeckungen auf Kuba? Auf Kulturprogramm oder ein wenig Natur? Hier je nach Gusto einige Vorschläge:

- **Museo/Plaza de la Revolución**
  Ein Muss zur Einstimmung auf die Revolutionsgeschichte
  Seite 218
- **Presidio Modelo**
  Hier saß Fidel Castro von 1953 bis 1955 als politischer Gefangener ein.
  Seite 234
- **Memorial Che Guevara**
  Grabstätte Che Guevaras und seiner Mitstreiter
  Seite 259
- **Moncada-Kaserne**
  Ziel des ersten Rebellenangriffs im Jahr 1956
  Seite 276

KOLONIALFLAIR

- **Havanna**
  ist voller kolonialer Schmuckstücke wie dem Hotel Inglaterra. Oder wie wäre es mit einem Abstecher ins Museo de Arte Colonial? ▶
  Seite 185
- **Santiago de Cuba**
  Auf zur Casa Diego de Velázquez, dem ältesten Wohnhaus Kubas
  Seite 269
- **Trinidad**
  Zeitreise in die Kolonialzeit voller bunter Bilderbuch-Fassaden
  Seite 288

REVOLUTION

- **Sierra Maestra**
  Auf den Spuren der Rebellen zu ihrem Hauptquartier, der Comandancia de la Plata
  Seite 153

HEMINGWAY

- **Havanna**
  Pilgerziele sind neben seinem Zimmer im Hotel Ambos Mundos auch seine Lieblingskneipen La Bodeguita del Medio und El Floridita.
  Seite 201, 203, 212
- **Finca La Vigía / Cojímar**
  Besuch der einstigen Landvilla mit Museum sowie seiner Büste und der Kneipe La Terazza in Cojimar
  Seite 226, 227

TIERE

- **Humboldt-Nationalpark**
  Kuba hat einige endemische Exoten zu bieten wie den Almiquí, und vielleicht lässt sich der wohl kleinste Frosch der Welt blicken?
  Seite 148

- **Vogelbeobachtungstouren**
  in den Zapata-Sümpfen, in der Sierra Maestra westlich von Santiago, im Nationalpark La Güira oder zu den Flamingos auf Cayo Coco
  Seite 152, 161, 240, 247

- **Cayo Largo** ▶
  Besuch einer Tortuga-Zuchtfarm, wo man bei der Freilassung der Babys dabei sein und nächtliche Strandexkursionen zu eierlegenden Schildkröten machen kann.
  Seite 167

SANTERÍA

- **Casa de Africa**
  Erklärt das Wesen der Santería mit Musik und Tanzshows.
  Seite 203

- ◀ **Guanabacoa und Regla**
  Authentische Zentren der afrokubanischen Religion sind das Museum in Guanabacoa und Regla mit seiner Santeria-Kirche, die auch die Meeresgöttin Yemayá beherbergt, einem kleinem Museum und der Fiesta de los Orishas.
  Seite 223

- **Wallfahrtskirche El Cobre**
  Beliebtes Pilgerziel bei Santiago de Cuba, wo die kubanische Jungfrau und die afrokubanische Göttin Ochún angebetet werden; alljährliche Prozession am 8. September.
  Seite 279

ZIGARREN

- **Havanna**
  Einen ersten Einblick bietet das Zigarrenmuseum mit dem Shop Casa del Habano.
  Seite 206

- **Zigarrenfertigung** ▶
  Hier kann man den Arbeitern über die Schultern schauen, wie sie »puros« drehen: bei Partagás in Havanna oder in Pinar del Río.
  Seite 213, 246

HINTERGRUND

12 **¡Viva la Revolución!**

12 **Fakten**
13 Natur und Umwelt
16 🔲 *Special: Majestätische Gestalten*
21 Politik · Bevölkerung · Wirtschaft
22 🔲 *Kuba auf einen Blick*
28 🔲 *Infografik: Santería*
30 🔲 *Special: Psychotherapie auf Kubanisch*
36 🔲 *3D: Zigarren*
40 🔲 *Willkommen im Alltag!*

42 **Geschichte**
54 🔲 *Infografik: »Hasta la Victoria Siempre«*

62 **Kunst und Kultur**
71 🔲 *Special: Mit afrokaribischem Humor*

74 **Berühmte Persönlichkeiten**

PREISKATEGORIEN
Restaurants
(Preis für ein Hauptgericht)
🍽🍽🍽🍽 = über 30 CUC (= 27 €)
🍽🍽🍽 = 20–30 CUC (= 18–27 €)
🍽🍽 = 10–20 CUC (= 9–18 €)
🍽 = bis 10 CUC (= 9 €)
Hotels (Preis für ein DZ)
🛏🛏🛏🛏 = über 150 €
🛏🛏🛏 = 100–150 €
🛏🛏 = 40–100 €
🛏 = unter 40 €

Hinweis
Gebührenpflichtige Servicenummern sind mit einem Stern gekennzeichnet: *0180....

ERLEBEN & GENIESSEN

84 **Essen und Trinken**
85 Meister der Improvisation
86 🔲 *Typische Gerichte*
90 🔲 *Special: Hochprozentiger Genuss*

94 **Feste und Events**
99 Mit afrokubanischem Schwung

98 **Kinder**
99 Ferienspaß für die ganze Familie

102 **Shopping**
103 Kuba-Feeling für zu Hause«
105 🔲 *Special: Devisenbringer für Castro*

108 **Übernachten**
109 Für jeden Geschmack etwas
112 🔲 *Special: Kolossal kolonial*

114 **Urlaub aktiv**
115 Zu Lande und im Wasser

TOUREN

124 Tourenübersicht
126 Unterwegs in Kuba
132 Tour 1: Große Kuba-Tour
135 Tour 2: Kleine Kuba-Rundreise
137 Tour 3: Tabak und Mogotes in Kubas Westen
138 Tour 4: Auf den Spuren der Revolution

Inhaltsangabe INHALT

REISEZIELE VON A BIS Z

- 144 Baracoa
- 149 Bayamo
- 154 Camagüey
- 161 Cayo Coco · Cayo Guillermo
- 166 Cayo Largo
- 169 Cienfuegos
- 175 Guantánamo
- *178 Infografik: Guantánamo*
- 180 Guardalavaca
- 185 Havanna
- *204 Special: Von einer. die auszog, um Salsa tanzen zu lernen*
- *214 3D: Capitolio*
- *224 Special: Der alte Mann und das Meer*
- 227 Holguin
- 230 Isla de la Juventud
- 235 Matanzas
- 239 Península de Zapata
- 243 Pinar del Río
- 250 Playa Santa Lucía
- 253 Playas del Este
- 255 Sancti Spíritus
- 258 Santa Clara
- 266 Santiago del Cuba
- 283 Trinidad
- *292 Infografik: Dreieckshandel*
- 297 Valle de Viñales
- 304 Varadero

PRAKTISCHE INFORMATIONEN

- 316 Anreise · Reisevorbereitung
- 320 Auskunft
- 321 Elektrizität
- 321 Etikette
- 323 Geld
- 325 Gesundheit
- 325 Literaturempfehlungen
- 329 Medien
- 330 Notrufe
- 330 Post · Telekommunikation
- 331 Preise · Vergünstigungen
- 332 Reisezeit
- 332 Sicherheit
- 335 Sprache
- 346 Toiletten
- 346 Verkehr
- 347 Zeit

nachdenken · klimabewusst reisen
atmosfair

- 353 Register
- 359 atmosfair
- 360 Verzeichnis der Karten und Grafiken
- 361 Bildnachweis
- 362 Impressum
- *366 Kurioses Kuba*

HINTERGRUND

Traumstrände, die meilenweit vom kubanischen Alltag entfernt sind, eine marode und doch stolze Hauptstadt mit kolonialem Charme unter UNESCO-Schutz, Oldtimer und Salsa ... Kuba bedient seine Klischees.

¡Viva la Revolucíon!

Wie die Minze in den Mojíto gehört ein bisschen Revolutionskunde in Havanna zum touristischen Programm. Zum Beispiel im Museo de la Revolución im früheren Präsidentenpalast. Doch was ist das? Zwischen Ches blutgetränktem Hemd und Castros Feldtelefon erklingen auf einmal romantische Boleros. Der herzzerreißende Gesang kommt aus dem Patio.

Im schattigen Innenhof des Museums singt eine Frau im Kittelkleid den Ohrwurm »La Gloria eres tu«, als hätte sie die vergangenen 80 Jahre nichts anderes getan, und ein Frauentrio um die 70, feingemacht in Chiffonkleidern und mit Fächern, tritt mit einem A-cappella-Stück auf. Einmal im Monat, am Samstag, schwingen die alten Kampfgenossen von Fidel und Co. im Museum das Tanzbein – nicht weniger lebenslustig als die Jungen. Musik und Rum, Lachen, Sinneslust und nicht zu vergessen die Devisen von Exilverwandten und Touristen helfen den Kubanern, ihren postsozialistischen Alltag mit seinen absurden Hürden und Entbehrungen zu ertragen. Da helfen leider auch die vielen jüngsten Reformen im Lande nicht viel. Kuba ist und bleibt ein Land der »Dritten Welt« mit zumindest autokratischer Regierung, zwar derzeit im Wandel, allerdings im typisch kubanischen Schneckentempo.

Sonne, Sand und Meer: Über 300 Strände und 4000 Inseln übertreffen sich gegenseitig.

Aber nirgendwo scheinen die Klischees die Wirklichkeit mehr übertrumpfen zu wollen als in der kubanischen Hauptstadt. »Musik ist in Kuba ein Teil des Lebens, das tägliche Brot«, sagte Wim Wenders, der mit seinem Film über die Rentnerbands 1998 den Kubaboom erst so richtig ausgelöst hat. »Wenn es nichts zu essen gibt, gibt es immer noch Musik.« Die Kubaner sind nicht erst seit den greisen Herren vom Buena Vista Social Club berüchtigt für ihren Machismo-Charme. Der typische Kubaner lässt beim Anblick weiblicher Rundungen kein Kompliment unausgesprochen, die Habaneros schwärmen sogar von ihrer Hauptstadt wie von einer betörenden Frau: »La Habana«. Im hohen Alter von 500 Jahren ist die karibische Dame zwar etwas morsch und wacklig auf den Beinen, aber noch immer voller Charme und Romantik. Nach den Wiederbelebungsmaßnahmen der UNESCO sieht wenigstens »Habana vieja«, die Altstadt, wieder ganz passabel aus. Am hübschesten herausgeputzt hat sich die Plaza de Armas mit ihren Säulen, Arkaden und bepflanzten Patios. Ebenso fotogen: die Plaza Vieja, die Plaza de la Catedral und die quirlige Einkaufsstraße Obispo. Wer ihr folgt, landet unweigerlich am Parque Central, wo sich die herrschaftlichsten Häuser Kubas gegenseitig die Schau stehlen: das mit Türmchen und geflügelten Figuren herrlich verschnörkelte Gran Teatro, das sich offenbar nicht zwischen Neobarock und Jugendstil entscheiden kann, die Kolonialhotels Plaza und Sevilla, nicht zu vergessen das neoklassizistische Inglaterra und das mit seiner weißen Kuppel alles überragende Capitolio.

Wer durch Kuba reist, kommt gelegentlich aus dem Staunen nicht heraus: Sei es wegen der allgegenwärtigen Durchhalteparolen unter den bis zu 40 m hohen Palmas reales, sei es beim Baden an der 5700 km langen Küste mit 300 Stränden oder auf einer der mehr

Fraglos ist der Tabak einer der wichtigsten Devisenbringer.

als 4000 Inseln und Inselchen. Sonnenbaden unter Kokospalmen, puderfeiner Sand, türkis schimmerndes Meer, tropisch blauer Himmel, z. B. auf Cayo Largo oder Cayo Coco. Vom kubanischen Alltag ist man auf diesen beiden Trauminseln allerdings so weit entfernt wie der Durchschnittskubaner vom Kauf eines Porsches, denn hierher gelangen die Einheimischen nur als Angestellte der Hotels oder wenige betuchte (Auslands-)Kubaner.

Am Wegesrand bei der Reise über die Insel liegen bezaubernde Städte mit kolonialem Charme und märchenhafte Landschaften: etwa das Valle de los Ingenios mit seinen Zuckermühlen-Ruinen beim Kolonialstädtchen Trinidad, der bergige Regenwald Alejandro de Humboldt beim verschlafenen Küstenort Baracoa (die erste Siedlung Kubas im äußersten Osten) oder die herrliche Küstenstraße von Santiago in die Provinz Granma, immer entlang der schroffen Steilküste der Sierra Maestra mit sagenhaftem Panorama über das Karibische Meer. Doch Vorsicht: Hier kann sich schon mal eine ganze Rinderherde als ernst zu nehmender Gegenverkehr behaupten.

Ob Che Guevara allerdings damit einverstanden wäre, dass das Loblied auf seine Person (»Hasta siempre Comandante«) allabendlich die Touristen bei Kerzenschein, Rinderbraten und Hummer begleitet, während die Mehrzahl seiner kubanischen Genossen sich gerade mal ein Huhn mit Reis leisten kann, bleibt fraglich.

Fakten

Natur und Umwelt • HINTERGRUND

Natur und Umwelt

Eine Begegnung mit kilometerlangen Traumstränden, mit Tabak- und Zuckerrohrplantagen, aber auch mit dem Tourismus als Devisenbringer in einem postsozialistischen Staat, in dem sich längst eine Zwei-Klassen-Gesellschaft herausgebildet hat.

Kubas Küstenlinie umfasst eine Gesamtlänge von 5745 km. Rund 300 **flache Sandstrände** aus feinem Korallenkalk laden zum Baden ein. Die berühmtesten wie z. B. Varadero oder Playas del Este befinden sich an der nördlichen Küste. Der größte Teil der kubanischen Küste wird jedoch von **steilen Felsen** gebildet, die, oft mit scharfen, verkarsteten Kalkklippen, mal einen wilden, mal einen romantischen Eindruck vermitteln. Weite Küstenstreifen, v. a. im Mündungsgebiet von Flüssen, sind von **ausgedehnten Sümpfen** mit Mangrovenwäldern bestimmt. In Küstennähe befinden sich viele natürliche Höhlen, die in der Vergangenheit sowohl den indianischen Ureinwohnern als auch Piraten Unterschlupf gewährten. Heute bieten sie Lebensraum für Fledermäuse.

Küste

> **? BAEDEKER WISSEN**
>
> *Natur-Highlights*
>
> Kuba besitzt allein sechs Regionen, die von der UNESCO zu Weltbiosphärenreservaten erklärt wurden: die Halbinsel Guanahacabibes und die Bergkette Sierra del Rosario im Westen der Insel, das Sumpfgebiet Ciénaga de Zapata im Süden, Buenavista an der Nordküste, der Baconao-Park bei Santiago und die Cuchillas del Toa im Landesosten (in deren Gebiet auch der Nationalpark Alejandro de Humboldt liegt). Insgesamt gibt es rund 100 Naturschutzgebiete.

Kuba besteht aus der Hauptinsel sowie einer **Vielzahl vorgelagerter kleiner Inseln**, den flachen »Cayos« aus Korallenkalk und Korallenriffen. Die größte Insel, die Isla de la Juventud (Insel der Jugend), liegt gemeinsam mit dem Archipiélago de los Canarreos südwestlich der Hauptinsel im Golf von Batabano. Weiter östlich schließt das Archipiélago de los Jardines de la Reina (Archipel der Gärten der Königin) den Golf von Ana Maria ab. Die östliche Fortsetzung bildet der Golf von Guacanayabo mit zahlreichen Korallenriffen. Der nördlichen Küste sind im Osten die größeren Inseln und Halbinseln des Archipels von Camagüey und in der Mitte des Archipels von Sabana vorgelagert. Vor der Nordwestküste erstreckt sich das Archipiélago de los Colorados, während nördlich der Halbinsel Guanahacabibes der gleichnamige Golf liegt. Schon in relativer Küstennähe vor Kuba fällt die Meerestiefe auf 4000 – 8000 m ab.

»Archipiélagos« und »Cayos«

Tabakfeld im Tal von Viñales

Flüsse und Stauseen

Rund 200 meist flache und kurze Flüsse durchziehen die Hauptinsel, führen in der Trockenzeit jedoch meist kein Wasser. Lediglich Kubas längster Fluss, der Río Cauto (370 km), und der Río Tao, beide in der Provinz Oriente, sowie der Río Cuyaguateje (Provinz Pinar del Río) sind wasserbeständig. Praktisch kein kubanischer Fluss ist schiffbar, da sie meist in den Bergen entspringen und auf kürzestem Weg ins Meer fließen. Viele kubanische Flüsse münden unterirdisch und sind so für Taucher von besonderem Interesse.

Die kubanischen Stauseen dienen dazu, den unbeständigen Wasserstand der Flüsse auszugleichen und v. a. den großen **Überschwemmungen der Regenzeit** vorzubeugen. So erfüllen sie gleichzeitig Funktionen als Auffang- und Rückhaltebecken sowie als Wasserreservoir für die Großstädte. Zur Erzeugung von Elektrizität wird nur der zweitgrößte Stausee des Landes, der südlich von Santa Clara gelegene Hanabanilla-Stausee, genutzt. Über 1 Mrd. m³ Wasser umfasst der bei Sancti Spíritus gelegene Presa Zaza und ist damit der größte Stausee der Insel.

LANDSCHAFTSBILD

Der größte Teil Kubas besteht aus flachen Tiefebenen mit intensiver Monokultur (v. a. Zuckerrohr) und Weideflächen für die Rinderzucht (v. a. im Osten des Landes). Unterbrochen wird das Flachland durch

Ein sattes Grün, rote Erde und die Kegelkarstfelsen der Mogotes ...

Natur und Umwelt • HINTERGRUND

bis zu 500 m hohe Hügelketten, den **»alturas«**. Die kubanischen Gebirge zeichnen sich durch schroffe und steil aufragende Kegelformationen aus. Die Berge erreichen Höhen von fast 2000 m.

Die westliche Gebirgslandschaft der Cordillera de Guaniguanico teilt sich in die Alturas Pizarrosas del Norte und del Sur sowie in die Sierras de los Órganos und del Rosario. Die höchste Erhebung ist der Pan de Guajaibón mit 699 m. Interessante Formationen bilden die wie Orgelpfeifen aneinandergereihte Kegelkarsttürme der Sierra de los Órganos. Steile, stark verkarstete Felsen, **»mogotes«** genannt, ragen aus der fruchtbaren roten Schwemmlanderde des Golfes von Mexiko heraus. Das satte Grün des Tabaks, der hier angebaut wird, prägt als dritte Farbe diese eindrucksvolle Landschaft. Im **Güira-Nationalpark** kann man zudem urzeitliche Bäume und Tropenwälder besichtigen.

Sierra de los Órganos

An der südlichen Küste liegt nördlich von Trinidad das Escambray-Gebirge, das sich in die Alturas de Trinidad und de Sancti Spíritus untergliedert. Hier befindet sich in landschaftlich reizvoller Lage der Hanabanilla-Stausee, der Gelegenheit zu Bootstouren bietet. Kaffee-, Kakao- und Tabakanbau kann hier ebenso studiert werden wie natürliche Vegetation: Die Wälder und der mit 1156 m höchste Gipfel, der Pico de San Juan, laden zu ausgedehnten Wanderungen ein, vorbei an seltenen Riesenfarnen und beeindruckenden Wasserfällen.

Sierra del Escambray

... prägen die zauberhafte Landschaft der Sierra de los Órganos.

Palmen

BAEDEKER WISSEN

Majestätische Gestalten

Während europäische Besucher Palmen mit Sonne, Strand und Urlaub verbinden, wird die Palme in ihren Ursprungsländern v. a. als wichtiger Rohstofflieferant geschätzt. So auch auf Kuba, wo sie Baumaterial, Nahrung für Mensch und Tier, Wachse, Fette, Sago und andere Stärkemittel, Flechtmaterial und nicht zuletzt Palmwein und damit die Grundlage für Arrak (Branntwein) liefert.

Palmen sind erstaunlich ausdauernd und in ihrer Nutzung Pflanzen der Superlative: Von einer Wachspalme (Copernica) kann bis zu 160 kg Spezialwachs gewonnen werden, und eine einzige Kokospalme liefert jährlich 50 bis 80, manchmal sogar bis zu 120 Kokosnüsse.

Auf Kuba existieren Palmen in einer seltenen Vielfalt; neben den verbreiteten Arten wie der Kokospalme sind mehrere endemische Palmenarten anzutreffen, d. h., sie kommen weltweit nur auf Kuba vor, denn eine schon früh isolierte Insellage ermöglichte das Fortbestehen bzw. die Weiterentwicklung bestimmter Arten.

Die bis zu 40 m hohe **Königspalme** (Roystonea regia) kann überall auf der Insel, v. a. jedoch im Westen angetroffen werden. Bei der nur ein bis zwei Tage dauernden Blüte, die erstmals nach 15 bis 20 Jahren auftritt, öffnet sich unmittelbar unter der Palmkrone ein Blütenstand mit tausenden von weißgelben Einzelblüten, die wegen ihres Nektarreichtums sofort unzählige Bienen und Schmetterlinge anziehen. Während ihres Reifungsprozesses wechseln die dekorativen Fruchtstände ihre Farbe, erst sind sie grün, dann rot und schließlich schwarz gefärbt.

Die Nutzung ist ausgesprochen vielfältig: Während die Früchte als Tierfutter dienen, bilden die zarten Palmenherzen die Grundlage für schmackhafte Suppen und Salate. Das harte Holz des Stammes wird zu Möbeln verarbeitet. Die unteren, härteren Blatthülsen liefern Flechtmaterial und mit den oberen Blattwedeln werden seit Jahrhunderten die Dächer der Bohío-Hütten auf dem Land gedeckt. Von ihrer ursprünglichen Heimat Kuba aus wurde die Königspalme in allen tropischen Ländern heimisch.

Die **Fasspalme** (Colpothrinax wrightii), die wegen ihrer bauchartigen Stammverdickung von den Einheimischen auch »palma barrigona«, also dickbäuchige oder auch schwangere Palme genannt wird, kommt auch auf Kuba nur im Westen und auf der Isla de la Juventud vor. Mit zunehmendem Alter bildet die eine Höhe von 8 bis 15 m erreichende Fasspalme die kuriose Verdickung aus. Wahrscheinlich dient der Bauch der Palme als Behälter für Reservestoffe, und er wird auch vom Menschen zu diesem Zweck genutzt, z. B. gebraucht man längs gespaltene Stämme als Wasserbehälter, in denen sich das Wasser lange frisch hält.

Botanische Seltenheiten

Eine weitere kubanische Rarität ist der vom Aussterben bedrohte **Zwergpalmfarn** (Microcycas calocoma), der nur in den Tabakanbaugebieten der Provinz Pinar del Río zu finden ist. Diese Palmfarn-Art gilt als lebendes Fossil und hat biologisch kaum etwas mit Palmen oder mit Kork zu tun. Ihr Aussehen mit einem ungefähr 10 m hohen, glatten und unverzweigten Stamm und einer Krone aus gefiederten Blättern erinnert jedoch an eine Palme.

Zu den weiteren Kuriositäten im kubanischen Palmenwald gehört die **Sabalpalme**, die als Relikt der ursprünglichen Vegetation geschont wird. Ihre Fächerblätter werden teilweise heute noch als Material zum Dachdecken verwendet. Die geschickten Desmochadores schlagen mit ihren Macheten von den bis zu 30 m hohen Stämmen jeweils nur so viele Blätter ab, dass der Baum weiterwachsen kann. Die **Flaschenpalme** (Acrocomia armentalis) hat ähnlich der Fasspalme eine bauchähnliche Stammesverdickung. Ihr Stamm ist von Blattrudimenten dicht besetzt, die wie ein Stachelkleid wirken und ihr den Beinamen »armentalis« (bewaffnet) einbrachten.

Endemisch ist zudem die **Fächerpalmenart Palma pedate** (Coccothrinax crinita), deren Stamm von langen Fasern umgeben ist, die erst kreuzweise verflochten sind, dann jedoch lang hinabhängen. Diese Ummantelung kann vier- bis fünfmal die Dicke des eigentlichen Stammes erreichen. Die Vielfalt der kubanischen Palmen lässt sich auch in den Botanischen Gärten in Havanna und nahe Cienfuegos betrachten, die alle Arten vereinigen und deren Königspalmen-Alleen zu den schönsten und eindrucksvollsten Palmenalleen der Welt gehören.

Die Königspalme gehört zu den bekanntesten Palmen, auf Kuba gibt es jedoch noch zahlreiche weitere Arten.

Sierra Maestra Die Sierra Maestra nimmt von der Punta del Inglés bis zur Bucht von Guantánamo die gesamte Südostküste Kubas ein. Das schroffe und oft unwegsame Gebirge unterteilt sich in die Cordillera del Turquino westlich und die Cordillera de la Gran Piedra östlich von Santiago de Cuba. Mit 1974 m ist der **Pico Turquino** nicht nur der höchste Berg dieses Gebirges, sondern auch der gesamten Insel. Der Gipfel des Gran Piedra liegt auf einer Höhe von 1214 m. Die Sierra Maestra nimmt in der Geschichte des Landes eine besondere Stellung ein: Von der Region um die ehemalige Hauptstadt Santiago de Cuba gingen die revolutionären Bewegungen aus. Hier sammelten sich die Revolutionäre um Fidel Castro und eroberten mit Unterstützung der Bergbauern die gesamte Insel. Nordöstlich der Sierra Maestra liegen mehrere kleinere Gebirge, von denen die Sierras del Cristal, de Baracoa und del Purial landschaftlich besonders reizvoll sind. Die Berge erreichen hier eine Höhe von 1170 m. In allen Bergregionen des Ostens wachsen Kaffee und Kakao in hervorragenden Qualitäten. Außerdem sind hier die größten zusammenhängenden Waldgebiete, oft mit seltenen Baumarten, anzutreffen, z. B. im **Parque Nacional Alejandro de Humboldt** bei Baracoa (UNESCO).

PFLANZEN- UND TIERWELT

Flora Die karibische Pflanzenwelt ist für ihren Artenreichtum berühmt. Obwohl nur noch rund 20 % der Insel mit Wald bedeckt sind, findet man auf Kuba 6000 bis 8000 botanische Arten, von denen jedoch wegen der ausgedehnten Trockenzeiten 64 % blattlos sind. Die Vielfalt der Vegetation ist in den Botanischen Gärten von Havanna und Cienfuegos dokumentiert. In den meisten Küstenregionen Kubas ist typische **Sumpf- oder Küstenvegetation** anzutreffen. An den Stränden stehen verschiedene Palmen (mindestens 80 verschiedene Palmenarten wachsen auf Kuba, ►Baedeker Wissen S. 16/17), Strandtrauben und Meermandelbäume, die Sümpfe werden von Mangroven bestimmt. Zusammenhängende **Waldgebiete** befinden sich in bergigen Regionen, im Süden der Halbinsel Guanahacabibes, in der Sierra Guaniguanico im Westen und in der Sierra Maestra im Südosten, im Baracoa-Gebirge, um den Pico de San Juan sowie auf der Isla de la Juventud. Besonders verbreitet sind Nadelbäume, v. a. Kiefer und Pinie, die mit zahlreichen Arten auf Kuba vertreten sind. Der reiche Pinienbestand gab der größten kubanischen Insel, der Isla de los Pinos, heute Isla de la Juventud, ihren Namen. Während der Kolonialzeit stellten die Edelhölzer für den Schiffsbau und als Exportgut einen der frühen Wirtschaftsfaktoren dar, heute ist v. a. Mahagoni von Bedeutung. Unter den Laubbäumen sollten neben dem Holzlieferanten für Zigarrenkisten, dem Yaya (ocxandra lanceolata), der weiße Kapokbaum (ceiba pentandra) sowie der nur auf Kuba

Was hat Kuba dem Zuckerrohr nicht alles zu verdanken: nicht zuletzt den Rum und damit den Mojito und andere Cocktails.

vorkommende Guana-Baum (streculie cubensis) erwähnt werden. Eine Ficusart, der Jagüey, zeichnet sich durch ungewöhnliche Luftwurzeln aus. Die auch als Teegrundlage genutzten Blätter des kuriosen Yagruma-Baums haben eine grüne Ober- und eine silbrige Unterseite. Bei Regen dreht sich die silbrige Seite nach oben. In Anlehnung daran werden wechselhafte Menschen auf Kuba »Yagrumas« genannt. Neben den unterschiedlichen Obstsorten wie Ananas, Banane, Papaya, Mango und Avocado prägen v. a. Zitrusbäume die kubanische Landschaft. Verbreitete Gemüsearten sind Bohnen, Kartoffeln, Mais, Maniok (»Yuca«), Tomaten und Paprika. Der Anbau von Reis, Kaffee und Kakao ist bedeutend als Wirtschaftsfaktor. Baumwolle und Sisalagave dienen der Textilherstellung; man hat sogar einen Weg gefunden, aus der Agave Waschmittel zu gewinnen. Die wichtigsten Nutzpflanzen Kubas, die in weiten Teilen auch das Landschaftsbild prägen, sind **Tabak und Zuckerrohr**.
Überall auf Kuba bestechen blühende **Zierpflanzen** das Auge. Mit dem Aufblühen der meisten Pflanzen vor Beginn der Regenzeit werden die Vielfalt und der Farbenreichtum unbeschreiblich groß. Unter den Zierbäumen und -sträuchern nimmt der dekorative, rot blühende Flamboyant eine besondere Stellung ein. Weit verbreitet sind üppig blühender Hibiskus und Oleander, Hortensien und die rankende Bougainvillea. Tropische Zierpflanzen sind z. B. der afrikanische Tulpenbaum (spathodea campanulata), der aus Indien stammende Goldregen (cassia fistula) oder der Korallenbaum (jacaranda). Auf Kuba sind zahlreiche **Orchideenarten** heimisch, die im Orchideengarten von Soroa zu besichtigen sind. Zur Plage wurde die Wasserhy-

HINTERGRUND • Natur und Umwelt

azinthe (eichhornia crassipes), auch Wasserpest genannt, eine schwimmende Orchideenart, die besonders im Mündungsdelta des größten kubanischen Flusses Cauto Fischzucht und Schifffahrt behindert.

Endemische Pflanzen und Tiere

Ungefähr 3000 Pflanzen- und einige Tierarten sind endemisch, d. h., sie sind nur auf Kuba heimisch, z. B. die seltene Leguanart Cyclura nubila, der Süßwasserfisch Manjuari und die kubanische Seekuh. Von den zahlreichen Insekten-, Fledermaus- und Schneckenarten sind ebenfalls viele nur auf Kuba anzutreffen.

Fauna

Im Gegensatz zur Pflanzenwelt ist die kubanische Tierwelt weniger artenreich. Beeindruckend ist jedoch der Reichtum an Vogel-, Insekten- und Fischarten. Der **Fischreichtum** vor der kubanischen Küste ist außerordentlich groß. An die 900 Arten, von denen 300 essbar sind, gedeihen in den warmen Gewässern und machen Kuba nicht erst seit Hemingways Zeiten zu einem Anglerparadies. Die kubanischen Gewässer sind sehr reich an Meeresfrüchten, Korallen, Seeigeln und -sternen, Schalen- und Krustentieren. Artenreichtum sowie Farben- und Formenvielfalt machen das Schnorcheln fast überall zu einem lohnenswerten und faszinierenden Sport. Die großen Langustenbestände ließen Kuba zu einem bedeutenden Exporteur aufsteigen. In der Lagune von Guamá ist eine seltene und sehr alte Süßwasserfischart anzutreffen. Der etwa hechtgroße endemische **Manjuari** verfügt über eine krokodilähnliche Schnauze. Weil sie als Delikatessen begehrt waren, sind die riesigen **Meeresschildkröten**, beispielsweise die Caguama (Unechte Karettschildkröte) selten geworden. Fast ausgestorben ist die bis zu 500 kg schwere und 5 m lange kubanische Seekuh **Manatí**. Sie ist Vegetarierin und damit einzigartig unter den Meeressäugern.

Reptilien sind auf Kuba weit verbreitet, v. a. verschiedene nützliche Eidechsen- und Geckoarten sowie Leguane. In den Zapata-Sümpfen kommen z. B. die scheuen Riesenleguane vor, die genauso ungefährlich sind wie die ungiftigen Schlangenarten. Die größte auf Kuba lebende Schlange, die Boa-Art Maja de Santa María, kann bis zu 4 m lang werden. Spektakulärer sind die Krokodile, die aufgrund ihres als Delikatesse geltenden Fleisches heute jedoch fast ausgerottet sind. Man kann sie im Naturschutzgebiet der Zapata-Sümpfe und in den staatlichen Krokodilfarmen in Guamá beobachten.

Auf Kuba existieren **mehr als 400 Vogelarten**. Ein großer Teil von ihnen ist als Zugvögel nur für eine bestimmte Zeit auf der Insel anzutreffen. 21 Vogelarten gibt es nur auf Kuba. Auch der kleinste Vogel der Welt, der Zunzuncito, ist auf Kuba heimisch. Exotische und farbenprächtige Vögel erstaunen immer wieder die Kuba-Reisenden. Freilebende Flamingos kann man am Río Cauto beobachten, Kanarienvögel in vielen Mangrovensümpfen und tauchende Pelikane vor der Südküste. Ein wahres Vogelparadies ist die Isla de la Juventud. Der kubanische Trogón oder **Tocororo** gilt wegen seines Gefieders in den Nationalfarben Rot-Weiß-Blau als Nationalvogel. Von großem Nutzen sind als Aasvernichter die Rabengeier (aura tiñosa) und die symbiotisch mit Rindern lebenden weißen Reiher, die diese von lästigen Insekten befreien.

Als die Spanier Kuba eroberten, waren dort wahrscheinlich nur zwei Säugetierarten heimisch. Dabei handelte es sich um einen seltenen Insektenfresser und die Jutia conga, eine heute fast ausgestorbene Rattenart, deren schmackhaftes Fleisch Indianer und Bauern jahrhundertelang schätzten. Weit verbreitet sind die etwa 30 verschiedenen Fledermausarten, die in den zahlreichen Höhlen idealen Lebensraum finden. Eine vom Aussterben bedrohte Rarität ist das stinkende **Almiquí**, das an einen Maulwurf erinnert, jedoch die Größe einer Katze erreicht.

Bevölkerung · Politik · Wirtschaft

Nachdem schon im ersten Jahrhundert der Kolonisation die indianische Urbevölkerung nahezu ausgerottet war, vermischte sich der Großteil der wenigen Überlebenden mit den Spaniern und den afrikanischen Sklaven. Heute sind v.a. in den ländlichen Gebieten im Osten der Insel nur noch wenige Kubaner mit indianischer Abstammung anzutreffen.

Zu den **Kubanern im amerikanischen Exil** nehmen die rund 11 Mio. Insulaner eine ambivalente Haltung ein. Einerseits fürchten v. a. die Politiker um Raúl Castro den propagandistischen und regimefeindlichen Einfluss aus Amerika, der Ausdruck in von Exilkubanern gesteuerten Medien findet. Andererseits sind seit den ersten Reisemöglichkeiten für Exilkubaner im Jahr 1978 die Sach- und Geldgeschenke an Verwandte auf Kuba zu einem wichtigen Wirtschaftsfaktor geworden, da jede Deviseneinfuhr dem Land hilft. Zugespitzt könnte man sagen, die Geldzuwendungen der Exilverwandten aus Miami stützen das Regime in Havanna. Die exilkubanischen Kreise versuchen weiterhin mit Erfolg, die US-amerikanische Kubapolitik zu beeinflussen. Nur so lässt sich erklären, dass

? BAEDEKER WISSEN

Im 20. Jahrhundert verfünffacht

Zu den ca. 2 Mio. Bewohnern Kubas um 1900 kamen bis 1936 eine halbe Million spanische Einwanderer hinzu, außerdem hunderttausende aus Haiti und Jamaika. Auch die Errungenschaften im Gesundheits- und Sozialsystem nach der Revolution 1959 führten dazu, dass sich die Kubaner bis 1970 um etwa 20 % vermehrten.

Kuba auf einen Blick

República de Cuba

82°22' westlicher Länge

23°08' nördlicher

- Everglades Nationalpark Florida, USA
- 290 km
- *Havanna*
- 157 km
- Pinar del Río
- 621 km
- Santiago de Cuba

Lage:
Südlich der Küste Floridas
Größte Insel der **Antillen**

Fläche:
110 860 km²
(1250 km Ost-West-Ausdehnung, zw. 31 und 200 km breit)

Einwohner: 11,3 Mio (2013)
Im Vergleich:
Puerto Rico 3,9 Mio.
Jamaika 2,6 Mio.
Trinidad 1 Mio.

Bevölkerungsdichte:
102 Einwohner/km²
Im Vergleich:
Deutschland: 231 Einw

▶ Wirtschaft

Bruttosozialprodukt (2013):
78,7 Mrd. US $

BIP pro Kopf (2013):
7020 US $

Jahreseinkommen pro Kopf (2013):
6845 US $, einschl. Überweisungen aus dem Ausland, Schwarzmarktgeschäften und Trinkgeldern

Offizieller Monatslohn:
ca. 580 CUP (pesos cubanos), entspricht 22 CUC = 19 €
(konvertible Devisenwährung)

Arbeitslosenquote: offiziell 3,3% (inoffiziell bis ca. 25%)

Auslandsüberweisungen von Exilkubanern: rd. 2 Mrd. US $ (betrifft ca. 30% der Haushalte).

Wirtschaftswachstum 2014: ca. 2%

Hauptexportländer: Kanada (17,7%), China (16,9%), Venezuela (12,7%), Niederlande (9%), Spanien (5,9%)

Hauptexportländer: Venezuela (38), China (10,8%), Spanien (8,9%), Brasilien (5,8%), USA (4,3%)

Export (in Prozent):

- 42 Zucker und Zuckerprodukte
- 18 Nickelerze und -konzentrate
- 13 Tabak
- 9 Meeresfrüchte

Import (in Prozent):

- 25 Erdöl
- 13 chem. Produkte
- 10 Nahrungsmittel
- 6 Maschinen
- 5 Rohstoffe

▶ Staat

Sozialistische Republik mit Ein-Parteien-System (Kommunistische Partei Kubas, über 800 000 Mitglieder)
Staatsoberhaupt und militärischer Oberbefehlshaber: Raúl Castro Ruz
Parlament: Volkskongress mit 589 Mitgliedern, auf fünf Jahre gewählt

▶ Tourismus

Besucher/Jahr: ca. 3 Mio. (2014)
Einnahmen aus dem Tourismus: 2,5 Mrd. US$

▶ Religion

▶ Klimastation Havanna

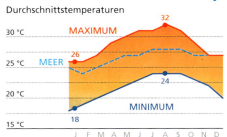

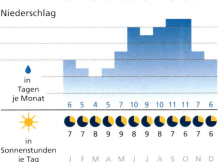

▶ Karibische Inseln im Größenvergleich

Insgesamt zählen zur Karibik rund 7000 Inseln. Hier die größten sechs im Vergleich.

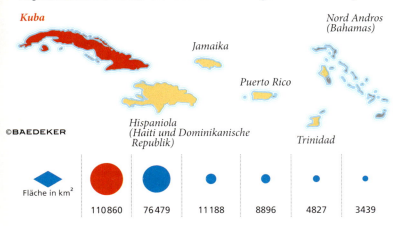

Provinzen

Präsident Barack Obama bei der seit Herbst 2014 politischen Annäherung nicht auch die von ihm geforderte Aufhebung des Handelsembargos im US-Kongress und Senat gegen die Republikaner durchsetzen kann. Teilweise in der Hoffnung auf eine eigene Wohnung heiraten viele Kubaner sehr früh, dementsprechend hoch ist die Scheidungsrate. Den **Frauen** auf Kuba stehen in gleichem Maß wie den Männern alle Bildungs- und Berufsmöglichkeiten offen. Viele junge Kubanerinnen versuchen, der wirtschaftlichen Misere durch Heirat ins Ausland zu entgehen. Eine problematische Begleiterscheinung der letzten Jahre ist die steigende Prostitution. Viele Männer und Frauen bieten sich gegen Einladung oder Bezahlung als Begleitung oder für andere – meist fragwürdige – Dienste an.

»ERRUNGENSCHAFTEN« DER REVOLUTION

Wohnungsbau Seit der Revolution 1959 versucht der Staat, in ausreichendem Maß Wohnungen für die wachsende Bevölkerung zu schaffen. Aufgrund des Mangels an Baumaterialien kann aber davon bis heute keine Rede sein: geschätzte 0,5 bis 2 Millionen Wohnungen fehlen derzeit auf Kuba. Besonders in den Städten, allen voran in Havanna, ist dies, auch unter denkmalpflegerischen Gesichtspunkten, ein großes Problem: Schließlich zählt Havanna mit seiner Kolonialarchitektur zum Weltkulturerbe der UNESCO. Oft wohnen mehrere Generationen auf engem Raum zusammen. Nachrichten über einstürzende Häuser sind nicht selten, denn oft gefährden unerlaubte Umbauten – besonders in den renovierungsbedürftigen Altbauten – die Statik.

Gesundheitswesen Die ganze Insel wurde mit einem **dichten Netz von Gesundheitsstationen** überzogen, die die medizinische Versorgung auch auf dem

Die meisten Schüler werden in Internaten unterrichtet — das Bildungssystem funktioniert gut.

Land gewährleisten. In jeder Gemeinde wohnen die Ärzte in besonderen und für alle direkt erkennbaren zweigeschossigen Häusern über ihrer Praxis und sollen so für ihre Patienten immer leicht erreichbar sein. Zentrale Provinzkrankenhäuser stehen für Operationen und spezialisierte Behandlungen zur Verfügung. Die medizinische Behandlung ist für alle Kubaner kostenlos, auch die Abtreibung. Medikamente müssen zu vergleichsweise niedrigen Preisen selbst bezahlt werden, oft muss jedoch lange auf die Arzneien gewartet werden, es sei denn man zahlt in der Devisenwährung CUC oder Euro. Die Ausrüstung mit medizinischem Gerät und die Versorgung mit Medikamenten leidet unter der Wirtschaftskrise des Landes und mittlerweile auch unter einer **Zweiklassenmedizin**, bei der Touristen und Kubaner mit Devisen vorrangig behandelt werden. Dennoch: Die besondere Konzentration auf Aufklärung und Gesundheitsvorsorge durch Gesundheitspässe, regelmäßige Impfungen und Vorsorgeuntersuchungen ließ die Säuglingssterblichkeit innerhalb weniger Jahre auf Werte sinken, die z. B. unter denen der USA liegen. Kinderlähmung, Diphtherie, Malaria und Krankheiten wie Masern und Röteln treten seit vielen Jahren so gut wie nicht mehr auf. Aufgrund dieses für ein Entwicklungsland und im lateinamerikanischen Umfeld **einmaligen Gesundheitssystems** ist heute die Lebenserwartung auf Kuba so hoch wie in den westlichen Industrieländern.

Der **Ausbau des Bildungssystems** war eines der ersten innenpolitischen Anliegen nach der Revolution. Durch große Alphabetisierungskampagnen 1961 sank die Rate der Analphabeten von vorher 24 % auf seitdem stabile 2 %. In Kuba gilt eine neunjährige allgemeine Schulpflicht. Ein großer Teil der Schüler wird in **Internaten** un-

Bildung für alle

? »Historische« Begegnungen

BAEDEKER WISSEN

Schon in einer einzigen Woche kann man auf Kuba Jesús (schuftet als Skipper auf einem Segelboot im Süden) oder Lenin (der ganz und gar nicht linksdespotische Mann einer guten Freundin) antreffen. Auch Aristoteles und Ulises (Odysseus) lassen sich hier öfter blicken. Ein Julius César könnte sich bei einem Eroberungsfeldzug auf der Tanzfläche als Salsero entpuppen. Und welche Frau wollte nicht schon immer einen leibhaftigen Adonis treffen? Bei der Namensgebung ihrer Kinder halten sich die Kubaner gerne an die Weltgeschichte.

terrichtet, wo man kostenlos für Unterbringung und Verpflegung sorgt. In diesen Schulen stehen bis zu drei Stunden täglich landwirtschaftliches Arbeiten auf dem Lehrplan. Damit soll nicht nur ein Teil der Verpflegung erwirtschaftet, sondern auch das Lernen mit praktischer Arbeit verbunden werden. Der weiterführende Besuch eines Gymnasiums oder einer Fachschule ist Voraussetzung für den Universitätsbesuch, der oft durch staatliche Stipendien ermöglicht wird. Havanna, Santa Clara und Santiago de Cuba sind Universitätsstädte. Bezüglich praktischer Arbeit bestehen für Studenten ähnliche Programme wie für Schüler.

STAAT UND GESELLSCHAFT

Einheitspartei
Aus der ersten Vereinigung politischer und revolutionärer Gruppierungen im Jahr 1961 ging am 3. Oktober 1965 die **Kommunistische Partei** Kubas (Partido Comunista de Cuba / PCC) hervor. Seitdem ist diese Einheitspartei die einzige legale Partei Kubas. Ihre Führungsfunktion ist in der Verfassung verankert. Parteiziele waren der Kampf gegen Missstände der Vergangenheit sowie gegen die Konsumgesellschaft. Der Freundschaft mit der Sowjetunion und der Unterstützung revolutionärer Befreiungsbestrebungen anderer Völker wurden von der Partei besondere Bedeutung beigemessen. **1991 reformierte sich die Partei**; sowohl im Zentralkomitee als auch im Politbüro gab es zahlreiche Neubesetzungen. Auch heute noch sind die meisten Ämter von Parteimitgliedern besetzt. In Miami ist als Exilpartei die National-Demokratische Partei der Nationalen Einheit (Partido de Unidad Nacional Democrático / PUND) ansässig, die für zahlreiche – auch gewalttätige – Aktionen auf Kuba und die Steuerung der Exil-Propaganda verantwortlich gemacht wird. Mit über 5 Mio. Mitgliedern stärkster Verband sind die **Komitees zur Verteidigung der Revolution**. Als Bewegung gegen antirevolutionäre Aktionen entstanden, stellen sie heute auf lokaler Ebene einen Sicherungs- und Überwachungsdienst zum Landes- und Küstenschutz, beschäftigen aber auch Häuser- und Blockwarte. Die ideologische Überwachung und politische Bildung der Kubaner sowie soziale Dienste, Umweltschutz und Kulturprogramme sind weitere Aufgaben des CDR.

Bevölkerung · Politik · Wirtschaft • HINTERGRUND

Die kubanischen Massenmedien werden von der Regierung oder der Partei kontrolliert und befinden sich in Staatsbesitz. Wegen der Wirtschaftskrise erscheint täglich landesweit nur noch das Parteiorgan »Granma«, alle anderen Presseorgane wurden eingestellt oder kommen nur noch wöchentlich heraus. Neben mehreren nationalen und regionalen Radiosendern bestehen vier nationale Fernsehprogramme. Die inhaltliche Programmgestaltung steht weitgehend unter Parteikontrolle. Die Exilkubaner in den USA produzieren ihre eigenen – oft propagandistischen – Publikationen und Programme. Die **mit Spannung erwarteten Wahlen 1993** hatten Fidel Castro in seinem Amt bestätigt. Sie galten als die ersten direkten und geheimen Wahlen seit 1959. Offiziell beteiligten sich 99,2 % der Kubaner. Demokratisch und frei waren die Wahlen jedoch nicht, da als Kandidaten auf der Einheitsliste nur Mitglieder der KP zur Wahl standen.

Massenmedien und Zensur

Nach dem Zusammenbruch des Ostblocks, mit dem Kuba bis 1990 eng kooperierte, konzentriert sich die kubanische Außenpolitik zunehmend auf das lateinamerikanische und karibische Umfeld. Dem Ausbau politischer und wirtschaftlicher Beziehungen mit Ländern dieser Region kommt momentan große Bedeutung zu. Die Beziehungen zu den USA waren jahrzehntelang von gegenseitigem Misstrauen, Behinderungen, Anfeindungen und Propaganda bestimmt. Der seit 2009 regierende US-Präsident Barack Obama sorgte mit seiner Annäherungspoltik für einen Stimmungsumschwung in beiden Ländern, der mit Hoffnungen, aber auch Ängsten bei den Kubanern verbunden ist. Zuerst erleichterte Obama die Reisebedingungen für die in den USA lebenden Exil-Kubaner zu Verwandten nach Kuba und lockerte weitere Sanktionen, auch der private Geldtransfer in die einstige Heimat der Kubaner wurde verbessert. Seit dem Herbst 2014 finden auch offizielle Gespräche statt, die Verhandlungen gipfelten im April 2015 mit dem historischen Handschlag auf dem Amerika-Gipfel in Panama zwischen Barack Obama und Raúl Castro. Sein Versprechen, das Gefangenenlager in Guantánamo endlich aufzulösen, konnte er jedoch (bis Ende 2015) nicht einlösen. Kuba ist in großem Maß auf Importe und damit auf das Ausland angewiesen. Die bis 1990 andauernde enge Bindung an die Sowjetunion wird nun allmählich von **neuen Abhängigkeiten** abgelöst. Aufgrund der hohen Auslandsverschuldung, des Devisenmangels und der Wirtschaftskrise wird versucht, Anreize für ausländische Investoren zu schaffen. Nach der **wirtschaftlichen Öffnung mit Joint-Venture-Unternehmen** seit Mitte der 1990er-Jahre, v.a. im Tourismus, wurde mit dem neuen Gesetz zu Auslandsinvestitionen seit 2014 zwar nicht viel verändert, jedoch ist eine Sonderwirtschaftszone im Tiefseehafen Mariel bei Havanna geplant. Allerdings stehen diesem Plan noch das US-Handelsembargo und die Doppelwährung (CUC/CUP) im Weg.

Außenpolitik

Afrokubanischer Glaube

Die Santería

Obwohl katholisch, suchen viele Kubaner Rat bei einer Santera, einem Santero oder einem Babalao. Die Orishas, Götter in der Religion der Yoruba und davon abgeleiteten afroamerikanischen Religionen wie der Santería und dem brasilianischen Candomblé, vermitteln zwischen den Menschen und dem allmächtigen Olorun. Ihnen sind Farben, Zahlen, Pflanzen, Klänge, Rhythmen, Lieblingsspeisen und Lieblingsgetränke zugeordnet. Meist sind sie eng mit katholischen Heiligen verbunden.

▶ Entstehung/Herkunft

Die nach Kuba verschleppten afrikanischen Sklaven, meist Yoruba aus Nigeria, wurden gewaltsam christianisiert. Allerdings durften sie in ihren Gottesdiensten ihre Trommeln benutzen und Heilige (»santos«) verehren, was dier Spanier abschätzig als »santería« bezeichneten. Unter dem Deckmantel des Christentums überlebten so Ochún, Chango und Yemaya. Ihre Anhänger glauben u.a. an Reinkarnation, eine Bestimmung jedes Menschen, die im Kopf (Ori) verankert ist, und an Magie. Sie streben die Balance und die Besessenheit durch einen Gott (Orisha) an

Puppen sind fester Bestandteil der Santería. Sie können für Orishas, aber auch für Ahnen stehen.

Symbole der Orishas

Christliche Heilige oder Märtyrer

 Farben der Götter

▶ Vier fundamentale Rituale

Wahrsagerei
Alltägliche Befragungen der Götter (Orishas) finden mit vier Stücken einer getrockneten Kokosnuss statt. Kompliziertere Befragungen werden entweder von einem Babalao mit 16 Palmnüssen oder von einem Santero mit 16 Kaurischnecken durchgeführt.

Opfer
Übliche Opfergaben für die Orishas sind Kerzen, Früchte, ihr jeweiliges Lieblingsessen und Tiere. Für jeden Orisha gibt es eine entsprechende Opferkerze aus Glas. Die abgebildete soll z.B. den Voodoo-Zauber öffnen.

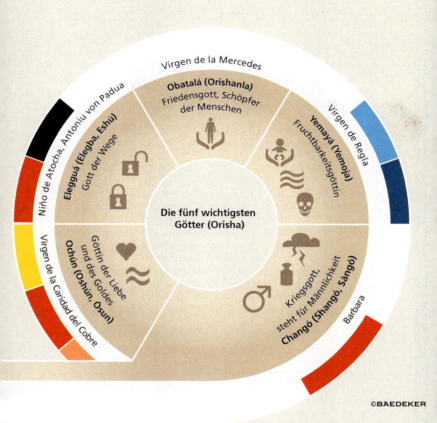

Trancetänze
Jeder Orisha hat einen eigenen Rhythmus. Bei Ritualen bringen sich die Tänzer mit den für Kuba typischen Batá-Trommeln in Trance. Dadurch wollen die Gläubigen ihrem Gott näher sein und ihn feiern. Sie glauben, dass, sobald der Tänzer in Exstase fällt, sein Orisha in ihn gefahren ist.

Initiation
Durch eine Initiation kann ein Gläubiger in der Hierarchie aufsteigen. Dabei werden fünf Halsketten (elekes) aus Perlen vergeben. Sie sind den fünf Orishas gewidmet und tragen deren Farben.

Santería

BAEDEKER WISSEN

Psychotherapie auf Kubanisch

In einer Wohnung irgendwo in Havanna. Unter einem großen Holz-
kreuz sitzen einige schwarze Puppen in farbenfroher Kleidung – eine ist
ganz in Weiß gewandet: Obatalá. Ein paar Kerzen flackern, eine bunte
Torte, drei Kokosnüsse und Kekse stehen auf dem Altar, daneben Mu-
scheln im Wasserglas. Der gekreuzigte Jesus scheint auf die halb leere
Flasche »Havana Club« und den geopferten Reispudding zu schielen,
die Lieblingsspeise vieler afrikanischer Gottheiten.

Pesomünzen klimpern in eine
Schale, wenn die Gläubigen zu Besuch bei ihrem Santero (Priester)
dankbar ihren Obolus entrichten,
sich vor dem Altar auf den Bauch
niederlegen und im Angesicht Obatalás ihre Wünsche murmeln. Jeder bimmelt anschließend die kleine Glocke und kann nun **mit
Obatalás Segen zum gemütlichen
Teil des Abends** übergehen. Micha-
el Jacksons »You are not alone«
schallt aus dem Nebenraum. Seit
nachmittags ist die »Geburtstags-
feier« des Santeros im Gange: Vor
14 Jahren hat der heute 30-jährige
Alfredo das streng geheime einwö-
chige Initiationsritual zum Laien-
priester des kubanischen Santería-
kultes bestanden, bei dem er »wie
ein Kind neugeboren wurde«. Seine Gäste sind allesamt von ihm an-
genommene und bekehrte »Söhne« (ahijados) und »Töchter« (ahi-
jadas): Durch Alfredo ließ die ihm
vertraute Gottheit Obatalá die Zukunft seiner spirituellen Kinder
weissagen und deren Wünsche
entgegennehmen, und manches
traf sogar ein ... Einige verfallene
Häuserecken weiter huldigt eine
Familie **dem Schicksals-Gott Elegguá** an einem ähnlichen Schrein: Er
hat die Tochter nach einem Unfall
wieder laufen lassen! Ein greiser
Mann in weißer Kleidung, er selbst

schwarz wie die Nacht und mit
Ketten behangen, zappelt hektisch
zwischen den Besuchern herum. In
ihn sei soeben der Geist von Elegguá gefahren, erzählen die Umste-
henden: Er spricht mit wispernder
Stimme in einer fremden Sprache,
bleckt die Zähne und schiebt die
Unterlippe trotzig vor. »Er spricht
afrikanisches ›Lucumí‹, das tut er
sonst nicht«, versichern zwei weiß
gekleidete alte Frauen, die auf
Schemeln in der Ecke sitzen und
dicke Zigarren paffen.

Viele wohltätige Götter

Da die schwarzen Sklaven im
19. Jh. ihre Heiligenkulte unter
den spanischen Kolonisatoren in
Kuba nicht weiter ausüben durften, verehrten sie vor den Augen
ihrer Wächter offiziell beispielsweise die heilige Barbara, aber sie
blieb für sie immer ihr Kriegsgott
Changó – sozusagen **in katholi-
scher Tarnung**. Die »orishas« im afrikanischen Götterhimmel sind
zahlreich und wohltätig, einige
sind besonders mächtig: Obatalá
(der Friedensgott, der die Menschen schuf), **Elegguá** (der Gott der
Wege), **Ochún** (die Göttin der Liebe und des Goldes) und **Yemayá**
(die Fruchtbarkeitsgöttin). Ganz
oben in der Beliebtheitsskala der
kubanischen Chauvis und Machos

Hausaltar für San Lazaro, dem Schutzpatron der Kranken – ob ihm oder dem barmherzigen Babalú Ayé das Opfer gilt?

steht – wer sonst – **Changó**, der auch für die Männlichkeit sorgt. Das bunte Sammelsurium aus Christenbildern, afrikanischen Göttern und allerlei Nippes findet sich heute in vielen Wohnstuben in Kuba: Mal ist der Altar kaum zu sehen oder versteckt, mal nimmt er als teure Glasvitrine eine ganze Ecke des Raumes ein oder hat seinen Ehrenplatz auf dem Fernseher – je nachdem, wie ernst der Santero die afrokubanischen Götter nimmt. Fast immer gibt es eine Puppe, die den Heiligen symbolisiert, und eine **Suppenschüssel mit Deckel**, in der weitere »geheime« Symbole aufbewahrt werden. Manch Gläubiger trägt selbst auf Reisen oder in der Handtasche einen Stein mit sich, der den Gott in sich birgt. Die eindringlichste Begegnung auf einer Suche nach der echten Santería und ihren Wundern kann man beispielsweise in der Nacht vom 16. zum 17. Dezember, dem Namenstag des heiligen Lazarus, erleben. In einem großen Lagerhaus irgendwo in der stockdusteren Pampa bei Trinidad: Vorne der gewohnte Altar mit einem Lazarus-Abbild und einer Münzschale. Aus dem winzigen fensterlosen Hinterzimmer dringen quietschende und röchelnde Laute. Die Opfertiere finden ein schnelles Ende, ein junger Ziegenbock, Hühner und Tauben. Die Santeros und Santeras sitzen mit halb geschlossenen Augen entlang der Wand und begleiten das Schlachtfest mit altüberlieferten Gesängen an den Afro-Gott Babalú Ayé, die Reime singt der »**Babalao**« vor, **der oberste Priester**. Die Luft ist süßlich und schwer. Der monotone Singsang über dem Kreischen der Tiere in ihrer Todesahnung, der Geruch und das leuchtende frische Blut, das Zucken der Opfer, all das hat offenbar hypnotisierende Wirkung. Nach dem Blutrausch erklingen

Santería

draußen die Batá-Trommeln, eine 98-jährige Priesterin tanzt sich wild-schüttelnd in Trance. Viele der Gläubigen erzählen freimütig, warum sie hier sind: Sie seien nur durch den barmherzigen Babalú Ayé, den Schutzpatron der Kranken, wieder genesen, und dafür spenden sie ihm ihre Tiere, in Kuba eine wahrhaft wertvolle Gabe.

Boom in Krisenzeiten

Lange Zeit hatten die sozialistischen Machthaber die afrokubanische Religion und ihre Rituale verboten. Ab den 1980ern ging Fidel Castro toleranter mit den Afro-Göttern um. Wahrscheinlich ist auch dem letzten ungläubigen Marxisten im Politbüro die (psychotherapeutische) **Ventilfunktion des Aberglaubens** bewusst geworden. In Zeiten der Krise boomt die Santería, Kubaner aller Hautfarben und auch Touristen zieht es zunehmend zu den Wahrsagern. Manch ein gutgläubiger, weit angereister Gringo zahlte schon 100 CUC für frische Blumen, ein paar Kräuter und ein weises Orakel durch das Werfen von Steinen oder Muscheln, während der »Geist« sich langsam, aber sicher mit dem mitgebrachten Rum betrank. Höchstens 10 € und ein paar Naturalien sollten Fremde in den besäuselten Blick in ihre Zukunft investieren

Zu den **nicht ganz ungefährlichen Zweigen der afrikanischen Religion** gehört die **Regla de Palo Monte** oder **Mayombe** und der nigerianische Geheimkult **Abakuá**. Die Palero-Priester beschränken sich nicht immer nur auf glücksbringende Rituale, sie bedienen sich auch der schwarzen Magie oder der »brujería«, der Hexerei, um Menschen zu verfluchen. Zu den Zeremonien werden Friedhofserde, Menschenknochen und Tierblut verwendet und in einem Kessel vermengt. In Santiago de Cuba machte in den 1990ern ein Fall Schlagzeilen, bei dem ein Kind während einer Palo-Zeremonie getötet worden war. Die Hölle holte sich die Voodoo-Mörder umgehend – beim Vollzug der Todesstrafe.

Infos und Termine

Verschiedene Veranstalter führen ihre Gäste zu Babalaos und Santeros, die eine (Folklore-)Zeremonie vorführen (z. B. avenTOURa, ▶Veranstalter, S. 120). Ein Museum und Folkloregruppen in Guanabacoa und die »Casa de África« in Havannas Altstadt haben sich auf den Afrokult spezialisiert. Alljährliche **Feste und Pilgerzüge** finden beispielsweise um den 17. Dezember in Havanna und am 8. September bei Santiago de Cuba statt.

Anhängerin der Santería

WIRTSCHAFT

Wirtschaft und Handel wurden erst im Interesse der spanischen Kolonialmacht, später der USA einseitig ausgebaut. Die dadurch entstandene Abhängigkeit von der Monokultur des Zuckers hatte nach Verhängung des US-Embargos 1960 (seit 1962 totale Wirtschaftsblockade) wirtschaftlich die starke Anlehnung Kubas an die Sowjetunion zur Folge. Produktion, Ex- und Import Kubas wurden von der Sowjetunion subventioniert und richteten sich nach Nachfrage und Abnahme durch die Länder des »Rates für gegenseitige Wirtschaftshilfe (RGW)«. Mit dem Zusammenbruch des Ostblocks stand Kuba plötzlich wirtschaftlich vor dem Nichts. Da sich die Versorgungslage extrem verschlechterte, stellte die 1990 einsetzende Verschärfung der Wirtschaftskrise die Geduld der Kubaner auf eine harte Probe. Rationierungen, zeitweise Sperrung von Strom und Wasser, steigende Arbeitslosigkeit durch Ausfall ganzer Produktionszweige aufgrund fehlender Energie-, Rohstoff- oder Ersatzteillieferungen führten neben steigenden Ausreisezahlen zu neuen Eigeninitiativen und einem erstaunlichen Improvisationstalent. Durch die Ausrufung der **»período especial«** (Spezialperiode) sollte, u. a. durch Einsparungen im Alltag, die Wirtschaft neu aufgebaut werden.

Abhängigkeiten

Nachdem in der ersten Hälfte der 1990er-Jahre die tief greifende Rezession Auswirkung auf alle Wirtschaftsbereiche hatte, deutet sich seit 1995 eine allmähliche Besserung an. Beim Bruttosozial- und Bruttoinlandsprodukt konnte ein reales Wachstum verzeichnet werden, während gleichzeitig das Haushaltsdefizit sank. Lebensmittel und Verbrauchsgüter sind gleichermaßen rationiert. Gegen Bezugsschein (libreta) erhielt über Jahrzehnte jeder Kubaner – egal ob krank, arbeitslos, Kleinkind oder Greis – die monatlich zustehenden Rationen, damit eine Grundversorgung für jeden gewährleistet ist. »Luxusgüter« wie Seife oder Speiseöl gibt es dagegen nur gegen »peso convertible« oder Euro. Um die harten Einschränkungen etwas zu erleichtern, sind seit Herbst 1994 freie Bauernmärkte zugelassen, auf denen man Fleisch, Fisch, Gemüse und Obst ohne Bezugsschein gegen Pesos kaufen kann.

Größere Bedeutung bei der wirtschaftlichen Neuorientierung kommen der teilweisen Privatisierung von Landwirtschaft, Handel und Kleinbetrieben, der Legalisierung des privaten Dollarbesitzes sowie der Förderung von Joint Ventures zu. Ausländische Investoren sollen v. a. in den Bereichen Energiewirtschaft, Industrie und **Tourismus** dem abgewirtschafteten Land wieder auf die Beine helfen. Zwar hat sich die Liberalisierung positiv auf die Versorgungslage ausgewirkt, jedoch stiegen dabei die Lebenshaltungskosten. Nebentätigkeiten, Privatinitiative und mühsames Arrangement mit maroden Zuständen zehren an der Kraft und Geduld der meisten Kubaner. Momentan kann weder von einer freien noch von einer sozialen Marktwirtschaft gesprochen werden, eher von einer postsozialistischen. Da kaum neuere und verlässliche Zahlen vorliegen, können bezüglich der Wirtschaftssituation Kubas nur allgemeine Tendenzen dargestellt werden.

Reformen nach dem Rücktritt

Der endgültige Rücktritt Fidel Castros in 2008 nach fast 50 Jahren an der Staatsspitze sorgte in der Bevölkerung zugleich für Ängste, aber auch für die Hoffnung auf eine Wende in der kubanischen Politik. Sein nur fünf Jahre jüngerer Bruder Raúl Castro Ruz wurde Nachfolger als neuer Staatspräsident und kündigte umgehend erste Reformen an (u.a. erlaubte Übernachtungen für Kubaner in Touristenhotels, Kauf von Handys und Computern). Die Reformen sind bisher nur teilweise umgesetzt worden – tatsächlich verändert sich jedoch nicht viel, denn die meisten Kubaner haben kein Geld für die horrenden Preise im Devisengeld, dem Peso Convertible (CUC). Dennoch sehen Experten das Land seitdem in einem, wenn auch langsamen, politisch-wirtschaftlichen und gesellschaftlichen Umbruch.
Seit dem Jahreswechsel 2010/11 wurden die ersten Subventionen und Gratisleistungen auf den »libreta«-Bezugsscheinen gestrichen, z.B. für Zahnpasta und Waschmittel und einige Lebensmittel wie Kartoffeln und Salz, die bisher notwendig waren, um mit einem durchschnittlichen Monatsverdienst von circa 19 Euro über die Runden zu

Privatwirtschaftliche Initiative:
Leckere Snacks sind immer willkommen.

Bevölkerung · Politik · Wirtschaft • HINTERGRUND

kommen. Doch die Grundnahrungsmittel sowie die Preise für Wasser, Strom und Gas werden weiterhin subventioniert, auch das Gesundheits- und Bildungssystem bleiben größtenteils kostenlos. Drastischer und weitreichender sind schließlich die in 2011 eingeführten Maßnahmen, die zur allmählichen Öffnung der Privatwirtschaft führen sollen: Im Laufe des Jahres werden bis zu einer halben Million Staatsbedienstete entlassen (20 Prozent aller staatlich Beschäftigten), bis 2015 sollen insgesamt 1,3 Millionen staatliche Stellen gestrichen werden! Damit will die Regierung offenbar einen Wirtschaftskollaps verhindern, denn die Staatskassen sind leer. Im Gegenzug werden nun endlich auch im sozialistischen Kuba verstärkt private Erwerbstätigkeit in rund 180 Berufen (cuentapropistas) auf eigene Rechnung erlaubt, etwa wie schon bisher als Friseure und Taxifahrer (die nun auch Angestellte haben dürfen), aber auch als Kosmetikerinnen, Bauern, Bauarbeiter und Handwerker und einfache Tätigkeiten wie Toilettenaufseher, Parkwächter, Plastiksammler und Palmenbeschneider. Völlig unklar und uneinheitlich sind jedoch die arbeitsrechtlichen Bedingungen, etwa Steuerabgaben und Sozialversicherungen. Weitere Reformen betreffen mehr Reisefreiheit und erweiterten Privatbesitz (z.B. von Häusern und den nach 1959 gebauten Autos, die seit November 2011 an Privatleute verkauft werden dürfen). Das Gesetz zur Reisefreiheit trat im Januar 2013 in Kraft.

Landwirtschaft

Seit Kolumbus das **Zuckerrohr** in der Region einführte, avancierte es zum wichtigsten landwirtschaftlichen Produkt. Besonders auf Kuba wurde die gesamte Wirtschaft auf den Zucker ausgerichtet. Zucker bildet die Grundlage für zahlreiche andere Produkte. So wird z. B. aus dem Nebenprodukt Melasse der berühmte kubanische Rum erzeugt, der je nach Alter und Lagerzeit in Eichenfässern seine charakteristische Färbung und sein Aroma erhält. Er dient als Grundlage für die zahlreichen kubanischen Mixgetränke. Aus Bagasse, den Fasern des Zuckerrohrs, werden z. B. Papiere und Zellstoffe sowie Sperrholzplatten hergestellt. Die Zuckerproduktion ist seit 1990 stark gesunken und erreichte in der Saison 2002/2003 den ersten historischen Tiefstand von rund 2 Mio. t. Seit 2010 liegt der Ertrag bei etwa nur noch 1 Mio. t, und Zucker muss sogar aus Brasilien importiert werden. Ein großer Teil der Ernte kann mit auf Kuba entwickelten Spezialmaschinen geerntet werden, jedoch müssen immer noch ganze Felder mühevoll mit der Machete per Hand abgeerntet werden. Die Zuckeranbaugebiete verteilen sich ebenso wie die Zuckermühlen und -fabriken über die gesamte Insel. Ausgenommen sind lediglich die bergigen Gegenden im äußersten Westen und Osten.

Tabak

Kolumbus entdeckte auf Kuba nicht nur den Tabak, sondern auch die Zigarre. Die Indios rauchten den Tabak entweder durch Inhalationsrohre oder sie rollten die unzerkleinerten Blätter zu sog. »tabacos«,

Havannas

BAEDEKER WISSEN

Exportschlager Zigarre

Echte Havannas sind auf der ganzen Welt begehrt. Alle in Kuba gefertigten Zigarren (über 150 Mio. Stück pro Jahr) werden exklusiv von der staatlichen Habanos S.A. vermarktet, die ca. 30% des Weltmarktes an hochpreisigen Zigarren (»Puros«) bestreitet (▶Baedeker Wissen S. 105).

Die Zigarre

Jede Zigarre, ob handgerollt oder maschinell hergestellt, besteht aus drei Teilen:

Formate

Länge und Ringmaß (Durchmesser) einer Zigarre bestimmen deren Format. Die Länge wird in Inches oder in mm, das Ringmaß in 1/64 Inch angegeben. Eine Zigarre mit dem Ringmaß 43 hat also einen Durchmesser von 43/64 Inches. Daraus ergibt sich eine Unzahl von Variationsmöglichkeiten, und tatsächlich kennt man über 60 Zigarrenformate. Reduziert man sie auf die gängigen, bleiben knapp 20 übrig, von denen die »Gran Corona« die längste (235 mm/Ringmaß 47), die »Pyramide« (156 mm/52) die dickste und die »Panetela« (114 mm/26) die dünnste ist.

❶ Einlage

Ihre Zusammensetzung ist das Geheimnis des Geschmacks genauso wie die Kunst des Mischmeisters. Deshalb nimmt man für sie auch ganze Blätter von der gesamten Pflanze: Die oberen sind schwerer im Geschmack, weil öliger, die mittleren leichter, die unteren haben kaum Geschmack, brennen aber gut.

Der wesentliche Unterschied zwischen handgemachten und maschinell gefertigten Zigarren besteht darin, dass für maschinelle Zigarren an Stelle ganzer Blätter nur Tabakbruch verwendet wird.

❷ Umblatt

Das Umblatt (»capote«) muss ein reißfestes Blatt sein, damit die Einlage gut zusammengehalten wird.

❸ Deckblatt

Das Deckblatt (»capa«) ist die Visitenkarte einer jeden Zigarre. Es muss glatt sein und von einheitlicher Farbe, die von Marke zu Marke natürlich unterschiedlich sein kann.

❹ Libra de pie
»Der Fuß«

❺ Uno y medio
»Eineinhalb«

❻ Centro ligero
»Leichte Mitte«

❼ Centro fino
»Feine Mitte«: die besten Blätter

❽ Centro gordo
»Dicke Mitte«

❾ Semi coronas
»Fast oben«

❿ Coronas
»Die Spitze«

Modeerscheinung, was den Tabakanbau für die Spanier auf Kuba zu einem gewinnträchtigen Wirtschaftszweig machte. Auch heute ist der Tabak, bzw. die berühmte Havanna-Zigarre, gleich nach dem Tourismus und neben Zucker und Nickel der wichtigste Wirtschaftsfaktor und Devisenbringer. Um höhere Gewinne zu erzielen, bediente sich sogar Fidel Castro, früher selbst leidenschaftlicher Raucher, kapitalistischer Methoden: Er signierte Kisten mit wertvollen Zigarren, für die dann bei Versteigerungen höchste Preise gezahlt werden, meist von Amerikanern.

Tabak wird auf Kuba auf einer Fläche von etwa 70 000 ha angebaut, die meist von Kleinbauern privat bewirtschaftet wird. Anbau und Ernte werden besonders sorgfältig und arbeitsintensiv betrieben, um hohe Qualität zu erlangen. Die Hauptanbaugebiete für Tabak befinden sich v. a. im Westen und in der Mitte Kubas. Nach der Ernte wird er vor Ort vorsortiert und in Tabakschuppen getrocknet. Die Tabak verarbeitende Industrie ist außer in der Region Havanna vor allem in der Mitte des Landes und in der Region Holguín angesiedelt. Rund die Hälfte des landwirtschaftlich nutzbaren Landes in Kuba liegt jedoch brach. Bis Mitte 2010 hat die Regierung etwa zwei Drittel dieser ungenutzten Agrarflächen an mehr als 100.000 Kleinbauern verpachtet. Es muss sich allerdings erst zeigen, ob die neuen Landwirte genügend Knowhow, Ausrüstung (z.B. Traktoren) und Investitionsmittel haben.

Wirtschaftsfaktor Tourismus Mittlerweile liegt der Tourismus als Wirtschaftsfaktor **an erster Stelle** — seit Mitte der 1970er-Jahre war er schon stetig gewachsen, seit Beginn der 1990er-Jahre boomt er geradezu. Es steigen nicht nur die Einnahmen (2011: 2,5 Mrd. US$) und die Zahl der im Tourismusbereich Beschäftigten, sondern auch die Besucherzahlen, die sich inzwischen auf rund 2,7 Mio. pro Jahr belaufen. **Touristische Zentren** sind neben der Hauptstadt Havanna v. a. die ausgedehnten Strände in Varadero und an der Südküste, die Umgebung von Cienfuegos, Trinidad und Santiago de Cuba. Es gibt jedoch über die gesamte Insel verteilt, besonders an der Küste und auf einigen Inseln, touristische Infrastruktur.

Entsprechend der Bedeutung als wichtigster Devisenbringer ist der Tourismus der meistgeförderte Wirtschaftszweig Kubas. Im Tourismusbereich laufen bisher die meisten **Joint-Venture-Projekte** des Landes, und das mit Erfolg. Neue Ferienzentren und -anlagen werden gebaut, neue touristische Attraktionen erschlossen. Dabei wird die Renovierung alter, oft traditionsreicher Häuser und Hotels nicht vernachlässigt. Teilweise wird versucht, den Tourismus auf begrenzte Gebiete einzuschränken, wozu sich Halbinseln und Inseln (z. B. Varadero, Cayo Coco, Cayo Santa María und Cayo Largo) anbieten. Dadurch soll die **wirtschaftliche und soziale Diskrepanz zwischen dem touristischen und dem kubanischen Alltag** kaschiert

Bevölkerung · Politik · Wirtschaft • HINTERGRUND

werden. Oft haben nur wenige kontrollierte Personen und Angestellte Zutritt zu den Tourismuszentren. Die Arbeitsplätze im Tourismussektor sind wegen des guten Verdienstes und der Beschaffungsmöglichkeiten für begehrte Waren sogar unter Akademikern sehr gefragt.

Offiziell bezahlt wird der Lohn weiterhin in Pesos cubanos (CUP). Raúl Castro kündigte bereits Ende 2013 ein Währungsreform an, die die Doppelwährung CUP/CUC abschaffen bzw. schrittweise zusammenführen soll. Seit 2014 können die Kubaner immerhin in immer mehr Devisenläden in beiden Währungen bezahlen. An die lebensnotwendigen Devisen (Euro oder Pesos convertibles; CUC) kommt der gewöhnliche Kubaner nur mit Jobs im Tourismus oder in Schwarzmarktgeschäften, mittels Exilverwandten – oder Prostitution. Die meisten Kubaner verdienen offiziell ein durchschnittliches Monatsgehalt von 580 Pesos cubanos, der quasi wertlosen »moneda nacional« – das entspricht ca. 19 € bzw. 22 CUC und reicht nicht einmal für eine Jeans.

In Kuba kostet fast alles künstliche Pesos convertibles oder Euros: ob Lippenstift, Shampoo oder Schokoriegel, kubanische »Tropi-Cola« oder eine Taxifahrt. Die Prostituierten sind oft beispielsweise Medizinstudentin oder Ärztin, Musikerin oder Bibliotheksangestellte. Oft ist es nur Gelegenheitsprostitution, manchmal auch nur das Begleiten und Unterhalten der Touristen, gegen ein paar Pesos convertibles und ein schickes Kleid aus einer Hotelboutique für unerschwingliche 80 € oder CUC. Anfang 1999 griff der sozialistische Staat hart gegen die mit dem Touristenboom wieder aufkeimende Prostitution durch: Den »jineteras« (Reiterinnen) drohen seitdem bei mehrfachem Aufgreifen »Umerziehungslager« auf dem Land und bis zu 20 Jahre Gefängnis. Die Privatpensionen (Casas particulares) dürfen offiziell keine ausländisch-kubanischen Pärchen ohne Trauschein übernachten lassen. Die Maßnahmen waren offenbar nötig geworden, nachdem die Zahl der Prostituierten in den Städten und Badeorten unübersehbar zunahm und erste Fälle von sexuellem Kindesmissbrauch durch Urlauber bekannt wurden.

Auch der **»Heiratsmarkt«** boomt: Rund 5000 US$ legen die Familien mit jungen Töchtern auf den Tisch, um sie beispielsweise mittels einer »Heirat« mit einem unbekannten Mexikaner, Kanadier oder Deutschen auf legalem Weg aus dem Land zu bringen (einen Peruaner zu heiraten ist billiger, das soll »nur« 800 € kosten ...). Aber am längsten soll die Schlange der heiratswilligen »mulatas« vor der italienischen Botschaft sein.

HINTERGRUND • **Alltagsbegegnungen**

Willkommen im Alltag

Kuba einmal abseits vom Strandurlaub und »ganz normale« Leuten treffen – dazu einige Tipps von einer ausgewiesenen Kennerin der Insel.

FREIWILLIGE VOR!
Wer nicht pingelig ist und ehrenamtlich arbeiten will, kann in Kuba bei einigen typisch »linken« Solidaritätsaktivitäten für Ausländer mitmischen, etwa ein Seniorenheim renovieren oder in Projekten wie »Milch für Kubas Kinder« bei Workcamp-Brigaden helfen.
Reisen der AG »Cuba si« (Partei Die Linke), Tel. 030/24 00 94 55, http://cuba-si.org; weitere Infos: Freundschaftsgesellschaft BRD-Kuba, Tel. 0221/240 51 20, www.fgbrdkuba.de; Jugendgemeinschaftsdienste Kolping, http://workcamps.kolping.de; Kubanisches Institut für Völkerfreundschaft, www.icap.cu (span.).

OLDTIMER-TOUR
Rund 50 000 PS-Dinosaurier rollen, scheppern und klappern noch heute über Kubas Straßen und lassen die Herzen jedes Oldtimer-Fans höher schlagen. Bei einer Fahrt in einem privaten »taxi particular« versinkt der Fahrgast eingequetscht zwischen einem jungen Liebespaar und der Hausfrau mit ihren Tüten und Taschen in voluminösen samtweichen Ledersitzen – oder er spürt jede Sprungfeder...
Es gibt auch offizielle Oldtimer-Havanna-Rundfahrten: 25 –30 €, Fünf-Stunden-Tour etwa 100 €.

PINSEL UND ENGAGEMENT
Wie wäre es mit einem Besuch bei sozialen Kunst- und Kultur-Projekten, z.B. beim Erfolgsprojekt »Muraleando« in Havanna. Hier kann man erfahren, wie sich die Maler-Werkstatt für Kids und Jugendliche vor lauter Andrang auf die Straße verlagern musste und schließlich ganze Häuserfassaden verschönert wurden. Mittlerweile ist Muraleando international bekannt und wird alljährlich im April mit Gästen aus aller Welt gefeiert, auch Touristen können mitmachen.
avenTOURa (www.aventoura.de, ▶S.121) hat sich auf Begegnungen im Alltag spezialisiert, z.B. Besuche in landwirtschaftlichen Kooperativen, sozialen Projekten oder Polikliniken; weitere Infos: Freundschaftsgesellschaft BRD-Kuba, Tel. 0221/240 51 20, www.fgbrdkuba.de.

Alltagsbegegnungen • HINTERGRUND

WIE DIE WELTMEISTER

In den Gassen von Habana Vieja wird man gefühlte 500 mal am Tag angesprochen — u.a. ob man nicht gerne Salsa oder Percussion lernen möchte. Und auch beim Boxen gehören die Kubaner zur Weltspitze.

Havanna für Boxfans: Im Sala Polivalente Kid Chocolate (Prado gegenüber Capitolio) meist Fr. 19.00 Uhr Kämpfe, oder im Gimnasio de Boxeo Rafael Trejo (Calle Cuba 815 entre Merced y Leonor Perez), Privatstunden: ca. 20 € für einen Vormittag. Tanzschulen: Academia Salsa Alegre (in der Casa de la Comedia, Calle Justiz 18, altstad, www.salsa-alegre.com) oder imDe Son de la Salsa(San miguel 569, Centro, Tel. 07/289 82 22, www.salsahabana.dk), zehn Tanzstunden ca. 120 € inkl. Tanzpartner, Privatstunden ca. 10-20 CUC/Std.)..

STUDIEREN BEI DEN CASTROS

Sprachkurse, Workshops oder Studium werden zunehmend beliebter, etwa an der Universität Havanna (www.uh.cu). Das dreijährige Filmstudium an der berühmten privaten Internationalen Filmhochschule (Escuela Internacional de Cine y TV, www.eictv.org) in San Antonio de los Baños ist zwar wie ein Ausflug auf einen extraterrestrischen Planeten inmitten der kubanischen Provinz (mit Internetzugang, jeglichem Film-Hi-Tech und sogar einem Pool für Unterwasseraufnahmen), aber die Studenten aus aller Welt filmen »draußen« inmitten des oft genug skurrilen kubanischen Alltags.

Weitere Infos: Ministerio de Educación Superior, www.mes.gob.cu, oder bei der kubanischen Botschaft (▶S. 320). Interessant ist auch https://berichteaushavanna.wordpress.com.

PRIVATWIRTSCHAFT

Will man die Kubaner ein bisschen privat kennenlernen, muss man bei ihnen wohnen oder essen: in den Casas particulares (2-Zimmer-Pensionen) und den Paladares (Wohnzimmerlokalen). Nicht erst seit den jüngsten Reformen müssen die Kubaner sehen, wo sie die begehrten Devisen, den CUC, herbekommen. Natürlich von zahlungskräftigen Touristen als Kunden. So kann man nun auch offiziell die meist preiswertesten einheimischen Dienste der »cuentapropistas« in Anspruch nehmen, der Selbständigen, die auf eigene Rechnung arbeiten: etwa bei Massagen (10 bis 20 CUC/Std.), bei der Maniküre (2 CUC) oder dem Friseur (ca. 5 CUC), den Taxichauffeuren, Bici-Fahrern und Privatlokalen.

Informationen zu den Paladares in den Erleben-Kästen der Reiseziele. In den Hotels erhalten Sie sicherlich weitere Tipps — oder Sie werden auf der Straße angesprochen.

Geschichte

Geschichte • HINTERGRUND

Stets im Fokus fremder Staaten

Die Geschichte Kubas wird seit den Anfängen von den Interessen fremder Staaten bestimmt. Die größte Antilleninsel, deren reiche Vegetation und angenehmes Klima ideale Lebensbedingungen suggerierte, wurde schnell zum Objekt der Begierde. Fremde Einflüsse führten zu ständigen, wechselnden Abhängigkeiten, die eine selbstbestimmte Entwicklung bis heute erschweren.

PRÄKOLUMBIANISCHES KUBA

ca. 2000 v. Chr.	Besiedlung der Insel durch Guanahatabey-Indianer
ca. 300	Die Taíno setzen sich auf Kuba durch.

Die erste durch archäologische Funde belegte **Besiedlung der Insel** erfolgte durch die Guanahatabey-Indianer, über deren Kultur nur wenig bekannt ist. Vermutlich lebten sie als Nomaden in küstennahen Höhlen und verfügten über einfachste Werkzeuge und Waffen aus Muscheln bzw. Stein. Die Spanier fanden nur wenige Stammesangehörige im äußersten Westen Kubas vor, dort im Besonderen auf der nach ihnen benannten Halbinsel Guanahacabibes.

Guanahatabey

Aus dem heutigen Venezuela stammten die höher entwickelten Ciboney. Da dieses ursprünglich große Indianervolk über erstaunlich hochwertige Kanus verfügte, besiedelte es nach und nach die Antilleninseln. Ihre Werkzeuge stellten sie aus Stein her; als Behausung dienten meist Höhlen, selten einfachste Hütten. Ursprünglich waren die Ciboney **Jäger und Sammler**, während sie Ackerbau und Keramikherstellung erst von den kulturell überlegenen Taíno übernahmen. Durch die Taíno wurden sie später von den meisten Karibikinseln verdrängt, auf Kuba konnten sich jedoch im Westen und in der Mitte einige Ciboney, teilweise als Mischkultur, bis zur spanischen Eroberung halten.

Ciboney

Die vermutlich aus dem nördlichen Südamerika stammenden Taíno setzten sich wie auf den Nachbarinseln Hispaniola (heute Haiti) und Jamaika auch auf Kuba seit ca. 300 n. Chr. durch. Neben handwerklichen und landwirtschaftlichen Kenntnissen brachten sie **ausgeprägte religiöse Kulte** sowie soziale Strukturen mit. Etwa 1450 folgten in einer zweiten Einwanderungswelle höher entwickelte Taí-

Taíno

Als der Kreuzer »Maine« 1898 aus ungeklärten Gründen vor Havanna sank, besetzten die USA die Insel. Spanien war schnell besiegt.

no, die sich v. a. im Osten Kubas ansiedelten. Als Jäger und Fischer setzten die Taíno Waffen und Netze ein und stellten von den Spaniern bewunderte große **seetaugliche Kanus** her. Sie bauten Süßkartoffeln (»boniato«), Mais, Maniok (»yuca«) und Ananas sowie Baumwolle und Tabak an. Ihre Hütten bestanden aus Eckpfosten mit geflochtenen Wänden und Dächern und waren um den runden Caney, die Hütte des Kaziken (Häuptling), angeordnet. In ländlichen Regionen Kubas kann man diese Bauweise noch heute antreffen. Ihre handwerklichen Kenntnisse fanden z. B. Niederschlag in der Herstellung von spezialisierten Werkzeugen und Schmuck aus Holz, Keramik und Metall. So war ihnen die Bearbeitung, nicht jedoch das Schmelzen von Gold bekannt, aus dem sie Ohr- und Nasenringe herstellten.

Die Nutzung des Maniok als Nahrungsmittel gelang den Taíno durch die Entwicklung einer speziellen Presse zum Aussondern des giftigen Saftes. Ausdruck ihrer religiösen Kulte war neben Ballspielen, Musik und Tanz auch das Tabakrauchen, das tranceartige Zustände erzeugen sollte. Dazu wurden getrocknete Tabakblätter durch Inhalationsröhrchen oder Keramikpfeifen direkt in die Nase inhaliert. Diese Sitte stieß bei den Spaniern zuerst auf Ablehnung, wurde aber später von ihnen übernommen. Daneben blieben bis heute die Bohío-Hütten, die Hängematte, einige Musikinstrumente sowie das Wort Hurrikan, ursprünglich der Name eines unheilbringenden Gottes, erhalten.

ENTDECKUNG UND EROBERUNG

1492	Kolumbus entdeckt Amerika.
1512	Diego Velázquez gründet die erste kubanische Stadt Baracoa.
1553	Havanna wird Hauptstadt.
1700	Tabak wird Hauptexportartikel, Ausbau der Zuckerindustrie

Entdeckung durch Kolumbus Christoph Kolumbus gilt als erster Europäer, der am 28. Oktober 1492 bei seiner ersten Entdeckungsreise die Nordostküste Kubas betrat. Im Glauben, eine große Vorinsel Indiens gefunden zu haben, nahm er sie im Namen des spanischen Königs in Besitz und nannte sie zu Ehren der Thronfolgerin Juana. Kolumbus war von der Vegetation der Insel, der Vielfalt an Bäumen, exotischen Früchten und Vögeln fasziniert. Neben der Schönheit lobte er die zahlreichen natürlichen Häfen, die schiffbaren Flüsse und die Friedfertigkeit der Indianer. Aus ihrem bescheidenen Goldschmuck schloss er auf reichere Goldvorkommen und hoffte zudem, viele Gewürze und andere wertvolle Rohstoffe vorzufinden. Nach mehreren Wochen Erkundungsaufenthalt verließ Kolumbus Mitte November 1492 Kuba, um nach der Entdeckung weiterer Inseln nach Spanien zurückzukehren. Von dort startete er schon im September 1493 zu einer zweiten Fahrt, die der Sicherung und Ausbeutung der Inseln dienen sollte. Auf dieser wie den beiden folgenden Fahrten wurde Kuba zwar erneut von Spaniern betreten, blieb aber von ihrer aggressiven Landnahme vorläufig verschont, da sie sich zunächst auf der benachbarten Insel Hispaniola ansiedelten.

So stellte man sich Amerikas Entdeckung vor: Ureinwohner heißen Kolumbus willkommen.

Als der Konquistador **Diego Velázquez** 1511 von der spanischen Krone mit der Eroberung und Ausbeutung Kubas beauftragt wurde, lebten auf der Insel etwa 500 000 Indianer. Diese wurden von den ursprünglich nur 300 Spaniern innerhalb weniger Jahre nahezu ausgerottet. Wie auf den anderen Karibikinseln war die **Inbesitznahme Kubas von grundlosen Massakern, Vergewaltigungen und der Vernichtung ganzer Dörfer begleitet**. Viele Indianer, die nicht vor den Grausamkeiten der Spanier in den Selbstmord flüchteten, starben in den folgenden Jahren an eingeschleppten Krankheiten, Hunger und schwerer Zwangsarbeit.

Der Kazike **Hatuey** war vor den spanischen Eroberern von der Nachbarinsel Hispaniola nach Kuba geflohen und berichtete den dortigen Indianern von der Grausamkeit der Spanier. 1511 setzte er sich mit einigen Gefolgsleuten zur Wehr, wurde aber von den militärisch überlegenen Spaniern gefangen genommen und hingerichtet. Bis 1515 unterwarfen diese die gesamte Insel und gründeten die wichtigsten Städte: Baracoa, Bayamo, Trinidad, Sancti Spíritus, La Habana (Havanna), Puerto Príncipe (Camagüey) und die Hauptstadt Santiago de Cuba.

Zur Besiedlung Kubas wurden ganze Landstriche mitsamt ihrer Bevölkerung an spanische Adlige und Geistliche übergeben. Diese Kolonialherren versklavten die Indios und beuteten sie rücksichtslos aus. Zwar widmeten sich die Spanier der Viehzucht und der Landwirtschaft, doch ihr oberstes Ziel blieb die **Suche nach Gold**. Wegen der geringen Vorkommen kam es jedoch nur zu einem kurzen Goldrausch in den frühen Kolonialjahren.

Koloniale Ausbeutung (16. Jh.)

HINTERGRUND • Geschichte

Die drohende Ausrottung der Indios ließ den Dominikanermönch **Bartolomé de Las Casas** (1474 – 1566) aktiv werden. Als Sohn eines der Gefolgsleute von Kolumbus reiste Las Casas als Konquistador 1502 nach Hispaniola, wo er zunächst an kriegerischen Unterwerfungsaktionen gegen die Indios teilnahm und Grundbesitzer wurde. Nachdem er 1508 zum Priester geweiht worden war, sensibilisierte ihn eine Predigt des Dominikanermönches Montesino für die unter dem Deckmantel der Christianisierung an den Indianern verübten Grausamkeiten. Im Rahmen der Eroberung Kubas, an der er als Militärkaplan teilnahm, engagierte er sich zunehmend für die Rechte der Indios. Er verfasste zahlreiche Schriften, in denen er die Grundzüge der Völker- und Menschenrechte formulierte, und vertrat diese in der Öffentlichkeit und am spanischen Hof. Er schlug vor, widerstandsfähigere schwarze Sklaven aus Afrika in die Kolonien zu bringen, um die vor der Ausrottung bedrohten Indianer zu schonen. Die noch unmenschlichere Behandlung der Sklaven bedauerte er später sehr. Zwar wurde der umstrittene und angefeindete Las Casas 1544 zum Bischof von Chiapas (Mexiko) geweiht, doch resignierte er angesichts der Erfolglosigkeit seines Engagements für die Menschenrechte. 1547 kehrte er nach Spanien zurück, wo er 1566 starb. Er hinterließ zahlreiche Schriften und Berichte, die bis heute als wichtige kritische Quellen der Kolonisationsgeschichte gelten.

Umschlagplatz der Kolonialflotte

Mit der Eroberung neuer Kolonien in Lateinamerika gewann Kuba neue strategische Bedeutung. **Havanna** wurde zum Hauptversorgungs- und Stützpunkt der spanischen Flotte, zum Handelszentrum, Umschlagplatz und größten Hafen der Karibik. Die Stadt blühte auf und wurde **1553 zur Hauptstadt ausgebaut**, während andere Städte der Insel, wie die ehemalige Kapitale Santiago de Cuba, verarmten. Strikte spanische Handelsgesetze schränkten jedoch im Vergleich mit anderen Kolonien der Region den wirtschaftlichen Aufschwung ein. Der blühende Handel und der Transport großer Reichtümer von und nach Havanna zog zahlreiche **Piraten** an, die auf den Inseln geeignete Schlupfwinkel fanden. Sie plünderten und zerstörten Städte, die die Spanier durch Festungen zu schützen suchten. Bis heute regen gesunkene Schiffe und vergrabene Reichtümer die Fantasie zahlreicher Schatzsucher an, und das nicht nur, weil die Kuba vorgelagerte Isla de la Juventud als Vorbild für Stevensons »Schatzinsel« gilt, ein Titel, den auch andere karibische Inseln für sich beanspruchen.

Tabak- und Zuckerrohranbau

Kolumbus hatte als Erster den Tabak und die Kunde vom Genuss des Rauchens nach Europa gebracht. Zunächst als heidnischer Brauch misstrauisch beäugt, entwickelte sich der neue Rauchkult bald in ganz Europa und darüber hinaus. Innerhalb kurzer Zeit entstand ein **wachsender Absatzmarkt für Tabak**, der durch die Besteuerung der Tabakimporte zu einer bedeutenden Einnahmequelle für die spanische Krone wurde. Die spanischen Kolonien waren nicht nur die Ursprungsländer des Tabaks, sondern boten mit besonders günstigen Klima- und Bodenverhältnissen sowie Sklaven als Arbeitskräften auf den Plantagen die notwendigen Voraussetzungen, um weltweit zum Hauptanbaugebiet aufzusteigen. 1717 machten königliche Monopole auf Anbau, Verarbeitung und Handel den Tabak zum Hauptfaktor der kubanischen Wirtschaft. Der in Europa verlangte Preis für Tabak stand wegen der spanischen Monopole je-

? Ende der Zuckerrohr-Ära

BAEDEKER WISSEN

2002 beschloss die Regierung, die Hälfte aller Zuckerrohrfabriken (71 von 156 inselweit) zu schließen, nachdem die Zuckerrohrproduktion seit 1990 kontinuierlich gesunken war und einen historischen Tiefstand von rund 2 Mio. t bei der Gran Zafra, der Ernte, erreicht hatte. Einst war Kuba einer der führenden Zuckerrohrlieferanten auf dem Weltmarkt mit jährlich bis zu 8 Mio. Tonnen.

doch in einem krassen Missverhältnis zu den Lebensbedingungen der Sklaven und zum Lohn der kubanischen Tabakbauern, der am Existenzminimum lag. Dies führte zu ersten bewaffneten Unruhen aufgrund sozialer Unzufriedenheit. Zuckerrohr wurde auf Kuba direkt nach der Eroberung von den Spaniern eingeführt, weil die klimatischen Bedingungen günstig schienen. In der folge des **extensiven Zuckerrohranbaus** bedeutete die sehr mühsame und arbeitsaufwändige Ernte und Verarbeitung die Versklavung und den Tod von Millionen Schwarzafrikanern. Mit dem steigenden Bedarf an Arbeitskräften stieg im Lauf des 17. und 18. Jh.s auch die Zahl der **Sklaven** auf Kuba. Ihren Höhepunkt erreichte die Sklaverei auf Kuba jedoch erst im 19. Jh., als sie in anderen Kolonien bereits abgeschafft war (▶Baedeker Wissen S. 292).

Im 18. Jh. wirkten sich die Auseinandersetzung der europäischen Großmächte in der Alten Welt und der Kampf um die Vorherrschaft in der »Neuen« auch auf Kuba aus: 1762 wurde die Insel nach der Belagerung Havannas von den Engländern erobert, ein knappes Jahr später gegen Florida eingetauscht und an Spanien zurückgegeben.

Englische Besatzung

Die Spanier erlaubten im Jahre 1763 den Handel mit Nordamerika. Als nach dem Sklavenaufstand 1791 und der Republikgründung 1804 ungefähr 30 000 Pflanzer, Weiße und Mulatten, von Haiti, dem französischen Teil Hispaniolas, nach Kuba flohen, brachten sie nicht nur Kaffee als neue Anbaupflanze mit, sondern stellten auch das **Arbeitskräftepotenzial** für den boomenden Zuckerrohranbau. Die rasche Industrialisierung der Zuckerverarbeitung, die Vielzahl jährlich nach Kuba verschleppter Sklaven und die Kultivierung neuer Anbauflächen steigerten die **Gewinne der dünnen Oberschicht** der Plantagenbesitzer ins Unermessliche. Bis 1868 war Kuba die reichste Kolonie der Welt.

Industrialisierung im 19. Jh.

48 HINTERGRUND • **Geschichte**

Soziale Unzufriedenheit

Während 1760 fast 30 000 Afrikaner auf Kuba in Sklaverei lebten, wuchs ihre Zahl zu Beginn des 19. Jh.s auf mehr als 400 000. Diese rapide Steigerung führte zu wachsender sozialer Unzufriedenheit. Immer mehr Sklaven flohen in unzugängliche Berggebiete oder organisierten Aufstände (1812 und 1844), die jedoch bald scheiterten. Nachdem England 1808 und Spanien 1817 den Sklavenhandel offiziell aufgegeben hatten, mussten die Sklaven nach Kuba geschmuggelt werden. Mit der Sklavenbefreiung infolge des Amerikanischen Bürgerkriegs war Kuba in dieser Hinsicht spätestens ab 1865 isoliert. Doch auch unter den weißen Kubanern wuchs der Unmut über die sozialen Missstände. Korrupte, in Spanien geborene Beamte vertraten das widersprüchliche Kolonialsystem, denen die Kreolen, in Kuba geborene Nachkommen spanischer Einwanderer, mit einer neuen nationalen Identität gegenüberstanden.

BEFREIUNGSBEWEGUNGEN

1868 – 1878	Erster Unabhängigkeitskrieg
1886	Aufhebung der Sklaverei
1895 – 1898	Zweiter Unabhängigkeitskrieg, Ende der Kolonialzeit, bis 1902 US-Militärherrschaft
1940 – 1944	Erstes Regime des Diktators Batista
1952	Errichtung der zweiten Batista-Diktatur mit Hilfe der Armee

Erster Befreiungskrieg (1868 – 1878)

Zwar konnte Spanien das profitable Kuba – im Gegensatz zu seinen lateinamerikanischen Kolonien – halten, doch stieg die Angst vor der immer stärker werdenden Unabhängigkeitsbewegung, vor revolutionären Umwälzungen und dem daraus folgenden wirtschaftlichen Niedergang. Der erste Befreiungsversuch wurde von **Carlos Manuel de Céspedes** unternommen. Sein Revolutionsmanifest forderte die **Unabhängigkeit Kubas, die Sklavenbefreiung und die Anerkennung der Menschenrechte** sowie eine umfassende Handelsfreiheit. Die 26 000, oft nur mit Macheten bewaffneten Rebellen erzielten im Osten Kubas zunächst Erfolge, doch entwickelte sich bald ein Guerillakrieg, der sich unter Antonio Maceo und Máximo Gómez bis 1878 hinzog. Trotz der **Niederlage der Aufständischen** muss das Entstehen eines kubanischen Nationalbewusstseins als Erfolg gewertet werden.

Zweiter Befreiungskrieg (1895 – 1898)

Um Maceo entstand im amerikanischen Exil die Keimzelle des zweiten Befreiungskrieges, der gleichzeitig der letzte Antikolonialkrieg in Lateinamerika sein sollte. Die politische Untermauerung dieser Unabhängigkeitsbewegung basierte auf den Gedanken und Schriften **José Martís**, der die vollständige Freiheit, auch von anderen Mächten wie den USA, und die Rückbesinnung auf eigene kubanische

Traditionen forderte. Obwohl Martí direkt zu Beginn der Kämpfe im Mai 1895 umkam, gilt er bis heute in Kuba als »Apostel der Freiheit« und Wegbereiter der Revolution. Die Aufständischen kämpften bald in allen Landesteilen, doch gelang ihnen auch diesmal aufgrund der schlechten Versorgung und Bewaffnung nicht der endgültige Sieg. Die Revolutionäre kontrollierten das Landesinnere, die Spanier dagegen die Städte.

Da verschiedene Versuche der USA, Spanien die Insel abzukaufen, scheiterten, entschlossen sie sich schließlich zum Einschreiten. Vorgeblich um Eigentum der USA zu schützen, wurde 1898 der Kreuzer »Maine« nach Havanna entsandt, der dort auf bis heute ungeklärte Weise durch eine Explosion sank. Dies nutzten die USA als Vorwand, um die Insel zu besetzen. Innerhalb von vier Monaten war Spanien besiegt. 1898 endete für Kuba die Kolonialzeit, die **bis 1902 durch eine US-Militärherrschaft abgelöst** wurde. In dieser Zeit gelang es den USA, Kuba in seine Interessensphäre einzugliedern. Die spanischen Industriellen der Tabak- und Zuckerindustrie sowie die Großkaufleute schlossen sich amerikanischen Kapitalfirmen an, die in großer Zahl Niederlassungen auf Kuba eröffneten. Diese brachten der vom Krieg zerstörten Wirtschaft neuen Aufschwung durch Absatzmärkte in den USA. Landkäufe und Investitionen von US-Bürgern führten jedoch zu wachsender Abhängigkeit Kubas. Das 1901 vom amerikanischen Kongress als Verfassungszusatz verabschiedete **Platt-Amendment** sprach der USA das militärische Interventionsrecht zum »Schutz der Regierung und der Unabhängigkeit Kubas« zu. Zusammen mit dem gepachteten **Militärstützpunkt Guantánamo** waren nun die Voraussetzungen für die Vereinigten Staaten zur Durchsetzung ihrer Interessen auf Kuba geschaffen, die sie auf dem exterritorialen Gebiet in Kuba auch nach den Anschlägen vom 11. September 2001 mit der Inhaftierung von rund 600 Gefangenen aus dem arabischen Raum nutzten – mutmaßlichen Talibankämpfern und Al-Quaida-Mitgliedern, die jahrelang keinen Kontakt mit Rechtsanwälten hatten und haben.

Besetzung durch die USA

»Schon lange habe ich ein Auge auf diesen Leckerbissen geworfen« – titelte die amerikanische Zeitschrift »Judge« 1895

Das 1902 als unabhängig proklamierte Kuba kann bis 1959 nur als **Pseudorepublik** bezeichnet werden, da es **politisch und wirtschaftlich von den USA beherrscht** wurde. Neben den von Amerika abhängigen Präsidenten (Palma, Gómez, Menocal, Zayas) wurde das Land vom US-Botschafter regiert; Korruption, Betrug und Gewalt höhlten die demokratischen Prinzipien aus. Die wirtschaftliche Abhängigkeit war so groß, dass Zuckerindustrie, Eisenbahn und Bergbau auf Kuba von amerikanischen Firmen kontrolliert wurden.

Der durch den Ersten Weltkrieg und die sinkende europäische Zuckerrübenproduktion ausgelöste **Zuckerboom** von 1914 bis 1918 führte zum sog. Tanz der Millionen, brachte den Zuckerbaronen unermesslichen Reichtum und verstärkte die Kluft zwischen den extrem reichen und extrem armen Bevölkerungsgruppen. Durch US-Investitionen wurde die Monokultur der Zuckerindustrie weiter ausgebaut. Aufgrund der negativen Handelsbilanz trafen der Verfall des Zuckerpreises und die Weltwirtschaftskrise der 1920er-Jahre Kuba besonders stark.

Diktaturen unter Machado und Batista (1924–1959)

Die sich in den 1920er-Jahren verschärfende soziale Situation und die Angst der wohlhabenden Schicht und der USA vor Unruhen und Aufständen ermöglichten die nun folgenden Diktaturen. **Gerardo Machado**, der sich in seiner von 1924 bis 1933 dauernden Amtszeit den Beinamen »der Schlächter« erwarb, führte ein **blutiges Terrorregime,** begleitet von politischer Unterdrückung und sozialer Ausbeutung. 1933 verließ er nach einem Generalstreik mit Unterstüt-

Die Guerilla unter Fidel Castros Führung, die Batistas Sturz anstrebte, versteckte sich 1957 in den Bergen der Sierra Maestra.

zung des amerikanischen Sonderbotschafters Welles das Land — und nahm die Staatskasse Kubas gleich mit. Nach 30-tägiger Interimspräsidentschaft brachte ein Militärputsch **Fulgencio Batista** für die nächsten 26 Jahre an die Macht. Offiziell wurde Kuba vom Präsidenten regiert, doch lag die eigentliche Macht bei Batista, dem **Oberbefehlshaber des Militärs**. Er sorgte für die Durchsetzung amerikanischer Interessen. Während seiner eigenen Amtszeiten von 1940 bis 1944 und 1952 bis 1959 vermehrte er seinen persönlichen Reichtum und errichtete einen totalitären Staat. Die Opposition war verboten, ein gigantischer Spitzelapparat kontrollierte das Land, Korruption, Mafia, Willkürherrschaft und bis zu 600 000 Arbeitslose bestimmten den Alltag. Auf Kuba standen sich zwei sehr gegensätzliche Welten gegenüber: einerseits das Vergnügungs- und Erholungsparadies reicher Amerikaner mit Villen, Luxushotels, aber auch Prostitution und andererseits das Kuba der Armut, Unterdrückung und Arbeitslosigkeit (▶ Baedeker Wissen S. 52)

DIE KUBANISCHE REVOLUTION

1953	Sturm auf die Moncada-Kaserne
1959	Sieg der Kubanischen Revolution
1962	Kubakrise, USA verhängt totales Wirtschaftsembargo
ab 1980	Zunehmende wirtschaftliche Verschlechterung

Die Geschichte der Kubanischen Revolution begann am 26. Juli 1953 mit der Niederlage einiger Rebellen beim Sturm auf die Moncada-Kaserne in Santiago de Cuba. Eine Reihe unglücklicher Umstände verhinderte einen Überraschungserfolg der wenigen und schlecht ausgerüsteten revolutionären Studenten und Intellektuellen, unter ihnen der 27-jährige **Fidel Castro Ruz**. Den Überlebenden wurde der Prozess gemacht, dessen Öffentlichkeit Castro zu seiner berühmt gewordenen Verteidigungsrede nutzte: »Die Geschichte wird mich freisprechen.« Sein Weg führte jedoch zuerst auf die Gefängnisinsel Isla de los Pinos (Isla de la Juventud) und nach einer Amnestie 1955 ins mexikanische Exil. Dort gründete er, zusammen mit anderen Oppositionellen, u. a. seinem Bruder Raúl, denen sich auch der argentinische Arzt Ernesto (Spitzname: Che) Guevara anschloss, die nach dem Datum des Moncada-Anschlags benannte **»Bewegung des 26. Juli«**, die Keimzelle der Kubanischen Revolution.

Revolutionäre Bewegung

Mit der alten, überladenen und lecken Yacht »Granma« strandeten 82 unzureichend ausgerüstete Revolutionäre am 2. Dezember 1956 im Osten Kubas. Die meisten wurden von Regierungstruppen getötet. Nur zwölf von ihnen, darunter Che Guevara und die Brüder Castro, gelang es, sich in kleinen Gruppen in die Sierra Maestra durch-

Umsturz des Batista-Regimes

Kubanische Revolution

»Hasta la Victoria Siempre«

Wie die Französische oder die Russische Revolution stellt die Kubanische Revolution eine Zäsur in der jüngeren Geschichte dar, einen wichtigen Bezugspunkt für Anhänger und Gegner. Nach mehr als 60 Jahren ist ihre Strahlkraft zwar verblasst, doch das entschlossene Vorgehen gegen die Missstände unter Batista, die charismatischen Persönlichkeiten und die konkreten sozialen Erfolge für die Mehrheit der Bevölkerung geben ihr einen besonderen Stellenwert.

▶ Die Revolution

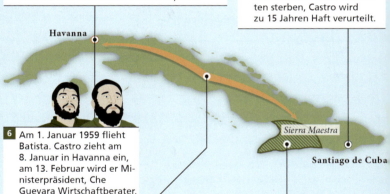

1 Der vormalige Präsident Fulgencio Batista putscht sich am 10. März 1952, 80 Tage vor der geplanten Wahl, wieder an die Macht. Während seiner von den USA gestützten Diktatur wachsen Armut und Korruption.

2 Der junge Anwalt Fidel Castro stürmt am 26. Juli 1953 mit 129 Rebellen die Moncada-Kaserne – und scheitert: sechs Rebellen und 16 Soldaten sterben, Castro wird zu 15 Jahren Haft verurteilt.

6 Am 1. Januar 1959 flieht Batista. Castro zieht am 8. Januar in Havanna ein, am 13. Februar wird er Ministerpräsident, Che Guevara Wirtschaftsberater.

5 Die Offensive beginnt, die Rebellen gehen dabei in zwei Richtungen vor. Die eine Truppe, geführt von Guevara, marschiert Richtung Havanna. Die andere, geführt von den Castro-Brüdern, rückt Richtung Santiago de Cuba vor. Nach der Niederlage bei Santa Clara am 31. Dez. 1958 gibt die Armee auf.

4 Von der Gebirgsregion Sierra Maestra aus führen Castro und seine Leute von 1956 bis 1958 einen Guerillakrieg gegen Batistas Truppen. In dieser Zeit schließen sich immer mehr Menschen der Bewegung an.

©BAEDEKER

Postrevolutionäre Auswanderung
Nach der Revolution verließen hunderttausende Kubaner das Land. Die meisten kamen aus der Mittel- und Oberschicht. Sie stellen heute 0,6 % der US-Bürger.

3 Nach einer Generalamnestie flieht Castro 1955 nach Mexiko und gründet die »Bewegung des 26. Juli«, der sich Ernesto Guevara anschließt. Mit 80 weiteren Revolutionären landen sie am 2. Dezember 1956 auf Kuba. Nach dem ersten Gefecht können nur zwölf von ihnen in die Berge fliehen: der Beginn der Revolution.

KUBA

MEXIKO

Die Yacht Granma brachte die Revolutionäre nach Kuba. Sie ist heute ein Nationaldenkmal. Die Parteizeitung der KP Kubas trägt ihren Namen.

▶ **Die Hauptakteure der Revolution**
Während Castro zum unbestrittenen Staatsführer wurde, nahm Che Guevara den Guerillakampf wieder auf. Batista genoss sein Leben als Ex-Diktator.

Fidel Castro
(geb. 1926)
Gründer der Revolutionsbewegung und von 1959 bis 2011 das diktatorische Staatsoberhaupt. Mit 52 Jahren Amtszeit war Castro das am längsten regierende Staatsoberhaupt des 20. Jahrhunderts.

Ernesto (Che) Guevara
(1928–1967)
Der charismatische Revolutionär gab 1965 seine Staatsämter auf, um revolutionäre Bewegungen auf der Welt aktiv zu unterstützen. Am 8. Oktober 1967 wurde er in Bolivien verwundet und am Tag darauf hingerichtet.

Fulgencio Batista
(1901–1973)
Nachdem die Rebellen am 31. Dezember 1958 Santa Clara erobern konnten, floh Batista mit 40 Mio. Dollar in die Dominikanische Republik. Später fand er in Portugal und Spanien Exil, 1973 starb er an der Costa del Sol an den Folgen eines Herzinfarktes.

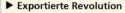

▶ **Exportierte Revolution**
Kuba unterstützte in den 1960er- und 1970er-Jahren revolutionäre Bewegungen in Südamerika und Afrika, auch mit regulären Truppen.

HINTERGRUND • Geschichte

zuschlagen, wo sie allmählich Anhänger unter den Bauern fanden. Auf der ganzen Insel wuchs 1957 der Widerstand gegen das Batista-Regime. Als Batista im folgenden Jahr mit militärischer Gewalt, die sich auch gegen die Zivilbevölkerung richtete, die Rebellenbewegung vernichten wollte, war die Zeit reif für eine landesweite Revolution. Während sich die Zahl der Guerilleros, auch aus den Reihen der Soldaten, vergrößerte und die Präsidentschaftswahlen vom November 1958 boykottiert wurden, gelang den Revolutionären die Eroberung der Insel von Osten nach Westen. Nachdem Batista unter Mitnahme der Staatskasse in der Silvesternacht geflohen war, verhinderte ein Generalstreik die Machtübernahme des Militärs. Der **triumphale Einzug der Revolutionäre unter Fidel Castro** am 8. Januar 1959 in Havanna war der Höhepunkt der Kubanischen Revolution (▶ Baedeker Wissen S. 52).

Reformen unter Castro

Als Regierungschef strich Fidel Castro zunächst den **sozialen Charakter** der kubanischen Revolution heraus. Seine ersten Regierungshandlungen galten der Mietpreissenkung, einem Wohnungsbauprogramm, der Einführung einer Sozialversicherung sowie Maßnahmen gegen die Rassendiskriminierung. Eine groß angelegte Alphabetisierungskampagne und ein weit reichendes kostenloses Gesundheits- und Bildungssystem brachten dem Land im Laufe der folgenden Jahre auf diesen Gebieten einen Standard, der sich mit dem der bestentwickelten Staaten der Welt messen konnte. Kernstück der Reformen war jedoch die **Agrarreform**, die Großgrundbesitzer enteignete und das Land an Landarbeiter kostenlos übergab.

Konfrontation mit den USA

Die Agrarreform traf neben der kleinen Schicht reicher Kubaner v. a. US-Bürger, die auf Kuba investiert oder günstig Eigentum erworben hatten. Die USA übten daraufhin Druck aus, indem sie die Zuckerimporte reduzierten, woraufhin sich Kuba um neue Handelspartner wie die Sowjetunion und China bemühte. Als sich amerikanische Erdölraffinerien auf Kuba weigerten, aus der Sowjetunion geliefertes Erdöl zu verarbeiten, wurden sie von der kubanischen Regierung enteignet.

Eine **Schaukelpolitik** bestimmte seitdem die kubanisch-amerikanischen Beziehungen, die ab 1960 in einem Handelsembargo seitens der USA gipfelte. Viele Intellektuelle sowie die Spitzen der Wirtschaft und Wissenschaft verließen die Insel. Sie bilden eine einflussreiche Schicht in Florida und bestimmen von da aus sie amerikanische Kubapolitik bis heute mit.

Invasion in der Schweinebucht

In den ersten Jahren nach der Revolution kam es auf Kuba wiederholt zu **antirevolutionären Aktionen**, und in einigen Gegenden hielten sich aus den USA unterstützte Kontragruppen. 1961 landeten 1500 Exilkubaner und Söldner, geleitet von der CIA und mit massiver Un-

Geschichte • HINTERGRUND

terstützung der US-Luftwaffe und -Marine, in der kubanischen
Schweinebucht. Obwohl technisch unterlegen, schlugen die Kubaner
diese Invasion innerhalb von nur drei Tagen zurück. Als Resultat
dieses Debakels verhängten die USA zwischen 1960 und 1962 die **bis
heute gültige totale Wirtschaftsblockade**. Kuba orientierte sich
daraufhin enger als bisher an der Sowjetunion, und Castro proklamierte 1962 Kuba als sozialistischen Staat.

Im April 1962 ließ Chruschtschow atomare Mittelstreckenraketen in **Die Kubakrise**
Kuba stationieren, die jedes Ziel in den nur 150 km entfernten USA
erreichen konnten. Als am 22. Oktober 1962 US-Präsident John F.
Kennedy eine Seeblockade gegen sowjetische Schiffe errichtete, **hielt
die Welt 13 Tage lang den Atem an.**
Erst nachdem Kennedy in einer geheimen Abmachung dem sowjeti-
schen Präsidenten versichert hatte, nicht in Kuba einzumarschieren
und Raketen aus der Türkei abzuziehen, lenkte Chruschtschow ein
und ließ die nuklearen Sprengköpfe entfernen. So nah war die Welt
bisher noch nie an einem Atomkrieg. Die dramatischen Ereignisse
wurden im Jahr 2000 von US-Regisseur Roger Donaldson in »Thir-
teen Days« mit Kevin Costner als Berater von Kennedy verfilmt.

Die Anlehnung Kubas an die sozialistischen Länder unter Führung **Sozialisti-**
der Sowjetunion sicherte zunächst den Aufschwung der Insel, brach- **sches**
te jedoch schnell **neue Abhängigkeiten**. Das Hauptexportgut Zu- **Kuba**
cker wurde zu festgelegten Quoten und subventionierten Preisen
abgenommen, im Gegenzug lieferte die Sowjetunion Erdöl zu günstigen Preisen, das nicht nur den kubanischen Eigenbedarf deckte,
sondern teilweise mit Gewinn weiterverkauft werden konnte. Eine
neue **Planwirtschaft nach sowjetischem Vorbild** wurde eingeführt, die jedoch bald die Symptome der sozialistischen Misswirtschaft aufwies. Die 1970 angepeilte Super-Zuckerernte, die 10 Mio. t
umfassen sollte (»Gran Zafra«), konnte trotz Aufbietung aller Kräfte
nicht erreicht werden. Daraufhin versuchte man, sich von der Monokultur des Zuckers abzuwenden und baute andere landwirtschaftliche und industrielle Zweige auf.
Für die **politische Umorientierung** standen die Aufnahme Kubas in
den RGW (1972), neu aufgenommene diplomatische Beziehungen
(z. B. 1975 zur Bundesrepublik Deutschland) sowie die Verfassung
von 1976 mit gewählten Volksmachtorganen. Die sich zuspitzende
Verschlechterung der wirtschaftlichen Situation Kubas führte 1980
zur Besetzung der Botschaft Perus in Havanna durch ausreisewillige
Kubaner. Diesen ersten großen Exodus von tausenden Kubanern in
die USA, dem weitere folgten, ließ Castro nicht zu, ohne sich dabei
unliebsamer Personen zu entledigen. Ausdruck für die **wachsende
Misere** des Landes wurden Rationierungen sowie die weitere Unterdrückung oppositioneller Kräfte.

»PERÍODO ESPECIAL« UND KUBABOOM

1993	Die Doppelwährung CUP/CUC (Devisen) wird eingeführt und der Besitz von Dollar legalisiert.
1995/1996	USA verschärfen Wirtschaftssanktionen
1997	Überführung der sterblichen Überreste Che Guevaras nach Kuba

Zusammenbruch des Ostblocks brachte extreme Auswirkungen auf Kuba mit sich. Die Einstellung der Zuckerabnahme und der Ölimporte traf die Insel an ihrem Lebensnerv. Die ohnehin in weiten Teilen schon **krisenhafte Wirtschaftslage** verschlechterte sich aufgrund des rapide zunehmenden Devisenmangels und Außenhandelsdefizits schnell und führte zu Rationierungen, Stromsperren, Treibstoffmangel und Produktionsausfällen. Innenpolitische Änderungen wie die **Verfassungsreform von 1991** und die ersten direkten Wahlen 1993 deuteten auf einen Wandel hin. Außerdem wurden die Ausreisebedingungen gelockert und mit der Ausrufung der »período especial« (Spezialperiode) an den Durchhaltewillen des Volkes appelliert. Obwohl seit 1993 Kubanern der private Besitz von Dollars erlaubt ist und mit freien Bauernmärkten erste privatwirtschaftliche Unternehmen die Versorgung verbesserten, setzte im Sommer 1994 eine **Massenflucht nach Florida** ein. Oft mit selbst gebauten, meist nicht seetüchtigen Booten versuchten tausende Kubaner, die USA auf dem Seeweg zu erreichen. Wenn ihnen dies gelang, wurden sie kurzfristig interniert und dann auf den amerikanischen Flottenstützpunkt Guantánamo auf Kuba zurückgebracht. In der Hoffnung, das Ende des maroden sozialistischen Kubas zu beschleunigen, verschärften die USA 1995 ihre Sanktionen. Das international stark kritisierte amerikanische **Helms-Burton-Gesetz** von 1996 sah vor, ausländische Investitionen auf Kuba zu sanktionieren. Allerdings trat es bis heute nicht in Kraft. Auch Papst Johannes Paul II. sprach sich bei seinem Kuba-Besuch im Januar 1998 deutlich gegen die amerikanischen Sanktionen aus. Castro setzte dennoch verstärkt auf den Handel mit Mittel- und Südamerika und die wirtschaftliche Liberalisierung vor allem durch Joint Ventures im Tourismusbereich.

1996 flog der amerikanische Musiker Ry Cooder nach Havanna, um dort Plattenaufnahmen mit großen Stars der kubanischen Vergangenheit zu machen. Die Platte der Afro-Cuban All Stars gewann unter dem Namen **Buena Vista Social Club** nicht nur den begehrten Grammy, sondern zog auch bis heute zahlreiche Folgeproduktionen nach sich. Zum Erfolg trug auch der gleichnamige Dokumentarfilm des Regisseurs Wim Wenders bei. Mit der touristischen Vermarktung von romantischem Son und fetziger Salsa, Rum und Zigarren,

1990 verließen 30 000 Kubaner in selbst gebauten Booten das Land, die Fluchtwelle hatte einen Höhepunkt erreicht.

schönen Stränden und schönen Frauen sowie einer Prise Revolutionsromantik entwickelte sich Kuba zu einem boomenden Reiseziel (deutscher) Pauschalurlauber und Abenteuer suchender Individualtouristen aus aller Welt. 1997 waren die sterblichen Überreste **Che Guevaras** sowie sechs seiner Mitstreiter in Bolivien gefunden und nach Kuba überführt worden. In Santa Clara fanden sie ihre letzte Ruhestätte. Am 25. November 1999 wurde der sechsjährige kubanische **Flüchtlingsjunge Elián Gonzales** aus dem Meer gefischt. Seine Mutter war auf der Flucht aus Kuba vor der Küste Floridas ertrunken. Der Streit zwischen in den USA lebenden Verwandten und dem in Kuba lebenden Vater um den Halbwaisen führte zu einer monatelangen Kraftprobe zwischen Fidel Castro, den amerikanischen Justizbehörden und der kubanischen Exilopposition in Miami.

KUBA SEIT DER JAHRTAUSENDWENDE

2004	Der US-Dollar wird durch den Peso convertible (CUC) und den Euro abgelöst.
2008	Rücktritt Fidel Castros, Nachfolger wird sein Bruder Raúl Castro Ruz. Erste Reformen
2009	Barack Obama führt Erleichterungen für Reisen und Geldtransfer von Exil-Kubanern nach Kuba ein.
2014	Neues Gesetz zu Auslandsinvestitionen, Einrichtung einer Sonderwirtschaftszone in Mariel
2015	Lockerung des US-Reiseverbots für alle US-Amerikaner nach Kuba, erster Direktflug ab New York nach Havanna (April)

HINTERGRUND • Geschichte

Verankerung des Sozialismus in der Verfassung

Selbst die Beziehungen zu den USA schienen sich zu Beginn des neuen Jahrtausends zu normalisieren: Im Jahr 2000 beschloss der US-Senat die **Lockerung des US-Wirtschaftsembargos**, und nach den schweren Verwüstungen des Hurrikans Michelle führte Kuba erstmals seit den 1960er-Jahren Ende 2001 wieder US-Lebensmittel ein (unter Präsident Bush wieder erschwert – da für ihn Kuba auf der »Achse des Bösen« gleich hinter dem Irak und Nordkorea rangiert). Dennoch sollen 2001 rund eine halbe Million Kubaner ein Visum für die USA beantragt haben (20 000 wurden erlassen). Im Mai 2002 reichte das oppositionelle kubanische Varela-Projekt eine Unterschriftenliste mit rund 11 000 Unterzeichnenden beim Volkskongress ein – der erste Massenprotest gegen die Kommunistische Partei mit der **Forderung nach freien Wahlen** und Redefreiheit. Die Reaktion Castros ließ nicht lange auf sich warten: Im Juni 2002 wurde der Sozialismus per »Volksentscheid« als »unberührbar« und auf ewig in der Verfassung verankert. Kubanische Gerichte verurteilten im Frühjahr 2003 insgesamt **75 Regimekritiker** wegen angeblicher Beteiligung an »verschwörerischen Aktivitäten« in der ständigen Vertretung der USA in Havanna zu hohen Gefängnisstrafen, d. h. einer Gesamtgefängnisstrafe von 1454 Jahren (»Schwarzer Frühling«). Unter den Verurteilten war der bekannte Journalist und Dichter Raúl Rivero. Er kam nach internationalen Protesten 2004 nach 20 Monaten Haft und aus gesundheitlichen Gründen mit 14 weiteren politischen Häftlingen frei und lebt heute im spanischen Exil.

Ungewöhnliche Fluchtversuche

Seit Ende 2002 rollt eine Fluchtwelle aus Kuba mit ungewöhnlichen Methoden: Ein Flüchtling wurde im Fahrgestell von einem kanadischen Flugzeug entdeckt, es gab mehrere (versuchte) bewaffnete Flugzeug- und Schiffsentführungen, Fluchtversuche bis vor die US-amerikanische Küste mit umgebauten Lastwagen als Amphibienfahrzeuge und von Menschenschmugglern ausgesetzte Flüchtlinge auf einer winzigen bahamaischen Insel. Einige Menschen starben bei den Entführungen, die Schiffsentführer wurden 2003 im Schnellverfahren hingerichtet.

2004

Im Februar 2004 kam es zu einem weiteren spektakulären Fluchtversuch in einem mit höchster technischer Raffinesse zum Amphibienfahrzeug umgebauten alten Buick (der Kofferraum als Tank!), der nur zehn Meilen vor der Küste Floridas von der US-Marine aufgebracht wurde: Die Kubaner, die diese Flucht bereits zum zweiten Mal versucht hatten, wurden wieder zurückgeschickt (nur wer das amerikanische Festland erreicht, darf auch bleiben) und leben in Kuba unter Beobachtung der Staatssicherheit und mit der Hoffnung auf eine Demokratisierung und Verbesserung ihrer Lebensumstände – wie viele tausende unzufriedener Landsleute. Im November blieben 51 Künstler, Tänzer und Musiker der »Havana Night Club«-Show

Geschichte • HINTERGRUND

während ihrer Tournee in Las Vegas, nur zwei Mitglieder des Ensembles kehrten in die Heimat zurück, den anderen wurde Mitte 2005 Asyl in den USA gewährt.

Viele junge Frauen und Männer versuchen der wirtschaftlichen Misere durch eine Heirat ins Ausland zu entgehen, während die Oppositionellen (Schriftsteller und kritische Journalisten) weiter unter den **Repressalien der Staatssicherheit** leben müssen: Hausdurchsuchungen mit Beschlagnahme des Eigentums, Diffamierungen als »Verrückte«, »Konterrevolutionäre« und »Würmer« (»gusanos«), Arbeitsverbot und Zensur, lange Haftstrafen ... Kein Wunder, dass einige Boulevard-Medien im Oktober 2004 vermeldeten: »Castro gestürzt!« – dabei war der 78-jährige, weltweit am längsten regierende Staatschef nur vom Rednerpodest gefallen (und brach sich das Knie), hatte sich aber schnell wieder aufgerappelt – zum Leidwesen seiner Feinde. Castro selbst sagte: »Revolutionäre gehen nicht in Rente.« Und dann bot Fidel Castro den Amerikanern auch noch während des größten Desasters in der jüngeren Geschichte der USA nach dem Hurrikan Katrina im August 2005 an, mehr als tausend Ärzte mit Medikamenten zur Sofortversorgung der zehntausenden von US-amerikanischen Hurrikan-Opfern und Obdachlosen zu senden. Seit 2006 sind die »Apagones«, die **Stromausfälle**, seltener geworden: Kuba hat anlässlich des »Jahres der energetischen Revolution« ab Mai 2006 seine Elektrizitätsanlagen mit neuen leistungsstarken Generatoren ausgestattet, die den bis dahin fast täglichen Stromabschaltungen ein Ende machten— es sei denn, es herrschen Unwetter und starke Regenfälle, auch dann heißt es wie gehabt: Blackout.

»Revolutionäre gehen nicht in Rente«

Mitte 2006 erlitt Fidel Castro eine Darmblutung, woraufhin er sich einer komplizierten Operation unterziehen musste. Zunächst trat er nur »vorläufig«, Anfang 2008 dann endgültig von seinen politischen Ämtern zurück. Er empfängt jedoch gelegentlich hohen Besuch aus befreundeten Staaten. Offiziell berät er nun seinen Bruder **Raúl Castro**, den neuen Staatschef, allerdings meinen viele Beobachter, dass wirkliche Reformen in Kuba erst nach dem Tod Fidels umgesetzt werden können. Bei seiner Antrittsrede kündigte Raúl einen **Prozess der Transition** an mit der Aufhebung einiger Verbote für die Bevölkerung. Zweifellos ist seit 2008 eine Öffnung in der Innenpolitik unter Raúl Castro zu beobachten. Die Bevölkerung wurde aufgerufen,sich an der Diskussion über die zukunft des Landes zu beteiligen. So werden neuerdings für die Wirtschaftsmisere nicht mehr nur externe Faktoren wie die US-Blockade als Ursachen genannt, sondern auch die Misswirtschaft und Korruption im Lande. Die seit 2008 tatsächlich eingeführten Reformen erlauben beispielsweise den Kauf bzw. Besitz von Computern und Handys sowie das Übernachten in Hotels, die zuvor lediglich Touristen und den »Hel

Raúl Castro

den der Arbeit« vorbehalten waren. Sofern Kubaner die nötigen Devisen (CUC oder €) haben, können sie diese Reformen nutzen. Wegen der hohen Kosten und staatlichen Restriktionen haben aber nur ca. zehn Prozent der Kubaner Zugang zum weltweiten Internet, abrufbar sind in Kuba lediglich ca. 150 000 regierungskonforme Webseiten. Dennoch entwickelte sich seit etwa 2007 eine regierungskritische Bloggerszene, unter anderen Yoani Sánchez, die mit E-mails und über USB-Sticks kommuniziert und vorwiegend übers Ausland im Internet »publiziert«. Im Juli 2015 werden erstmals 35 Wlan-Hotspots auf Kuba errichtet, eine Stunde kostet etwa 2 CUC. Seit Ende 2011 ist auch der Handel mit privaten Immobilien und Autos (ab Baujahr 1959) erlaubt.

Im Januar 2013 trat das **Gesetz zur Reisefreiheit** in Kraft. Jetzt brauchen die Kubaner zwar keine Ausreisegenehmigung der kubanischen Behörden mehr, aber nur wenige Länder, etwa das asiatische Laos, lassen Kubaner ohne Visum einreisen. Offenbar verweigern jetzt die USA allen Kubanern ein Visum, die keinen Besitz (Haus, Land) auf Kuba haben, um damit eine Auswanderungswelle ihrerseits zu verhindern und sicherzustellen, dass es einen Grund für die Rückkehr nach Kuba gibt. Die Flüchtlingszahlen in die USA haben sich erstaunlicherweise nicht verringert, im Gegenteil: Es kamen 2014 doppelt so viele Kubaner in Florida an als noch 2013. Und der Ausreisedrang hält an, v.a. bei vielen Jugendlichen, die trotz allem keine Zukunft in Kuba sehen.

Aktuelle Situation

Was die an den Sozialismus gewöhnte, d.h. durch staatliche Unterstützung versorgte kubanische Bevölkerung sehr verunsichert, sind die ersten Entlassungswellen von rund einer halben Million Staatsbediensteten und die gleichzeitige allmähliche Abschaffung der Rationierungskarte (»libreta«) seit 2011. Dies hat aber auch zu einer sprunghaften **Zunahme in der Privatwirtschaft** geführt, die die ehemaligen Staatsbediensteten nun »auffangen« soll: 2015 arbeiten schon mehr als eine halbe Million Kubaner als »cuentapropistas« auf eigene Rechnung, etwa als Friseure, Taxifahrer, Lokalbesitzer und Kleinbauern (wie schon zuvor erlaubt) und neuerdings auch mit eigenen Angestellten als Handwerker. Die meisten versuchen es allerdings mit dem Verkauf selbst produzierter Le-

2008 wurde Raúl Castro Präsident Kubas.

Geschichte • HINTERGRUND

bensmittel und dem Handel in Mini- oder Ein-Mann-Betrieben; so gibt es zahllose Hinterhof-Fleischereien und Sandwich-Läden, wo sozusagen aus dem Wohnungsfenster im Parterre heraus auf die Straße verkauft wird. Bauern dürfen neuerdings einen Teil ihrer Produkte nun auch selbst verkaufen, etwa direkt an Hotels. In den kommenden Jahren sollen insgesamt 1,3 Mio. Angestellte aus den Staatsbetrieben entlassen werden. Offiziell liegt die Arbeitslosigkeit bei rund drei Prozent – interne Experten schätzen sie jedoch tatsächlich auf etwa 25 Prozent und befürchten, dass die Zahl

? BAEDEKER WISSEN

Wussten Sie schon

..., dass viele berühmte Sänger und Schauspieler, die heute in den USA leben, eigentlich aus Kuba stammen? Die Pop-Ikone Gloria Estefan, die kürzlich verstorbene »Salsa-Königin« Celia Cruz, und nicht zu vergessen der US-Schauspieler Andy Garcia. Meist sind sie im Kindesalter mit ihren Eltern in die USA ausgewandert, direkt nach der Revolution geflüchtet oder als Kinder von kubanischen Emigranten in New York oder Los Angeles geboren.

mit den geplanten Massenentlassungen weiter steigen wird, denn es gibt nicht genügend Bedarf und Angebot im Privatsektor, weil selbst Rentner bei einer Durchschnittsrente von ca. 300 CUP/=10 € zusätzlich arbeiten müssen. Es bleibt abzuwarten, wie Kuba der angekündigte Weg in die Privatwirtschaft gelingt. Kubas Wirtschaft bleibt im Großen und Ganzen weiterhin planwirtschaftlich und staatlich gelenkt, zentralistisch und mit sozialistischer Ideologie begründet.

Kunst und Kultur

Kunst und Kultur • HINTERGRUND

Nicht nur Koloniales

In der Kolonialzeit entstand die für Kuba so typische Architektur: Kunstvoll geschmiedete Gitter und Holzläden vor den Fenstern. Nicht wegzudenken sind die heißen Rhythmen Kubas: Son und Salsa schallen aus nahezu jedem Hauseingang.

ARCHITEKTUR

Während die indianischen Rundhütten (caneyes) im Verlauf der Jahrhunderte verschwanden, entwickelte sich die rechteckige Hausform, bohío genannt, zum Prototyp des kubanischen Bauern- und Landarbeiterhauses. Bis heute sind die **bohíos** auf dem Land weit verbreitet. Durch die eingeschossige Bauweise, das heimische Baumaterial und die tief herabgezogenen Dächer sind sie sowohl optisch als auch klimatechnisch bestens an die Gegebenheiten des Landes angepasst. Ihre Wände bestehen aus Palmholzpaneelen oder aus einer Art Fachwerkkonstruktion, bei der ein Geflecht von Lianen zwischen die Pfähle gespannt und mit Lehm bedeckt wird.

Indianische Wohnkultur bis heute

Die spanischen Stadtgründungen wuchsen zumindest in den ersten Jahrzehnten nach einem **einheitlichen Muster**: Das Zentrum der alten Kolonialstädte bildet dabei ein rechteckiger Platz, Plaza de Armas, Plaza Mayor oder nur Plaza genannt. Hier befanden sich die wichtigsten öffentlichen Einrichtungen, insbesondere Verwaltungs- und Versammlungsgebäude, eine Kirche, die Residenz des Gouverneurs sowie Wohn- und Geschäftshäuser. Ein Dekret des spanischen Königs Philipp II. bestimmte genau, wie diese Plätze auszusehen hatten, nämlich rechteckig und 1,5-mal so lang wie breit, um für öffentliche Aufmärsche und Feierlichkeiten genügend Platz zu bieten. In die Plaza mündeten die breiten, Paseo oder Prado genannten Boulevards, die die Struktur des rechtwinkligen Straßennetzes vorgaben. Da sich die Bewohner nur ungern der Sonne aussetzten, wurden die Häuser dicht aneinander gebaut und im Erdgeschoss mit Arkaden versehen. Im 19. Jh. errichtete man diese **Arkadengänge**, die bis heute zum Bild der kubanischen Städte gehören, nicht mehr aus Holz, sondern aus Stein. Der ökonomische Aufschwung durch den Zuckerrohr- und Tabakanbau im ausgehenden 18. Jh. ermöglichte den Bau zahlreicher öffentlicher Gebäude. Kirchen wurden im Stil des spanischen Barock verschönert und vergrößert. Typische Bei-

Kolonialzeit

Dekorative schmiedeeiserne Gitter an den Fassaden sind ein Wahrzeichen der Kolonialarchitektur.

HINTERGRUND • Kunst und Kultur

spiele für diese Epoche der kubanischen Architekturgeschichte sind die Kirche des Franziskanerklosters (1738) und die **Kathedrale in Havanna** mit ihrer barock geschwungenen Fassade (1777 vollendet). Zu Beginn des 19. Jh.s kam der Barock aus der Mode; Elemente der Renaissancearchitektur und klassizistische Formen wie beispielsweise Kolonnaden oder Elemente aus der antiken Tempelarchitektur beherrschten bis weit ins 20. Jh. hinein die Gestaltung repräsentativer Gebäude. Zu den originellsten Schöpfungen gehört das **Gran Teatro García Lorca** in Havanna, das mit seiner beschwingten Jugendstilfassade wieder zu den barocken Traditionen zurückkehrt.

Wohnkultur
Die Spanier verwendeten Stein und gebrannte Tonziegel als Baumaterial nicht nur für die öffentlichen Gebäude und Kirchen, sondern auch für die Wohn- und Geschäftshäuser der Grundbesitzer, Händler und Beamten. Für diese setzte sich der **Typus des Patiohauses** durch, wie er in Spanien und anderen südlichen Ländern verbreitet ist. Der von drei Flügeln mit Arkadengängen eingefasste Hof (Patio) bildete den Mittelpunkt des Anwesens. Mit seinen schattenspendenden Pflanzen sorgte er für ein angenehmes Klima in den Wohnräumen und bot die Möglichkeit, sich im Freien aufzuhalten, ohne sich der Öffentlichkeit auszusetzen. Der Arkadengang diente als Verbindung zwischen den einzelnen Zimmern; bei entsprechender Größe war er aber auch ein angenehmer, halb im Freien, halb im Haus befindlicher Aufenthaltsraum und Treffpunkt für die Familie. Zur Straße hin zeigte das gesamte Haus eine geschlossene Fassade. Die schweren, hohen Holztore öffnete man nur für Kutschen, ansonsten genügte eine kleine, ins Tor eingelassene Lukentür zum Eintreten. Im Erdgeschoss verschloss man die fast bis zum Boden reichenden Fenster durch Holzgitter, sogenannte barrotes, die oft wie kleine Erker vor der eigentlichen Fassade angebracht waren. Später kamen wegen der besseren Haltbarkeit **kunstvoll geschmiedete gusseiserne Gitter** in Mode. Sie sind ebenso eine kubanische Eigenheit wie die meist zweiflügeligen, ebenfalls türhohen **Holzläden an den Fenstern** in den oberen Etagen des Hauses (persianas), die mit verstellbaren Lamellen die Klimaregulierung im dahinter liegenden Zimmer ermöglichen. Dekorationsfreude und Variationsreichtum verraten die halbrunden oder rechteckigen Felder über der eigentlichen Tür. Bei einem Rundbogenfenster werden die Lamellen strahlenförmig im Halbkreis geführt oder – wie in Havanna oft zu beobachten – ein florales Muster aus buntem Fensterglas (vitrales) füllt das Halbrund. Im 16. und 17. Jh. spiegeln viele der Paläste den **Mudéjar-Stil** wider. Im Zuge des wirtschaftlichen Aufschwungs am Ende des 18. Jh.s wurde das Baumaterial kostbarer und viele Häuser zwei- oder sogar dreigeschossig errichtet. Nicht nur im Innern, auch an den Fassaden entfaltete sich Prunk: marmorne Portale, Schmuckkacheln an den Wänden, kleine Balkone vor den Fenstern und steinerne Balustraden machen die Wohnhäuser zu architektonischen Schmuckstücken.

Pastellfarben und Holzläden vor den Fenstern: in Santiago de Cuba ein typisches Bild

In dem Maße, wie es die Bevölkerung Kubas in den 1940er- und 1950er-Jahren vom Land in die Städte zog, entwickelten sich am Rande der Städte Elendsviertel. Die kubanische Lösung für das immer drängendere Problem Wohnungsnot hieß seit dem Beginn der 1970er-Jahre **Microbrigadas**, für die Beschäftigte aus großen Fabriken zum Bau von Wohnungen freigestellt wurden. Bis Ende der 1970er-Jahre konnten auf diese Art rund 80 000 Wohnungen gebaut werden. An der Peripherie von Havanna wurden innerhalb eines Jahrzehnts riesige Vorstädte mit gleichförmigen, schmucklosen Plattenbauten aus dem Boden gestampft. Da sich die kollektive Selbsthilfe bewährt hat, wird sie seit 1986 in modifizierter Form reaktiviert – allerdings mit dem Unterschied, dass nicht mehr nur Arbeiter für sich und andere Beschäftigte einer Fabrik Wohnungen bauen, sondern mit Hilfe der Microbrigadas auch soziale Projekte (z. B. Wohnungen für alte Menschen) und Gemeinschaftseinrichtungen realisiert werden. Die Wohnungsnot trieb die Habaneros aber auch in den 1980-90ern zu unverkennbar kubanischen, meist illegalen Lösungen. Da werden riesige Gründerzeit-Wohnungen vertikal und horizontal unterteilt, man zieht Zwischendecken ein (»barbacoas«): Wo vor 100 Jahren auf einer Etage eine einzige Familie mit Bediensteten gewohnt hat, wohnen heute zwölf Familien! Um ein zusätzliches Zimmer zu schaffen, werden Arkaden und Terrassen in einst prachtvollen Jugendstil- oder Neobarock-Bauten mit Bauschrott verbarrikadiert und ganze Innenhöfe überdacht. Ganz typisch über den Dächern Havannas: Tausende kleiner Beton- und Bretterbuden (»casitas en la azotea«) auf den Flachdächern der Neubauten – fast wie kleine Penthouses, oft mit Meerblick und frischer Brise.

20. Jahrhundert

BILDENDE KUNST

Anfänge im 19. Jahrhundert

Die Malerei als eigenständige Kunstgattung setzte auf Kuba erst mit dem beginnenden 19. Jh. ein. Zu dieser Zeit wurden die ersten Kunstschulen gegründet, so auch die Akademie S. Alejandro in Havanna, die 1818 der französische Historienmaler Jean-Baptiste Vermay (1784–1833) ins Leben rief. Ebenso wie an den Akademien Europas, die das Vorbild für diese Einrichtungen lieferten, beschäftigten sich die Maler v. a. mit Themen, die das Repräsentationsbedürfnis und den Bildungshunger ihrer Auftraggeber befriedigten: Bildnis, Historie und Mythologie. Später wurden dann auch die Landschaftsdarstellung und (gefällige) Motive aus dem Alltagsleben salonfähig.

Die **Begegnung mit der europäischen Avantgarde** gilt im Allgemeinen als der wichtigste Motor für die Neuorientierung **im 20. Jh.**, aber auch die **revolutionäre Kunst des benachbarten Mexiko** trug dazu bei, dass Maler wie Amelia Pélez (1896–1968), Carlos Enríquez (1900–1957), René Portocarrero (geb. 1912), Mario Carreno (1913–1999), Victor Manuel (1897–1969) oder Wifredo Lam (►unten) von der akademischen Tradition abwandten. Ebenso wie in anderen lateinamerikanischen Ländern waren die Anfänge einer modernen Kunst auch auf Kuba eng verbunden mit der nationalen Identitätsfindung, und so markierte die Besinnung der Kunst auf ihre afro- bzw. indokubanischen Wurzeln zugleich den Beginn einer Auseinandersetzung mit der gesellschaftlichen Situation und Kritik an sozialen Missständen. Der prominenteste Vertreter der modernen Künstlergeneration und zugleich der wohl berühmteste Maler der Insel überhaupt ist **Wifredo Lam** (1902–1982; ►Berühmte Persönlichkeiten). In Europa machte Lam nicht nur Bekanntschaft mit den führenden Künstlern des Kubismus und des Surrealismus, sondern er fand mit ihnen auch den Zugang zur afrikanischen Kunst. Die Revolution auf Kuba blieb auch für das Kunstleben nicht ohne Auswirkung. Eine nationale Kunstschule, die Escuela Nacional de Arte in Havanna, wurde gegründet, und in den Provinzstädten wurden zur Förderung der Laienkunst **Volksateliers** (talleres populares de arte) eingerichtet.

Die Abnabelung von den »Vätern« der kubanischen Kunst vollzog sich Anfang der 1980er-Jahre. Aufsehen erregte damals die legendäre Ausstellung »Volumen Uno«, die die Gruppe »Pintura Fresca« 1981 organisierte. Hier wurde erstmals das Spektrum einer Kunst vorgeführt, die nicht mehr den Idealen der Revolution huldigen wollte, sondern sich kritisch, offensiv und provozierend mit der Gegenwart befasste. Dazu gehörte auch die Befreiung von Inhalten zugunsten einer konzeptionellen Kunst. In Europa und in den USA wurde man erst dann auf die Rebellen der jungen kubanischen Kunst aufmerksam, als viele von ihnen Kuba verließen.

Kunst und Kultur • HINTERGRUND

SON, RUMBA UND SALSA

Die kubanische Musik entstand aus einer Mischung spanischer und afrikanischer Traditionen. Spanische Siedler hatten ihre eigenen Melodien und Musikformen nach Kuba mitgebracht wie auch Gitarren und Geigen. Besonders populär auf dem Land und in der Stadt war die Tanzmusik, insbesondere die Guajira, der Bolero, der Zapateo, die Habanera und der Danzón. Mit der Ankunft der ersten Sklaven aus Afrika kamen gänzlich andere Aspekte hinzu, die aber dennoch zur kubanischen Tradition passten. Die afrikanischen Lieder mit Texten in der Yoruba-Sprache wurden hauptsächlich von Trommeln, u. a. der eieruhrförmigen Bata, begleitet. Man spielte sie bei Tanzaufführungen, religiösen Festen, Feiertagsparaden oder an Karneval. Mit der Zeit vermischten sich afrikanische und spanische Musik, im Besonderen seit der Unabhängigkeit und der damit einhergehenden Aufhebung der Rassenschranken. Weiße Musiker spielten Trommeln und übernahmen afrikanische Liedformen, während Trompete, Posaune und Klavier auch von der schwarzen Bevölkerung in ihre Musik einbezogen wurden.

Spanische und afrikanische Traditionen

? Wussten Sie schon

BAEDEKER WISSEN

- …, dass im Hospital Psiquiátrico von Havanna Berufsmusiker zur Unterhaltung der Patienten spielen: 79 ausgebildete Musiker und zwei Dirigenten – eine Besetzung, von der viele deutsche Theater nur träumen.

Auch die **Rumba**, der vermutlich bekannteste kubanische Tanz, hat afrikanische Wurzeln und ursprünglich eine rituelle Funktion. Synkopenreiche, differenzierte Rhythmen und ein gemäßigt bewegtes bis schnelles Tempo charakterisieren die Rumba. Ihren Beginn signalisiert immer ein »Wirbel« der Claves und ein Ruf des Sängers. Dieser improvisiert, dann wiederholt der Chor den Refrain, wobei die Trommler immer weiter in kompliziere Rhythmen verfallen. Erst dann beginnt der Tanz. Die drei beliebtesten Rumbaformen – allerdings mit völlig verschiedenen Rhythmen – sind der Yambú, die Columbia und der Guaguancó.

Kubanische Rhythmen

In den 1920er-Jahren entwickelte sich der **Son** aus den Tänzen der schwarzen Arbeiter auf den Zuckerrohrplantagen. Diese Art von Musik symbolisierte am besten die neu geschaffene kreolische Kultur, mit der sich Weiße und Schwarze gleichermaßen identifizieren konnten. Noch heute rühmt sich Santiago de Cuba, die »Wiege des Son« zu sein, denn hier im Osten der Insel war er entstanden und von wandernden Zuckerrohrarbeitern nach Havanna gebracht worden. Als »Sonero Mayor«, den besten Son-Musiker aller Zeiten, bezeichnete man **Benny Moré** (1920 bis 1963), den populärsten Sänger der Karibik. Er komponierte außerdem, war Bandleader und gab allen Stücken seine unverkennbare Note. Insbesondere galt er als Meister des

HINTERGRUND • Kunst und Kultur

BAEDEKER WISSEN

? Keine Salsa!

Die Kubaner tanzen gar nicht Salsa, sondern »Casino« oder »Timba«. So lauten die kubanischen Namen für die scharfe »Sauce« aus den Grundrhythmen Son und Mambo, einer Prise Rumba und Cha-Cha-Cha. Man tanzt sie auch seltener als Paar, eher wie eine Art Ringtanz: Bei der »Rueda de Casino« werden auf Kommando (»Saccala!«, »Hol sie dir!«, oder »Botala« »Wirf sie weg!«) bestimmte Figuren im Kreis getanzt und die Tanzpartnerinnen schwungvoll herumgewirbelt.

Son Montuno, der schnellsten und temperamentvollsten Spielart des Son, der meist mit großer Orchesterbesetzung gespielt wurde. In den 1940er -Jahren wurde die kubanische Tanzmusik, besonders der Son, durch **Arsenio Rodríguez** geprägt, der sie von großen Orchestern mit Congas, Pianos und diversen Bläsern spielen ließ. In New York sorgte er 1947 mit dieser neuen Form für eine Sensation. Viele bekannte Titel der Latin Music, im Besonderen der Salsa, stammen aus seiner Feder. Die Bandleader auf den Tanzveranstaltungen ließen sich immer wieder etwas Neues einfallen, so wandelte Orestes López den Danzón in den **Mambo** um, indem er die Titel verlängerte und Soli für Percussion, Piano und Querflöte einbaute. Über die Grenzen Kubas hinaus wurde der Mambo dann von **Dámaso Pérez Prado** berühmt gemacht, der in Mexiko und den Vereinigten Staaten mit diesem Musikstil riesige Erfolge feierte. Dem Bandleader **Enríque Jorrín** wird die Erfindung des **Cha-Cha-Cha** zugeschrieben. 1951 komponierte er ein gleichnamiges Lied, inspiriert von dem Geräusch, das die Füße der Tänzer bei den speziellen, leicht verzögerten Mamborhythmen machten.

Besondere Liedformen und kubanische Hymnen
In der Zwischenzeit begannen Komponisten wie Ernesto Lecuona, die neuen Rhythmen mit traditionellen spanischen Liedformen zu vermischen. Daraus entwickelte sich während der 1950er-Jahre der **Filin** (feeling), der zudem stark vom Stil Nat King Coles beeinflusst war. Die zurückhaltendere **Trova**, eine Art romantische oder auch politische Ballade, die nur von einer Gitarre begleitet wird, war ebenfalls in den 1940er-Jahren aufgekommen. Diese typisch kubanische Liedform wird nach wie vor in den Casas de la Trova gepflegt, in denen Laienmusiker zusammen aufspielen und wo **jedermann als Zuhörer willkommen** ist. Die berühmtesten dieser Häuser befinden sich in Santiago de Cuba, Sancti Spíritus und Camagüey.

1967 nahm der nordamerikanische Folksänger Pete Seeger das Lied **»Guantanamera«** nach dem Gedicht José Martís auf, in der Orchestrierung von Joseíto Fernández. So wurde es in Nord- und Lateinamerika gleichermaßen bekannt und kam wieder nach Kuba zurück. Heute gilt das Stück fast als inoffizielle Hymne des Landes. Der 1989 verstorbene Sänger **Carlos Puebla** ist der Revolutionssänger Kubas schlechthin. Seine Lieder, zu denen er Texte und Melodien schrieb, sind sehr stark vom kubanischen Volkslied geprägt. Dessen typische

Kunst und Kultur • HINTERGRUND

Rhythmen wie Guaguancó, Son, Bolero und Guajira wurden von ihm aufgegriffen und variiert. Sein bekanntestes Lied ist zweifellos die Hymne auf Che Guevara: »Hasta siempre Comandante«, die man auf Kuba immer wieder hört.

Kubas Musikszene lebte 1967 bei einem Festival mit dem Erscheinen zweier Sänger neu auf. Ihre Namen waren **Pablo Milanés** und **Silvio Rodríguez**, und sie sangen zu ihrer Gitarre Lieder, die das revolutionäre Kuba priesen, ihm aber auch ein wenig kritisch gegenüberstanden. Sie erzählten von dem Leben und der Liebe, hatten manchmal surrealistische Anklänge und vertonten lyrische Texte. Ihre Musik, heute als Nueva Trova bezeichnet, machte sie über die Grenzen Kubas hinaus auch in Lateinamerika und Europa bekannt. Mittlerweile sind ihre Stücke Teil des nationalen Liedguts geworden, fast alle Kubaner kennen die Texte auswendig, und man hört die Lieder überall auf den Straßen und in den Bars. Heute spricht man gar schon von einer **zweiten Generation** der Nueva Trova, zu ihr gehören u. a. Carlos Varela, Gerardo Alfonso und Xiomara Laugart.

Im Nachtleben Havannas ist allerdings die **Salsa** vorherrschend, die mit ihren heißen Rhythmen mittlerweile auch die USA und Europa mitreißt. In den Szenetreffs »Palacio de la Salsa«, dem »Café Cantante« und im Garten des Restaurants »Cecilia« treten die Topstars der kubanischen Salsaszene auf wie Los Van Van, Son 14, Manolín – El Médico de la Salsa, Adalberto Álvarez, Isaác Delgado, die Gruppe Charanga Habanera und Paulito. Bei diesen Konzerten, die relativ viel Eintritt kosten, trifft man selten auf ein kubanisches Publikum.   Kubaner bevorzugen die nachmittäglichen Matinees, in denen der Eintritt noch in Pesos gezahlt wird. Entwickelt hatte sich das Stilgemisch, genannt Salsa (scharfe Soße), eigentlich in New York, als heimwehkranke Latinos es aus den kubanischen Rhythmen Son, Rumba, Cha-Cha-Cha, Mambo, dem dominikanischen Merengue und der puerto-ricanischen Plena zusammenmixten. Zu den Vätern der Salsa muss man auf jeden Fall den blinden Tres-Spieler Arsenio Rodríguez zählen. Zu den bedeutendsten Interpreten der Salsa gehörte zweifellos **Celia Cruz**, die »Königin der Salsa«, mit ihrem Sonora Matancera-Orchester. Beide Musiker haben der Insel zwar den Rücken gekehrt, doch die Salsa ist die Domäne der Kubaner geblieben, auch wenn sich inzwischen weitere Mixturen mit Reggae, Samba, Rock und Jazz ergeben haben.

FILM

Seit 1979 findet jedes Jahr im Dezember in Havanna das große internationale Filmfestival des »Neuen Lateinamerikanischen Kinos« statt. Auch wenn immer weniger internationale und lateinamerikanische Gäste eingeladen werden können, hat das Filmfestival seinen Platz als wichtigstes regionales Ereignis der Filmbranche bis heute

Filmfestival

Gut gelaunte Musiker auf der Straße sind ebenso klischeehaft wie realistisch! So einer Stimmung kann sich niemand entziehen.

behauptet. Filmstars wie Hanna Schygulla und Antonio Banderas. Regisseure wie Pedro Almodóvar, Fernando Solanas oder Werner Herzog finden sich hier ein, um eine Woche lang in den Kinos Havannas die wichtigsten Produktionen des Jahres anzuschauen.

Aktuelle Situation Die finanzielle Krise, die Kuba schon seit der Revolution begleitet, wirkt sich v. a. seit Mitte der 1980er-Jahre stark auf den Filmsektor aus. Hatte das **kubanische Filminstitut ICAIC** (»Instituto Cubano del Arte y Industria Cinematográficos«) in seiner Hochphase in den 1960er- und 1970er-Jahren noch bis zu 17 Spielfilme pro Jahr produzieren können, so freute man sich in den 1980er-Jahren bereits über zwei bis drei selbst finanzierte Filmprojekte im Jahr. Inzwischen kann sich das kubanische Filminstitut allenfalls als Koproduzent an internationalen Filmprojekten beteiligen. Aufgrund dessen versucht das ICAIC neuerdings, sich als Anbieter von Dienstleistungen für den Filmbereich zu profilieren – und tritt damit direkt mit den etablierten US-amerikanischen Firmen in Konkurrenz. So bietet das ICAIC lateinamerikanischen Filmemachern Entwicklung, Schnitt, Ton und Servicepersonal an – und, wie es scheint, mit Erfolg! Im Kino des Filminstituts ICAIC, der »Cinemateca Charles Chaplin« in Havanna, läuft jedoch bis heute ein fast ausschließlich lateinamerikanisches Programm. Und im Foyer des Kinos kann man ein begehrtes Nebenprodukt bewundern und zum Teil auch erwerben. Hier wird ständig eine Auswahl der berühmten Siebdruck-Filmplakate gezeigt, die unter Cineasten längst zu begehrten Sammlerobjekten geworden sind.

Filme aus und über Kuba

BAEDEKER WISSEN

Mit afrokaribischem Humor

»Ein engagiertes Kino ist ein nicht perfektes Kino« war das Motto des Gründungsvaters des nachrevolutionären Kinos in Kuba, Julio García Espinoza. Es führte zur Herausbildung einer eigenen Filmsprache, die dem nordamerikanischen Kino etwas entgegenzusetzen hatte.

Mit Kreativität und Fantasie konnten die kubanischen Filmemacher ihre Zuschauer über viele technische Mängel hinwegtrösten. Die Generation von Regisseuren, die das kubanische Kino zu weltweitem Ruhm geführt hat, trat mit dem Anspruch an, ein authentisches nationales Kino zu prägen, das an die Themen und Ansprüche der kubanischen Realität anknüpft. Im Vordergrund stand für die Cineasten, von denen einige bereits in Castros Rebellenarmee gekämpft hatten, mit filmischen Mitteln einen Beitrag zum Aufbau des Sozialismus zu leisten. So entstanden insbesondere in den 1960er- und 1970er-Jahren eine Reihe von zeitgeschichtlichen Dokumentarfilmen, die international Anerkennung ernteten. Beispielsweise **»Hanoi, Dienstag der 13.«** von Santiago Álvarez (1966) oder **»Die fünfte Grenze«** (1973) von Pastor Vega. Im Unterschied zu dem ebenfalls stark politisch motivierten russischen oder ostdeutschen Filmschaffen entwickelte sich die Umsetzung von Satire und Ironie im kubanischen Film, die auch die Schwächen des eigenen Regimes nicht ausspart, bereits in den 1960er-Jahren zu einem Markenzeichen. In **»Tod eines Bürokraten«** (1966) von Tomás Gutiérrez Alea nimmt der Filmemacher die Dominanz der Bürokratie und den Personenkult aufs Korn. Auch weitere

Spielfilme wie **»Ein Tag im November«** (1972) von Humberto Solás oder **»Die Abenteuer des Juan Quinquín«** (1967) von Julio García Espinoza thematisieren auf humorvolle Weise die Herausforderungen des kubanischen Alltags. Natürlich war und ist das Themenspektrum der kubanischen Regisseure ebenso breit wie das der Filmschaffenden in anderen Ländern. Da wird geliebt, geküsst, gelitten, gemordet und verfolgt. Doch nur selten kommen die Storys als reine Dramen daher, fast immer sind ironische Seitenhiebe auf den realsozialistischen Alltag eingebaut.

Gratwanderung

In den 1980er-Jahren wurde es allerdings erstaunlich still um das kubanische Kino. Ausschlaggebend war sicherlich neben dem politischen und finanziellen Chaos eine gewisse Unsicherheit der kubanischen Intellektuellen bezüglich ihrer Freiräume. Nachdem die kubanischen Filmemacher viele Jahre lang als Stars auf den internationalen Festivals gehandelt worden waren, gelang es in dieser Zeit so gut wie keinem ihrer Filme, die Landesgrenzen zu überschreiten und im Ausland in die Kinos zu kommen. Der erste Film, der international wieder Aufsehen erregte, war die Komödie **»Alicia im Ort der Wunder«** (1991) von Daniel Díaz Torres, einem der wenigen Regis-

Filme aus und über Kuba

seure, die in der Lage sind, Filme zu machen, bei denen Ironie und hintergründiger Humor die Absurdität des kubanischen Alltags zum Ausdruck bringen.

Mit zwei humorvollen und zugleich systemkritischen Streifen brachte der Regisseur Tomás Gutiérrez Alea (1928 bis 1996) den kubanischen Film international wieder ins Gespräch. Sein Film **»Erdbeer und Schokolade«** (1993) kommt auf den ersten Blick als bizarre Schwulenkomödie daher, entfaltet sich dann aber als vielschichtige, kritische Zustandsbeschreibung des sozialistischen Kuba und endet in einem Plädoyer für kulturelle und sexuelle Toleranz. »Erdbeer und Schokolade« und »Guantanamera«, eine ebenfalls offene, fast sarkastische Kritik an den Auswüchsen der Bürokratie auf der Insel, sind die ersten Boten einer neuen Ära der kubanischen Filmpolitik, die von Liberalität und Öffnung zeugen. Im Ausland sind vor allem Klischees über Kuba gefragt: Ob das die Hollywoodversion der Revolution ist oder Musikfilme nach dem Welterfolg des »Buena Vista Social Club« (►unten). Eine kleine Auswahl der im Ausland bekanntesten Filme rund um das Thema Kuba:

Unser Mann in Havanna (USA 1959, Regie: Carol Reed): Berühmter Klassiker, basierend auf Graham Greenes gleichnamigem Roman, mit Alec Guinness in der Rolle des britischen Staubsaugervertreters Jim Wormold, der Spionageberichte erfindet, um den unersättlichen britischen Geheimdienst in Havanna beliefern zu können.

Havanna (USA 1990, Regie: Sydney Pollack): Eine dramatische Liebesgeschichte aus den letzten Tagen des Batista-Regimes: Robert Redford spielt einen Glücksspieler, der versucht, die schöne Frau eines Guerilleros zu erobern. Die Revolution aus der Sicht Hollywoods – überraschend sehenswert!

Erdbeer und Schokolade (Fresa y Chocolate, Kuba 1993, Regie: Tomás Gutiérrez Alea): Der meistbeachtete und mehrfach international ausgezeichnete Film hat sogar eine Oscar-Nominierung erreicht. Die Komödie handelt von der Begegnung zwischen David (ein junger Parteikader) und dem Schwulen Diego, von Diskriminierung und Toleranz in Kuba. Die Drehorte in Havanna sind heute fast Kult unter Ausländern, so der Eiscreme-Park Coppelia und das Paladar La Guarida.

Guantanamera (Kuba 1993/1994, Regie: Tomás Gutiérrez Alea): Die Komödie schildert die absurden Versuche, einen Leichnam von Guantánamo nach Havanna zu überführen, und die geradezu irren bürokratischen Hindernisse.

Buena Vista Social Club (Deutschland 1999, Regie: Wim Wenders): Der wohl berühmteste aller Filme über Kuba in den letzten Jahren: Der amerikanische Musiker Ry Cooder und der deutsche Filmemacher Wim Wenders haben mit dem herrlichen Porträt über die traditionellen Rentnerbands einen Welterfolg erzielt und den Kuba-Reiseboom ausgelöst. Nachfolger waren »Cuba Son«, »Lágrimas Negras« und der deutsche Film über die legendäre Frauenband Anacaona: »Havana Girl Orchestra« (1991).

Havanna, mi amor (Deutschland 2000, Regie: Uli Gaulke): Der Alltag der Habaneros mit all seinen Tücken. Ein einfühlsamer Dokumentarfilm vom Lieben und Geliebtwerden, von Einsamkeit und Verlassenwerden, von Telenovelas und kaputten russischen Fernsehern.

Der Cuba Coup (Hacerse el Sueco, Kuba, Spanien, Deutschland 2000, Regie: Daniel Díaz Torres): Chaotische Komödie mit Peter Lohmeyer und vielen bekannten kubanischen Schauspielern.

Before night falls (USA 2000, Regie: Julian Schnabel): Reinaldo Arenas' Roman »Bevor es Nacht wird« (1993) erzählt vom Leiden und Leben des homosexuellen Schriftstellers in Kuba. Die Bücher Arenas' sind in Kuba verboten, der Autor im Exil in den USA an Aids gestorben. Seine Lebensgeschichte war für einen Oscar nominiert, mit Johnny Depp in einer Doppelrolle.

Comandante (USA 2003, Regie: Oliver Stone): Drei Tage durfte Oliver Stone den kubanischen Staatschef begleiten: Das Porträt Fidel Castros ist umstritten, da Stone nicht gerade kritisch mit Castro umgeht beim Gespräch über Politik und Macht, Feinde und Frauen.

Música cubana – The next generation (Deutschland 2004, Regie: German Kral): Aufstrebende Musiker auf ihrem Weg zum Ruhm.

Motorcycle Diaries – Die Reise des jungen Che (USA/D/Arg./GB 2004, Regie: Walter Saller): Che Guevara als Medizinstudent Ernesto auf seiner Motorradtour durch den südamerikanischen Kontinent, auf der ihm das Elend in Lateinamerika bewusst wurde und die ihn zum späteren Revolutionär machte.

Barrio Cuba (Kuba 2005, Regie: Humberto Solás): Sieben Habaneros auf der Suche nach Liebe, dabei musikalisch begleitet u. a. von der berühmten kubanischen Salsaband Los Van Van.

7 Days in Havanna (Kuba, int. Co-Produktion 2012, versch. Regisseure, u.a. Benicio del Toro). Ein Stadtporträt wie ein Mosaik über das Tag- und Nachtleben in sieben Kurzfilmen, mitreißende Rhythmen - und Daniel Brühl als verliebter Spanier.

Calle Concordia 418: Hier entstand u.a. der oscarnominierte Film »Erdbeer und Schokolade«.

Berühmte Persönlichkeiten

Berühmte Persönlichkeiten • HINTERGRUND

ALEJO CARPENTIER (1904 – 1980)

Der in Havanna geborene Schriftsteller russisch-französischer Herkunft ist einer der Großen der lateinamerikanischen Literatur, ein **Vertreter des magischen Realismus**. Carpentier lebte von 1928 bis 1939 in Paris, wurde dann Professor für Musikgeschichte in Havanna und war später als Journalist in Venezuela tätig. Nach der Revolution kehrte er nach Kuba zurück und wurde Direktor der staatlichen Verlagsanstalt.

Romancier und Essayist

Dem Romancier und Essayisten Carpentier ist es gelungen, ein ausdrucksstarkes Bild vom Leben im karibischen Raum zu zeichnen. Sein bedeutendstes Buch »El siglo de las luces« (»Explosion in der Kathedrale«), für das er für den Literatur-Nobelpreis vorgeschlagen wurde, beschreibt die Auswirkungen der Französischen Revolution in der Karibik. Weitere bekannte Werke Carpentiers sind »Finale auf Kuba«, »Barockkonzert« und »Die Harfe und der Schatten«. Trotz seines offenen Bekenntnisses für die Revolution und der Tatsache, dass er gerne als **Aushängeschild des neuen Kuba** benutzt wurde, unterwarf er sich keiner Literaturdoktrin und blieb seinem eigenen Stil, gesellschaftspolitische Zusammenhänge darzustellen, treu. Im Alter von 75 Jahren verstarb Carpentier am 24. April 1980 in Paris.

FIDEL CASTRO RUZ (GEB. 1926)

Der aus Mayarí gebürtige legendäre Führer der kubanischen Revolution war schon als Student politisch aktiv. Als Fulgencio Batista y Zaldívar 1952 geputscht und ein diktatorisches Regime in Kuba aufgebaut hatte, entschloss sich Castro, ihn gemeinsam mit Gleichgesinnten zu stürzen. Der Angriff auf die Moncada-Kaserne in Santiago de Cuba am 26. Juli 1953 führte zu Castros Verhaftung. In Mexiko organisierte er zwei Jahre später die **»Bewegung 26. Juli«**. Mit der Guerillatruppe landete er am 2. Dezember 1956 auf Kuba. Nach verlustreichen Auseinandersetzungen mit den Soldaten Batistas zog er sich mit elf verbliebenen Mitstreitern – darunter sein Bruder Raúl und Che Guevara – in die unwegsame Sierra Maestra zurück. Von dort aus setzten sie ihren Kampf fort.

Staats- und Parteichef

? BAEDEKER WISSEN

Rekordverdächtig

- Wussten Sie, dass Fidel Castro selbst im Guinness Buch der Rekorde einen triumphalen Einzug gehalten hat?
Mit der längsten Rede vor der UN-Vollversammlung am 29. September 1960: 4 Stunden und 29 Minuten.

Vor dem Portät Che Guevaras: Die Helden der Revolution sind aus Kubas Alltag nicht wegzudenken.

Der am längsten regierende Herrscher des 20. Jahrhunderts: Fidel Castro

Ende 1958 verließ Batista das Land (▶Baedeker Wissen S. 52). Als kubanischer Ministerpräsident (seit 1959) und **Máximo Líder** (Höchster Führer) konnte Fidel Castro Ruz seine Macht festigen. Nach der Invasion in der Schweinebucht (1961) deklarierte er Kuba als sozialistische Republik und entwickelte eine Diktatur nach sowjetischem Muster, reformierte das Bildungswesen (Alphabetisierung) und veranlasste die Einführung der zentral gelenkten Planwirtschaft, die mit einer umfassenden Agrarreform einherging. Die bislang auf Kuba tätigen großen US-Unternehmen wurden entschädigungslos enteignet, was zu einem schweren Konflikt mit den USA führte.

Dem Druck der Vereinigten Staaten konnte er mit wirtschaftlicher und militärischer Hilfe der Staaten des Warschauer Paktes begegnen, was 1962 zur Kubakrise führte. Castro versuchte immer wieder, die partielle Isolierung seines Landes zu durchbrechen. Doch die Unterstützung revolutionärer Bewegungen in Mittelamerika und Afrika (u. a. Nicaragua, Angola, Äthiopien) behinderte dieses Ziel erheblich. 1988 grenzte er sich deutlich von den reformerischen Strömungen in der Sowjetunion ab und bezeichnete sich selbst noch im April 1989 als **letzten »Gralshüter des reinen Marxismus-Leninismus«**. Mit dem Zusammenbruch des ehemaligen Ostblocks und dem damit verbundenen Wegfall von ca. 85 % der Auslandsmärkte begann für Kuba die sog. Ausnahmeperiode in Friedenszeiten, die von großen Einschränkungen für die Bevölkerung, aber auch von einer schrittweisen Öffnung des Landes gekennzeichnet ist. In den 1990er-Jahren wurde die kubanische Wirtschaft für ausländische Investoren geöffnet, die Religionsfreiheit garantiert, der US-Dollar als Zahlungsmittel freigegeben (bis November 2004), freie Bauernmärkte zugelassen und auch der Dialog mit Exilkubanern eingeleitet. Auch wenn Castros Mythos in den letzten Jahren an Glanz verlor, gilt er für viele Kubaner noch als Held, der für die Zukunft des Landes seinen Traum von einer gerechten Welt zu verwirklichen sucht.

2006 übertrug Fidel Castro seine Amts- und Machtbefugnisse aus gesundheitlichen Gründen zunächst interimistisch auf seinen jüngeren Bruder Raúl Castro Ruz. 2008 übernahm dieser dann endgültig die Staatsführung.

Berühmte Persönlichkeiten • HINTERGRUND

CARLOS MANUEL DE CÉSPEDES (1819 – 1874)

Carlos Manuel de Céspedes wurde am 28. April 1819 in Bayamo in eine Familie hineingeboren, die von ihren Zuckerplantagen und der damit einhergehenden Sklavenhaltung lebte. Nach einem Jurastudium in Barcelona und Reisen nach England, Deutschland und Italien kehrte Céspedes nach Kuba zurück. Immer wieder trat er für die Unabhängigkeit der Insel von Spanien ein, weswegen er mehrmals Gefängnisstrafen verbüßen musste. Begeistert von den Freiheitsgedanken Thomas Jeffersons entwickelte sich Céspedes zum Streiter für Freiheit und Gleichheit. Die Freilassung seiner Sklaven am 10. Oktober 1868 von seiner Plantage La Demajagua bei Manzanillo wurde zur **Initialzündung für den ersten Unabhängigkeitskrieg** Kubas. Die spanische Kolonialregierung nahm seinen Sohn als Geisel und richtete ihn hin, als Céspedes nicht nachgeben wollte. Die ersten 147 Männer, mit 47 Schrotflinten, vier Gewehren, einigen Pistolen und Macheten bewaffnet, wurden noch verlacht und als »mambises« (Aufständische, Verbrecher) bezeichnet. Sie übernahmen dies als Ehrennamen und bildeten schon Ende des Jahres eine Truppe von 26 000 Mann. Die Kämpfe dauerten an, verschiedene Städte wurden eingenommen, auch die Geburtsstadt Céspedes', Bayamo, die zur Hauptstadt der kubanischen Republik erklärt wurde. Céspedes kämpfte bis zu seinem Tod an der Spitze der Mambises, er fiel am 27. Februar 1874 in der Sierra Maestra im Kampf gegen die kolonialen Truppen. Carlos Manuel de Céspedes gilt in Kuba als großer Freiheitsheld und wird als **»Padre de la Patria«** (Vater des Vaterlandes) verehrt.

Freiheitskämpfer

CHE GUEVARA (1928–1967)

Ernesto Guevara Serna – besser bekannt als Che – kam am 14. Juni 1928 im argentinischen Rosario zur Welt. Seine Eltern erzogen ihn sehr liberal, durch seine Mutter kam er schon früh mit marxistischen Ideen in Kontakt. Wegen seiner asthmatischen Veranlagung trieb er sehr viel Sport und begann, Medizin zu studieren. Nach seinem Abschluss arbeitete er zuerst auf einer Leprastation in Bolivien und ging 1954 nach Guatemala, um die Regierung von J. Arbenz Guzmán zu unterstützen. Nach dessen Sturz 1954 lernte er in Mexiko Fidel Castro und dessen Bruder Raúl kennen. Am 25. November 1956 war er mit an Bord der Yacht »Granma«, die mit 82 Personen vollkommen überladen in Richtung Kuba auslief. Dort wurden sie von Batistas Soldaten aufgespürt; nach aufreibenden Kämpfen blieben nur ein Dutzend Freiheitskämpfer übrig, darunter die Brüder Castro, Camilo Cienfuegos und Che Guevara, der sich den Ruf eines harten, aber fähigen Kommandanten erwarb.

Arzt, Politiker und Revolutionär

78 HINTERGRUND • **Berühmte Persönlichkeiten**

Vom Berufs-politiker zum Revolutionär

Nach dem Sieg der Revolution wurden ihm verschiedene politische Ämter in der kubanischen Regierung übertragen: Zunächst als Präsident der kubanischen Nationalbank (1959 – 1961), später als Industrieminister (1961 – 1965). So konnte er an entscheidender Stelle an der revolutionären Umgestaltung der Inselrepublik mitwirken. Sein Traum war die **Schaffung eines »neuen Menschen**«, der materiellen Interessen entsagte, selbstlos, solidarisch und revolutionär war. Als die Insel nach dem Wunsch der Sowjetunion 1964 aber zur Zuckermonokultur zurückkehrte und Guevaras Pläne zur Industrialisierung zurückgestellt wurden, verlor er zunehmend das Interesse an der Arbeit eines Berufspolitikers. Im März 1965 kehrte er von einer Reise durch Afrika und Asien zurück. Was danach geschah, liegt im Dunkeln, er verschwand lange Zeit – von einem Zerwürfnis mit Castro, von Krankheit und Depressionen ist die Rede.

Bald darauf muss Guevara dann Kuba verlassen haben, um in Bolivien eine revolutionäre Bewegung aufzubauen, denn am 3. Oktober 1965 wurde von Castro ein Abschiedsbrief verlesen, in dem Guevara auf seine Staatsbürgerschaft und alle Ämter verzichtete, um sich »einem neuen Gebiet im Kampf gegen den Imperialismus zuzuwenden«. Wieder ging er in die Berge, um von dort aus den Kampf zu organisieren, doch diesmal scheiterte er, da nicht genug Rückhalt in der Bevölkerung bestand. Sein Tagebuch endet am 7. Oktober 1967, vermutlich wurde er am Tag darauf ohne Gerichtsurteil erschossen und sein mutmaßlicher Leichnam der Presse vorgeführt. Ende der 1960er-Jahre wurde Che Guevara zum Märtyrer und zur Kultfigur revolutionärer Bewegungen stilisiert. Als schönster Revolutionär aller Zeiten ging sein Plakat um die ganze Welt. Von den Kubanern wird sein Andenken immer noch hochgehalten; neben José Martí ist er der **Nationalheld, der am meisten geliebt und verehrt wird**.

CHRISTOPH KOLUMBUS (1451–1506)

Entdecker der »Neuen Welt«

Cristoforo Colombo – Cristoval Colom – Cristóbal Colón: Diese drei Variationen seines Namens in italienischer, portugiesischer und spanischer Sprache kennzeichnen auch den Lebensweg des Seefahrers und Entdeckers. 1451 in Genua geboren, fuhr er bereits im Alter von 14 Jahren zur See. 1476 ließ er sich in Lissabon nieder, wo er sich mehr und mehr mit der Idee beschäftigte, den Seeweg nach Indien zu finden. Vergeblich versuchte er, auch den König für diesen Plan zu gewinnen. In Kastilien konnte er schließlich finanzkräftige Helfer und die Unterstützung der Königin Isabel finden. Am 3. August 1492 stach er mit den Karavellen Santa María, Pinta und Niña in See, am 12. Oktober kam erstmals Land in Sicht. Kolumbus nahm die Insel in Besitz und nannte sie San Salvador – aller Wahrscheinlichkeit nach handelte es sich um das heutige Watling Island in der Bermuda-

Ghirlandaio porträtierte um 1520 den skeptisch dreinblickenden Entdecker der Neuen Welt: Christoph Kolumbus.

Gruppe. Auf derselben Reise entdeckte er auch Hispaniola (das heutige Haiti) und Kuba, wo er nur wenige Tage blieb und einige Indianer an den spanischen Hof mitnahm. Die folgenden Fahrten brachten jedoch nicht den erwarteten Erfolg in Spanien, da man in den neuen Gebieten nur unkultiviertes, armseliges Land sah, das von Wilden bewohnt war. Aufgrund der Denunziationen einiger Teilnehmer der Entdeckungsfahrten wurde er auf seiner dritten Reise auf Hispaniola festgenommen und nach Spanien zurückgebracht, wo er sich jedoch vor dem Königspaar erfolgreich verteidigen konnte. Trotzdem blieb Kolumbus **zu Lebzeiten der Ruhm versagt**.

WIFREDO LAM (1902–1982)

Der Maler Wifredo Lam, Sohn eines Kantonchinesen und einer Kubanerin europäisch-afrikanischer Abstammung, wurde in Sagua la Grande auf Kuba geboren. Er erhielt seine künstlerische Ausbildung zunächst in Havanna. 1923 ging er nach Madrid und wechselte 14 Jahre später nach Paris, wo er enge Beziehungen mit Vertretern des Surrealismus pflegte. 1941 emigrierte Lam mit dem sog. harten Kern der Surrealisten nach Martinique und fand wenig später auf seine Heimatinsel Kuba zurück. Nach 1947 hielt er sich über längere Zeiträume in Italien und Paris auf.

Maler

HINTERGRUND • Berühmte Persönlichkeiten

Die Bilder Lams sind geprägt von der erwachenden Selbstbestimmung des sich langsam vom kolonialen Joch befreienden karibischen Raumes. In seinem Werk finden sich immer wieder Interpretationen des afrokaribischen Erbes, so z. B. Darstellungen von Dämonen, wie sie im kubanischen Synkretismus vorkommen. Kubistische Elemente und ausgewogene Kompositionen kennzeichnen seine Bilder.

JOSÉ MARTÍ (1853 – 1895)

Journalist und Schriftsteller

Der aus Havanna stammende José Martí ist die herausragende Figur der kubanischen Unabhängigkeitsbewegung der zweiten Hälfte des 19. Jahrhunderts. Der Text des berühmten Liedes **»Guantanamera«** stammt aus seiner Feder. Als sich Martí im Alter von 16 Jahren mit der Zeitschrift »Patria Libre« für den Unabhängigkeitskampf Kubas einsetzte, wurde er von der spanischen Kolonialregierung zu Zwangsarbeit verurteilt und 1871 nach Madrid deportiert. Dort konnte er sein Jura- und Philosophie-Studium abschließen. Nach Reisen durch Mexiko, Guatemala und Venezuela kehrte er 1878 nach Kuba zurück, von wo er ein Jahr später wegen seiner politischen Aktivitäten wieder nach Spanien exiliert wurde. Von 1881 an lebte Martí in New York. Seine in der argentinischen Zeitung »La Nación« regelmäßig erscheinenden Artikel machten ihn in ganz Lateinamerika bekannt.

Ab 1884 widmete sich Martí der Vorbereitung einer Invasion auf Kuba und nahm mit Kämpfern des Unabhängigkeitskrieges Kontakt auf; v. a. in Briefen sowie in zahlreichen Essays spiegelt sich sein politisches Denken wider. Sein Hauptanliegen galt dem Kampf gegen Ungleichheit und Ungerechtigkeit, der Befreiung Kubas von der spanischen Kolonialmacht, der Ablehnung einer Annexion Kubas durch die USA und der Zusammenfassung aller politischen Kräfte. Mit der Gründung der Revolutionären Partei Kubas (Partido Revolucionario Cubano) 1892 versuchte er, diese Vorstellungen umzusetzen. Begleitet von Máximo Gómez traf er am 11. April 1895 auf Kuba ein. Nur einen Monat später fiel er im Kampf bei Boca de Dos Ríos. José Martí wird heute noch als **Nationalheld** verehrt.

ANA FIDELIA QUIROT (GEB. 1963)

Leichtathletin

Als außergewöhnlichste Siegerin der Weltmeisterschaften 1995 in Göteborg wurde Ana Fidelia Quirot aus Kuba mit Standing Ovations gefeiert. Nur eineinhalb Jahre nach einem **schweren Explosionsunglück** und monatelangen Krankenhausaufenthalten gewann sie den Titel über 800 m in Jahresweltbestzeit. Bei der Explosion eines Gaskochers am 22. Januar 1993 hatte die im sechsten Monat schwangere

Berühmte Persönlichkeiten • HINTERGRUND

Athletin Verbrennungen zweiten und dritten Grades erlitten. Sie verlor ihr Kind und kämpfte tagelang mit dem Tod. Mit eisernem Willen gelang Quirot ein unerwartetes Comeback. Bereits zwei Monate nach dem Unglück wurde sie Zweite bei den Zentralamerikanischen Meisterschaften; ihre Leistung bei der WM galt als kleines Wunder.

Ana Fidelia hatte ihre Zukunft immer im Sport gesehen, aber auch in einer Art politischem Auftrag. Fidel Castro, nach dem sie Fidelia genannt wurde und den sie sehr verehrt, besuchte sie schon wenige Tage nach der Explosion im Krankenhaus und nahm ihr das Versprechen ab, wieder zu laufen. Aus ganz Kuba kamen aufmunternde Briefe. Sie fing trotz eines quälenden Heilungsprozesses wieder mit dem Training an. Nur morgens und abends trainierte sie in hochgeschlossener Spezialkleidung und mit Handschuhen aus Angst vor Sonnenlicht. Den Kopf in einem Korsett ruhig gestellt, drehte sie die ersten Runden. Schon vor diesem tragischen Unfall und ihrem **unerwarteten Comeback** war sie eine Ausnahmeathletin – in den Jahren 1987 bis 1990 hatte sie 39 Wettbewerbe in Folge gewonnen, ab 1990 schloss daran nochmals eine Serie von 15 Siegen über 400 m an. Bei den Olympischen Sommerspielen in Atlanta 1996 gewann Quirot, eigentlich als Favoritin gehandelt, die Silbermedaille. 1997 konnte sie bei den Weltmeisterschaften in Athen noch einmal eine Goldmedaille über 800 m erringen. 2001 beendete sie ihre Sportlerlaufbahn. Bei ihrer Verabschiedung und Ehrung war Fidel Castro anwesend.

Jubeln für das Heimatland: eine Ausnahmeathletin auf Erfolgskurs

ERLEBEN UND GENIESSEN

Wo kann man wunderbar baden und tauchen? Was gehört in einen richtigen Mojito und wann finden die interessantesten Feste und Festivals statt? Dies und mehr erfahren Sie auf den folgenden Seiten.

Essen und Trinken

Essen und Trinken • ERLEBEN UND GENIESSEN

Meister der Improvisation

Kein Fest in Kuba ohne deftigen Schweinebraten oder wenigstens ein Spanferkel (lechón a la pulla), gefüllt mit Reis und schwarzen Bohnen. Danach lecken sich die Kubaner alle zehn Finger – und das wortwörtlich. Viele Kubaner halten sich ein Schwein, und wenn es sein muss verbotenerweise auch auf dem Balkon mitten in der Stadt, auf dem Land grunzt es sowieso aus fast jedem Patio-Hinterhof. Zu Feierlichkeiten wird das Haustier dann »à la parilla« auf dem offenen Bodenloch über der Holzkohle zum »cerdo asado«. Wer die Kubaner privat kennenlernt, wird um diesen Feiertags-Genuss nicht herumkommen – inklusive Rum und Bier.

Niemand, man muss es so klar sagen, fährt nach Kuba der exquisiten Küche wegen — weil es sie nicht gibt. Der Mangel an Lebensmitteln, Gewürzen und Gemüsesorten, an Devisen, aber vielleicht auch an Kreativität und guten Köchen mag über Jahrzehnte zu einer Kochkunst geführt haben, die eher bescheiden und bodenständig daherkommt und in der die Verwendung von Salz bereits als Rafinesse gelten könnte. In jüngster Zeit entstehen allerdings sehr gute und gehobene Restaurants in Havanna. Die verbreitete »comida criolla« ist dagegen deftig und fleischlastig, die Portionen sind riesig und lassen keine allzu großen Variationen erwarten. Die Hausfrau kocht das, was sie gerade auf dem (Schwarz-)Markt kriegen oder sich leisten kann – dann aber so, dass der Tisch sich biegt. . . Na dann, Buen provecho! (Guten Appetit!)

Gute Touristenhotels bieten À-la-carte-Restaurants und reichhaltige Buffets, von denen Kubaner nur träumen können. Dabei orientiert man sich hauptsächlich an der internationalen Küche. Kubanische Spezialitäten gibt es in vielen staatlichen Devisen-Restaurants und in den privaten **»Paladares«**. Diese privaten kleinen Restaurants durften offiziell bis 2011 nur mit Familienangehörigen betrieben werden: Oft in der eigenen Wohnung mit max. 12 Sitzplätzen wurden ausländischen Gästen mit viel Improvisationskunst typische kubanische Gerichte serviert, vergleichsweise preiswert gegen Pesos convertibles (CUC). Seit der Öffnung wurde auch die Paladar-Szene professioneller (▶Reiseziele, Essen), allerdings ist die Fluktuation z. T. recht stark, »Paladares« können geschlossen werden, wenn der Besitzer die hohen Steuern nicht mehr zahlen kann, weil er ausgewandert oder aus politischen Gründen in Ungnade gefallen ist. Die meisten Kubaner

Internationale und kubanische Küche

Kuba-Klassiker: Mojito und Havannas

Kubanische Küche

Typisch kubanische Gerichte

Gelegentlich ist auch heute noch spürbar, dass die schlechte Versorgungslage das Thema Essen lange beeinträchtigt hat. Hühner- und Schweinefleisch sind sehr beliebt, dazu werden meist Reis mit schwarzen Bohnen, Süßkartoffeln, Jams- oder Maniokwurzel und fritierte Scheiben von Kochbananen gereicht.

Pollo asado/cerdo asado: Der Klassiker: Das wohl typischste Gericht ist pollo asado (Huhn, oder als Brathähnchen: pollo frito) und cerdo asado (Schweinebraten, ▶Abb. S. 88). Obligatorisch sind die Beilagen: weißer oder rotbrauner Reis mit schwarzen Bohnen (moros y cristianos), Yuca (Maniok) und/oder Süßkartoffeln (boniato), fritierte Kochbananen (tostones) und die knusprigen kleinen chicharritas (Bananenchips). Wer es sich leisten kann, serviert noch einen einfachen grünen Salat mit Tomaten, Gurken und Avocado dazu. Zum Schweinebraten gehört noch die leckere mojo-Sauce aus Öl, zerstampften Knoblauch und dem Saft einer Bitterorange bzw. Limette. Bratensaucen wie in Deutschland sind auf Kuba eher unbekannt.

Crudo de pescado (Ceviche): Sushi à lo cubano: Gewöhnlich wird das Gericht in kubanischen Küstendörfern unter Fischersleuten gegessen - mittlerweile findet man Ceviche auch mal in einem Touristenlokal. Roher Fisch wird kleingeschnitten und eingelegt in Limettensaft. Danach kommen fein zerhackte Zwiebeln, Salz, Pfeffer und Öl und ein Schuss Tabasco dazu. Mit Weißbrot, Rum und Bier schmeckt es bei Festen am besten.

Tamales: Eines der ganz typischen Gerichte und ein letzter Überrest der Indio-Küche sind die gefüllten Maistaschen. Ein Brei aus Maismehl, Pflanzenfett oder Schmalz, gemahlenem Knoblauch und Paprikapulver sowie gebratenen Schweinefleischstückchen oder Speck wird in kleine Taschen aus Maisblättern gefüllt, zusammengebunden und dann in Salzwasser gedämpft. Es gibt die Tamales oft als Snack oder Vorspeise bei Festen.

Pescado à la Santa Barbara: Einen Hauch von Asien spürt man in der Regionalküche rund um Baracoa — kein Wunder, denn hier wachsen die meisten Kokospalmen. Im Osten Kubas ist die Gegend ohnehin tropischer, und so ist auch das Essen etwas »exotischer«: Beim Kochen wird viel Kokosmilch, Koriander und sogar Chili verwendet - und das gibt den Gerichten, etwa dem nach der Heiligen Barbara benannten Fischfilet, eine leicht asiatische Note.

Langosta enchilado: Kein Tourist muss lange auf das verlockende Angebot warten: Hummer bzw. Langusten. Was sich die Kubaner selbst kaum leisten können, wird meist in den casas particulares oder zu großen Feiern aufgetischt - sofern es für die gewöhnliche Hausfrau auffindbar oder bezahlbar ist: Der in kleine Teile geschnittene Hummer kommt in einer leckeren Sauce aus Tomaten, Knoblauch, Zwiebeln, Öl, Essig und einen Schuss Tabasco daher — und das Ganze im Privatlokal für kaum 10 €.

Lecker... Da weiß man gar nicht, was man zuerst probieren soll.

können sich allerdings das, was den Touristen geboten wird, weder zu Hause noch im Restaurant leisten, denn noch immer sind manche Lebensmittel rationiert.

Trinkgeld Im Allgemeinen ist in den Rechnungen ein Bedienungsentgelt inbegriffen, dennoch erwarten Hotelangestellte, Kellner, Taxifahrer u.a. ein zusätzliches Trinkgeld von **ca. 10% des Rechnungsbetrags**, insbesondere da es für die meisten Kubaner sehr schwierig ist, an die begehrten Devisen heranzukommen. Es ist empfehlenswert, Zimmermädchen und Kellner das erste Trinkgeld einen Tag nach der Ankunft und in der Folgezeit eines pro Woche zu geben — so sichert man sich eine gewisse »Beachtung«.

KREOLISCHE KÜCHE

Grundlagen Die typisch kubanische, d. h. kreolische Küche vereint indianische, afrikanische und spanische Einflüsse. Grundlagen der Gerichte sind **Reis, Bohnen** und **Kochbananen.** Bevorzugt werden Hühner- und Schweinefleisch, Rindfleisch findet man nur in den guten Touristenhotels. Charakteristisch für die kreolische Küche ist die Verwendung von Yuca (Maniok), Malanga (Knollenfrucht), Boniato (Süßkartoffeln) und Kürbis, verfeinert wird mit Zwiebeln, Knoblauch und zahlreichen Gewürzen und Kräutern, sofern sie verfügbar sind. In guten Restaurants erhält man auch kreolische Fischgerichte und Meeresfrüchte. Eine besondere Spezialität ist **ajiaco**, ein Eintopf aus Schweinefleisch, Yuca, Malanga und Kürbisstücken. Kein kubanisches Essen ohne **moros y cristianos** (Mauren und Christen), darunter versteht man gekochte schwarze Bohnen, denen Reis und ein Gemisch aus in Öl gebratenen Zwiebeln, Knoblauch, gedünstetem Paprika sowie Oregano und Kreuzkümmel untergemischt werden. Die Alternative zu moros y cristianos ist **arroz congrí**. Rezept wie oben, nur mit roten statt schwarzen Bohnen. Beliebte Beilage zu fast allen Speisen sind **plátanos** (Kochbananen), die flach und frittiert als **tostones** gereicht werden.

Früchteplatte mit Papaya, Ananas, Mango und Guave

Zu moros y cristianos oder arroz congrí werden meistens gebratenes Hähnchen (pollo asado), Schweinefleisch (cerdo asado) oder Hackfleisch (picadillo) serviert. Besonders lecker schmeckt das Fleisch, wenn es vorher in einer Marinade aus frittiertem Knoblauch und sauren Orangen eingelegt wurde. Hin und wieder gibt es auch Spanferkel (lechón a la pulla). In guten Touristenlokalen wird auch teures Rind- und Lammfleisch serviert. Überall gibt es als beliebten Snack auf der Straße aus der Papiertüte die fettigen »chicharrónes«, knusprige Schweineschwarte in mundgerechten Stücken. Wer es eilig hat und wenig Geld, der kauft für unter 1 € am Imbiss eine „cajita"-Pappschachtel mit Schweinefleisch, Reis und Bohnen oder ein Stück kubanischer Pizza – optisch nicht gerade delikat, macht aber satt.

Fleischgerichte

Beliebte Desserts sind **flan**, ein von den Spaniern übernommener Karamelpudding, Eis, Fruchtsalat oder Gebäck (buñuelos). Sehr süß schmeckt **guayaba con queso**, eine Art Guavenmarmelade mit Frischkäse.

Süßigkeiten und Desserts

GETRÄNKE

Neben Mineralwasser der Marke Ciego Montero (sin gas: ohne Kohlensäure, con gas: mit Kohlensäure) gibt es Fruchtsäfte (jugos), meistens Orangen-, Pampelmusen- oder Ananassaft, und **refrescos** wie Malzbier (malta), Tu-Kola usw.

Erfrischungsgetränke

Nach dem Essen bzw. auch anlässlich einer Einladung zu Hause wird in Kuba immer Kaffee (café cubano/cafecito: schwarz, café con leche: mit Milch) angeboten.

Kaffee

Rum und Cocktails

Hochprozentiger Genuss

*Rum und Rumba, Cocktails unter Palmen, Sonne, Meer und das Ba-
cardi-Feeling gehören zu den Traumvorstellungen vom Karibikurlaub.
Durch zahlreiche Filme und nicht zuletzt durch das Leben und Werk
Hemingways haben sich in vielen Köpfen Bilder von exotischen Mixge-
tränken und Barkeepern unter kreisenden Ventilatoren festgesetzt.*

Die Grundlage dieser Drinks ist meist Rum, das alte Seefahrer- und Piratengetränk, das sich heute zum Mixen weltweit großer Beliebtheit erfreut und dessen Ursprung auf Kuba sowie seinen Nachbarinseln Jamaika und Haiti (Hispaniola) liegt.

Der Siegeszug des Rums

Da Rum ein Nebenprodukt der Zuckerherstellung ist, war seine Verbreitung eng mit dem Aufstieg des Zuckerrohrs verbunden. Die irreführende Annahme, dass der Genuss dieses hochprozentigen Getränks die Tapferkeit der Eroberer und Seefahrer stärken würde, veranlasste die Freigabe des Rumkonsums auf Schiffen, allerdings mit den bekannten negativen Folgeerscheinungen. Weltweit stieg die Nachfrage, und im internationalen Handel erlangte Rum sogar Währungsfunktion. Erst allmählich wurde Rum, vor allem als Cocktail und in besseren Qualitäten, auch zum Genussmittel wohlhabenderer Kreise.

Grundlage für die Rumherstellung ist Melasse, ein Abfallprodukt der Zuckerproduktion: Durch Pressen und mehrfaches Sieden wird ein dickflüssiger Zuckerrohrsaft gewonnen, der zum Abkühlen in Formen gegossen wird. Dabei kristallisiert an der Oberfläche der Rohzucker aus, während sich am Boden die sirupartige Melasse absetzt. Dieses Nebenprodukt enthält noch ausreichend Zucker, um bei Vergärung Alkohol zu bilden, der durch Destillation und diverse Reinigungsverfahren zu Aguardiente (Branntwein) wird. Dieser reine Zuckerrohrschnaps kann bis zu 75 % Alkohol enthalten.

Über Aroma und Qualität entscheiden jedoch neben Anbau und Sorte des Zuckerrohrs vor allem die Lagerung: Der ursprünglich farblose Rum wird in Holzfässer – meist Eichenfässer – gefüllt, wodurch er je nach Dauer der Lagerung und der Beschaffenheit des Holzes seine **charakteristische goldbraune Färbung** und sein Aroma erhält. Als eines der größten Geheimnisse wird von jeder Destillerie das Rezept gehütet, nach dem beim abschließenden Blending die verschiedenen Rumjahrgänge und -sorten verschnitten werden.

Konkurrenzkampf

Der Spanier **Facundo Bacardí** gründete 1862 in Santiago de Cuba die bekannteste Rumdestillerie. Von seinem Imperium, das er nach der Revolution fluchtartig in Richtung Puerto Rico verließ, zeugen in Santiago de Cuba ein Museum und auf einem alten Fabrikationsgebäude eine überdimensionale Bacardi-Flasche. Heute ist jedoch »**Havana Club**« die bekannteste kubanische

Der Cuba Libre soll entstanden sein, als amerikanische Soldaten mit der Kombination aus Coca-Cola, Rum und Limettensaft auf die Befreiung Kubas von der spanischen Kolonialherrschaft anstießen.

Rummarke, deren Destillerie in Santa Cruz del Norte, ungefähr 80 km östlich von Havanna, liegt. Zu Zeiten der US-amerikanischen Prohibition war die legendäre Hauptstadt-Bar »Havana Club« die beliebteste Anlaufstelle amerikanischer Wohlstands- und Alkoholtouristen, weil dort sämtliche Rumgetränke kostenlos ausgeschenkt wurden. Mehr als ausgeglichen wurde der Gratisausschank jedoch durch die – gewiss nicht unwesentlich vom Rumkonsum beeinflusste – Sitte, reichlich Silbermünzen in den Brunnen des Innenhofes zu werfen, in der Hoffnung auf eine baldige und glückliche Wiederkehr.

Der hellste kubanische Rum, der »Light Dry«, hat drei Jahre gelagert, bevor er eventuell mit Karamel nachgefärbt und auf den gewünschten Alkoholgehalt verdünnt wird. Er ist die gängigste Grundlage für die meisten Mixgetränke, wird aber auch pur oder mit Wasser getrunken. Je älter der Rum, desto seltener wird er gemischt, und desto eher pur getrunken.

Best of Cocktails

Schon Hemingway wusste die kubanischen Cocktails zu schätzen, den Mojíto, den er immer in der Bodeguita del Medio trank, und den Daiquiri, den er im Floridita bevorzugt bestellte. Natürlich werden an jeder Bar auch Cuba Libre und andere Mixgetränke angeboten.

Rum und Cocktails

Der **Cuba Libre** stammt aus der Zeit der Unabhängigkeitskriege, als amerikanische Soldaten die einheimischen Truppen gegen die Spanier unterstützten. Diese hatten als Neuheit Coca-Cola im Gepäck, die sie mit dem kubanischen Rum mischten. Der Erfolg des Getränks wie der Kämpfe war dann eindeutig: Cuba libre! Dazu gehören 1/4 Limone oder Zitrone, 6 cl weißer Rum, 4 Eiswürfel, Coca-Cola, Schale und Saft der Limone über dem Glas auspressen, Eiswürfel hinzugeben und mit Rum übergießen, anschließend nach Geschmack mit Coca-Cola auffüllen und umrühren.

Angeblich entstand der **Daiquiri** aus der Not eines Ingenieurs in der Nähe der gleichnamigen kubanischen Stadt, außer Rum nur noch Limonen zur Bewirtung seiner Gäste zu haben. Berühmtheit erlangten die diversen Versionen des Barkeepers Constante der Bar La Floridita in Havanna, die Hemingway unvergessen machte. Zutaten: Saft einer 1/2 Limone, 2 EL gestoßenes Eis, 6 cl weißer Rum, 1 cl Zuckersirup, Cocktailglas vorher kühlen, alle Zutaten im Shaker kräftig und kurz schütteln, in das gekühlte Glas abseihen und mit Limonenscheiben garnieren.

Besonders berühmt sind die **Mojitos** in der Bodeguita del Medio: Man nimmt den Saft einer 1/2 Limone, 1 TL Zucker, 5 Pfefferminzblättchen, 6 cl weißer Rum, 2 EL gestoßenes Eis und Sodawasser. Den Zucker so lange mit dem Limonensaft verrühren, bis er sich aufgelöst hat, Pfefferminzblättchen dazugeben und mit dem Barlöffel leicht ausdrücken, dann mit Eis, Rum und Sodawasser nach Geschmack auffüllen, schließlich alles gut umrühren und mit weiteren Pfefferminzblättchen garnieren. Wenn man gerade keine Pfefferminzblättchen zur Hand hat, muss man nicht auf den Cocktail verzichten, sondern kann ihn wie beschrieben zubereiten und unter dem Namen **Ron Collins** genießen.

Ob Cuba Libre, Mojito oder Daiquiri: Zum Mixen nimmt man weißen Rum.

Rum genießt man pur (ron seco) oder aber »on the rocks« (ron con hielo).

Nationalgetränk Kubas ist Rum, den es in allen Qualitätsvarianten gibt. Viele Kubaner trinken **»chispa-tren«**, den einfachsten und billigsten, der in der Heimdestillerie hergestellt wird und der nicht gerade weich auf der Zunge liegt. Sie trinken ihn pur, auch flaschenweise, und wenn es sein muss sogar vor dem Essen. Für den Touristengaumen eher geeignet ist der berühmte **Havana Club**, der nach der Revolution den Bacardi ablöste. Rum hat – je nach Alter – eine weiße, goldene bis fast dunkelbraune Farbe. Der dreijährige Havana Club ist weiß oder goldfarben (Añejo 3 Años) und wird v. a. für Cocktails benutzt, recht gut schmeckt auch pur der fünfjährige, und wer's noch ein bisschen edler mag, leistet sich den siebenjährigen Añejo. Spitzenreiter und teuerster Rum ist der 15 Jahre alte Habana Club Reserva. Beliebt v. a. bei Einheimischen ist Ron Matúsalem, weitere Marken sind Varadero, Caney, Cubay und Caribbean Club (▶Baedeker Wissen S. 91).

Rum

Gern getrunken wird auch Bier, v. a. das **»Cristal«** aus Holguín. Aus der gleichen Stadt kommt das stärkere »Mayabe«. »Manacas« ist eine Bierspezialität aus Santa Clara. Nur noch selten ist das heimische Starkbier »Hatuey« erhältlich. Beliebte Import-Biere sind »Heineken«, »Beck's« sowie die kanadischen Marken »Labatt Blue« und »Molson«.

Bier

In besseren Restaurants bekommt man meist spanische Importweine zu moderaten hohen Preisen angeboten.

Wein

Feste und Events

Mit afrokubanischem Schwung

In Kuba finden alljährlich unzählige Veranstaltungen und Festivals zu Musik, Sport, Literatur und natürlich politisch-revolutionären Inhalts statt sowie zahlreiche religiöse Fest- und Pilgertage. Leider werden die Veranstaltungen nicht selten aus finanziellen Gründen abgesagt.

Es gibt gesetzliche **Nationalfeiertage**, an denen nicht gearbeitet wird und Schulen und Geschäfte geschlossen bleiben. An den **Nationalen Gedenktagen** werden je nach Ort und Region Feierlichkeiten abgehalten, Geschäfte haben jedoch geöffnet.

Zu den Festivals, die am meisten Besucher aus dem Ausland anziehen, gehören zweifellos das international bekannte Filmfestival und das Jazz Festival, beide im Dezember. Auch das relativ neue Festival »Baila en Cuba« im November darf man sich als echter Salsero nicht entgehen lassen – denn wo sonst soll man Salsa richtig lernen als bei den Konzerten der bekanntesten Salsa-Bands Kubas!

Feiertage & Events

INFORMATIONEN
Veranstaltungsinfos erhält man in den Casas de la cultura oder den Casas de la Musica sowie den Casas de la Trova, die es in fast jeder Stadt gibt. Im Internet findet man unter www.cubarte.cult.cu (Kultur, Festivals, engl.) oder www.dtcuba.com und www.cartelera.com (wöchentlich am Donnerstag erscheinendes Veranstaltungsmagazin in Havanna) wichtige Anregungen.

NATIONALFEIERTAGE
1. Januar Sieg der Revolution
1. Mai Tag der Arbeit
26. Juli Jahrestag des Sturmes auf die Moncada-Kaserne
25. – 27. Juli Tage des Nationalen Aufstandes
10. Oktober Beginn des Unab-

hängigkeitskrieges von 1868
25. Dezember Weihnachten

JANUAR
Landesweit
1. Januar (Tag der Befreiung): In ganz Kuba finden Veranstaltungen, Kundgebungen und Feiern statt, um den Sieg der Revolution 1959 zu begehen (Ämter, Museen und Geschäfte sind geschlossen).

FEBRUAR
Havanna
Cuban Cigar Festival: Im blauen Dunst versammeln sich die Aficionados, Seminare werden abgehalten und Geschäfte gemacht. Der eine oder andere Zigarren paffende Hollywoodstar lässt sich auch blicken (www.habanos.com).

Karneval in Santiago de Cuba

Auf Kuba finden die Weltmeisterschaften im Domino statt.

MÄRZ ODER DEZEMBER
**Havanna oder Santiago
(im zweijährlichen Wechsel)**

Weltmeisterschaft im Domino: Klack, klack, klack – hier sind die Kubaner wirklich Spitze. Domino wird allerorten gespielt, und seit 2003 gibt es eine Weltmeisterschaft, an der rund 150 Duos aus mehr als 20 Ländern teilnehmen.

MÄRZ
Havanna

Beim Musikfestival »Festival Danzón Habana« wird der traditionellen kubanischen Musik und ihrer Stars gehuldigt: mit vielen Konzerten, bei denen Alt und Jung das Tanzbein schwingen.

APRIL
Havanna

Ciudad en Moviemiento: Bei dem Straßentanz-Festival treten Tanzkompagnien aus dem ganzen Land auf, die Gassen werden zur Bühne - ob für Modern Dance, Ballett, Tango oder Salsa.

MAI
Havanna (und landesweit)

Am 1. Mai wird es voll in Havanna: Hier versammeln sich zu Kundgebungen am Tag der Arbeit ca. 1 Mio. Kubaner auf der Plaza de la Revolución, mit Militärparade. In der Vergangenheit konnte man auch den berühmten Reden des Comandante en Jefe Fidel Castro lauschen.

MAI/JUNI
Havanna

Internationales Angelturnier in der Marina Hemingway: Hemingway selbst rief das Turnier 1950 ins Leben: Jedes Jahr im Mai wimmelt es im Golfstrom von Marlins, und so versuchen Sportangler aus aller Welt ihr Glück, eine der begehrtesten Anglertrophäen der Welt zu ergattern: den Ernest Hemingway Cup (weitere Turniere im September und November).

JUNI
Havanna u. a. Städte

Bolero d'Oro: Die Romantiker unter den Kubareisenden sollten dieses Musikfestival nicht verpassen – beim Festival des »Goldenen Boleros« lässt man sich einfach im Rhythmus der Boleros durch Havanna tragen.

JULI
Santiago

Carnaval und Festival del Caribe (Festival del Fuego): Um den 25./26. Juli kocht ganz Santiago beim alljährlichen Karneval für acht Tage und Nächte fast über: Folkloregruppen und die Comparsa-Bands ziehen in einer kunterbunten Parade durch die Stadt.

Feste und Events • ERLEBEN UND GENIESSEN

Oft ist der Karneval einem bestimmten Land gewidmet, dementsprechend kostümiert man sich mit aufwändigen »capas« – die besten Umhänge werden prämiert. Das zweite Julifest, das »Festival del Caribe«, findet meist am Anfang des Monats statt.

JULI/AUGUST
Carnaval in Habana
Der Karneval in der Hauptstadt findet in der vorletzten Juliwoche bis zur 1. Augustwoche statt: Paraden mit bunten Kostümen und lauter Musik.

Havanna
Festival de Rap Cubana Hip Hop: Havanna im Rap- und Hip-Hop-Fieber, mit vielen Konzerten und Stars. Wichtig ist v. a. das Sehen und Gesehenwerden.

OKTOBER
Santa Clara (u. a. Orte)
Am 8. Oktober wird der Todestag des Volkshelden Che Guevara v. a. in Santa Clara im Mausoleum feierlich begangen.

OKTOBER/NOVEMBER
Havanna
Festival Internacional de Ballet de la Habana: Das Havanna-Ballet unter der langjährigen Leitung von Alicia Alonso genießt internationalen Ruhm, alle zwei Jahre (2016 usf.) finden erstklassige Veranstaltungen statt.

Baila en Cuba: Das fünftägige internationale Salsa-Festival lockt mit Workshops und Parties, Konzerten und Shows Hunderte von Salseras y Salseros aus der ganzen Welt an, darunter auch viele deutsche Schulen mitsamt Schülerschar. Die berühmtesten Salsa-Stars geben sich die Ehre, etwa Los Van Van und die Frauen-Bigband Anacaona (Infos: www. baila-en-cuba.de).

DEZEMBER
Havanna
Festival Jazz Plaza Internacional: In jedem Jahr wechselnd im November/Dezember oder im Februar sind die Größen der Jazzszene in Lateinamerika und der restlichen Welt, darunter viele Stars, zu Gast in Havanna.

Havanna (u. a. Städte)
Festival Internacional del Nuevo Cine Latinoamericano: Das kinematografische Ereignis in Lateinamerika schlechthin: Hier treffen sich die Regisseure und Schauspieler vom ganzen Kontinent und Filmfans aus aller Welt, um die neuesten Produktionen zu sehen (www.habanafilmfestival. com, span.).

Rincón (Vorort Havannas) und Santiago (El Cobre)
Wichtiges Fest des heiligen Lazarus mit einer Vielzahl von Pilgern und Ritualen zu Ehren des Babalú Ayé, wie der katholische Heilige in der Santería auch genannt wird, am 16./17. Dezember.

Remedios (u. a. Städte)
Parrandas: Karnevalsähnliche Umzüge mit Musik; Trommler und Tänzern ziehen Ende Dezember durch einige Provinzstädte wie beispielsweise das Küstenstädtchen Remedios bei Santa Clara.

Mit Kindern unterwegs

Mit Kindern unterwegs • ERLEBEN UND GENIESSEN

Ferienspaß für die ganze Familie

Wer nach Kuba mit Kind und Kegel reist, wird schnell merken: Die Kinder stehen hier oft im Mittelpunkt, und sei es nur für einen kleinen Scherz oder eine Neckerei der kinderliebenden Kubaner.

Am Strand ist stets für Unterhaltung gesorgt, sei es beim Sandburgenbauen, Kajakausflug oder Schnorcheln. Esel und Pferde, Kutschen und Ochsenkarren gibt es auch fast überall, einmal mitreiten ist auch oft kein Problem. Kleine Streichelzoos, Krokodilfarmen und Delfinarien gibt es über die gesamte Insel verteilt in vielen Touristenorten. Auch die Höhlen in Viñales oder bei Matanzas lohnen einen abenteuerlichen Ausflug mit Kindern. Viel Abwechslung bieten die tropischen Strände, die oft flach abfallen, wie in Varadero. Und wenn das Badevergnügen und Sandburgenbauen doch langweilig werden sollte, kümmern sich in vielen Hotels die Angestellten in **speziellen Kinderklubs** um die Kleinsten, man macht Exkursionen und veranstaltet Spiele und Wettbewerbe. Kinder unter zwölf Jahren erhalten oft einen **großzügigen Rabatt**, z. B. beim Busunternehmen Viazul und in vielen Hotels und Museen. Wer als Familie aus finanziellen Gründen in den günstigen »Campismo«-Bungalowanlagen absteigt, sollte wissen: Hier gibt es oft nur Kaltwasserduschen, kein Bettzeug und manchmal keinen Strom ...

Attraktionen für Kinder

Parks in Havanna

Wer mit Kids in Havanna unterwegs ist, kann beispielsweise beim Ponyreiten am Parque La Maestranza (Calle Tacón, Altstadt, Ponies nur am Wochenende, sonst tgl. 9.00 – 17.00 Uhr, 2 CUC) Pause machen oder im leider etwas abseits gelegenen Parque Lenín (▶S. 221). Näher am Zentrum ist der wunderbar verwunschene Parque Almendares am gleichnamigen Fluss (Spielplätze, Bootsfahrten, Minigolf, Calle 23 entre Calles 47 y 49.

Delfinarien

Autopista Sur, Varadero
tgl. 9.00 – 17.00, Shows 11.00, 15.30 Uhr,. 15 CUC/13 €, Kids 5 CUC/4 €: Mitschwimmen 9.30, 11.30, 14.30 u. 16.00 Uhr: 93 CUC/82 €, Kids 73 CUC/64 €
Die Shows mit Delfin-Dressuren sind sicher nichts für Tierschützer, aber für Kinder allemal. Neuerdings schwimmt man auch im Meer mit Delfinen in Cayo Largo (50-90 CUC/44-79 €, Kids: 45-65 CUC/40-57 €). Preiswerter geht es in nicht ganz so touristischen

Immer ein Vergnügen: Plantschen und Sandburgen bauen

Gegenden wie in Havanna-Miramar (unregelmäßige Shows mit Delfinen und Seelöwen 10 CUC/ca. 9 €, Kids 5 CUC/4 €, Mitschwimmen: 50 CUC/44 €, Di..– So.: 10.00– 18.00 Uhr, www.acuarionacional.cu) und Baconao (bei Santiago, s.u.) sowie im Acuario Naranjo bei Guardalavaca (Shows 10.30 Seelöwen, u. 12.00 Uhr Delfine: 50 CUC/44 €/Kids 25 CUC/22 €, Mitschwimmen (ca. 20 min.): ca. 84 CUC/74 €, Kids ca. 42 CUC/37 € inkl. Transfer vom Hotel). Eine der besten Shows bietet das neue Delfinarium auf Cayo Las Brujas/Santa Maria (in der Hauptsaison 15.00 Uhr: Show: 15 CUC/13 €. 30 Min. Mitschwimmen: 60-75 CUC/53-66 €, Kinder ca. 40 CUC/35 €).

Vergnügungs- und Nationalpark Baconao

Valle de la Prehistoria: Ctra. a Baconao km 8-10
tgl. 8.00 – 17.00 Uhr, Eintritt: 1 CUC/1 € (Foto/Video extra).
Acuario Baconao: km 42, Di.–So. 9.00 – 17.00 Uhr, Shows: 10.30, 15.00 Uhr, Eintritt: 7 CUC/6 €, Kids 5 CUC/4 €; Delfinshow 40 CUC/35 €, Kids 35 CUC/31 €.
Im Valle de la Prehistoria tummeln sich Saurier und Mammuts sowie Steinzeitmenschen und Säbelzahntiger aus Beton. Ganz in der Nähe ist auch ein Puppenmuseum, ein Automuseum (mit Oldtimern und Modellautos; 1 CUC), ein Disneypark und ein Aquarium mit Delfinshow (▶S. 289).

Zirkus Circuba

(Carpa Trompoloco), 5ta Ave. Ecke Calle 112, Miramar-Playa,
Havanna, Tel. 07/206 56 09 www.circonacionaldecuba.cu. Sa.+ So. 16.00 u. 19.00 Uhr. Eintritt: 10 CUC/9 , Kinder (unter 12 J.): 5 CUC/4 €.
Der Nationalzirkus Circuba begeistert Jung und Alt mit Clowns und (Hochseil-) Artisten, Jongleuren und Magiern.

Meeresschildkröten

Granja de las Tortugas
Marina Marlín, Cayo Largo
Tgl. 8.00-12.00, 13.00-18.00 Uhr
Eintritt: 2 CUC/ca. 2 €
Auf Cayo Largo gibt es eine kleine tortuga-Zuchtfarm, die in der Eierablege-Saison (Juli-Dezember) auch die geschlüpften Babies nach ein paar Tagen aus den Bassins ins Meer entlässt. Auch einen Katamaran-Ausflug zu den Leguanen auf die benachbarte Cayo Iguana kann man hier unternehmen (▶S. 169).

Krokodile und Indianer

Península de Zapata, Compl. Turístico La Boca-Guamá: tgl. 9.00 bis 17.00, im Sommer bis 18.00 Uhr, Eintritt: 5 CUC/4 €, Kids 3 CUC/3 €; Bootsfahrten: 10.00 u. 14.00 Uhr, 10 CUC/9 € p.P.
Aldea Taína: tgl. 9.00-17.00 Uhr
Eintritt: 3 CUC/3 € (mit Show gegen 14.30 Uhr: 5 CUC/4 €).
Chorro de Maíta: Di. – Sa. 9.00 bis 17.00, So. 9.00-13.00 Uhr
Eintritt: 2 CUC/2 €.
Nach dem Besuch der Krokodilfarm in La Boca bei Guamá im Westen Kubas kann man eine kleine Bootstour über die Laguna del Tesoro zu den Indianern machen: Die 32 Skulpturen sind beim Fischen und anderen All-

Nicht nur für die Kids ist es faszinierend, wenn die winzigen Meeresschildkröten wie aufgezogene Miniaturen ins Meerwasser eilen.

tagsbeschäftigungen zu beobachten (▶S. 240). Ein weiteres Indianerdorf mit Skulpturen ist Aldea Taína im Osten bei Guardalavaca, gleich gegenüber gibt's auch was zum Gruseln: das Skelett einer Taíno-Prinzessin auf dem alten Indio-Friedhof Chorro de Maíta.

Rancho King
Ctra. a Santa Lucía
Mobil-Tel. 05/219 41 39
tgl. geöffnet 9.00 – 17.00 Uhr, Shows Mi. oder So. 10.00 Uhr (als Ausflug in den Hotels zu buchen, ca. 30 CUC/24 €).
Die Cowboys bei Playa Santa Lucia zeigen lassoschwingend ihre Kunst beim Viehtrieb, einige Tricks beim Rodeo und ein bisschen Akrobatik hoch zu Ross. Es ist echter Cowboy-Alltag, denn auf der Rancho King werden bis zu 5000 Rinder gezüchtet. Natürlich können die Kids auch selbst mal reiten (1 Std. 3 CUC/2 €).

Safari-Insel Cayo Saetía
Bahía de Nipe, Mayari (östlich von Guardalavaca), Tel. 024/51 60 00
www.villacayosaetia.com
Eintritt: 10 CUC/9 €.
Klein-Afrika in Kuba: Auf der abgelegenen Insel östlich von Guardalavaca kann man mitten in Kuba Reit- und Safariausflüge unternehmen und dabei Strauße, Antilopen, Zebras, Kamele und Wasserbüffel erspähen.
Die Hotels in Guardalavaca bieten Tagesausflüge mit Katamaran oder Helikopter nach Cayo Saetía an.

Touristenzug-Fahren
Bhf. von Trinidad
Abfahrt ca. 9.30 Uhr (Tickets ab 8.45 Uhr), Rückkehr ca. 14.00 Uhr, Ticket: ca. 10 CUC/9 €
Die Rundfahrt mit dem »Trén turístico« führt von Trinidad bei einem Halbtagesausflug ins wunderschöne Valle de los Ingenios. Hier erfährt man viel Wissenswertes über die Ära der Zuckerbarone und die damalige Ausbeutung der Sklaven.
Eine weitere Zugfahrt wird bei Cayo Coco (▶S. 179) und Guardalavaca angeboten.

Shopping

Shopping • ERLEBEN UND GENIESSEN

Kuba-Feeling für zu Hause

Ob Che Guevara als unentbehrliches T-Shirt oder eine San-tería-Puppe, ob Salsa-CD oder Maracas-Rasseln, ob typische Strohhüte, Dominospiele oder Spielzeug aus alten »tu-Kola«-Büchsen – Kuba weiß seine Kultur gut zu vermarkten. Zu den Klassikern unter den Mitbringseln gehören natürlich Zigarren, Rum und kubanischer »cubita«-Kaffee.

In allen größeren Hotels und an den touristisch interessanten Plätzen gibt es staatliche Souvenirläden (der Kette »Caracol« oder »Artex«), in denen Touristen Andenken aller Art wie Rum, Zigarren, T-Shirts, Keramik, Musikkassetten, Orisha-Puppen, Holzschnitzereien, Mara-ca-Rasseln, Pappmaché-Figuren, aber auch Schokolade, Kekse und Kosmetikartikel einkaufen können.

Souvenir-läden und -stände

In allen Touristenorten (vor allem in Varadero, Havanna, Trinidad) hat man die Gelegenheit, sich auf **Straßenmärkten** mit Souvenirs einzudecken, Es gibt Kunsthandwerk von selbstgemachtem Spielzeug aus Cola- und Bierbüchsen, gehäkelte und gestrickte Handarbeiten bis hin zur naiven Malerei..

Das beliebteste Mitbringsel aus Kuba ist **Rum**, insbesondere der be-rühmte »Havana Club«. Der helle, dreijährige eignet sich gut für Mixgetränke, 5-jähriger und 7-jähriger (Añejo) hat eine gold- bis mittelbraune Farbe und schmeckt auch pur. Kenner werden sich sehr über den 15-jährigen »Havana Club Reserva« oder den »Matúsalem Añejo Superior« freuen. Aber auch die anderen Marken Matúsalem, Varadero, Caney und Caribbean Club sind ihr Geld durchaus wert (▶Baedeker Wissen S. 90).

Rum

Kuba ist bekannt für seinen hervorragenden **Tabak**. In den Tabakfa-briken von Havanna, Santiago, Pinar del Río und Trinidad kann man nach der Besichtigung Zigarren der Marken Habanas, Monte Cristo, Romeo y Julieta und Partagás zu verhältnismäßig günstigen Preisen einkaufen. Zigarren gibt es aber auch in den Souvenirgeschäften und Zigarrenshops.

Zigarren

Besonders in Havanna, Pinar del Río, Trinidad und Santiago gibt es spezielle **Rum- und Zigarrenshops**. Auch in den zu besichtigenden Rum- und Zigarrenfabriken werden die jeweiligen Produkte zum Verkauf angeboten (▶Baedeker Wissen S. 105).

Das Kunsthandwerk ist nicht außergewöhnlich, aber man findet allerlei kreative und witzige Gegenstände.

Die Zigarrenshops in Hotels und in Fabriken sind meist etwas teurer, am preiswertesten gibt es echte Zigarren am Flughafen im Duty Free.

Che-Guevara--Devotionalien
Che Guevara auf dem T-Shirt, als Schlüsselanhänger, auf dem Aschenbecher, als Foto, als Autoaufkleber, als Magnet oder in Öl gemalt, in Metall getrieben und in Holz gebrannt – Fans des Nationalhelden werden von den unglaublich vielfältigen Che-Souvenirs begeistert sein.

Musikkassetten und CDs
Für Freunde von Salsa, Rumba, Son und Reggaeton gibt es die schönsten kubanischen Lieder und Musikstücke auf CD. Salsa-Klassiker sind El Médico de la Salsa, Adalberto Álvarez und die altbewährten Los Van Van. Musik der Nueva Trova von Pablo Milanés, Silvio Rodríguez, Irakere sowie Sons von Benny Moré und vielen anderen werden bei Liebhabern kubanischer Musik auf Begeisterung stoßen.

Ein schier unerschöpfliches Angebot an Souvenirs gibt es gleich am Strand.

Devisenbringer für die Castros

Immer wieder werden den Kuba-Reisenden auf den Straßen »echte« Havannas zu Tiefstpreisen angeboten, die angeblich auf unbekannten Wegen aus den Fabriken geschmuggelt wurden. Meist handelt es sich dabei aber um maschinell gefertigte Zigarren, die mit dem handgerollten Original (▶ 3D-Darstellung S. 36) keineswegs konkurrieren können.

Besser ist man in einem der ausgewiesenen Tabakläden im Castillo de la Real Fuerza, in der Partagás-Fabrik oder auf der Quinta Avenida in Havanna aufgehoben. Die großen Markenzigarren wie **Cohiba, Bolívar, Partagás, Punch, Hoyo de Monterrey, Montecristo, Romeo y Julieta und H. Upmann** werden in neun Tabakfabriken, die die Revolution überlebten, von Hand gerollt. Für Kenner ist der Genuss einer zugegebenermaßen nicht ganz billigen Havanna ein wahres Fest der Sinne mit ihrem herben Duft, dem würzigen und komplexen Aroma und der speziellen Fasson. Dabei ist die Qualität bei allen Phasen ihrer Entstehung das oberste Gebot. Ideale Voraussetzungen findet die Tabakpflanze in Vuelta Abajo in der Provinz **Pinar del Río** im Westen. Im dortigen Distrikt El Llano befinden sich die besten Anbaugebiete mit der berühmten roten Erde und einem optimalen Klima. Zwischen der Vuelta Abajo und der Provinz Havanna liegt die Semi Vuelta, deren Tabak gröber in seiner pflanzlichen Struktur und stärker in seinen Aromen ist. Dagegen sind die Tabake des Anbaugebietes Partido in der Provinz Havanna, etwas nordöstlicher gelegen, von feinerer Qualität und erfüllen so die für die Export-Havannas erforderlichen hohen An-

sprüche einer handgerollten Zigarre. Die **anderen beiden Tabakregionen Remedios** in der Mitte der Insel **und Oriente** im äußersten Osten sind für die Premiumqualitäten nicht von Bedeutung.

Der Anbau

Die einzelnen Schritte des Tabakanbaus und der Zigarrenherstellung wurden im frühen 19. Jh. entwickelt und sind seither im Wesentlichen gleich geblieben. Jeder Phase wird größte Aufmerksamkeit geschenkt. Das beginnt bereits bei der Pflege des Saatguts, das von Wissenschaftlern in staatlichen Landwirtschaftsbetrieben produziert und an die Vegueros (Farmer) verteilt wird. Man unterscheidet zwei Sorten: **Corojo** für die Deckblätter und **Coriollo** für die Um- und Einlageblätter.

Die Saison beginnt im Juni bis August mit der Bestellung des Ackers. Etwa 45 Tage nach dem Einsäen (Oktober bis Januar) werden die Schößlinge, mittlerweile 15 – 20 cm hoch, auf die Felder der Vegas (Farmen) versetzt. Die Corojos werden unmittelbar nach dem Einpflanzen mit Gazetüchern (tapados) überspannt, so dass die Tabakpflänzchen im Schatten wachsen und dadurch die für das Deckblatt erforderliche Geschmeidigkeit und ein ebenmäßiges Aussehen ge-

Havannas handgerollt

währleistet sind. Die Coriollos setzt man dagegen der Sonne aus. Ihre Blätter entwickeln hier eine Vielfalt von Geschmacksrichtungen, wie es für die Um- und Einlageblätter einer vollendeten Havanna-Mischung erwünscht und auch erforderlich ist. Ähnlich wie bei den Weinreben gibt es hier gute und schlechtere Jahrgänge. Besonders günstig wirkt es sich auf die extrem klimaempfindlichen Pflanzen aus, wenn der Sommer viele warme Tage und kühle Nächte hat, möglichst ohne Regen.

Von Januar bis März dauert die Erntezeit. Sobald die untersten Blätter ein zartes Grün zeigen, beginnen die Farmer mit der untersten Ebene und arbeiten sich dann in wöchentlichen Schnitten je nach Reifegrad hoch. Von einer Tabakpflanze gewinnt man meist 16–18 Blätter. Nach Schnittetappen sortiert kommen die geernteten Blätter der Tabakpflanze in die **Casas del Tabaco**, gut belüftete Schuppen, in denen die Tabakblätter zum Trocknen an der Luft (air curing) paarweise an Stangen aufgehängt werden. Die Trockenschuppen sind so gebaut, dass die beiden Tore, gegen Osten und Westen gerichtet, nur die Strahlen der tief stehenden Morgen- und Abendsonne hereinlassen. Um Temperatur und Feuchtigkeit in Grenzen zu halten, wird der Tabak regelmäßig befeuchtet und belüftet.

Nach 50 Tagen ist die Trocknungsphase abgeschlossen. Die goldbraunen Blätter werden in Bündel (gavillas) zusammengepackt und ins Fermentationshaus gebracht, wo sie aufeinander gestapelt lagern. Hier entsteht der spätere Geschmack und das Aroma der Zigarren. Die Stapel (pilones) entwickeln im Inneren die für den Fermentationsablauf notwendige Wärme von 32–42° C, je nach Schnitt. Nach einer ersten, etwa 30 Tage dauernden Gärung erfolgt eine zweite, die wiederum bis zu 60 Tage erfordert. Zwischen den beiden Fermentationsprozessen werden die Blätter wiederum nach Größe, Farbe und Beschaffenheit sortiert und die Hauptrippe entfernt. In einem holzverkleideten Zwischenlager, dem Picadero, ruhen die Blätter dann für ein paar Tage. Danach werden die Ballen (tercios) gepackt und in Lagerhäuser geschafft, wo sie einige Monate, oft sogar Jahre liegen, bis sie ihre Reise in die Zigarrenfabrik antreten.

Fingerfertige Torcedores

In der Tabakfabrik angekommen beginnt die höchst aufwändige Herstellung der Puros, wie die Zigarren auch genannt werden. Die Deckblätter, Um- und Einlageblätter werden äußerst vorsichtig behandelt, bevor sie der Torcedor, der Zigarrenmacher, zur Zigarre rollt. Nach einem besonderen Befeuchtungsprozess (nur bei Deckblättern) erfolgt das Halbieren der Blätter und erneutes Aussortieren nach Größe, Farbe und Struktur. Der Mischmeister stellt nach streng gehüteten Geheimrezepten die Mischung (ligas) für die Zigarre zusammen, und so gelangen die Blätter, wieder in Bündel sortiert, auf den Arbeitsplatz des Zigarrenrollers. In der Werkstatt (galera), dem Herzen der Manufaktur, sind die Arbeitsplätze wie in einem großen Klassenzimmer in Reihen angeord-

Die sorgfältige Verarbeitung ist ein wichtiges Qualitätsmerkmal.

net. Den **Torcedores**, die täglich etwa 120 Zigarren fertigen, ist es erlaubt, bei ihrer Arbeit so viele Zigarren zu rauchen, wie sie möchten. Dabei werden ihnen von einem **Lector de Tabaquera**, einem Vorleser, vormittags Aktuelles aus der Tageszeitung und nachmittags Geschichten und Romane vorgelesen. Eine perfekte Havanna zu rollen, verlangt von den Zigarrenmachern eine ganz besondere Fingerfertigkeit.

Für den Aufbau einer Zigarre gibt es **feste Regeln**: Zuerst entsteht der sog. Wickel, der sich aus der Einlagemischung und dem Umblatt zusammensetzt. In einem aus zwei Hälften bestehenden Holzmodell, in dem zehn Mulden in Zigarrenform angebracht sind, werden die Wickel nun gepresst. Anschließend werden sie in die hochwertigen Deckblätter eingerollt und am Zigarrenende mit einer Kappe versehen. Nachdem die fertigen Zigarren etwa drei Wochen bis mehrere Monate in einem mit Zedernholz ausgekleideten Klimaraum verbracht haben, ordnet sie der Farbsortierer (escogedor) in 65 verschiedene Farbschattierungen und verpackt sie in die Zigarrenkisten. Diese Kisten sind aus Zedernholz gefertigt und ermöglichen der Zigarre das Weiteratmen. Zum Schluss wird noch das Garantiesiegel der kubanischen Regierung – »hecho en Cuba, totalmente a mano« – angebracht. So auf den Weg geschickt, sucht die Havanna ihren Aficionado (Liebhaber).

Besichtigungen

Die Real Fábrica de Tabaco Partagás in Havanna-Centro und die Corona-Fabrik sind geschlossen bzw. werden derzeit restauriert. Daher kann zur Zeit nur unter folgender Adresse die Zigarren-Produktion in Havanna beobachtet werden: in der ehemaligen Rey del Mundo Fabrik und dort gleich um die Ecke in der ehemaligen Romeo y Julieta Fabrik (früher auch Briones Montoto, umbenannt in: H. Upmann Fabrik: Calle Padre Varela (Belascoain) entre Calle Desagüe y Peñalver, Centro, Tel. 07/878 10 59, Führung (ca. 30 Min.) 10 CUC, Mo.-Fr. 9.30-11.00, 12.00 bis ca.14.00 Uhr, Sa. 9.00-14.00 Uhr).

Übernachten

Für jeden Geschmack etwas

Mittlerweile gibt es auch in Kuba noble Herbergen, in denen der Gast – man traut kaum seinen Augen - mit einem eisgekühlten Tuch und einem Glas Champus begrüßt wird! Dennoch: Zwischen diesen neuen First Class-Hotels und den allermeisten Häusern aus der Kolonialzeit und Plattenbau-Ära liegen Welten.

Man kann in Kuba in einem fensterlosen Zimmer landen (Kolonialhotel) oder den Kaffee schon morgens in Plastikbechern ausgeschenkt bekommen (alles-inklusive-Hotel) – da muss man dann durch! Wer zu pingelig ist oder mit zu hohen Erwartungen anreist, verdirbt sich meist den Urlaubsspaß. Wer viel Wert auf aufmerksamen Service ohne ständiges »Tippen« (Trinkgeld) und auf funktionierende Ausstattung legt, sollte sich in Kuba von der Mittelklasse und Schnäppchen-Angeboten fernhalten!

Die Palette reicht **vom einfachen Bungalow bis zum Luxusappartement** mit allem erdenklichen Komfort und Poollandschaft. Aber auch die Übernachtung in den privaten Gästehäusern, den **Casas particulares**, kostet pro Doppelzimmer etwa 20 bis 45 CUC, abhängig von Region und Saison, ein Frühstück wird für 3 CUC zubereitet (manche Wohnung hat man fast für sich alleine, bei anderen ist der Familienanschluss inklusive). Die angegebenen Privatadressen (▶Reiseziele) sind jedoch allesamt ohne Gewähr, denn hier ist der Wechsel groß: Die Besitzer könnten die hohen Steuern nicht weiter bezahlt haben oder ausgewandert sein, oder sie sind aus politischen Gründen bei der Regierung »in Ungnade« gefallen und haben ihre Konzession verloren, und schon gibt es eine Privatunterkunft nicht mehr. Bei der Suche nach einer Privatunterkunft wird man oft von Kubanern angesprochen, allerdings zahlt man dann auch eine »Schleppergebühr«, die Kommission. Alle in diesem Reiseführer genannten Casas haben ein Zimmer mit eigenem Bad (mit Heißwasser-Anschluss) und Klimaanlage. Allerdings sollte man keine blitzblanken Zustände erwarten, und der Strom fällt gelegent-

Verschiedene Übernachtungsmöglichkeiten

BAEDEKER TIPP

Buchungstipp

Am günstigsten bucht man eine Kubareise über deutsche Veranstalter, pauschal sind zwei Wochen im All-inclusive-Strandhotel ab circa 1000 € zu haben. Es lohnt sich, auch im Internet zu vergleichen (z.B. holidaycheck.de), wo man u.U. viel Geld sparen kann!

In der Anlage des Hotels Royalton Hicacos Resort & Spa in Varadero

lich auch aus. Der Gast wird mit seinem Pass in eine Art offizielles Gäste-Meldebuch eingetragen. Darüber hinaus gibt es sehr einfache **»Campismo«-Anlagen** mit Bungalows, die bisher bevorzugt Kubanern offen standen, jetzt aber auch für Ausländer geöffnet sind (meist nur mit sehr einfacher Ausstattung, also mit Kaltdusche, manchmal kein fließend Wasser, ohne Bettzeug, mit häufigem Stromausfall, keinem oder einem schlechten Restaurant, ab 6 € pro Bett). Zu buchen sind diese Anlagen über www.cubamarviajes.cu. Von Touristen offiziell **nicht erwünscht ist das Campen**. Der früher bei der Einreise vorzulegende Nachweis eines Hotelzimmers wird heute nur noch selten verlangt, am besten man nennt dem Zollbeamten in diesem Fall dann irgendeinen bekannten Hotelnamen.

Tarjeta de huésped Beim Einchecken erhalten die Hotelgäste eine Gästekarte bzw. ein Plastikarmband in den All-inclusive-Strandhotels, die zum Eintritt in das Hotel, zum Restaurantbesuch und zur Benutzung der diversen Einrichtungen berechtigen.

»Operación Milagro« Individualreisende ohne Hotelbuchung sollten wissen: Es läuft derzeit eine **Solidaritätskampagne** unter dem Namen »Operación Milagro«, bei der lateinamerikanische Besucher und Patienten im Rahmen des Gesundheitstourismus nach Kuba eingeladen werden. Meist sind dann in der Nebensaison (z. B. Sept. – Nov.) die Touristenhotels vollständig mit Lateinamerikanern belegt. Zur Hochsaison im Winter sollen die Hotels dann wieder den Devisen zahlenden Gästen aus Kanada und Europa geöffnet werden. Dies betrifft viele Hotels, besonders die mittlere Preisklasse und Cubanacán sowie abgelegene »Öko«-Hotels, aber auch sehr gute Strandhotels wie das Hotel Club Amigo in Marea del Portillo oder das Brisas Sierra Mar und Los Galeones bei Santiago.

Trinidad: Bungalows im Club Amigo Costasur

Übernachten • ERLEBEN UND GENIESSEN

PREISKATEGORIEN
für ein Doppelzimmer
❹❹❹❹ über 150 €
❸❸❸ über 100 €
❷❷ 40 – 100 €
❶ unter 40 €

Seit 2008 dürfen auch die Kubaner endlich in den kubanischen oder Joint-Venture-Hotels übernachten, sofern sie es sich für CUC-Preise leisten können. Das führt zumeist in den unteren Klassen zu landestypischer »Bombenstimmung« in den Hotels, vor allem an Wochenenden besetzen kubanische Großfamilien den Pool großflächig samt Ghettoblaster mit höllisch lautem Dauer-Reggaetón oder begeistertem Salsa-Tanz. Da helfen dann nur Ohrstöpsel oder Mitmachen.

INTERNATIONALE HOTELKETTEN
Cubanacán
Horizontes und Cubanacán (staatlicher Reiseveranstalter mit Vertretung in Berlin: Cubana-Flugtickets, Autos, Wassersport, Gesundheitstourismus, Restaurants, Mittelklassehotels ...) gehören jetzt zusammen: Beide sind staatliche 3-4-Sternehotels, zu beiden findet man Informationen unter
www.cubanacan.de
www.cubanacan.cu
www.hotelescubanacan.com).

Gran Caribe
www.gran-caribe.com (staatliche Hotelkette der gehobenen Kategorie, meist vier Sterne)

Gaviota
www.gaviota-grupo.com (staatliche Reiseagentur der mittleren und höheren Klasse: Hotels, Restaurants, Wassersport, Transport, Läden)

Islazul
www.islazul.cu (Hotelkette mit eher einfachen, staatlichen Hotels, 2-Sterne-Kategorie)

Meliá
www.meliacuba.com (Luxusklasse der Meliá-Kette, spanisch-kubanisches Joint Venture)

Habaguanex
www.habaguanexhotels.com (erstklassig restaurierte Kolonialhotels, v. a. in Alt-Havanna)

CASAS PARTICULARES
www.casaparticularcuba.org (englisch, mit Fotos)

Günstig, individuell und authentisch: Übernachten in den Casas particulares

Kolonialhotels

BAEDEKER WISSEN

Kolossal kolonial

*Knarzende Dielen und Korbmöbel, auf Hochglanz poliertes Messing,
Baldachinbetten und Badewannen auf Löwenpranken. Man kommt
sich vor wie auf einer Reise in die Vergangenheit - die schönsten und
originellsten Nostalgie- und Kolonialhotels in Kuba:*

Der Charme längst vergangener Zeiten ist in den Kolonialhotels zwischen Havanna und Santiago de Cuba erhalten geblieben. Die spanischen Kolonialherren haben den Nostalgikern auf Reisen vor allem in den Hafenstädten Trinidad, Cienfuegos und Baracoa ihre Gouverneurspaläste, Burgen und prachtvollen Anwesen hinterlassen. die reinsten Filmkulissen für Kolumbus- und Musketierfilme. Aber auch im Inland wie in Camagüey und Sancti Spíritus verstecken sich noch alte ehrwürdige Preziosen. Mahagoni, Marmor und Mosaikböden wohin man schaut, Kronleuchter und düstere Bibliotheken, bronzene Schönheiten stehen Spalier oder zwinkern von Ölgemälden. Manche Hotels sind derart Legende, dass selbst das historische Eröffnungsdatum irgendwo im Nebel der Vergangenheit verschollen ist. Manchmal sind die ehrwürdigen Gemäuer glücklicherweise noch nicht perfekt restauriert, sondern noch richtig schön »angestaubt«, inklusive dem typisch muffigen Ozean-Aroma. Aber nicht selten werden der Hauch der Vergangenheit, der Staub der Jahrhunderte und leider auch die Patina und Illusionen von Klimaanlagen eiskalt weggepustet. Nicht so die Geschichten. Wer mit offenen Augen und Ohren durch Zimmer und Flure wandelt, dem bleiben der morbide Charme und

die spannende Historie nicht verborgen, so wie die eine oder andere Anekdote über illustre Gäste und längst verstorbene Sänger wie Enrico Caruso (einfach mal einen älteren Barkeeper fragen).

Ausgewählte Kleinode

Niemand Geringeres als der Forschungsreisende Alexander von Humboldt war zum Beispiel vor rund 200 Jahren zu Gast im **Beltrán de Santa Cruz** in der Altstadt Havannas, damals Wohnsitz eines Adligen (vielleicht in der Suite Nr. 8, die heute Liebhaber des Antiken begeistert mit bronzenem Waschkrug und Waschtisch, zierlichem Holzbalkon, Vitrales-Mosaikfenstern und Wandmalereien).

Das kleine kolossal-koloniale, aber winzige **Hostal El Comendador** mit seinem niedrigen Dachgebälk und Türrahmen ist wahrlich nichts für große Menschen.

Im herrlichen **Palacio O´Farrill** kann man eine Zeitreise durch drei Jahrhunderte auf drei Etagen unternehmen und sich wie Romeo und Julia fühlen. Zu den Klassikern in Havanna gehören auch das neoklassizistische **Inglaterra** - die älteste Herberge Kubas mit maurischem »Azulejos«-Kachel-Dekor – oder die Luxusgemächer im **Santa Isabel** im ehemaligen Palacio des Conde Santovenia, in dem Heinrich Schliemann einst zu Gast war. Nicht zu vergessen das **Sevil-**

Wunderbare Lichtspiele im Beltrán de Santa Cruz

la, in dem Graham Greenes »Unser Mann in Havanna« spielt. Auch im Kloster kann man sein müdes Haupt betten, spartanisch wie eine Nonne.

Nächtigen wie ein Zuckerbaron ist in einer der kolonialen Perlen wie dem **Grand Hotel** in Trinidad möglich - Butler-Service inklusive.

Viele der alten Herrschaftshäuser sind bei der Restaurierung »entkernt« worden – oft verbergen sich nun komplett neue luxuriöse Hotels hinter der kolonialen Fassade, zum Beispiel das moderne Nobelhotel **Parque Central** in Havanna oder gegenüber das **Telégrafo** - modernes Design aus Stahl und Glas hinter der Kulisse eines Hotelbaus aus dem Jahr 1888.

Die meisten kleinen Schmuckstücke gehören zum kubanischen Unternehmen **Habaguanex**, das für deren Sanierung und Vermarktung zuständig ist. Viele Herbergen sind nichts für »jedermann«: Das Wasser fließt oft nicht immer heiß und wie zu Hause aus der Leitung, es gluckert und spritzt nach allen Seiten, bis es dann tröpfelnd versiegt, und dann herrscht Stille in der uralten Leitung. Dafür ist es meist laut, von draußen, denn in den kolonialen Herbergen wohnt man mitten im altstädtischen Trubel. Es gibt oft auch ruhigere Zimmer, aber die haben dann meist kein Fenster oder nur in drei Metern Höhe. Gelegentlich heult der Wind durch die Lamellenfenster und durch alle Ritzen der ehrwürdigen Gemäuer (nachts kann es also etwas kühl werden).

Aber wenigstens einen Cocktail in einem der geschichtsträchtigen Herbergen trinken, das sollte man schon wagen – zum Beispiel in der **Mansión Xanadú** in Varadero, der Villa des US-Milliardärs Dupont aus den 1920ern: Mit dem schmiedeeisernen Birdcage-Aufzug ruckelt man der Terrassenbar im oberen Stock entgegen - und die Zeitreise kann beginnen!

Urlaub aktiv

Urlaub aktiv • ERLEBEN UND GENIESSEN

Zu Lande und im Wasser

Immer nur am Strand liegen, auf das endlose Blau der Karibik starren und am todo-incluido-Mojito nuckeln ist auf die Dauer echt langweilig. Wie wäre es mit einem Salsa-Kurs am Pool? Oder Boxen lernen bei einem Weltmeister? Man kann auch angeln wie Hemingway und wandernderweise die Berge erobern wie einst Fidel Castro. Die Palette der Aktivitäten reicht von eher bodenständigen Unternehmungen wie Radfahren und Golfen über trendige Abenteuer wie Drachenfliegen, Skydiving oder Felsklettern bis hin zu Sport und Spaß im badewannenwarmen Nass, das die Insel umgibt (Schnorcheln, Kajakfahren, Segeln etc.).

Bereits Hemingway fischte an der Nordküste Kubas nach dem blauen Marlin, und seither findet auch alljährlich im Mai/Juni in der Marina Hemingway in Havanna ein internationaler Angelwettbewerb um diesen Fisch statt. Aber auch auf Schwertfisch, Barracuda, Sailfisch, Tunfisch und einiges mehr können Hochseeangler stoßen. Fischreiche Gewässer finden sich v. a. an der Nordküste vor Pinar del Río (Cayo Levisa), Havanna, Cayo Guillermo, Santa Lucía, Guardalavaca sowie im Süden vor Cayo Largo, Isla de la Juventud und im Golf von Ana María (Provinz Ciego de Ávila).

Angeln, Hochseeangeln

Die kristallklaren Gewässer und unzählige unter Naturschutz stehende Korallenriffe vor und um Kuba bieten ausgezeichnete Möglichkeiten für Schnorchler und Taucher. Es gibt 500 eingetragene Tauchstellen in Kuba, die zu den besten der Welt gehören. Die besten Reviere sind im Süden María La Gorda, die Isla de la Juventud und Cayo Largo, Cienfuegos (Faro Luna), Playa Ancón (Trinidad), Jardines de la Reina sowie die Küste vor Santiago. Santa Lucía im Norden hat das **zweitgrößte Korallenriff der Welt** (nach dem Great Barrier Reef), sehr gute Tauchmöglichkeiten bestehen auch in Guardalavaca, Varadero und der Cayería del Norte (Cayo Coco, Cayo Guillermo). Ausrüstung wie Taucherbrille, Schnorchel und Flossen sollte man mitbringen, da die Auswahl vor Ort meist nicht so groß ist. Wer das Wasser scheut, kann sich die Unterwasserwelt vom **Glasbodenboot** aus ganz im Trockenen anschauen (z. B. in Varadero, Cayo Coco).

Schnorcheln, Tauchen

Wer nicht selbst segelt, kann **Charterboote mit Skipper** buchen: z. B. die »Niña«, die zwischen der Isla de la Juventud – auf der größten Insel des Landes saß Fidel Castro 1953 im Gefängnis – und der

Segeln

Wo sonst, wenn nicht auf Kuba, sollte man Salsa tanzen lernen?

ERLEBEN UND GENIESSEN • Urlaub aktiv

Hafenstadt Cienfuegos an der Südküste Kubas entlangsegelt. Dabei kreuzt der Einmaster zwischen den zahllosen kleinen und unbewohnten Inseln des Archipiélago de los Canarreos, wie die kleine Cayo Rosario. Nächstes Etappenziel: Cayo Largo, das Taucherparadies; in der Marina schwanken Yachten und Ausflugsboote. Die Niña nimmt dann Kurs auf die Festlandküste: Cienfuegos. Der Heimathafen der Niña und koloniales Schmuckstück aus dem 19. Jh. liegt an der Bahía de Cienfuegos, in der Bucht begleiten Delfine das Schiff. Während des organisierten sechstägigen Segeltörns wird nicht immer in windgeschützten Marinas angelegt. Da man in den Kojen an Bord schläft, ist der Törn also bei stärkerem Windgang nichts für zur Seekrankheit neigende Landratten. Die Skipper sprechen teilweise nicht ausreichend Englisch. Hurrikane suchen die Region besonders im September und Oktober heim.

Golf In Kuba gibt es bis jetzt nur zwei Golfplätze in Havanna und Varadero. Neue Anlagen, z. B. auf Cayo Coco, sind jedoch geplant.

Radtouren Das Fahrrad – kurz »bici« – ist ein Luxusgegenstand in Kuba, im Land des Tropensozialismus mit chronischem Benzinmangel. Der glückliche Zweiradbesitzer schleppt sein robustes Schmuckstück selbstverständlich mit in die Wohnung – auch wenn diese im 14. Stock liegt und der Lift mal wieder wegen Stromsperre oder Ersatzteilmangel feststeckt. Macht nichts, »así es Cuba«, das ist Kuba. In Cardenás ehrt ein Denkmal die heldenhaften Arbeiter der Fabrik, die hier Millionen **chinesische Fahrräder fürs Volk Fidel Castros** zusammensetzen – allesamt ohne Gangschaltung und Licht. Und so käme keiner der 11 Mio. Kubaner im Traum auf die Idee, seinen Urlaub auf dem Fahrradsattel zu verbringen. Aber dafür immer mehr Touristen!
Kuba ist ein Traumziel für Radfahrer mit durchschnittlicher Radlerkondition: relativ flach, fast leere Autobahnen und Landstraßen, wo mehr Ochsenkarren und Pferdekutschen als Autos verkehren, und die wenigen kubanischen Autofahrer sind an Radler als Massenphänomen gewöhnt und fahren daher meist rücksichtsvoll (oder sie können gar nicht rasen in ihren museumsreifen Oldtimern). Außerdem: spektakuläre Landschaften und die eine oder andere Herausforderung in den »Alturas« oder Sierras (▶Touren, S. 130). Wer sein **eigenes Rad mitbringt**, kommt eventuell sogar hoch hinaus, etwa auf die anstrengendste aller kubanischen Radlerstrecken:

! BAEDEKERTIPP

Mit dem eigenen Fahrrad

Mit der Air Berlin kann man nach Varadero fliegen, der Fahrradtransport kostet pro Strecke 150 € extra, bei Condor ab 75 € nach Havanna. Leicht abmontierbare Teile sollte man am besten ins Handgepäck nehmen! Eventuell kann man das Rad am Ende der Reise im Lande verschenken.

Urlaub aktiv • ERLEBEN UND GENIESSEN

die Serpentinen der »Farola« im Osten bei Baracoa – hier begleitet den Sportradler Dschungel-Kulisse auf jeden Tritt. Weiter im Süden bei Santiago radelt man auf der herrlichen Küstenstraße oder auf den Spuren der Revolutionäre durch die Sierra Maestra um den höchsten Berg Kubas, den Pico Turquino (1974 m) – ein Traum für Offroad-Fans und geübte Montainbiker. Privat ausgeliehene Räder kosten zwischen 3 – 7 CUC pro Tag (auf ein Schloss achten). Auch die Hotels bieten oft Montainbikes all-inclusive an, die jedoch nicht immer den Ansprüchen genügen. Mit viel Glück findet man in den modernen Einkaufszentren von Havanna (Galerias de Paseo und Plaza Carlos III.) ein überteuertes chinesisches Fahrrad (ca. 120 €) oder gar ein Mountainbike. Der kanadische Veranstalter WoW Cuba vermietet Räder und E-Bikes, aber nur in Verbindung mit 3-Tages-Paketen in Havanna (Centro Negocios im Bezirk Kohly, Tel. 07/799 07 59, www.wowcuba.com; ab 24 CUC/Tag, Kaution: 200 CUC). Die Ausschilderung in Kuba lässt zu wünschen übrig, es gibt keine speziellen Radwanderkarten, am besten sind die **Straßenkarten** von der »Guía de Carreteras« und Mapa Turistico Cuba vor Ort.

Ein Traum wird wahr: Sattes Blubbern unterm Hintern, die Königin der Zweiräder, die Harley rollt an königlichen Palmen, Kutschen und Ochsenkarren vorbei, das ganze Dorf versammelt sich um die Mo-

Motorradtouren

Mit dem Segelboot aufs Meer und im türkisblauen Wasser schnorcheln ...

torradfahrer und ihre chromblitzenden Karosserien - als wäre eine Horde Außerirdischer gelandet. Es gibt schon seit längerem einen Harley Davidson Club in Havanna (mit vorrevolutionären Harleys bis 1959, ein Schmuckstück ist sogar Baujahr 36), aber jetzt dürfen auch (betuchte) Touristen selbst oder mitfahren: Ziemlich teure Harley-Davidson-Touren durch Kuba bietet seit 2012 als erster Veranstalter Edelweiss Bike Travel an, die achttägige Fahrt kostet ab ca. 3400 € (ohne Flug, Tel. 0043/52 64 56 90, Gratis-Hotline: 00800/333 59 34 77, www.edelweissbike.com).

Kur- und Gesundheitstourismus

Bisher zieht es v. a. Kanadier und Lateinamerikaner zum Kuren nach Kuba (wie den argentinischen Ex-Fußballstar Maradonna zum Drogenentzug). Besonders auf dem Gebiet der Orthopädie und Neurologie hat sich Kuba einen internationalen Ruf erworben. Die Sanatorien und Schönheitsfarmen haben unterschiedliche Standards, jedoch verfügen sie meist über alle notwendigen Einrichtungen und Angebote wie Physiotherapie, Akupunktur, Heilkräuteranwendungen: z. B. nahe Trinidad das renovierte Kurhotel Escambray (▶S. 296) sowie der Kurort San Diego de los Baños (im Südwesten Havannas). Immer mehr **Hotels eröffnen eigene Spa-Abteilungen** mit Anticellulitisbehandlungen, Peelings, kosmetischen Angeboten usw., z. B. das Hotel Comodoro in Havanna-Miramar (Calle 3 esq. a 84, Tel. 07/ 204 55 51, www.cubanacan. cu), weitere gibt es im Badeort Tarará bei Havanna und in Varadero.

Wandern, Trekking, Klettern

Kuba wird derzeit als Wanderreiseziel entdeckt – immerhin besitzt das Land etwa 100 Naturschutzgebiete: Weil die Infrastruktur hier am besten ist und offizielle Führer zur Verfügung stehen, eignen sich bisher am ehesten die **Sierra del Rosario** (bei Pinar del Río, Soroa, Las Terrazas mit markierten Pfaden), die **Sierra del Escambray** mit den Topes de Collantes (hier besonders die 4-Stunden-Wanderung zum Caburní-Wasserfall, die man ohne Guide unternehmen kann – allerdings müssen 400 Höhenmeter überwunden werden!) und die Gegend um den (Stausee) **Presa Hanabanilla** bei Trinidad.
In der **Sierra Maestra** folgt man mit dem Aufstieg auf den höchsten Berg Kubas, den Pico Turquino, den Spuren der Revolutionäre – am besten über das Bergdorf Santo Domingo im Landesinneren und nicht von der Küstenseite her, weil für viele Wanderer diese Küstenstrecke ab Las Cuevas zu steil ist (hier steigen die Berge, auch der Pico Martí und La Bayamesa, vom Meeresspiegel schnell auf 1974 m an; will man diese Tour trotzdem wagen, sollte man 2 – 3 Tage einplanen, beste Zeit ist von Oktober/November bis April/Mai, (▶S. 130). Der Höhepunkt (neben dem höchsten Punkt Kubas) ist ein Besuch der **Comandancia de la Plata**, dem damaligen Rebellen-Hauptquartier und Museumsgebäude mit einfachen, zumeist leeren Blockhütten, darunter auch Fidel Castros Hütte mit Originalbett,

Urlaub aktiv • ERLEBEN UND GENIESSEN

schwedischem Kühlschrank und Fluchttunnel sowie Plumpsklo-Häuschen (▶Abb. S. 153). Auf dem Weg zum Gipfel des Pico Turquino wird in einer spartanischen Hütte des Campo Joaquín auf 1365 m übernachtet (Etagenbett, keine Dusche, Plumpsklos). Die halbtägige Tour zur Comandancia kostet ca. 37 CUC inkl. Eintritt und Führer, Foto/Video extra, mit der 36 km langen Gipfel-Wanderung (inkl. Verpflegung, spartanischer Unterkunft und Guide) kostet es ca. 60 bis 100 CUC (2 bis 3 Tage, inkl. Unterkunft im Camp Joaquín, Verpflegung, Wanderführer und Eintritt (Nationalpark-Tel. 023/566 51 46, Ecotur in Bayamo Tel. 023/48 70 06, www.ecoturcuba.tur.cu). Oder man erklimmt bei einem Spaziergang den zugänglicheren **Gran Piedra** im gleichnamigen Nationalpark (östlich von Santiago de Cuba). Ein Ausflug empfiehlt sich auch in den regenwaldähnlichen **Parque Nacional Alejandro de Humboldt** und auf den Tafelberg **El Yunque** (beides bei Baracoa). Die Unterkünfte können – wenn die Gegend abgelegen ist – recht spartanisch sein. Bei organisierten Wanderungen sind es bisher oft Tagesausflüge, die nur mit einem Reiseführer möglich sind, offiziell jedenfalls.
In den »mogotes« genannten Bergen von Pinar del Río und Viñales sind die ersten **Climber** gesichtet worden – kein Wunder bei der spektakulären Aussicht! Die Ausrüstung zum bisher eher noch »konspirativen«, weil illegalen Felsenklettern (Mogoting) sollten Profis allerdings mitbringen. Wichtig sind bei allen Ausflügen festes Schuhwerk und Wasserflasche, evtl. auch Proviant (http://escaladaencuba.com und www.cubaclimbing.com).

Drachenfliegen, Fallschirmspringen, Kiting

Zum Drachen- bzw. Gleitschirmfliegen gibt es sogar eine Meisterschaft, die Occidental auf der Isla de la Juventud und einen Reiseveranstalter mit Programm in der Sierra Maestra (Infos: www.cubareise.info). Wer lieber im Tandem fliegen will, wendet sich an das Centro Internacional de Paracaidismo in Varadero (Ctra. Via Blanca, km 10, Tel. 05/66 72 56), hier kann man auch alleine Fallschirmspringen. Beim Kiting auf den Wellen reiten lernt man an einigen Kite-Schulen, etwa im Hotel Sol Cayo Guillermo.

Salsa-Tanzkurse

Wer Salsa tanzen lernen möchte, sollte einen Tanzkurs in Kuba buchen, wo allerorten die Hüften schwingen, die Becken auf und ab kippen und die Wirbelsäulen sich derart verdrehen, dass es in den Gelenken nur so krachen müsste. Salsa muss man einfach in Kuba lernen! Es gibt mittlerweile mehrere gute Tanzschulen mit Profitänzern als Lehrer und Tanzpartner, v. a. in Havanna. In Havanna und kleineren Städten wie Trinidad oder Santiago wird man darüber hinaus von »Tanzlehrern« für Privatstunden angesprochen.

Sprachkurse

Wer das oft genuschelte Kubanisch besser verstehen und nachahmen möchte, kann bei vielen Veranstaltern einen Sprachkurs buchen.

Ausgewählte Angebote

ANGELN
Cubanacán Nautica
Spreeufer 6, 10178 Berlin
Tel. 030/30 87 43 30

TAUCHEN · WASSERSPORT
Nautilus Tauchreisen
Pfarrgasse 1, 82266 Inning/Am-
mersee, Tel. 08143/931 00
www.cuba-divers.de
www.nautilus-tauchreisen.de

SEGELN
avenTOURa
Zum zweiwöchigen Programm
gehören neben dem sechstägigen
Segeltörn zwei Tage Rundfahrt in
Havanna und Strandurlaub bei
Trinidad (►Salsakurse)

Cuba Startravel
►Kur- und Gesundheitstourismus

GOLFPLÄTZE
Havanna
Club de Golf Habana, Ctra. de
Vento, km 8 Capdevila, Boyeros
La Habana Tel. 07/33 89 18
9-Loch-, 18-Loch-Anlage

Varadero
Varadero Golf Club Restaurant
und Bar, km 8,5
Tel. 045/66 73 88, 66 77 88
www.varaderogolfclub.com
18-Loch-Anlage

KUR- UND GESUNDHEITSTOURISMUS
Tour Vital
Kaltenbornweg 6
50679 Köln
Tel. 0221/22 28 95 03
www.tour-vital.de

Cubanacán
► Angeln

Gaviota Tours
Ave. 47 No. 2833 entre 28 y 34
Rpto. Kohly, Playa Havanna
Tel. 07/2 04 75 26, 204 57 08
www.gaviota-grupo.com

Cuba Startravel
Uhlandstr. 170a, 10719 Berlin,
Tel. 0 30/32 76 61 00
www.cuba-startravel.com
Touristenkarten hier erhältlich

RADTOUREN
Wikinger Reisen
Tel. 0 23 31/90 47 41
www.wikinger-reisen.de
16-tägige kombinierte Fahrrad-
Bus-Reise durch Kuba, einfache
westliche Fahrräder mit Gangschaltung, ohne Licht
In der Schweiz: www.bike-
adventure-tours.ch

WANDERN · TREKKING · KLETTERN
Tour Vital
Kaltenbornweg 6
50679 Köln
Tel. 0221/22 28 95 03
www.tour-vital.de

AVENTOURA
►Salsakurse

SALSAKURSE
Vor Ort in Havanna und Santiago
Außerdem werden im Conjunto
Folkórico Nacional (teuer), am Tea-
tro Nacional in Havanna, in der
Casa del Caribe in Santiago sowie

Felsenklettern ist zwar nicht ganz legal, aber dafür immer beliebter im Valle de Viñales.

in fast jedem Strandhotel (all inclusive) teils sehr gute Tanzeinführungen bzw. Animationsprogramme geboten, auch Salsakurse am Pool. Weitere Informationen zu Tanzkursen ▶Baedeker Wissen S. 204

Via Danza Tanzreisen
Martinstr. 42-44
73728 Esslingen
Tel. 07 11/48 90 70 03
www.viadanza.com
Unterricht im Hotel Florida in der Altstadt von Havanna

avenTOURa
Tanzschule Salsa alegre
Rehlingstr. 17, 79100 Freiburg
Tel. 07 61/2 11 69 90
www.salsa-alegre.com, www.aventoura.de

Danza y Movimento
Danza y Movimento
Kleine Rainstr. 3
22765 Hamburg
Tel. 040/34 03 28
www.danzaymovimiento.de
www.dym.de

Erlebe Reisen
Kreuzgasse 11
72581 Dettingen
Tel. 071 23/279 30 30
www.erlebe-reisen.de

SPRACHKURSE
Sprachcaffe Kubareisen
Gartenstraße 6
60594 Frankfurt
Tel. 069/61 09 12 25,
Hotline: *00800-77 72 24 36
www.sprachcaffe-cuba.com
Tel. in Havanna: 07/204 54 33

Vor Ort
Auch an der Universität in Havanna finden Sprachkurse in verschiedenen Schwierigkeitsgraden statt.
Tel. 07/870 46 67, 8 70 05 84
www.uh.cu

TOUREN

Auf Kuba findet sich für jeden Geschmack etwas. Man muss nur aus der Fülle von aufregenden Angeboten und Unternehmungen auswählen. Hier einige Anregungen für interessante Touren quer durch das Land.

Touren durch Kuba

Im folgenden Kapitel erwarten Sie vier Touren durch alle Regionen Kubas, durch anmutige Städtchen, die in der Kolonialzeit entstanden, durch die umtriebige Metropole Havanna, das landschaftlich schöne Tabakanbaugebiet im Westen und durch den Osten mit seiner revolutionären Vergangenheit – und natürlich lassen sich überall auch Badestopps und Abstecher beliebig einstreuen.

Tour 1
Große Kuba-Tour
Bei der Reise übers Land erlebt man die quirlige Großstadt Havanna, verträumte Kolonialstädte und landschaftlich vielfältige Highlights. Den Abschluß macht dann ein Abstecher in die Zeit der Zuckerbarone.
▶Seite 132

Touren durch Kuba • TOUREN

Tour 2
Kleine Kuba-Rundreise
Eine Zeitreise in die Revolutionsära und die Kolonialzeit. Auch Naturliebhaber kommen auf ihre Kosten.
▶Seite 136

Tour 3
Tabak und Mogotes in Kubas Westen
Auf dieser Tour geht es in die landschaftlich schönste Gegend der Insel: Im Valle de Viñales ragen wild überwucherte Karstfelsen aus rotbraunen Tabakfeldern hervor.
▶Seite 138

Tour 4
Auf den Spuren der Revolution
Wenn man den rebellischen Landesosten kennenlernen will, sollte man auch genügend Zeit für eine Wanderung einplanen und ein paar Badepausen einlegen.
▶Seite 139

Unterwegs in Kuba

DIE KARIBISCHE KÜSTE

Beliebte Badestrände

Kuba besitzt eine 5700 km lange Küste, an der sich rund 300 Strände und mehr als 4000 Inseln und Inselflecken »breit machen«: feinster weißer Strand unter Palmen oder Meertrauben, azurblaues Wasser und ein meist wolkenloser tropischer Himmel. **Im Norden** sind viele Strände nicht touristisch erschlossen oder werden fast ausschließlich von den Kubanern besucht. Andere haben mittlerweile internationale Bekanntheit erlangt und sind mit allen erdenklichen touristischen Attraktionen gesegnet: etwa in **Varadero, Trinidad, Guardalavaca** und im ruhigeren **Santa Lucía** (mit Schiffswracks für Taucher). Sie liegen im Norden, wo das Meer etwas unruhiger als im Süden sein kann. Hier findet man (fast) alle möglichen Wassersportarten, internationale Tauchstationen, Bars, Diskotheken und Restaurants mit internationaler Küche und jede Menge Souvenirs.

Für Kinder sind besondere Attraktionen vorhanden: etwa die beliebten Delfinarien; der Mitmach-Spaß ist allerdings mit bis zu 80 € pro Person plus Filmerlaubnis nicht gerade billig (Delfinarien gibt es z. B. in Varadero, Guardalavaca, Cienfuegos im Süden , Cayo Largo, Cayo Coco, Cayo Las Brujas und Baconao im Osten). Neu auf der touristischen Landkarte sind die an der Nordküste liegenden Urlaubsgebiete von **Covarrubias** (bei Puerto Padro, Provinz Las Tunas), **Cayo Santa María** (bei Caibarién/Provinz Villa Clara) und **Playa Pesquero** (in der Provinz Holguín) mit großen, luxuriösen Todo-incluído-Hotelanlagen.

Wer nur wenig Zeit für seine Kubaerkundungen hat und die lebendige Hauptstadt **Havanna** als festen Standort vorzieht, sollte wissen: Die Strände beginnen hier kurz hinter der Stadtgrenze von Havanna mit den kilometerlangen **Playas del Este**, wo sich der Fremde unter die Kubaner mischen kann und Touristen streckenweise noch in der Minderheit sind. Ganz anders dagegen die touristisch erschlossenen Inseln wie **Cayo Largo** und **Cayo Coco/Cayo Guillermo** und die zuletzt neu erschlossene **Cayo Santa María**: Hier waren Ausländer jahrzehntelang unter sich, denn den Kubanern war bis 2008 der Zutritt ins Paradies nur als Barmann oder Zimmermädchen, Reiseleiter, Animateur oder Busfahrer gestattet. Wer heute das nötige Kleingeld hat, kann zu Rabattpreisen mit der kubanischen Familie auch hier Urlaub machen, meist nur wenige Tage (nach Cayo Largo verkehren nur Flieger, Cayo Coco erreicht man über den 20 km langen Damm vom Festland bei San Rafael aus – allerdings nur, wenn man den Obolus in Pesos convertibles für die Benutzung zahlen kann!). Beliebt bei den (Exil-) Kubanern ist Varadero: Auch in **Varadero** leben

zwar tausende Kubaner im Stadtgebiet und Familien erholen sich hier am Strand, aber die Mehrzahl der Kubaner durfte bis 2008 an Varaderos Traumstrand nicht baden – ganz wie zu Zeiten der Al Capones und Du Ponts, die als reiche Amerikaner den Strand von Varadero in den 1950ern bevölkerten. Lediglich die »Helden der Arbeit« konnten auf Einladung der Gewerkschaft ein paar Tage in Varadero mit der Familie ausspannen, meist in den einfacheren oder Mittelklasse-Hotels. Dafür bietet sicherlich kein anderer Ort so viele Attraktionen und Abwechslung – von Glasbodenbooten für Wasserscheue bis zum Fallschirmspringen. Kein Wunder, dass es hierher fast die Hälfte aller ausländischen Kubaurlauber zieht.
Im Süden der Insel liegen die Hotels noch etwas weiter verstreut, das Meer ist ruhiger und auch der Urlaubstrubel hält sich in Grenzen. Im Winter wird es hier an den Abenden nicht so kalt wie an der Nordküste. Bekannt und mit einigen guten Hotels und Wassersportmöglichkeiten ausgestattet sind **Trinidad-Ancón, Playa Larga** und **Playa Girón** nahe der Schweinebucht (bei Guamá), die **Playa Rancho Luna** (bei Cienfuegos) sowie die Strände und Buchten westlich und östlich von **Santiago** (beispielsweise die ruhige Playa Cazonal im Parque Baconao).

Die weniger bekannten Strandorte zeichnen sich durch mehr Ruhe, aber auch durch einfachere Hotels aus (meist untere Mittelklasse).

Wo es beim Baden ruhiger zugeht...

So schön, dass es einst hohen Parteifunktionären vorbehalten war: das schmale Eiland Cayo Saetía

Die Anreise kann sich teils etwas schwierig gestalten und muss besonders bei Fährüberfahrten unter Umständen mit Geduld gemeistert werden. Die Strände **im Westen** sind eher naturbelassen. In den äußersten Westen des Landes auf die Halbinsel **Guanahacabibes** zieht es bisher v. a. Taucher: Das Gebiet steht unter UNESCO-Schutz als Weltbiosphärenreservat und besteht vorwiegend aus Mangrovensümpfen. In María La Gorda kann man unter Palmen am Strand von den hier lebenden Reptilien träumen. Ein kleines Bungalow-Hotel betreut die Ruhe suchenden Gäste auf der idyllischen **Cayo Levisa** (eine halbe Bootsstunde nördlich von Palma Rubia).

Im **Süden** lockt die größte Insel des Landes Taucher, Naturliebhaber und Geschichtsfans an: die **Isla de la Juventud**. Das Eiland hat viel Abwechslung und kubanischen Alltag zu bieten, allerdings treffen sich in den bisher wenigen und recht einfachen Hotels bislang eher die Tauchsportler (im Internationalen Tauchzentrum des Hotels Colony), um den maritimen Schönheiten des Archipiélago de los Canarreos in Unterwasserexkursionen auf den Grund zu gehen: Rund 30 km vor der Küste, wo der kubanische Inselsockel plötzlich auf mehr als 1000 m Tiefe abbricht, erleben Taucher ein traumhaftes Tauchrevier mit Höhlen, Schluchten, Fischschwärmen und Korallenreichtum.

Auch die **Cayo Sabinal** im Norden ist noch angenehm ruhig, wenn die Tagesausflügler vom benachbarten Playa Santa Lucía wieder abgefahren sind. Unberührt und idyllisch liegen ebenso die Strände bei **Baracoa** im äußersten Osten: Playa Maraguana (im Westen) und die Playitas Cajobabo bis Playa Yacabo (Richtung Guantánamo). Es gibt Orte in Kuba, an denen der Reisende sich auf einen anderen Kontinent versetzt fühlt: etwa beim Anblick eines Zebras in freier Wildbahn! **Cayo Saetía** (95 km von Guardalavaca) könnte auch irgendwo in Afrika liegen: Antilopen, Strauße und Wildschweine fühlen sich hier augenscheinlich wohl. Die meisten ausländischen Touristen fliegen als Tagesgäste zur Jeepsafari mit dem Helikopter aus Guardalavaca ein – bewaffnet mit Videokamera und Teleobjektiv. Im Gegensatz zu den endlosen weißen Stränden an der Nordküste, verstecken sich im **Süden** die oftmals dunkelgrauen Strände in kleinen, idyllischen Buchten mit Palmenhainen und steil abfallenden Felsküsten, z. B. entlang der traumhaften Küstenstrecke zwischen Santiago de Cuba und den Fischerorten **Chivirico** und **Marea del Portillo**: Manchmal verläuft die asphaltierte Straße nur knapp über der zerklüfteten Steilküste und die Wellen schwappen auf die Fahrbahn.

DAS LANDESINNERE

Ausflüge in die Kolonialzeit

Wer zwei Wochen am Strand liegen bleibt, lernt Kuba und die Kubaner nicht kennen. Ein Ausflug in die Kolonialstädte vermittelt einen

Unterwegs in Kuba • TOUREN

Blick in die Geschichte, aber auch in die Gegenwart Kubas (denn je pittoresker das Städtchen, je mehr Reisegruppen dort auftauchen, desto unverhohlener wird gebettelt und werden diverse illustre Dienste angeboten, leider verstärkt in Trinidad und Santiago). Wenigstens eine der mit UNESCO-Mitteln hübsch restaurierten Altstädte in **Havanna (Habana Vieja), Trinidad** und **Santiago de Cuba** (mit dem ältesten erhaltenen Haus in Kuba) sollte man nicht verpassen. Ebenso sehenswert und noch nicht überlaufen sind **Camagüey** (mit dem größten Altstadtkern in Kuba), **Cienfuegos, Matanzas** und **Sancti Spíritus**. Richtige kleine Schmuckstücke mit unverfälschtem, d. h. oft noch unrestauriertem Altstadtcharme sind das abgelegene **Baracoa** (die erste spanische Siedlung in Kuba), **Gibara** und **Manzanillo**.

Auf den Spuren der Revolution

Es zieht noch immer jede Menge Revolutionspilger nach Kuba – immer auf den Spuren der großen Revolutionshelden. Eine Tour in **Havanna** ohne die gigantische Plaza de la Revolución und das Revolutionsmuseum wäre wie ein Mojíto ohne Minze! Che Guevaras Hauptquartier in Havanna befand sich übrigens in der Festung San Carlos de la Cabaña, heute ein Museum. Wer sich für Fidel Castro interessiert, wird seiner »Zelle« auf der **Isla de la Juventud** im Gefängnis Presidio Modelo (eigentlich eher ein geräumiger Raum) einen Besuch abstatten wollen. Die **Bahía de Cochinos**, die Schweinebucht, darf ebenfalls nicht fehlen, auch wenn an der Playa Girón und der Playa Larga heute nicht mehr viel an die gescheiterte Invasion der Exilkubaner 1961 erinnert (außer einem Museum und einigen Gedenksteinen). Der Höhepunkt jedes Che-Guevara-Anhängers ist das Mausoleum in **Santa Clara**, wo Che und seine Kampfgenossen aus Bolivien (darunter die Deutsche Tamara Bunke) bestattet sind: Hier hat Che Guevara die Regierungstruppen Ende 1958 aus der Stadt gejagt. Von der Region um **Santiago de Cuba** ging die Revolution den frühen 1950ern aus, hier wurde der Sieg schießlich am 1. Januar 1959 von Fidel Castro verkündet: die Moncada-Kaserne, die Granjíta Siboney, den Landungsplatz der Granma am Playa Las Coloradas (bei Manzanillo) und die Berge der Sierra Maestra sollte man als Revolutionsfan aufsuchen (auch ▶Tour 4).

Wanderparadies Kuba

Kubas Ökotourismus steckt noch immer ein wenig in den Kinderschuhen und scheint oft reglementiert (so sollte theoretisch bei allen Wanderungen in Naturschutzgebieten und auf Berge immer ein Führer dabei sein, obwohl es keine alpinen Herausforderungen in Kuba zu bewältigen gibt). Neben den unter »Urlaub aktiv« (▶S. 118) bereits erwähnten Regionen ragen der Dschungel-Nationalpark Alejandro de Humboldt und die Sierra Maestra als Trekkingziele heraus. Im **Humboldt-Nationalpark**, Teil der Bergkette Cuchillas de Toa bei Baracoa, kann es schon mal bei häufigen Regenfällen sehr schlammig

130 TOUREN • Unterwegs in Kuba

werden (weniger Regen von Juni bis Aug.). Die bis zu 1200 m hohen Berge sind von der UNESCO als Weltbiosphärenreservat gekürt worden und beeindrucken mit einer reichhaltigen Vegetation von Palmen über urzeitliche Baumfarne und kubanische Kiefern bis zu Mahagoni- und Teakbäumen. Das wild bewaldete Land um den Pico Turquino, der gleichnamige Nationalpark in der **Sierra Maestra** bei Santiago de Cuba, kann beispielsweise vom Pferd aus erkundet werden. Vom Bergdorf Santo Domingo (64 km von Bayamo) können Bergwanderer innerhalb eines Tages den Gipfel erstürmen (1974 m): Zuerst geht es mit dem Jeep über steile Serpentinen bis zum ersten Ausblick beim Alto de Naranjo, dann ca. 13 km weiter zu Fuß über Stock und Stein durch den Laub- und Nebelwald. Man kann sich der Bergkette auch per Hubschrauber nähern – mit Flügen über die Sierra Maestra und einem Stopp beim Wasserfall El Saltón (▶Tour 3).

Radlerpara- Wie wäre es z. B. mit einer Tour vom Westen (Pinar del Río) in die
dies Kuba Landesmitte bis nach Santa Clara? Dabei bezwingt man jede Menge an- und absteigende Hügel, die ordentlich in die Waden gehen, und die chinesische Gangschaltung kann auch schon mal an der bis zu 700 m hohen Sierra del Rosario bei Pinar del Río scheitern. Ab und zu brettert ein laut scheppernder Sowjetlaster mit kubanischen Fahrgästen auf der Ladefläche an den Radlern vorbei und hüllt jeden in eine pechschwarze Wolke. Hinter jeder Biegung entschädigt die malerische Landschaft mit neuem Fotomotiv. Bei der Weiterfahrt nach Osten taucht zwischen Guamá und der berühmten Schweinebucht endlich eine herrlich flache Landstraße auf, die einer nicht enden wollenden Zielgerade gleicht – links und rechts nichts als Sumpf. Dafür ist die Etappe am nächsten Tag wieder eine Herausforderung für Körper, Geist und Gangschaltung: Hinter den Ausläufern der Sierra del Escambray mit dem zweithöchsten Berg in Kuba (Pico Juan, 1156 m) liegt Trinidad. Hier helfen auch keine Durchhalteparolen auf den Plakatwänden am Wegesrand: »Hasta la victoria siempre« (»Bis zum immerwährenden Sieg«). Die Sonne gibt den Radlern mittags den Rest, die Straße schlängelt sich auf und ab, als wäre man auf einem gigantischen Wellblech unterwegs – bis endlich das tiefblau verlockende Karibische Meer und Trinidad an der Südküste nach ca. 60 km zum pedalen Endspurt antreiben. Am letzten Tag geht es weiter über die Alturas von Santa Clara, der Stadt des Volkshelden Che Guevara entgegen.

VERKEHRSMITTEL

Mehr oder Viele der beschriebenen Strandorte und Kolonialstädte werden von
weniger den **Viazul-Bussen** täglich angefahren. Auf die touristischen Inseln
komfortabel kommt man oft über einen Damm (Cayo Coco, Cayo Santa María),

nach Cayo Levisa fährt täglich zweimal die **Fähre** (morgens und abends), nach Isla de la Juventud verkehren Fähre und Flieger, nach Cayo Largo kann man nur fliegen. Die **Bahn** verkehrt mit verschiedenen Zügen (den sehr langsamen »lecheros« und den »Express«-Zügen) regelmäßig von Havanna nach Westen (Pinar del Río) und über das Landeszentrum nach Santiago de Cuba und hält in diversen Provinzstädten (Cienfuegos, Santa Clara, Camagüey usw.). Wer abenteuerlustig genug ist, probiert die **»camiones«** (Lkws): allerdings sollte man für diese Art des kubanischen Reisens auf der Ladefläche eines Lasters (eventuell mit Sitzbänken umgebaut, die Luxusvariante!) etwas Spanisch sprechen und viel Geduld, Zeit und einige kubanische Pesos mitbringen. Mit dem **Flugzeug** kann man die meisten großen Städte und Touristenorte bzw. die Provinzhauptstädte täglich erreichen, frühzeitige Buchung ist angebracht. Wer Zeit sparen und stressfrei reisen möchte: Reiseveranstalter bieten mittlerweile Wander- und Radtouren an, auch thematische Rundreisen sind in einigen Katalogen zu finden. Einige der genannten Wandertouren können auch vor Ort über die kubanischen Agenturen mit Führer gebucht werden (z. B. bei Infotur, Asistur oder aber in den Hotels). In einigen Tourismus-Orten (z. B. Varadero, Cayo Largo, Trinidad) stehen auch verhältnismäßig teure Mietmofas zur Verfügung.

Mit dem Auto unterwegs

Wer das Landesinnere in Ruhe und individuell kennen lernen möchte, kann mit dem nicht ganz so preisgünstigen **Mietwagen oder Wohnmobil** fahren (das Tanken ist mittlerweile an den Cupet-Tankstellen problemlos möglich, allerdings sollte man rechtzeitig nachtanken und immer einen funktionsfähigen (!) Ersatzreifen und Wagenheber mit dabeihaben). Das Land im Zentrum Kubas ist allerdings auf hunderten von Kilometern flach und auf die Dauer eher monoton durch die weiten Zuckerrohrfelder und Rinderweiden. Zu den schönsten und abwechslungsreichsten Strecken gehören die Gegend in Pinar del Río, das Valle de los Ingenios bei Trinidad, die Alturas bei Santa Clara, die Farola-Serpentinen bei Baracoa und die Küstenstraße westlich von Santiago: Die wiederholt durch Hurrikane beschädigte Piste schlängelt sich zwischen Hängen und Meer hindurch, Steinschläge sind nicht selten.

Fortbewegung auf Rädern kann ganz unterschiedlich ausfallen.

Tour 1 Große Kuba-Tour

Start und Ziel: Von Havanna zum Nationalpark Baconao
Dauer: ca. 3–4 Wochen
Länge: ca. 1000 km

Die klassische Kubatour schlechthin: Bei der Reise übers Land erlebt man die quirlige Metropole Havanna und verträumte Kolonialstädtchen, erobert in der Sierra del Escambray luftige Aussichtspunkte mit weitem Inselpanorama und »erfährt« im wahrsten Sinn die herrliche Zuckerrohrregion bei Trinidad, die einst den Reichtum des Landes begründet hatte. Zum Abschluss erlebt man den eher schwarz-karibisch geprägten Osten des Landes mit den wichtigsten Santería-Pilgerstätten (El Cobre) und vielen Schauplätzen der Revolution.

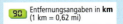

Für die Kapitale ❶ **Havanna** sollte man mindestens drei Tage einplanen. Hier lässt es sich auf historischen Pfaden wandeln, v. a. in der sorgsam restaurierten Altstadt La Habana Vieja. Für den Spaziergang um den Parque Céspedes, die Plaza de la Catedral und den Prado entlang sollte man sich genügend Zeit lassen. Auch die Rampa, die Hauptstraße des Stadtteils Vedado, und der Malecón lassen sich am besten zu Fuß erkunden. Kunstfreunden und historisch Interessierten sei v. a. der Besuch des Stadtmuseums, des Revolutionsmuseums und des Museums der Schönen Künste empfohlen. Weitere wichtige Sehenswürdigkeiten sind der Platz der Revolution mit den Regierungsbauten und dem Martí-Monument und der Cementerio Colón mit seinen prachtvollen Grabmälern.

Einen Tag sollte man sich auf jeden Fall für die so genannte **Hemingway-Route** reservieren, also einen Ausflug in die östliche Umgebung Havannas zu dem Fischerdörfchen ❷ **Cojímar** (10 km) und in das traumhaft gelegene Hemingway-Museum Finca La Vigía in ❸ **San Francisco de Paula** (15 km) einplanen, dem ehemaligen Landsitz

»**Königin der Antillen**«

Angeblich führte eine Wette zum Bau des 50 m hohen Turmes im Valle de los Ingenios.

des Schriftstellers, in dem die Zeit stillzustehen scheint. Ein Blick durch die Fenster des Anwesens im Kolonialstil offenbart: Bücher, wohin man schaut, und die Whiskeyflaschen sind zwar ein wenig eingestaubt, stehen aber da, als würde Hemingway sich noch immer aus ihnen bedienen. Rund 20 Jahre lebte der Schriftsteller hier, kurz nach der kubanischen Revolution 1959 verließ er das Land. Abschließen kann man den Tag dann stilecht in Hemingways Lieblingsbars Bodeguita del Medio und Floridita in der Altstadt Havannas. Ein weiterer Tag sollte einem Ausflug von Havanna aus in den Westen Kubas (▶Tour 3) vorbehalten sein.

Mangrovensümpfe und Villenarchitektur

Nach der Besichtigung der kubanischen Hauptstadt geht es dann in den Süden der Insel, zunächst in das touristische Zentrum von ❹ *Guamá (178 km, auf der Autobahn bis zur Zuckerfabrik Australia und dann Richtung Süden abbiegen). Das dortige Erholungsresort am Lago del Tesoro liegt inmitten von Mangrovensümpfen. Zu den Attraktionen gehören auch eine Hotelanlage im präkolumbianischen Stil und eine Krokodilfarm. Weiter südlich auf der Zapata-Halbinsel erreicht man nach ca. 45 km die berühmte Schweinebucht, wo 1961 die Invasion durch Exilkubaner stattfand. In ❺ *Playa Girón dokumentiert ein Museum dieses Ereignis. Über Yaguaramas und Rodas gelangt man nach 95 km in das koloniale ❻ **Cienfuegos an der Bucht von Jagua. Besonders schön ist hier die Plaza Martí mit den umliegenden Bauwerken. Auf der Fahrt zum Palacio del Valle auf der Halbinsel La Gorda kann man den Reichtum der einstigen Villenbesitzer noch erahnen. Empfehlenswert ist ein Besuch des Botanischen Gartens, der über eine einmalige Sammlung an Palmen, Kakteen und Bambusarten verfügt.

Koloniales Schmuckstück

An der Küste entlang führt der Weg weiter nach Trinidad, vorbei an den Bergen der Sierra del Escambray. Ungefähr 5 km vor der Kolonialstadt führt eine Serpentinenstraße hinauf ins Gebirge und zum Luftkurort ❼ *Topes de Collantes. Historisches Flair prägt die Atmosphäre in ❽ **Trinidad mit seinen holprigen Pflasterstraßen und wunderschönen Gebäuden. Interessant ist ein Besuch der Museen um die Plaza Mayor und ein Gang durch die Straßen, in denen alle

Tour 1 • TOUREN

Arten von Kunsthandwerk angeboten werden. Nur wenige Kilometer nordöstlich der Stadt liegt das **9** *****Valle de los Ingenios**, in dem einst die Sklaven auf den Zuckerrohrplantagen den Wohlstand der Trinitarios erwirtschaftet haben. Der Turm von Iznaga, früher eine Art Wachposten, erinnert an diese Zeit.

10 *****Sancti Spíritus**, 70 km östlich von Trinidad gelegen, wird oft übersehen, lohnt aber trotzdem einen Besuch. Es verfügt über einen hübschen Stadtkern, kleine Museen, die Brücke über den Yayabo und eine schöne Casa de la Trova. Für einen Ausflug ins Grüne bietet sich hier der Stausee Zaza an. Östlich von Sancti Spíritus endet die breite Autobahn, die A1, es geht weiter auf einer nur zweispurigen sehr engen Landstraße.Ebenfalls weit unterschätzt ist Camagüey, die drittgrößte kubanische Stadt, die man über die Landstraße (carretera central) nach etwa 184 km erreicht. Auf der Fahrt dorthin kommt man durch **11** **Ciego de Ávila**, eine typische kubanische Kleinstadt ohne Hektik und Lärm. **12** *****Camagüey** ist aufgrund seiner Lage in der Mitte der Insel touristisch kaum erschlossen, verfügt aber gerade deshalb über einen eigenen Charme. Hier kann man noch in Ruhe in den verwinkelten Straßen der Altstadt herumstreifen und verschwiegene Ecken entdecken. Auffallend häufig sieht man auf den Plätzen und in den Innenhöfen Tinajones, große Tonkrüge, mit denen früher Regenwasser aufgefangen und frisch gehalten wurde. Weiter führt der Weg in östlicher Richtung auf der Landstraße über Las Tunas und **13** **Holguín** (209 km), einer eher nüchternen Stadt. Einen Umweg lohnt jedoch der nahe gelegene Mirador de Mayabe, ein schön gelegener Aussichtspunkt mit einem bäuerlichen Restaurant.

Zwischen 135 und 153 km weiter in südlicher Richtung (je nachdem, ob man die längere und schöne Strecke über El Cobre wählt oder die kürzere, die ab Soriano über die Autobahn führt) betritt man in **14** **Santiago de Cuba** revolutionäres Pflaster, denn alle kubanischen Befreiungsbewegungen hatten in dieser Region ihren Ursprung. Beginnen sollte man die Stadtbesichtigung mit dem Parque Céspedes und all seinen historisch bedeutsamen Sehenswürdigkeiten. In der Nähe liegen einige interessante Museen und die Casa de la Trova. Auf keinen Fall sollte man den Besuch der Moncada-Kaserne versäumen, deren Sturm 1953 durch Castro und seine Mitstreiter den Beginn der revolutionären Bewegung auf Kuba markiert. In dem inzwischen hier eingerichteten Museum ist sehr viel über die Geschichte Kubas und die Revolution zu erfahren. Interessant ist auch der Cementerio S. Ifigenia im Norden der Stadt mit seinen imposanten marmornen Grabmälern und dem Mausoleum für José Martí.

Heimliche Hauptstadt

Einer der schönsten Ausflüge in die Umgebung führt zur Festung El Morro, von der sich ein wundervoller Blick auf die Bucht von Santi-

Umgebung von Santiago

ago bietet. Rund 20 km westlich von Santiago liegt der Wallfahrtsort **15** ***El Cobre**, in dessen Basilika die Nationalheilige Virgen de la Caridad verehrt wird. Doch auch östlich der Stadt gibt es einige interessante Ziele. Weniger als 30 km entfernt ragt inmitten des **16** ***Nationalparks Gran Piedra** in der Sierra Maestra der gleichnamige Berg empor. Folgt man der Küstenstraße weiter, gelangt man nach 3 km zur Granjita Siboney, die den Rebellen vor dem Sturm der Moncada-Kaserne als Versteck gedient hatte. Gut 25 km weiter östlich liegt der **17** ***Nationalpark Baconao**, der von der UNESCO als Biosphärenreservat ausgewiesen wurde. In dieser 800 km² großen Freizeitanlage gibt es ein prähistorisches Tal, diverse Museen, ein Aquarium mit Delfinarium und sehr schöne Aussichtspunkte.

Tour 2 Kleine Kuba-Rundreise

Start und Ziel: Havanna
Dauer: ca. 10 Tage
Länge: ca. 800 km

Bei dieser Tour schnuppert man städtisches Flair in Havanna, Höhlenduft bei Matanzas und die frische Meeresbrise in Varadero. Als Zeitreise führt sie zurück in die Revolutionsära und in die Kolonialzeit: Che Guevara begegnet man in der Gedenkstätte in Santa Clara und den Zuckerbaronen und ihrem prachtvollen Reichtum in Trinidad. Zum Abschluss: Strand, Sümpfe und Krokodile für die Naturliebhaber.

Die schönsten Strände

Von der Kapitale **1** ****Havanna** aus führt die Route in Richtung Osten nach Varadero, Kubas Touristenziel Nummer eins, mit seinem schönen, mehr als 20 km langen Sandstrand. Bereits 10 km hinter der Hauptstadt kommt man in den Fischerort **2** ***Cojímar**, der von Ernest Hemingway in seinem Roman »Der alte Mann und das Meer« verewigt wurde. Nach ca. 82 km überquert man den Puente de Bacunayagu, die längste Brücke Kubas, die das palmenbestandene **3** ***Yumurí-Tal** überspannt. Schon kurz nach der Brücke erreicht man die Bucht von **4** ***Matanzas** mit der gleichnamigen hübschen Kolonialstadt, von der aus ein kleiner Abstecher zu dem beeindruckenden Höhlensystem der **5** ***Cuevas Bellamar** (5 km südöstlich) lohnt. Weiter geht es dann nach **6** ****Varadero**, wo man ein bis zwei Tage Badeurlaub einlegen kann.

Revolutionsluft schnuppern

Über **7** **Cárdenas** fährt man weiter nach Jovellanos und wechselt hier auf die Hauptstraße nach **8** ***Santa Clara**. Die Geschichte dieser Stadt ist eng mit der Revolution verbunden, da hier die entschei-

dende Schlacht des Kommandanten Che Guevara geschlagen wurde. Um die Landschaft der Sierra del Escambray kennen zu lernen, sollte man sich keinesfalls einen Abstecher zum ❾ *Hanabanilla-Stausee (51 km von Santa Clara) entgehen lassen.
Hinter ❿ **Trinidad, im Nordosten, liegt der Turm von Iznaga im ⓫ *Valle de los Ingenios, das mit seinen Zuckerplantagen den Reichtum Trinidads begründete. Mit ihren restaurierten Häusern, den kunstvoll verzierten Fenstergittern und dem unregelmäßigen Kopfsteinpflaster führt diese Stadt ihre Besucher in die Kolonialzeit zurück. Doch auch als Badeort mit der Playa Ancón ist sie interessant. ⓬ **Cienfuegos mit seinem kurstädtischen Ambiente erreicht man nach weiteren 80 km auf der Küstenstraße. Sehr eindrucksvoll ist hier der Botanische Garten mit seinen einzigartigen Pflanzensammlungen.

Über Rodas und Yaguaramas fährt man weiter nach ⓭ *Playa Girón (95 km), wo ein Museum an die Invasion in der Schweinebucht im Jahre 1961 erinnert. Etwa 45 km weiter nördlich kann man die Hotelanlage im Stil präkolumbianischer Häuser, die Krokodilfarm und die Lago del Tesoro von ⓮ *Guamá besuchen. Richtung Norden geht es dann wieder zurück zum Ausgangspunkt Havanna (178 km), indem man bei Australia auf die Autobahn abbiegt.

Für Naturliebhaber

TOUREN • Tour 3

Tour 3 # Tabak und Mogotes in Kubas Westen

Start und Ziel: Von Havanna ins Valle de Viñales
Dauer: 1 – 4 Tage
Länge: ca. 450 km

Diese Tour führt in die landschaftlich schönste Gegend Kubas: Mogotes nennen sich die wild überwucherten Karstfelsen, die aus den rostbraunen Tabakfeldern im Tal von Viñales emporragen. Wer nur einen Tagesausflug macht, fährt direkt in das kleine Dorf Viñales, wer zwei bis drei Tage mehr Zeit hat, sollte eine Wanderung einplanen, etwa bei Soroa oder Las Terrazas – denn immerhin gehört die herrliche Bergkette Sierra del Rosario zu den Weltbiosphärenreservaten der UNESCO.

Auftakt: Zentrum des Ökotourismus

Von ❶ ****Havanna** aus fährt man in westlicher Richtung an der Sierra del Rosario entlang und biegt nach ca. 85 km bei Candelaria in Richtung Norden ab, um den Orchideengarten von ❷ ***Soroa** (▶Pinar del Río) zu besuchen. Nach 7 km erreicht man die botanische Anlage mit über 700 Orchideenarten. Einige hundert Meter weiter südlich wartet in verlockender dschungelartiger Natur der Salto del Arco Iris auf Badegäste. Etwa 10 km nordöstlich liegt Las Terrazas (man muss bei einer Schranke ca. 3 km nördlich von Soroa rechts abbiegen): Hier kann man Künstlern über die Schulter schauen, Reitausflüge machen oder auf ausgeschilderten Pfaden wandern.

Für die Weiterfahrt nach Pinar del Río kehrt man auf die Autobahn zurück. Nach 15 km erreicht man das Anwesen Las Barrigonas, einen kleinen Bauernhof, der auch besichtigt werden kann. In den Straßen ❸ ***Pinar del Ríos** (89 km von Soroa) sticht besonders die Säulen-architektur ins Auge, beispielsweise am Teatro Milanés. Nicht versäumen sollte man den Besuch der Zigarrenfabrik Francisco Donatier und der Casa Garay, in der Guayabita-Likör hergestellt wird.

Nur etwa 28 km nördlich, in der Sierra de los Órganos, er-

Tour 4 • TOUREN

wartet den Besucher eine der spektakulärsten Landschaften Kubas – das ❹ **Valle de Viñales**, ein fruchtbares Tal, aus dem die kargen, bizarr geformten Kalksteinkegel wie Elefantenrücken aufragen. Ganz in der Nähe, im Valle de las Dos Hermanas, ist ein weiterer touristischer Anziehungspunkt zu sehen, ein Wandbild, das die Evolutionsgeschichte darstellen soll – Mural de la Prehistoria. Wem diese Attraktion etwas zu grell ist, der kann sich in das benachbarte, ausgesprochen empfehlenswerte Restaurant Mural mit seinen ländlichen Spezialitäten begeben.

Fährt man noch ein wenig weiter an Tabakfeldern vorbei in das Tal hinein, passiert man den hübschen kleinen Ort **Viñales** und gelangt zur **Cueva del Indio** (5 km von Viñales), einer Höhle mit interessanten Tropfsteinformationen. Die Flora und Fauna in der Umgebung der Höhle ist noch sehr ursprünglich; man findet hier mit etwas Glück den seltenen kubanischen Nationalvogel Tocororo, die Korkpalme, und die weiße Mariposa-Blüte.

> **! BAEDEKER TIPP**
>
> *Wo die Castros lebten …*
>
> Wer auf den Spuren Fidel Castros durch Kuba reist, darf dessen Geburtsort nicht verpassen: Die Finca Las Manacas, auf der der Revolutionär am 13. August 1926 geboren wurde, liegt ca. 3 km nordöstlich von Birán: Auf dem Landgut und im Freilichtmuseum sind die Gräber seiner Eltern zu sehen, die Farm- und Wohnhäuser der Castros, eine Hahnenkampfarena und eine Fotoausstellung zum Leben und Wirken des langjährigen kubanischen Staatsoberhauptes. Finca Las Manacas (auch Museo Conjunto Histórico Birán) in Birán, ca. 80 km südl. von Guardalavaca, ca. 65 km südöstlich von Holguín; Di. – Sa. 9.00 – 15.00, So. bis 12.00 Uhr.

Auf den Spuren der Revolution   Tour 4

Start und Ziel: Guardalavaca
Dauer: 5 – 6 Tage
Länge: ca. 700 km

Bei dieser Tour in den rebellischen Landesosten begibt sich der Reisende zuerst auf die Spuren der Indianer im Museum in Banes und der Revolutionäre in Santiago de Cuba. Für eine Wanderung in der Sierra Maestra sollte man ein bis drei Tage extra einplanen. Auf der spektakulären Küstenstraße geht es von Santiago entlang der Strände und des höchsten Berges Kubas immer gen Westen nach Manzanillo, einem eher verträumten Küstenort. Wer Badepausen einlegen möchte, findet auf dieser rund 700 km langen Rundreise reichlich Sand und Meer.

TOUREN • Tour 4

Auf den Spuren der Ureinwohner

Schon in der direkten Umgebung von ❶ **Guardalavaca** gibt es interessante Besichtigungsmöglichkeiten. Nur 5 km südlich des Badeortes wurde ein Indianerfriedhof freigelegt, an den heute das Museum Chorro de Maíta erinnert. Die meisten Fundstücke sind im Archäologischen Museum von ❷ **Banes** (38 km südöstlich von Guardalavaca) zu sehen. Ungefähr 84 km südwestlich von Banes liegt ❸ **Holguín**, eine etwas nüchterne Stadt, aber ein wichtiger Verkehrsknotenpunkt für Kuba. Von hier aus geht die Fahrt weiter in Richtung Süden.

Wiege der Revolution

In ❹ **Santiago de Cuba**, der »Wiege der Revolution«, ist die rebellische Vergangenheit des kubanischen Ostens präsent. Besonders sehenswert sind die Innenstadt um den Parque de Céspedes, der Platz der Revolution, die Moncada-Kaserne und die Festung El Morro, von der sich ein wundervoller Blick auf die Bucht von Santiago bietet. Etwa 10 km östlich außerhalb von Santiago, kurz vor dem kleinen Ort Siboney, biegt die Straße zum ❺ **Parque Nacional Gran Piedra** in Richtung Norden ab. Nach ungefähr 18 km erreicht man dann den »großen Felsen«. Der Aufstieg zur Felsspitze dauert ca. 30 Minuten und ist nicht sehr schwierig. Auf die Küstenstraße zurückgekehrt, gelangt man nach 3 km zur Granjita Siboney, von der aus der Sturm auf die Moncada-Kaserne geplant worden war. Nach weiteren 27 km fährt man in den landschaftlich und kulturell interessanten ❻ **Parque Nacional de Baconao** (prähistorisches Tal, Museen und andere Freizeiteinrichtungen) hinein.

Terrain der Aufständischen

Nach diesem Abstecher in die östliche Umgebung Santiagos geht die Fahrt weiter in den Westen. Auf der Küstenstraße bieten sich immer wieder fantastische Ausblicke auf die Berge der Sierra Maestra und das Meer. Nach ungefähr 70 km erreicht man den kleinen Ort ❼ **Chivirico** mit der Playa Sevilla, wo man eine kleine Rast einlegen kann (▶S. 281). Vor der Weiterfahrt bitte aktuellen Straßenzustand erfragen! Etwa 60 km weiter erblickt man dann Kubas höchsten Berg, den **Pico Turquino** (1974 m). In diese Gegend der **Sierra Maestra** hatten sich die Revolutionäre um Fidel Castro und Che Guevara zurückgezogen, nachdem sie mit der »Granma« auf Kuba gelandet waren. Folgt man der Straße weiter, gelangt man zum Golf von Guacanayabo. Hier, nahe der Südspitze der Küste, bei der Playa Las Coloradas erreicht man nach rund 150 km im ❽ **Parque Nacional Desembarco del Granma** den Landeplatz der Granma und einen Nachbau des Bootes, von dem Fidel und Genossen am 2. Dezember 1956 an Land gingen.

In der kleinen Hafenstadt ❾ **Manzanillo** verlässt die Route die Küste und dreht landeinwärts in Richtung Bayamo. Auf halbem Wege (ca. 25 km) liegt **Yara**. Von hier ging der erste Befreiungskrieg gegen die Spanier aus, als Carlos Manuel de Céspedes seine Sklaven freiließ

Tour 4 • TOUREN

und Unabhängigkeit von den spanischen Kolonialherren forderte. Außerdem soll in Yara der Kazike Hatuey, der sich als erster gegen die Spanier auflehnte, verbrannt worden sein.

Schließlich gelangt man nach weiteren 40 km in die Hauptstadt der Provinz Granma, ❿ **Bayamo**, dessen rebellische Gesinnung sogar in der Nationalhymne Kubas, »La Bayamesa«, besungen und durch Indianerkämpfe, Sklavenaufstände und Befreiungskämpfe belegt ist. Die Plaza del Himno und das Geburtshaus Céspedes' erinnern an diese Zeiten. Von Bayamo aus fährt man etwa 24 km bis Jiguaní, nimmt den Abzweig nach Norden und erreicht nach weiteren 20 km durch Weideland und Zuckerrohrfelder den Ort ⓫ **Dos Ríos**: Hier starb der meistverehrte Revolutionsheld des 19. Jh.s, José Martí, am 19. Mai 1895 in einer Schlacht. Ein mächtiger Obelisk markiert den Schauplatz. Von hier aus geht es über mehr oder weniger holprige Landstraßen (u. a. 307 und 421) über weitere rund 140 km zurück in den Badeort Guardalavaca. Alternativ lässt man den Abstecher nach Dos Ríos aus und fährt bequem über Holguín auf der Landstraße zurück.

Mehr Rebellion geht nicht

REISEZIELE VON A BIS Z

Kuba verheißt Ferienparadiese mit türkis schimmerndem Meer, verschlafene Kolonialstädtchen mit karibischem Flair, weitläufige Tabakplantagen und natürlich die temperamentvolle Hauptstadt, deren Altstadt zum Weltkulturerbe zählt.

Baracoa

✦ L 5

Provinz: Guantánamo
Höhe: 0 – 20 m
Einwohner: 82 000
Entfernung: 1080 km von Havanna, 286 km von Santiago de Cuba

Das Städtchen mit dem verschlafenen Charme eines tropischen Kolonialdorfes versteckt sich am äußersten Ostzipfel Kubas. Seine Bewohner bestehen noch heute darauf, dass hier Kolumbus am 28. Oktober 1492 zum ersten Mal seinen Fuß auf die Insel setzte – und nicht in der mittlerweile offiziell dafür gekürten Bahía de Bariay weiter im Westen bei Gibara (▶S. 181).

Älteste Siedlung
Unbestritten ist Baracoa die älteste Siedlung auf Kuba – manches der einstöckigen Kolonnadenhäuschen mit morschem Ziegeldach und abblätterndem Pastellputz scheint noch Zeuge dieser Epoche zu sein. Aus der umliegenden fruchtbaren Bergregion stammen Kokosnüsse und Kakao, Kaffee und Bananen. Heute entwickelt sich Baracoa zu einem **Zentrum des »Ökotourismus«** mit Trekkingtouren in dem UNESCO-geschützten Nationalpark und Regenwald (benannt nach Alexander von Humboldt) und mit Bootsausflügen auf den vielen Flüssen inklusive Spanferkelpicknick vor grün wuchernder Tropenkulisse. Leider haben die letzten Hurrikans in der »ciudad primada« besonders gewütet und ein Schlachtfeld hinterlassen, besonders Ike im Jahr 2008 und Isaac im Jahr 2012: Die bis zu sieben Meter hohen Wellen schwappten über den Malecón landeinwärts und rissen viele Gebäude mit sich, einige Schäden sind heute noch zu sehen.

Geschichte
Die »villa primada«, die erste Stadt Kubas, wurde 1511 von dem Gouverneur Diego Velázquez gegründet. Bis 1515 war sie die Hauptstadt Kubas, drei Jahre später wurde die hier errichtete Kirche zur Kathedrale geweiht. Lange Zeit hatten Indianer in der Gegend gelebt, darunter auch viele Flüchtlinge der eroberten karibischen Inseln, wie auch der **Kazike Hatuey**, der mit Überlebenden seines Volkes von Hispaniola (heute Haiti) gekommen war. Er leistete Widerstand gegen die Spanier, wurde gefangen genommen und öffentlich verbrannt. 20 Jahre später rächten Indianer seinen Tod, indem sie Baracoa niederbrannten.

Im 16. und 17. Jh. war die Stadt immer wieder **Ziel von Piratenüberfällen**, nicht zuletzt weil ihre Bürger selbst am Schmuggel beteiligt waren. So wurden die **Festungen Seboruco, La Punta und Matachín** zum besseren Schutz Baracoas ausgebaut. Da es hier aber keine großen Reichtümer zu erwerben gab und die anderen Regionen der

Baracoa • ZIELE

Insel für die Siedler immer attraktiver wurden, starb die Stadt langsam aus und geriet immer mehr in Vergessenheit. Doch nach den Sklavenaufständen in Hispaniola kamen neue Zuwanderer: Französische Pflanzerfamilien flüchteten nach Kuba und führten den Kaffeeanbau ein.

SEHENSWERTES IN BARACOA

Der Hauptplatz Baracoas hat eine eigenartige dreieckige Form. An seiner östlichen Seite steht Kubas älteste, zuletzt 2011/12 restaurierte, Kirche: **Nuestra Señora de La Asunción.** Sie wurde bereits 1512, als die Besiedlung Kubas durch die Kolonialherren begann, errichtet. Der heutige Bau stammt aus dem 19. Jh., da die Kirche mehrmals von Piraten zerstört wurde. Als ihr größter Schatz gilt das ***Cruz de Parra,** das Kreuz des Weinstocks, das auch als Reliquie verehrt wird. Man nimmt an, dass es von Kolumbus hier im Jahre 1492 aufgestellt wurde. Lange Zeit galt das Kreuz als verschollen, doch Mitte des 19. Jh.s fand man es an der Küste wieder. Wissenschaftliche Untersuchungen haben ergeben, dass es tatsächlich aus dem 15. Jh. stammt und aus dem Holz der kubanischen Meertraube gefertigt wurde, was die Kolumbusthese bestätigen würde.

In der **Mitte des Platzes** steht eine **Büste von Hatuey**, einem Kaziken aus Hispaniola, der mit seinen verbliebenen Stammesangehörigen nach Baracoa geflüchtet war. Auch hier widersetzte er sich den eroberungswütigen Konquistadoren, wurde gefangen genommen und auf dem Scheiterhaufen verbrannt.

❶ tgl. 8.00 – 11.00, 14.00 – 17.00 Uhr, tgl. Messen 18.00, So. 9.00 Uhr

Parque Independencia

Ganz in der Nähe, in der Calle Maceo, findet man die Casa de Chocolate, wo man Schokolade und Eis genießen kann.

Casa de Chocolate

In der Festung Matachín (1739 – 1742 erbaut) ist heute das **Stadtmuseum** Baracoas untergebracht. Zu sehen sind Sammlungen zur regionalen Geschichte und Kultur.

❶ tgl. 8.00 – 12.00, 14.00 – 18.00 Uhr

Fuerte Matachín

Im Osten der Stadt, am Eingang des kleinen Hafens, liegt die halbkreisförmig angelegte Fuerte La Punta mit einem Restaurant im In-

Fuerte La Punta

? BAEDEKER WISSEN

Polymita picta

Diese Buntschnecke mit ihrem weiß, gelb, orange oder auch grün schimmernden Schneckenhaus findet man nur auf Kuba. Bei den indianischen Ureinwohnern diente sie als Tauschmittel und kommt noch heute v. a. im Landesosten vor. Zu bewundern im Museum in ▶ Holguín – oder man versucht sein Glück an den Stränden bei Baracoa. Allerdings sollte man keinesfalls diese unter Naturschutz stehende Preziose erwerben!

Baracoa erleben

AUSKUNFT
Cubatur
Calle Maceo 147 esq. Pelayo (neben Kathedrale)
Tel. 021/64 53 06, 64 53 75
www.cubatur.cu
Hier befindet sich auch das Büro von Cubana Aviación: Die Flüge dreimal in der Woche von und nach Havanna sind in der Saison oft wochenlang ausgebucht; Infoschalter außerdem in den Hotels.

Baracoa Bus Tour
Die »Baracoa Bus Tour« ab dem Cubatur-Büro pendelt in der Hochsaison bei mind. 10 Fahrgästen zwischen Hotels, Strand und Sehenswürdigkeiten (ca. 10.00–18.00 Uhr, 5 CUC).

EVENTS
Carnaval
In der ersten Aprilwoche

Stadtgründungsfest
Alljährlich am 15. August mit Straßenfesten, Konzerten und Ausstellungen

AUSGEHEN
**Casa de la Trova
Victorino Rodriguez**
Calle Antonio Maceo 149
In dem Musikklub neben der Kirche herrscht gute Stimmung, Musik wie Son und Boleros oder tanzbarer Bachata und Salsa (Fr. und So. Matineen ab 10.00 Uhr mit lokalen Bands, jeden Abend ab 21.00 Uhr bis nach Mitternacht Livemusik und »Show« für Touristen).

ESSEN
Die Küche in Baracoa ist nicht gerade eine lukullische Offenbarung – am bes-
ten isst man im Hotel ►El Castillo und in den Casas particulares: Für Letztere sollte man sich umhören bzw. wird man angesprochen.

Playa Maguana: Rancho Toa ●●
Ctra. a Moa, km 20 (einige Kilometer vor der Playa Maguana an der Landstraße nach Moa am Fluss Toa)
Tel. 021/64 52 24, tgl. 8.00–19.00 Uhr
Typisch »kreolisches« und dschungelartiges Ausflugslokal. Ab zehn Personen wird ein Schwein am Spieß gegrillt. In der Zwischenzeit kann man schöne Kajaktouren auf dem Toa unternehmen, dem wasserreichsten Fluss Kubas, oder sich mit dem »cayuca«-Boot durch die wilde Flusslandschaft rudern lassen. Ansonsten gibt es à la carte die kubanischen Klassiker vom Schwein und Huhn mit Reis und Bohnen und Yuca.

La Colonial ●
Calle Martí 123
Tel. 021/64 53 91
tgl. 10.00–22.00 Uhr
Der kleine, viel gelobte Paladar serviert im Wohnzimmer Gerichte vom Schwein, Garnelen, Tintenfisch sowie Fisch in Kokosmilch »à la Santa Barbara«, eine Baracoenser Spezialität.

Al's ●
Calle Calixto Garcia 158 Altos
Tel. 021/64 26 58 und
mobil 05-290 36 51
choco.al65@yahoo.es
Hier bekommt man leckere kubanische Hausmannskost und mehr (Langusten z.B.) bei einem sehr netten umtriebigen Ehepaar, das auch zwei Zimmer vermietet.

ÜBERNACHTEN

Playa Maguana: Villa Maguana €€

Ctra. a Moa (vor Playa Maguana, ca. 22 km nordwestlich von Baracoa)
Tel. 021/64 12 04 (auch zu buchen über Gaviota oder ▸Hotel El Castillo)
www.gaviota-grupo.com
In den doppelstöckigen Holzhäusern verbergen sich Zimmer mit Balkon und Klimaanlage, Fußweg zur ca. 2 km langen und mit Palmen gesäumten Playa Maguana (tgl. Shuttlebus von Baracoa: um 10.00 Uhr hin, zurück um 16.00 Uhr)

Porto Santo (Gaviota) €€

Carretera al aeropuerto s/n, Rpto. Jaitesico
Tel. 021/64 51 05, -6, 64 53 72
www.gaviota-grupo.com
36 Zimmer und 24 Bungalows. Das hübsche Hotel im Kolonialstil befindet sich nur 5 Min. vom Flugplatz entfernt an der Bahía de Baracoa. Restaurant mit sehr guter kreolischer Küche.

El Castillo (Gaviota) €€

Calle Calixto García s/n Rpto. Paraíso
Tel. 021/64 51 65
www.gaviota-grupo.com
Das Hotel mit 62 Zimmern liegt auf einem kleinen Hügel in einer kleinen Burg (Vorsicht bei den Treppen!). Naturfreunden bietet es Möglichkeiten zu Trekking- und Wanderausflügen.

Hostal La Habanera €€–€

Calle Maceo (an der Plaza Independencia)
Tel. 021/64 52 73, 64 52 74
www.gaviota-grupo.com (alle Baracoa-Hotels gehören zu Gaviota!)
Wunderschön restauriertes Kolonialhotel inmitten des Zentrums. Die zehn hübschen Zimmer liegen zur Plaza (etwas laut) mit toller Aussicht von den Schaukelstühlen auf der Gemeinschaftsterrasse oder zum Innenhof (größere, ruhigere Zimmer). Gutes und günstiges Restaurant im Erdgeschoss. Masseur, Internet, Reisebüro.

Auf dem Markt von Baracoa

neren. Vor dem Eingang erinnert ein Holzkreuz mit einem silbernen Sockel daran, dass Kolumbus an dieser Stelle das erste Kreuz auf kubanischem Boden errichtet hatte.

> **BAEDEKER TIPP**
>
> ### Auf den Spuren des »Che«
>
> Im renovierten Hotel La Rusa übernachtet kaum jemand wegen des Komforts: In Zimmer 203 des kleinen, preiswerten Hotels hat schon Che Guevara 1960 geschlafen, entsprechend oft gebucht ist das winzige Zimmer und durchgelegen die Matratze ... (€ , Calle Máximo Gómez 161 am Malecón, Tel. 021/64 30 11, www.gaviotagrupo.com, www.hotellarusa.com).

Wer mehr über die Geschichte des Hotels und seiner legendären Inhaberin »La Rusa«, einer extravaganten russischen (1978 verstorbenen) Künstlerin, wissen will, geht am besten ins **Museo de la Rusa** (Calle Ciro Frías 3, ca. 50 m vom Hotel La Rusa): Ausgestellt sind verblichene Fotos der Künstlerin, Che Guevaras und Castros, alte Wolfspelze und Stolas, Spitzenhandschuhe, eine antike Kamera usw., außerdem eine kleine Galerie mit naiver Malerei.

Auf den Spuren der Taino-Ureinwohner, ihren Malereien und Ritualstätten wandelt man auf den Touren des sich am südlichen Stadtrand befindlichen **Museo Arqueológico La Cueva del Paraíso**.

Moncada, Mo.–Fr. 8.30 –17.00, Sa./So. 8.30 –12.00 Uhr

UMGEBUNG VON BARACOA

*El Yunque Im Westen Baracoas liegt der 598 m hohe Tafelberg El Yunque, der mit seiner ambossähnlichen Form als Wahrzeichen Baracoas gilt und in ca. vier bis sechs Stunden zu besteigen ist.

*Nationalpark Alejandro de Humboldt Die Bergkette Cuchillas de Toa und der Parque Nacional Alejandro de Humboldt (700 km², ca. 40 km westlich von Baracoa, nach den letzten Hurrikans in sehr schlechtem Straßenzustand, am besten mit Jeep) stehen unter dem Schutz der UNESCO. Der Nationalpark wurde mit deutscher Hilfe gegründet und gilt als der **artenreichste Nationalpark Kubas**, wenn nicht der Karibik. Er beherbergt 1000 endemische (Pflanzen-)Arten – 2% der Flora weltweit! Auch der kleinste Vogel der Welt (»Bienenelfe«) fühlt sich hier zu Hause, der Zunzuncito, eine Kolibriart.

Der Reichtum an Flora und Fauna versetzt die Forscher stets in Staunen: Immer wieder werden hier neue Spezies entdeckt, so der nur hier vorkommende fast prähistorische Schlitzrüssler namens Almiquí und der bis vor kurzem mit nur 11 mm kleinste Frosch der Welt. In der Bahía de Taco, wo das Besuchercenter eine kleine Ausstellung bietet, leben noch wenige Exemplare der Seekühe Manatí, die auf einer Bootsexkursion mit viel Glück erspäht werden können (am besten in der Dämmerung). Subtropischer Regenwald, Bergnebelwald und endemische Kiefernwälder, Wasserfälle und Flusstäler können auf bis zu 7 km langen Wanderungen mit Flussüberquerungen erkundet werden (Bade-, evtl. Trekkingschuhe mitnehmen!). Dabei lässt sich nicht selten der Nationalvogel Kubas blicken: der **Tocororo** – blau-rot-weiß geschmückt in den Flaggenfarben Kubas. Auch die Landstraße weiter gen Westen Richtung Guardalavaca wurde von Hurrikans 2008 und 2012 sehr stark in Mitleidenschaft gezogen und ist von Schlaglöchern und Geröll übersät (v.a. zwischen Baracoa und der Industriestadt Moa, daher viel Zeit einplanen oder am besten per Jeep mit Allradantrieb).

Nationalpark: Besuch nur mit offiziellem Führer; einer der bekanntesten Wissenschaftler ist der deutschsprachige Alberto García, Tel. 021/64 53 87, email: albertogg@correodecuba.cu (8-Std.-Tour ab 23 CUC mit Transfer, Eintritt) oder Infos bei Ecotur: Tel. 021/64 36 65 (in Baracoa: Calle Colonel Cardoza 24 entre Calle Mariana Grajales y Primero de Abril, www.ecoturcuba.co.cu)

Vom 30 km östlich gelegenen Fischerdorf ist ein Ausflug entlang des gleichnamigen Flusses mit steilwandigem Canyon empfehlenswert, wo man in Höhlen tauchen und am Playa Bariguá angeln kann. **Yumurí**

Ein Tagesausflug lohnt auch zur idyllischen Playa Maguana, die etwa 20 km nordwestlich von Baracoa liegt (►Erleben). **Playa Maguana**

Ungefähr 30 km südlich von Baracoa, entlang der Playitas de Cajobabo, führt die Höhenstraße – La Farola – nach Guantánamo. Hier landete 1895 José Martí (►Berühmte Persönlichkeiten), als er aus dem Exil zurückkehrte. **Playitas de Cajobabo**

Bayamo

J 5

Provinz: Granma
Höhe: 10 m
Einwohner: 170 000
Entfernung: 757 km von Havanna, 127 km von Santiago de Cuba

Die Kolonialstadt Bayamo gilt wegen ihrer rebellischen Geschichte als »Wiege des Nationalismus«. Bis heute prägen Pferdekutschen das Bild der ruhigen Hauptstadt der Provinz Granma, die inmitten von weiten Zuckerrohrfeldern und riesigen Viehweiden liegt. Bayamo könnte nach der Erkundung seiner schönen Altstadt der Ausgangsort für eine (Trekking-) Tour in die Sierra Maestra sein.

Bayamo erleben

AUSKUNFT
Ecotur im Hotel Carrusel Sierra Maestra
sowie bei Islazul (Calle General García
207, Tel./Fax 023/42 32 73)
Hier kann man beispielsweise eine Tour
zum einstigen Rebellenhauptquartier
Comandancia de la Plata und auf den
Pico Turquino in der Sierra Maestra buchen, ▶ S. 153.

ESSEN
El Polinesio ⊜
Calle Parada 125
Tel. 023/42 38 60
In dem Paladar werden Riesenportionen
an typisch kubanischer Kost aufgetischt,
dazu gibt's Livemusik auf der Dachter-
rasse (Bier ist relativ teuer).

Restaurante 1513 ⊜
Calle General García 176/Ecke Calle
General Lora
Tel. 023/42 29 21, -39
Einfache Gerichte und Snacks

ÜBERNACHTEN
Hotel Royalton (Islazul) ⊜⊜
Calle Antonio Maceo 53,
am Parque Céspedes
Tel. 023/42 22 46/-24
www.islazul.cu
Bestes Haus im Ort: Restauriertes kleines
Hotel mit 33 einfachen Zimmern mitten
im ruhigen Zentrum, gutes Restaurant

(7.00 bis 22.00 Uhr) und nette Terrassenbar.

Hostal Bayamo ⊜
Ave. Estévez 67
Tel. 023/42 91 27
www.hostalbayamo.com
Yilian und Tony bewirten ihre Gäste in
zwei hellen Zimmern mit modernen
Bädern, auf der Dachterrasse sogar ein
Minipool.

Sierra Maestra:
Villa Santo Domingo (Islazul) ⊜⊜
Ctra. la Plata, km 16, Santo Domingo,
Bartolomé Masó, Provinz Granma
(ca. 73 km südwestlich von Bayamo)
Tel. 023/56 55 68 u. 023/56 56 35
Havanna: Tel. 07/832 77 18, 832 51 52,
www.islazul.cu
Die 40 gut eingerichteten kleinen
Häuschen und besseren neuen Block-
häuser stehen in zwei Reihen am Fluss-
ufer: Wenn TV und Telefon (mal wieder)
nicht funktionieren, hat man ja noch
den schönen grünen Flussblick von der
Terrasse.
Im mittlerweile nicht mehr so guten Res-
taurant muss man essen, was es gibt!
Pferdeausflüge und Baden im Fluss
möglich. Bester Ausgangspunkt für die
Touren zur Comandancia de la Plata und
den Pico Turquino, die sehr früh morgens von hier starten.

Geschichte San Salvador de Bayamo wurde von den Spaniern als **zweite Sied-
lung auf kubanischem Boden** im November 1513 gegründet – an
einer Stelle, an der bereits ein indianisches Dorf gestanden hatte.
Schon bald machte sich der rebellische Geist, der die Geschichte der
Stadt prägen sollte, bemerkbar. Bereits 1528 kam es zu einem ersten
Aufstand durch Indianer, nur fünf Jahre später in der nahe gelegenen
Goldmine von Jobabo zur ersten Rebellion afrikanischer Sklaven auf

Kuba. In den folgenden Jahren erlebte die Stadt als **Hauptumschlagplatz für Schmuggelgut** einen enormen Aufschwung und war mehrfach das Ziel von Piraten. 1602 ließ die Kolonialbehörde acht hochgestellte Bürger der Stadt einsperren und verurteilte sie zum Tode, um den Tabak- und Sklavenschmuggel zu unterbinden. Daraufhin bewaffneten sich die Bürger der Stadt und erzwangen die Freilassung der Gefangenen – der **erste Aufstand gegen die spanische Krone**. **Carlos Manuel de Céspedes** (▶Berühmte Persönlichkeiten), ein Mitglied der Oberschicht Bayamos, gab am 10. Oktober 1868 seinen Sklaven die Freiheit und entfachte damit den ersten Unabhängigkeitskrieg gegen die Spanier.

In einem Aufruf (Grito de Yara) trat er für die Gleichheit der Menschen ein und forderte die Unabhängigkeit von Spanien »oder den Tod«. Zehntausende schlossen sich ihm an. Céspedes gilt heute als einer der größten Nationalhelden Kubas und trägt den Ehrentitel »Vater des Vaterlandes«. Schon im Januar 1869 wurde Bayamo von den Spaniern zurückerobert, doch die Rebellen brannten die Stadt vorher nieder. Im **zweiten Unabhängigkeitskrieg** kam Bayamo ebenfalls eine wichtige Rolle zu. **José Martí** (▶Berühmte Persönlichkeiten) fiel 1895 in den ersten Kampftagen bei Dos Ríos in der Nähe Bayamos. Im Dezember 1956 landeten Fidel Castro und seine Mitstreiter südlich von Bayamo, als sie aus ihrem mexikanischen Exil zurückkamen. Zusammen mit den rebellischen Bayamesen organisierten sie die Guerilla in der Sierra Maestra.

Weil der Freiheitskampf gegen die Herrschaft Spaniens von Bayamo ausging, wurde die Stadt in der **kubanischen Nationalhymne La Bayamesa** (Frau aus Bayamo) verewigt. Der Rebell Perucho Figueredo komponierte und dichtete das Lied: »Al combate corred Bayameses ...«. Die beiden letzten, spanienfeindlichen Strophen werden heute nicht mehr gesungen – wegen der vielen wirtschaftlichen und politischen Verbindungen mit der einstigen Kolonialmacht Spanien.

SEHENSWERTES IN BAYAMO

Der prachtvolle Parque Céspedes, umrahmt von den wichtigsten Sehenswürdigkeiten der Stadt, gilt als einer der schönsten Plätze Kubas. In seiner Mitte steht eine Statue von Carlos Manuel de Céspedes und eine Büste Perucho Figueredos. Jedes Jahr wird hier am 20. Oktober, dem Tag, an dem die Hymne entstand, eine Feier abgehalten.

*Parque Céspedes

Recht eindrucksvoll ist die Casa Céspedes, das Geburtshaus des Nationalhelden, das den Brand im Jahre 1869 überstand. Heute ist darin ein Museum untergebracht, in dem persönliche Gegenstände Céspedes' und Dokumente aus dem späten 19. Jh. zu sehen sind. Auch

Museo Casa Natal de Céspedes

die Presse, auf der die erste freie Zeitung Kubas, »Cubano Libre«, gedruckt wurde, ist hier ausgestellt.

🕐 Di. – Sa. 9.00 – 17.00, So. 9.00 – 13.00 Uhr; Eintritt: 1 CUC

Museo Provincial

Direkt daneben befindet sich das Museo Provincial mit Sammlungen zur Archäologie, Naturgeschichte und Kultur der Region. Zudem sind einige außergewöhnliche Exponate, wie ein aus 13 000 kleinen Holzteilchen bestehender Bilderrahmen, zu sehen.

🕐 Di. – Sa. 9.00 – 17.00, So. 9.00 – 13.00 Uhr; Eintritt: 1 CUC

Poder Popular (Ayuntamiento)

Vor dem ehemaligen Rathaus der Stadt, heute Sitz der Poder Popular, unterzeichnete Céspedes im Jahre 1868 ein Dokument zur Abschaffung der Sklaverei.

*Iglesia de San Salvador

Ganz in der Nähe des Platzes steht die Iglesia de San Salvador, eine der ältesten Kirchen der Insel. Ein Teil fiel 1869 zwar den Flammen zum Opfer, doch die Capilla La Dolorosa, auf der linken Seite des Altares, wurde verschont. Die hier aufgestellte Jungfrau von Bayamo hat eine dunkle Hautfarbe und soll nach dem Vorbild einer Bayamesin geschaffen worden sein. In dieser Kirche wurde 1868 erstmals »La Bayamesa« gesungen. Der Platz vor der Kirche trägt auch den Namen Plaza del Himno (Platz der Hymne). Als nationales Denkmal wurde das Gotteshaus unter Denkmalschutz gestellt.

Casa de la Nacionalidad

Westlich der Kirche kann man in einem Archiv, der Casa de la Nacionalidad Cubana, historische Studien betreiben.

Casa de las Artistas

Im südlichen Abschnitt der Calle Céspedes 158 befindet sich eine Galerie in der Casa de las Artistas. Das Gebäude, das zu den ältesten Bayamos zählt, verfügt über einen schönen Patio, in dem gelegentlich traditionelle Konzerte stattfinden, und verzierte Decken. Es ist zudem das Geburtshaus von Tomás Estrada Palma, dem ersten kubanischen Präsidenten nach der Unabhängigkeit.

UMGEBUNG VON BAYAMO

*Sierra Maestra

Von Santo Domingo (73 km südwestlich von Bayamo) lassen sich Ausflüge in die Berge der Sierra Maestra unternehmen. Das aus mehreren parallel verlaufenden Ketten bestehende Gebirge gipfelt im Westen im 1974 m hohen **Pico Real de Turquino**, dem höchsten Berg Kubas, und im Osten im 1214 m hohen Gran Piedra. Das Gebirge war in der Vergangenheit Zufluchtsgebiet von Emigranten, zum größten Teil Kaffeepflanzer, aus Hispaniola (Haiti). Neben der Besteigung des Pico Turquino kann man die **Unterkünfte von Castro und seinen Mitstreitern** aus der Zeit vor der Revolution (▶Baedeker

Bayamo • ZIELE

Wissen S. 54) in der Comandancia de la Plata besichtigen (nur mit Führer, Eintritt, ▶Übernachten, Villa Santo Domingo). Am besten macht man die Wanderung zwischen Dezember und April, nur so bezwingt man trockenen Fußes die Höhen der diversen kleineren Picos (Gipfel), den steilen »Paso de los Monos«, auf dem man sich wie ein Affe und wie einst die Guerilleros entlanghangelt und die glitschigen Bambus- und Holzstufen. Auf dem Weg zum Gipfel des Pico Turquino wird meist zuvor in einer spartanischen Hütte des Campo Joaquín auf 1365 m übernachtet (Etagenbett, keine Dusche, Plumpsklos). Den Gipfel erreicht man i.d.R. erst am zweiten Tag; er ist meist von Wolken verhüllt und daher ohne Aussicht, nur auf die Statue von Jose Martí. Der Abstieg kann auf demselben Weg zurückführen oder auf steilster Piste abwärts zur Karibikküste nach Las Cuevas (dort sollte man einen Transport organisiert haben).

❶ Die 4- bis 5-stündige Tour in die Comandancia de la Plata kostet 33 CUC, Foto/Video extra, mit der 2- oder 3-tägigen, insgesamt 36 km langen und sehr anstrengenden Gipfel-Wanderung kostet der Spaß ca. 60-100 CUC p.P. (inkl. Verpflegung, Unterkunft, Guide, Tel. 023/56 51 46, 487006, www. ecoturcuba.tur.cu)

Castros Hauptquartier in den Bergen mit Feldlazarett, Funkzentrale und Plumpsklo

Manzanillo

Rund 60 km westlich von Bayamo liegt die hübsche Hafenstadt Manzanillo an der Guacanayabo-Bucht. Der im 18. Jh. gegründete Ort ist heute ein bedeutender Fischerei- und Zuckerexporthafen.

La Demajagua

Weitere 13 km südlich von Manzanillo befand sich die Zuckerfabrik La Demajagua von Carlos Manuel de Céspedes, in der ein Museum eingerichtet wurde. Hier wird alljährlich am 10. Oktober der **»Tag der kubanischen Kultur« (Día de la Cultura Cubana)** feierlich begangen, der an die Entscheidung des Plantagenbesitzers erinnert, seine Sklaven 1868 freizulassen und der Kolonialmacht die Stirn zu bieten. An diesem Tag kommen die Männer aus der ganzen Umgebung zusammen, zu Pferde und in der Kleidung der Mambises mit Strohhut, gewebten Hosen und Sandalen.

❶ Mo. – Sa. 8.00 – 17.00, So. bis 12.00 Uhr; Eintritt: 2CUC

Media Luna

Media Luna, ein verschlafener Ort – bekannt als Geburtsort der Revolutionärin **Celia Sánchez** –, liegt 50 km südlich von Manzanillo. Das Haus ihrer Familie wurde in ein Museum umgewandelt.

Playa Las Coloradas

Wenige Kilometer von Media Luna entfernt erstreckt sich der Strand **Las Coloradas**, der heute zum **Parque Nacional Desembarco del Granma** gehört und als Biosphärenreservat unter dem Schutz der UNESCO steht. Im Dezember 1956 kehrten Castro und seine Mitstreiter aus dem mexikanischen Exil zurück und landeten an dieser Stelle mit der Yacht Granma (▶Baedeker Wissen S. 54). Ein **Pfad durch die Mangroven** zeigt den Weg, den die Revolutionäre an Land nahmen, im kleinen **Museum** kann man ihre Route in die Sierra Maestra verfolgen, und unter einem Holzdach steht die Kopie des **Bootes Granma** (das Original befindet sich im Revolutionsmuseum in Havanna).

Vor der Küste liegt ein wunderschönes Tauchgebiet. Die reizvolle Umgebung der Playa Las Coloradas ist der Lebensraum vieler endemischer Arten von Schnecken und Kakteen.

❶ tgl. 8.00 – 18.00 Uhr; Eintritt: Park 5 CUC, Museum 1 CUC

✴ Camagüey

⟡ H 4

Provinz: Camagüey
Höhe: 50 m
Einwohner: rd. 400 000
Entfernung: 533 km von Havanna, 328 km von Santiago de Cuba

In der größten Provinz Kubas, inmitten von endlosen Weidegründen, liegt die drittgrößte Stadt der Insel – immer noch fast unberührt vom Touristenstrom. Die meisten Urlauber streifen die hübsche Provinzmetropole nur auf ihrem Weg an den Bilderbuchstrand von Santa Lucía im Norden. Schade, denn Camagüeys Altstadt – die zweitgrößte (nach Havanna) in Kuba! – ist ein kolossal koloniales Schmuckstück mit verwinkelten Gassen und herrlichen Plätzen, geduckten Häuschen in allen Pastelltönen mit Ziegeldächern und Holzbalkonen. 2008 wurde sie von der UNESCO zum Weltkulturerbe ernannt.

Camagüey • ZIELE

Geschichte

Als eine der ersten Siedlungen der Spanier auf kubanischem Boden wurde am 2. Februar 1515 an der Nordostküste der Insel die Siedlung Santa María del Puerto Príncipe gegründet. Sie musste aber schon zwei Jahre später wegen der Moskitoplagen, schlechter Bodenverhältnisse und regelmäßigen Piratenüberfällen an das Ufer des Caonao verlegt werden.

Doch auch dies stellte sich als keine gute Wahl heraus. Im Jahre 1528 wurde die Stadt an ihrem jetzigen Ort neu gegründet – an Stelle einer indianischen Siedlung namens Camagüey, die dafür dem Boden gleichgemacht wurde. Erst 1898, nach dem Ende der spanischen Kolonialherrschaft, wurde der indianische Name der Stadt wieder angenommen. Während des 17. und 18. Jh.s lebte Puerto del Príncipe v. a. vom Schmuggel. Immer wieder wurde er Opfer von Überfällen – legendär blieb die Plünderung durch Henry Morgan im Jahre 1668. Mit der Zeit kamen Viehzucht und Zuckerrohr als Erwerbsquellen dazu und brachten der Stadt Reichtum – Camagüey wurde zum **dritten kulturellen und wirtschaftlichen Zentrum der Insel** neben Havanna und Santiago de Cuba. Während des 19. Jahrhunderts entwickelte sich Camagüey zu einer **Keimzelle des Widerstands gegen die Spanier**. Besonders aktiv war damals Ignacio Agramonte, ein Sohn der Stadt und Held der Befreiungskriege.

Koloniales Schmuckstück: In Camagüey leuchten die Häuser in allen erdenklichen Farben.

Camagüey erleben

AUSKUNFT
Infotur
Av. Agramonte (hinter der Iglesia de la Merced), www.infotur.cu

Cubatur
Av. Agramonte 421 entre Maceo y Independencia
Tel. 032/25 47 85/86, www.cubatur.cu

EVENTS
Carnaval
Im Juni feiert man alljährlich den San-Juan-Karneval mit Feuerwerk und Tanz, vielen populären Orchestern, einem Umzug, einem Rodeo und den leckeren lokalen Speisen wie dem Eintopf Ajiaco Camagüeyano, der am Straßenrand in großen Kesseln gekocht wird.

SHOPPING
Die meisten Souvenirläden sind in der Calle Maceo, hier findet man auch kleine Supermärkte, Buchläden, Peso-Läden.

Artex
Calle República 381
Staatlicher Laden mit der üblichen bunten Ware, große Musikauswahl

Mercado Agropecuario
Am nördlichen Flussufer des Hatibonico findet man tgl. den großen Markt El Río: Obst, Gemüse und was die Bauern in der jeweiligen Saison noch anbieten können. Vorsicht vor Dieben!

AUSGEHEN
❶ *Casa de La Trova Patricio Ballagas*
Calle Cisneros 171 entre Martí y Cristo (am Parque Agramonte)
tgl. geöffnet (ca. 12.00 – 18.00, 21.00 bis 24.00 Uhr), Livemusik vom Feinsten mit Trova und Boleros

Wasserballett statt Salsa!
das Gran Hotel (Calle Maceo 67-64, auch: »Bulevar«) lockt seine Gäste mit einem »Agua«-Ballett an den Hotelpool des Kolonialbaus, außerdem Salsa-Tanzkurse in der Lobby-Bar.

Sábado de la noche
Jeden Samstag schwoft Jung und Alt am Wochenende auf der verkehrsberuhigten Calle República bei Livemusik (Latin Jazz, Salsa, Bossanova und música tradicional).

SEHENSWERTES IN CAMAGÜEY

*Sehenswerte Altstadt

Aufgrund der vielen Piratenüberfälle an den ersten beiden Siedlungsplätzen wurde die Stadt beinahe labyrinthisch angelegt. Das Zentrum Camagüeys ist geprägt von engen, verwinkelt angelegten Gassen und 21 kleinen, unregelmäßig geformten Plätzchen. Wissenschaftler haben hier rund 10 000 Häuser von historischem Wert ausgemacht; die meisten sind einstöckig und haben schöne Ziegeldächer, da der Boden Camagüeys reich an Ton und Lehm ist. Einige der Gebäude wurden in der letzten Zeit liebevoll restauriert und wieder mit dem charakteristischen Holzerkern und Ziersäulen versehen. Im atheistischen Kuba gilt Camagüey als die **Stadt mit den meisten**

ESSEN

❶ *La Campana de Toledo/ Parador de los Tres Reyes* ❻❻–❻
Plaza San Juan de Dios 18
Altstadt
Tel. 032/28 68 12
tgl. 10.00 – 22.00 Uhr
Zwei schöne Patiolokale mit kreolischen und internationalen Speisen in einem Kolonialbau

❷ *El Ovejito* ❻❻
Calle Hermanos Agüero 280 entre Calles Honda y Carmen (an der Plaza del Carmen), Altstadt
Tel. 032/29 25 24
Mi. – So. 12.00 – 22.00 Uhr
Der Name verrät es: Spezialität in dem ehemaligen Herrenhaus sind Lammgerichte.

ÜBERNACHTEN

❶ *Gran Hotel (Islazul)* ❻❻
Calle Maceo 67 entre Agramonte y General Gómez
Tel. 023/29 20 93, -94
www.islazul.cu
72 behagliche, aber sehr kleine Zimmer (teils ohne Fenster) in einem wunderschönen klassizistischen Kolonialbau in der Fußgängerzone.

Kleiner Pool im Patio, elegantes und empfehlenswertes Dachrestaurant mit Buffet und Panoramablick über die Dächer der Stadt. Reisebüro. Livemusik abends in der Pianobar und im Restaurant.

❷ *Colón (Islazul)* ❻❻
Calle República 472 entre San José y San Martín, Altstadt
Tel. 023/28 33 46, -68, 25 48 78
www.islazul.cu
Restauriertes Kolonialhotel mit 48 kleinen, teils recht einfachen und lauten Zimmern (Sat.-TV, Bad), aber mit viel Charme und hübschen Details wie bunten Mosaikfenstern.
Schöne Lobby und Innenhof, Internet, Service lässt manchmal etwas zu wünschen übrig.

❸ *Casa Delfin y Elena* ❻
Calle San Ramon 171 entre Calles Santa Rita y San Esteban
Tel. 032/29 72 62
casadelfinyelena@yahoo.es
Diese »casa particular« ist eine grüne Patio-Oase in der Altstadt bei einem sehr netten älteren Ehepaar: ein Zimmer mit Bad und Fenster zum Flur, sicherer Parkplatz.

Kirchen. Da diese sich in einem bedauernswerten Zustand befunden haben, hat die Stadt begonnen, sie aufwändig zu restaurieren.

Den Mittelpunkt der Stadt Camagüey bildet die dreieckige **Plaza de los Trabajadores** (Platz der Arbeiter). Hier liegen das Geburtshaus des Freiheitskämpfers Ignacio Agramonte und die Kirche La Merced, deren Bau an eine Festung erinnert.

Plaza de los Trabajadores

Das Geburtshaus des Generals und Juristen Ignacio Agramonte (1841 – 1873) an der Plaza de los Trabajadores wurde ihm zu Ehren in ein Museum der Befreiungskriege umgewandelt. Agramonte hatte maßgeblich an der ersten Verfassung Kubas mitgearbeitet, die 1873

*Museo y Casa Natal de Ignacio Agramonte

proklamiert wurde. Die Originalmöbel der Familie sind noch erhalten. Zahlreiche Dokumente aus dem ersten kubanischen Unabhängigkeitskrieg können hier eingesehen werden.

❶ Mi. – Sa. 9.00 – 17.00, So. 8.30. – 11.30 Uhr; Eintritt: 2 CUC, Foto 1 CUC

*Nuestra Señora de la Merced

Direkt gegenüber erstrahlt Nuestra Señora de la Merced, die älteste Kirche in Camagüey, in neuem Glanz. Sie wurde 1748 errichtet, 1906 nach einem Feuer wieder aufgebaut und vor kurzem renoviert. Mit etwas Glück kann man einen Blick in den Innenraum und die Katakomben werfen. An der linken Seite befindet sich ein kleiner versilberter Altar mit dem Bildnis des Jesulein von Prag, das von den gläubigen Camagüeyeros verehrt wird.

*Iglesia de la Soledad

An der Ecke Avenida Ignacio Agramonte und Avenida de los Mártires (Calle República) steht die Iglesia de la Soledad (1756). Ihre Fassade wurde 2006 restauriert, an der Erneuerung des Innenraums wird zur Zeit noch gearbeitet. Die Kirche, die unter Denkmalschutz steht, besticht durch wunderschöne Fresken aus der Zeit ihrer Erbauung. Aus kostbaren Edelhölzern wurden der Altar und die Decke geschnitzt und zusätzlich mit floralen Motiven bemalt.

*Teatro Principal

Drei Blocks nordwestlich der Plaza erreicht man das Teatro Principal (1850, Calle Padre Valencia 64). Das prachtvolle Gebäude mit bunt verglasten Bogenfenstern wurde erst vor kurzem restauriert. Eine ausladende Marmortreppe führt in den Innenraum. Verschiedene Veranstaltungen kultureller Art finden hier statt.

❶ Fr – Sa. 20.00, So. 17.00, Uhr

> **!** **BAEDEKER TIPP**
>
> ### Spitzentanz!
>
> Ballettfans sollten keine Aufführung des zweitwichtigsten Ensembles in Kuba verpassen, gegründet von Fernando Alonso (Ex-Ehemann der legendären Alicia Alonso): Die Vorstellungen im Teatro Principal sind berühmt und entsprechend gefragt – wenn die Tänzer nicht gerade auf Tour sind.

In der Nähe des Bahnhofs (Avenida de los Mártires) findet man das historische Museum Camagüeys, das **Museo Ignacio Agramonte** (nicht zu verwechseln mit dem auf S. 157 genannten gleichnamigen Museum) in einem ehemaligen spanischen Garnisonsgebäudet. Neben archäologischen und naturhistorischen Schaustücken gibt es eine Ausstellung zur jüngeren Geschichte und eine gut ausgewählte Sammlung kubanischer Malerei.

*Parque Ignacio Agramonte

Einer der bedeutendsten Plätze der Stadt, die ehemalige Plaza de Armas, trägt heute ebenfalls den Namen Ignacio Agramonte. In der Mitte des Platzes steht eine Reiterstatue (1916) des Freiheitskämpfers. Er wird von den Kubanern auch heute noch wegen seiner Tapferkeit als Held verehrt. Der Sänger Silvio Rodríguez widmete ihm das Lied

Camagüey • ZIELE

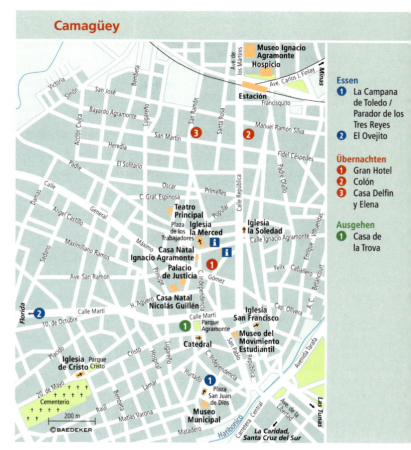

»El Mayor«. An den vier Ecken des Platzes wurden Mitte des 19. Jh.s Palmen zur Erinnerung an vier Freiheitskämpfer gepflanzt, die 1851 von den Spaniern hingerichtet worden waren. Da die Kolonialregierung zu deren Gedenken natürlich kein Denkmal gestattete, verfiel man auf die List mit den Palmen.

Die Kathedrale Nuestra Señora de la Candelaria an der Südostecke des Parque Agramonte wurde erstmals 1530 errichtet, jedoch immer wieder zerstört und neu aufgebaut. Während des Unabhängigkeitskrieges diente sie sogar als Militärlager. Die hier verehrte Jungfrau von Candelaria wird auch als Oyá, der afrokubanischen Göttin der Toten, gehuldigt (▶Baedeker Wissen S. 28).

Catedral

ZIELE • Camagüey

Plaza San Juan de Dios Weiter südlich liegt die Plaza San Juan de Dios. Kaum ein Platz hat sich so die koloniale Atmosphäre bewahrt wie dieser. Die niedrigen Häuser mit Fenstergittern und Schindeldächern, die unregelmäßigen Pflastersteine und die maurisch anmutende Fassade des früheren **Hospitals verstärken diesen Eindruck noch. Die schlichte Kirche **San Juan de Dios** wurde 1728 erbaut. Das im Inneren barock ausgestattete Gotteshaus hat einen schönen Fußboden aus Backstein. Direkt neben dem Gotteshaus befindet sich das ***Stadtmuseum** in einem maurisch anmutenden Kolonialgebäude, in dem nacheinander ein Hospital, ein Kloster und eine Schule untergebracht waren. In einer Ausstellung kann man einiges über die Entwicklung der Stadt wie auch über Besonderheiten der kolonialen Architektur Camagüeys erfahren. Ein Gedenkstein erinnert an den General Ignacio Agramonte, dessen Leichnam in das damalige Hospital gebracht und dessen Totenwache hier abgehalten wurde.
Iglesia und Museum: Di. – Sa. 9.00 – 17.00, So. 9.00 – 12.00 Uhr; Eintritt: 1 CUC, Foto 1 CUC

Plaza del Carmen Der ebenfalls hübsch restaurierte Platz liegt einige hundert Meter weiter im Westen (entlang der Calle Hermanos Agüero) und beeindruckt durch sein Ensemble aus Klosterkirche (Iglesia del Carmen) und pastellfarbenen Häuschen, Palmen, Tonkrügen und den auffälligen bronzenen Skulpturen, die fast lebendig wirken, beispielsweise die »schwatzenden« Damen (»chismosas«). In der Nähe liegt auch **die kürzeste Gasse Kubas**, die Calle Tula Oms, keine zehn Meter lang.

*Iglesia de la Caridad Im Süden der Stadt führt die Hatibónico-Brücke (1773) über den gleichnamigen Fluss ins Viertel Caridad. Die schlichte, gelbe Kirche in diesem Stadtteil ist der Schutzheiligen der Stadt, der Virgen de la Caridad, geweiht. Das Gotteshaus gehört zu den ältesten Gebäuden der Stadt; es wurde im Jahre 1734 errichtet.

BAEDEKER WISSEN

Camagüeys Wahrzeichen

Überall begegnet man Tinajones, riesigen Tonkrügen, mit denen Regenwasser aufgefangen und frisch gehalten wurde. Aufgrund des Wassermangels in der Region wurde der Reichtum einer Familie u. a. daran gemessen, wie viele Tinajones sie besaß. Als man vor einigen Jahren die Krüge in der Stadt zählte, kam man dabei auf ungefähr 18 000 Exemplare, alle aus dem 19. Jahrhundert.

UMGEBUNG VON CAMAGÜEY

Das Städtchen Minas liegt etwa 35 km nordöstlich von Camagüey. Es ist bekannt wegen seiner 1975 gegründeten **Geigenfabrik** in der Calle Camilo Cienfuegos.

Minas

❶ Mo.–Sa. 8.00–11.00, 13.00–17.00 Uhr

Ein beliebtes Ausflugsziel der Kubaner sind die Cangilones del Río Máximo, 60 km nördlich von Camagüey, in der Sierra de Cubitas. In die hohen Kalksteinwände hat sich der Fluss eingegraben und natürliche Wasserbecken hinterlassen, die sich zum Baden eignen. Von dem Dorf Sola aus können einige Höhlen erkundet werden.

Cangilones del Río Máximo

∗∗ Cayo Coco · Cayo Guillermo

✦ G 3

Provinz: Ciego de Ávila
Größe: Cayo Coco: 370 km² Cayo Guillermo: 13 km²
Entfernung: 20 km vor der Nordküste der Hauptinsel

Ein rund 20 km langer Damm und ein Kontrollpunkt trennen Kuba (und die meisten Kubaner) von dem All-inclusive-Ferienparadies auf den vorgelagerten Inseln der Jardínes del Rey: türkis schimmerndes Meer, leuchtend weißer Strand und Korallenriffe. Die Eilande dieses Archipels boomen mit gigantisch großen, teils in kolonialem Stil erbauten Hoteldörfern. An der kleinen zauberhaften Cayo Guillermo warf bereits Ernest Hemingway seinen Anker und verewigte die Traumkulisse in seinem Roman »Inseln im Strom«.

Mangrovenwälder- und Sumpfgebiete prägen das Eiland. Bisher wurde nur ein kleiner Teil für den Tourismus erschlossen, doch es bestehen hochfliegende Pläne für dieses Urlaubsparadies. Geplant ist eine umweltschonende Infrastruktur für etwa 16 000 Touristen, die dem Verbleib von Flamingos, Pelikanen und anderen hier lebenden Wasservögeln nichts anhaben soll. Ein Tunnel unter der Landbrücke Piedraplén regelt den Wasseraustausch. Wie sich der Ausbau des internationalen Flughafens auf Cayo Coco aber auswirken wird, bleibt abzuwarten.

Urlaubsparadies Cayo Coco

Cayo Coco ist eine **kleine Welt für sich**. Es gibt nicht nur ein eigenes Postamt und ein eigenes Hospital, sondern auch eine ökologische Forschungsstation und einen Flughafen. Die Verwaltung sitzt im »Rathaus« am zentralen Platz auf Cayo Coco, in den umliegenden Gebäuden sind die Gästezimmer und -suiten, Restaurants etc. untergebracht.

Cayo Coco erleben

AUSKUNFT
in den Hotels; Infotur-Büro am Flughafen

VERKEHRSVERBINDUNGEN
Über den 20 km langen Damm (2 CUC, Reisepass erforderlich), ca. 20 km hinter der Stadt Morón. Es gibt einen Touristenbus, der tagsüber diverse Stationen anfährt, man kann beliebig ein- und aussteigen.

AUSGEHEN
❶ *Cayo Coco: La Cueva de Jabalí*
Tel. 033/30 12 06
Disko und Bar in einem Höhlenlabyrinth: Für Ausflugsgruppen dreht sich abends das Spanferkel am Spieß und eine Cabaret-Gruppe schwingt die Beine.

ESSEN
❶ *Cayo Coco: Parador La Silla* ©
etwa im letzten Drittel des Dammes nach Cayo Coco, km 18
Tel. 033/30 11 67, tgl. 9.00 – 18.00 Uhr
Einfache Cafeteria mit Grill und Bar. Man kann hier auch den Mirador besteigen und versuchen, die Flamingos in der Ferne zu erspähen, die sich manchmal aber auch ganz nah am Damm blicken lassen … (am besten frühmorgens oder in der Abenddämmerung).

❷ *Cayo Coco: Sítio La Güira (auch Rancho Los Márquez)* ©
Ctra. a Cayo Guillermo, km 7
Tel. 033/30 12 08
tgl. 9.00 – 22.00 Uhr
Eine Ausflugs-»Ranch« mit einigen Farmtieren und Reitausflügen, Snacks und kubanische Speisen, einige einfache Cabanas zur Miete,
Eintritt: 6 CUC.

ÜBERNACHTEN
❶ *Cayo Coco: Melía Cayo Coco* ©©©©
Playa Las Coloradas, Tel. 033/30 11 80, www.melia-cayococo.com
Bestes und originellstes Hotel vor Ort: das große All-inclusive-Resort am östlichen Ende (für Gäste ab 18!) erstreckt sich zwischen Meer, Strand und Lagune. Zweistöckige Häuser (teils über Stege miteinander verbunden), zwei Pools.

❷ *Cayo Guillermo: Melía Cayo Guillermo (Gran Caribe)* ©©©©
Tel. 033/30 16 80, www.meliacuba.com
Die 309 wunderschönen Zimmer in Pastelltönen verteilen sich in einem weiten tropischen Garten auf doppelstöckige Bungalows, teils Balkon oder Terrasse mit Meeresblick. Poollandschaft, Wassersport, Disko.

❸ *Cayo Coco: Hotel & Club Tryp Cayo Coco* ©©©
Playa Las Conchasr, Tel. 033/30 13 00, www.meliacuba.com
Urlauben wie in einem kolonialen Dorf: Etwas überteuerte, ältere Pauschalanlage mit origineller Poollandschaft um den Springbrunnen, Pavillons im weitläufigen Garten, rund 500 Zimmer und Bungalows, etwa 3 km langer, nicht immer perfekt gepflegter Strand.

❹ *Cayo Coco: Villa Cayo Coco* ©©© – ©©
Ctra. a Cayo Guillermo
Tel. 033/30 21 80
Etwas abseits der Riesenresorts wirkt diese Anlage geradezu winzig: Nur 48 Zimmer in Bungalows am Meer, aber ebenfalls alles inklusive, viele lateinamerikanische Gäste, Pool, Internet.

Cayo Coco · Cayo Guillermo • ZIELE

Auf den Inseln haben die auf Cayo Coco ansässigen Wissenschaftler rund 300 Vogelarten gezählt, darunter viele Pelikane und Reiher, die sich oft sehen lassen. Allein die Population der Flamingos soll 25 000 Exemplare betragen. Wie lange die Vögel bei der regen Hotelbautätigkeit noch bleiben, ist fraglich.

Über einen weiteren Damm ist Cayo Coco mit Cayo Guillermo (13 km²) verbunden. Vor nicht allzu langer Zeit wurde das Inselchen für den Tourismus entdeckt. Es ist von einem 5 km langen, palmenbestandenen Sandstrand umgeben. Die Hotelbungalows, niedrig und aus Naturmaterialien gebaut, fügen sich in die Landschaft ein: auffallend sind die bis zu 15 m hohen Dünen an der Playa Pilar, benannt nach Hemingways Boot, die viele für den schönsten kubanischen Strand halten. Vor der Nordküste liegt ein Korallenriff, das Taucher und Schnorchler anzieht. Auch Vogelkundler kommen hier auf ihre Kosten.

*Cayo Guillermo

Ebenfalls wunderschön sind die Cayo Paredón Grande (mit ihrem karierten 50 m hohen Leuchtturm) und die Cayo Romano, alle über endlose Dämme im Ozean miteinander verbunden. Schon Hemingway schwärmte hier vom »besten und fischreichsten Gewässer, das

Meilenweit vom Alltag entfernt:
Cayo Cocos Traumstrände aus weißem Korallenstaub

ZIELE • Cayo Coco · Cayo Guillermo

man überhaupt in seinem Leben entdecken kann«. Bei den Touren zum Hochseefischen hat man gute Aussichten auf den Fang eines kapitalen Marlins oder Barrakudas, auch Delfine, Riffhaie, Meeresschildkröten, Stachel- und Adlerrochen tummeln sich hier.

UMGEBUNG VON CAYO COCO UND CAYO GUILLERMO

Ciego de Ávila Die wahrscheinlich untouristischste Stadt in Kuba: Urlauber kennen Ciego de Ávila (125 000 Einw.) meist nur als Ziel auf ihrem Flugticket, wenn sie die 100 km nördlich gelegenen Cayo Coco und Cayo Guillermo als Pauschalreiseziel gebucht haben. Ein Ausflug von den reinen Touristeninseln in diese Stadt gibt einen unverfälschten Einblick in den kubanischen Provinzalltag – inklusive Warteschlangen

Kleinstädtisch: In Morón gehören die Kutschen fest zum Straßenbild.

vor Restaurants und Pesoläden sowie nur gemächlichem Vorankommen per Pferdekutschen – mangels Benzin. Ciego de Ávila hat sich den Charme einer kleinen kubanischen Provinzstadt erhalten. Es gibt keine besonderen Highlights, das Leben in solch einem Ort lässt sich am **Parque José Martí** besonders gut nachempfinden. Den Platz umranden schön verzierte Häuser aus dem 19. Jahrhundert.

Etwa 65 km südlich von Cayo Coco liegt Morón, die zweitwichtigste Stadt der Provinz. Ihr Name geht auf einen Einwanderer zurück, der aus dem spanischen Morón de la Sevilla stammte. Dort soll es im 18. Jh. einen Bürgermeister gegeben haben, der seine Mitbürger auf üble Art ausgebeutet hat, bis sie ihn eines Tages überfielen und ihm alle Kleider wegnahmen. Noch heute sagt man in Kuba, man sei wie der Hahn von Morón – ohne Federn und krähend –, wenn man alles verloren hat. So wurde der Hahn auch zum Wahrzeichen der 1750 gegründeten Stadt. Auf der Hauptstraße wurde ihm ein Denkmal gesetzt, das um 6.00 und um 18.00 Uhr zu krähen beginnt. Die Statue wurde von der bekannten kubanischen Bildhauerin Rita Longa geschaffen. Morón lockt v. a. Jäger und Angler an, die im umliegenden Wald- und Sumpfgebiet ihren Hobbys frönen können.

In der Umgebung des Ortes gibt es zwei Seen, die **Laguna de la Leche**, deren Wasser wegen des kalk- und magnesiumhaltigen Bodens milchig erscheint, und die beinahe runde **La Redonda** 18 km nördlich von Morón, der gut zum Angeln von Schwarzbarschen geeignet ist. Tagesausflüge zum See mit der Diesellok (die Dampflok von 1927 ist derzeit außer Betrieb), zu einer kleinen Krokodilfarm und einer einstigen Zuckermühle bieten alle Hotels auf Cayo Coco an (ungefähr 65 CUC p.P.).

Morón

** Cayo Largo

D 4

Archipiélago de los Canarreos
Größe: 38 km²
Entfernung: ca. 80 km von der Südwestküste der Hauptinsel

Sein blaues Wunder erlebt man schon bei der Landung auf Cayo Largo: Das Meer schimmert in allen nur denkbaren Blautönen, und in der Marina schaukeln die Yachten und Katamarane. Das 25 km lange Todo-incluído-Eiland südlich des Festlandes gehört zum Canarreos-Archipel und zieht die Urlauber und Tagesausflügler aus Havanna mit einem schier endlosen und weiß blendenden Sandstrand an (meist ohne Schatten).

Das Korallenriff vergleichen Profitaucher mit den Hot Spots, etwa den Malediven. Auch Leguane, Meeresschildkröten und Delfine fühlen sich hier zu Hause.

In den vergangenen Jahren wurde die Insel mehrfach heftig von Hurrikanen heimgesucht, vieles ist zerstört und Touristen sind immer wieder evakuiert worden, so dass man die Reisezeit September/Oktober meiden sollte. Die meisten Hotels sind dann ohnehin geschlossen.

Essen
1. Rachón El Espigón
2. Sucu Suco
3. Taberna del Pirata

Übernachten
1. Sol Club Cayo Largo
2. Sol Pelícano
3. Playa Blanca

Ausgehen
1. El Torreón

Cayo Largo • ZIELE

Isla de Sol

Das Dorf Isla del Sol beherbergt die tausenden Angestellten und Arbeiter und liegt im Westen der Insel. An seinem Ortsrand nahe der Marina Marlín befinden sich ein Restaurant, eine Open-Air-Bar, eine Diskothek, eine Bank, eine internationale Mini-Klinik mit Zahnarzt und die sehenswerte kleine **Schildkrötenfarm** Granja de los Quelonios (ehem. Granja de las tortugas). Tausende von Eiern werden jedes Jahr an den Stränden zwischen April/Mai und September gesammelt, hierher zum Ausbrüten in den markierten und sicheren Brutstätten gebracht. Nach dem Schlüpfen kommen die Babies erst einige Tage in die Bassins, bis sie frühmorgens oder spät nachmittags freigelassen werden — dabei können Touristen gegen eine kleine Gebühr dabei sein (▶Erleben und Genießen S. 100).

Schildkrötenfarm: www.tortugas-cayolargo.com (in spanisch, bald auch in deutsch); tgl. 8.00 – 12.00, 13.00 – 18.00 Uhr; Eintritt: 1 CUC

**Playa Sirena

Die Playa Sirena an der Westküste gilt als einer der schönsten Strände der Karibik, ihr **besonders feiner Sand** ist berühmt. Die Einheimischen behaupten sogar, wegen seiner puderähnlichen Struktur würde er angenehm warm bleiben und nicht so schnell heiß werden. Der Strandabschnitt auf der Halbinsel ist über 2 km lang und per Shuttleboot ab der Marina (oder mit Shuttlebussen ab den Hotels) zu erreichen. Alle möglichen Arten von Wassersport werden hier angeboten – vom Windsurfen, Segeln, Jetski- und Kajakfahren bis zu Schnorchel- und Tauchexkursionen. Restaurant, Bar und Umkleide-

Schnorcheln im Paradies

Cayo Largo erleben

AUSKUNFT

Cubatur
Tel. 045/24 82 58

Cubanacán
Tel./Fax 045/24 82 80
Beide im Hotel Melía Sol Pelícano
www.cayolargodelsur.cu,
www.cayolargo.net (kanad. »Fan«-Seite)

VERKEHR

El Treno
Dreimal täglich fahren Shuttlebusse und eine bunte Bimmelbahn an die Strände, auch nach Playa Sirena (Fahrpreis 2 CUC pro Strecke).

AUSGEHEN

1 *El Torreón*
Marina Marlín, Tel. 045/24 81 37
tgl. 23.00 – 12.00 Uhr
In der klimatisierten Insel-Disco oder draußen auf dem Hauptplatz schwofen Urlauber mit den Kubanern aus dem Dorf: Mo. »noche retro« (Salsa und Rock der 1970er-Jahre), Mi. »noche blanco« (weiße Kleidung erwünscht).

ESSEN

1 *Rachón El Espigón* €€
Veraclub Lindamar (▶dort)
Tel. 045/248 11 1/6
Freiluftrestaurant am Strand mit Meeresblick und internationalen Speisen.

2 *Casa de los Tradiciones Pineras Sucu Suco* €€
Marina Marlín, Tel. 045/24 81 37
tgl. 10.00 – 114.00, 22.00 – 12.00 Uhr.
In der Bar geht es v.a. So. bei Musik und Tanz hoch her, es gibt auch kleine Snacks und einige preiswerte Getränke.

3 *Taberna del Pirata* €
Marina Marlín
Open-Air-Bar auf einer Terrasse an der Marina, mit Bocaditos (Sandwiches), Bier und Cocktails.

ÜBERNACHTEN

1 *Sol Club Cayo Largo (Melía)* €€€€
Tel. 045/24 82 60
www.meliacuba.com
Inselbestes Hotel: Hübsche Luxusanlage mit zweistöckigen, kreolisch angehauchten Häuschen um den großen Pool und in den Dünen, teils Meerblick. Vier Restaurants, fünf Bars, Sauna und Massagen, Wassersport.

2 *Sol Pelícano* €€€
Cayo Largo del Sur
Tel. 045/24 83 33
www.meliacuba.com
Die im Kolonialstil errichtete Anlage mit 300 Zimmern (davon acht Suiten) liegt direkt am Meer; eigener Strand, Swimmingpool, Tennis, Volleyball, Aerobic, Tanzkurse und Spanischunterricht

3 *Playa Blanca (vormals Barceló)* €€€€
an der Playa Blanca
Tel. 045/24 80 180
(in D: 0800 1820812)
www.playablanca.cu
www.gran-caribe.com
Das 4-Sterne-Hotel. in dem man nicht allzu pingelig sein darf, ist fest in kanadischer Hand und liegt weit abseits vom gleichnamigen Strand mit farbenfrohen Häusern und einem großen Pool.

Cienfuegos • ZIELE

kabinen sind ebenfalls vorhanden. Man kann von der Playa Sirena einen kilometerlangen Strandspaziergang machen und gelangt so an die **Playa Lindamar**, wo die meisten Hotels liegen, und weiter nach **Playa Blanca**, **Los Cocos** und **Tortuga** an der Südküste, wo es etwas beschaulicher zugeht als an den übrigen Küstenabschnitten – Schatten gibt es allerdings kaum.

Delfinshow: An der Playa Sirena kann man dressierten Delfinen zusehen und mit den Meeressäugern im Meer baden (tgl. 10.00 – 16.00 Uhr, sechs Shows: Erwachsene zahlen fürs Mitschwimmen 50 – 90 CUC, Kinder 45-65 CUC)

AUSFLUGSZIELE

Von der Marina Marlín in Isla del Sur aus man kann auch die Inseln westlich von Cayo Largo besuchen, z. B. Cayo Rico, ein traumhaftes Inselchen mit einem Langusten-Restaurant, oder Cayo Cantiles mit einer Affenkolonie.

Cayo Rico

✶✶ Cienfuegos

✧ E 3

Provinz: Cienfuegos
Höhe: 5 m
Einwohner: 170 000
Entfernung: 256 km von Havanna, 658 km von Santiago de Cuba

Cienfuegos ist ein reizendes Städtchen mit palmenbestandenen Plätzen, märchenhaft wirkendem Architekturmix aus Klassizismus und Tausendundeiner Nacht sowie einem modernen Yachthafen und nahe gelegenen Strandhotels an der Südküste. Die »Perle des Südens« blieb auch der UNESCO nicht verborgen – seit 2005 gehört der Altstadtkern zum Weltkulturerbe. Cienfuegos empfängt seine Besucher mit viel Charme und Musik – in der Provinz wurde der große kubanische Sonero Benny Moré geboren.

Cienfuegos liegt am Rande der Ebene von Las Villas an der Südküste Kubas. Der einmalige Naturhafen an einer rund 20 km langen Bucht und das fruchtbare Hinterland förderten die Entwicklung der Stadt enorm. Durch den Bau einer riesigen Zuckerverladestation in den 1960er-Jahren (auf Initiative Che Guevaras), die Ansiedlung von Ölraffinerien und Kunstdüngerfabriken ist Cienfuegos zu einem wichtigen Industriestandort geworden.

Perle des Südens

170 ZIELE • **Cienfuegos**

Geschichte Nach ihrer »Entdeckung« durch Kolumbus Ende des 15. Jh.s setzten sich Piraten an der Bucht fest und kaperten von hier aus spanische Schiffe. Um besser gegen diese vorgehen zu können, bauten die Spanier hier im Jahre 1745 die Festung Castillo de Nuestra Señora de los Ángeles de Jagua. 1819 gründeten französische Siedler die Stadt, zuerst unter dem Namen Fernandina de Jagua, 1829 wurde sie nach dem damaligen Gourverneur José Cienfuegos benannt. Bald schon wurde die Stadt zu einem **Zentrum der Zuckerindustrie** – Ende des 19. Jh.s gab es bereits 100 Zuckermühlen. Die Plantagen wurden mittels eines florierenden Sklavenhandels laufend mit neuen Arbeitskräften versorgt. So verdienten die Zuckerbarone ein Vermögen, was man noch heute an den Prachtbauten im Zentrum der Stadt ablesen kann. Zudem blieb die Stadt von den Unabhängigkeitskriegen weitgehend unberührt.

SEHENSWERTES IN CIENFUEGOS

**Parque Martí Wichtigster Platz der im strengen Rechteckmuster angelegten Stadt ist der Parque Martí, der von einem großen, im Jahre 1902 anlässlich der Gründung der Republik Kuba errichteten Denkmal des Freiheitshelden beherrscht wird. Die feine Glorieta, hübsch angelegte Grünflächen und wunderschöne Prachtbauten, verleihen dem Parque Martí ein kurstädtisches Ambiente.

An der Ostseite des Parque Martí steht die eher schlicht gehaltene **Catedral de Nuestra Señora de la Purísima Concepción** (1831 bis 1869). Sie wurde 1904 zur Kathedrale geweiht. Das **Colegio San Lorenzo** an der Nordseite bot den Aufständischen vom 5. September 1957 Zuflucht. Heute befindet sich in dem Gebäude eine Schule. Das beeindruckendste Gebäude am Parque Martí ist das ***Teatro Tomás Terry** (900 Plätze), das ein Bürger Cienfuegos' zu Ehren seines Vaters erbauen ließ. Dieser war von Venezuela nach Kuba gekommen, um hier mit Sklavenhandel und Zuckeranbau ein Vermögen zu machen. Eingeweiht wurde das Theater 1895 mit einer Aufführung von Verdis »Aida«; Weltstars wie Enrico Caruso und Sarah Bernhardt feierten hier Triumphe. Im Vestibül erinnert eine Marmorstatue an Terry. Die Inneneinrichtung ist sehr aufwändig gestaltet mit Marmor, Edelhölzern und Wandmalereien. Bühne und Parkett kann man auf eine Ebene bringen, so dass hier auch Bälle veranstaltet werden können. Vom Dach des Gebäudes bietet sich ein schöner Ausblick auf die Stadt und die Bucht von Jagua.

An der südwestlich gelegenen Seite des Platzes fällt die ehemalige Villa des Zuckerbarons Don José Ferrer mit seinem Türmchen auf, in der heute das Kulturzentrum (**Casa de Cultura**) untergebracht ist. Hier übernachtete 1920 Caruso. Westlich der Casa de Cultura liegen die Hafenanlagen und das ehemalige chinesische Viertel der Stadt.

Cienfuegos • ZIELE 171

Cienfuegos erleben

AUSKUNFT
Cubatur
Im Hotel Jagua und in Calle 37 (auch: Paseo del Prado, ab der Mitte heißt die Straße Malecón) entre Av. 54 y 56
Tel. 043/55 12 42, www.cubatur.cu
Diverse Ausflüge und Touren, z. B. »A todo vapor«-Ausflüge zu einer ehemaligen Zuckerfabrik mit alten Zügen

SHOPPING
Bei **Artex Topacio**, Av. 54 (Bulevar) entre Calles 35 y 37 in der Altstadt, sind verschiedenste Souvenirs erhältlich: Zigarren, Rum, Literatur, Musikalisches, etc. (außerdem im Artex-Laden im Teatro Terry). Bei **El Embajador**, Av. 54 (Bulevar) Ecke Calle 33, bekommen Kenner die besten Zigarren und Rumsorten sowie kubanischen Kaffee. Man kann alles im angeschlossenen Café probieren.

EVENTS
Benny Moré International Festival
Zu Ehren des berühmten musikalischen Sohnes der Region, dem Begründer des Son, feiert Cienfuegos alle zwei Jahre im September dieses Fest mit vielen Son-Veranstaltungen (2017, 2019, …).

AUSGEHEN
❶ Centro Recreativo de Mella (ehem. Casa de la Música)
Calle 37 (Prado) entre Av. 4 y 6 Fr., Sa. ab 22.00 Uhr, So. Nachmittagsmatineen ab 17.00 Uhr. Die bekanntesten Salsa- und Rockbands geben sich in dem Musikklub ein Stelldichein.

❷ Club Cienfuegos
Paseo del Prado (Calle 37) entre Av. 10 y 12 (neben der Marina), Punta Gorda

Tel. 043/51 28 91 tgl. 10.00 – 1.00 Uhr, Eintritt ab 1 CUC, Pool
In dem ehemaligen Yachtklub (1920) und wunderschön restaurierten Gebäude kann man heute Billard oder Tennis spielen, Gokart fahren, außerdem speisen im vornehmen À-la-carte-Restaurant (La Lobera ⓒⓒ) oder im Terrassenlokal (El Marinero ⓒ); Pool, Geschäfte.
Nachts schwoft man auf der Terrasse am Ufer bei Salsa und Trova mit Live-Bands oder DJ.

ESSEN
❶ Villa Lagarto ⓒ – ⓒⓒ
Calle 35 No. 4 B, Tel. 043/51 99 66
http://villalagarto.com
Hier sind Profis am Werk: Typisch Kubanisches, sehr fleischlastig von Kaninchen bis Grillsteak, aber auch frischer Fisch wird serviert auf einer Veranda über dem Meer.

❷ Palacio del Valle ⓒⓒ
Calle 37 Ecke Av. O, Punta Gorda
Tel. 043/55 12 26
tgl. 10.00 – 23.00
Führungen 10.00 – 17.00 Uhr
Das Restaurant des im Zuckerbäckerstil errichteten Palastes bietet eine ganz besondere Kulisse, um kubanische Spezialitäten, insbesondere Fisch und Meeresfrüchte, mit Pianobegleitung zu genießen.

❸ La Verja ⓒ
Avenida 54 (auch: Bulevar) entre Calles 33 y 35, Altstadt
Tel. 043/51 63 11, tgl. 12.00 – 23.00 Uhr
Oase an der trubeligen Fußgängerzone: Gute Drinks und einfache Speisen, aber viel Kolonialflair .

Cienfuegos • ZIELE

ÜBERNACHTEN

❶ *Jagua* ●●● ●●
Calle 37 No. 1 entre 0 y 2, Punta Gorda
Tel. 043/55 10 03, (in D: 0800 1820812)
www.gran-caribe.com
Das Hotel (144 Z. und Suiten) wurde bereits Ende der 1950er-Jahre vom Bruder Batistas direkt an der Bucht von Cienfuegos errichtet (fantastischer Blick!). Luxussuiten in der Casa Verde gegenüber.

❷ *La Union* ●●
Calle 31/Ecke Av. 54 (Bulevar), Altstadt
Tel./Fax 043/55 10 20
in D: 0800 1820812
www.gran-caribe.com
Kronleuchter und maurisches Dekor, Korbsessel und Säulen – der restaurierte Kolonialbau der 3-4-Sterne-Klasse ist eine einzige Augenweide! Mit kleinem Pool im antik gestalteten Patio, für kubanische Verhältnisse preiswerte Zimmer mit antikem Mobiliar. Bar auf der Dachterrasse, Fitnesscenter, Massagen

❸ *Encanto Palacio Azul* ●●
Calle 37 entre Calles 12 y 16
Tel. 043/55 58 28 (in D: 0800 1820812)
www.gran-caribe.com
Einfach hübsch: himmelblauer Palast mit Kuppel-Türmchen und sieben recht komfortablen Zimmern, alle sind unterschiedlich groß und teils mit Balkon (aber gleicher Preis!).

Club Amigo Faro Luna ●●
Playa Rancho Luna: Ctra. de Pascaballos km 18, www.gran-caribe.com
Tel. 043/54 80 30, in D: 0800 1820812
Kleines, ruhiges Strandhotel bei der Playa Rancho Luna, 42 Zimmer mit Klimaanlage und Radio. Gute Wassersportmöglichkeiten, Tauchzentrum, Disko

Campismo Villa Guajimico ●
Ctra. Sur a Trinidad km 42 (42 km östlich von Cienfuegos), Cumanayagua
Tel. 042/54 09 46, -48
In einer abgelegenen halbrunden und idyllischen Bucht reihen sich die 54 schlichten, aber niedlichen Häuschen aneinander. Restaurant, Bar, Pool, Tauchschule und herausragendes Tauchgebiet vor der Küste. Viele kubanische Gäste

Gotische, maurische und neoklassizistische Elemente: Palacio del Valle

ZIELE • **Cienfuegos**

Das **Museo Histórico** an der Südseite des Parque Martí birgt archäologische Ausstellungsstücke, Dokumente und Waffen aus der Zeit der Unabhängigkeitskriege, sowie persönliche Gegenstände des großen Soneros Benny Moré, der hier geboren wurde.
Theater: tgl. 9.00 – 17.00 Uhr; Eintritt: 2 – 7 CUC, Aufführung: ca. 10 CUC
Museum: Di. – So. 9.00 – 17.00 Uhr

Punta Gorda Vom Stadtzentrum gelangt man über die Allee Calle 37 (Prado) auf die Halbinsel Punta Gorda. Hier zeugen noch einige schöne Villen vom Reichtum der Jahrhundertwende. Direkt neben dem Hotel Jagua liegt der in den Jahren 1913 – 1917 in einer Art Zuckerbäckerstil mit gotischen, maurischen und neoklassizistischen Elementen erbaute ***Palacio del Valle** (▶S. 172). Der Besitzer, ein spanischer Geschäftsmann, investierte seinerzeit 1,5 Mio. US$ in die Gestaltung. Vor der Revolution kaufte der Sohn des Präsidenten Batista das Anwesen und richtete ein Spielkasino darin ein.
Palacio: Eintritt 2 CUC inkl. Cocktail

Castillo de Jagua Die nur 300 m schmale Hafeneinfahrt bewacht das Castillo de Jagua (Fort Jagua) an der Ostseite der Bucht: eine kleine, 1745 erbaute Festung mit mächtigen Vorwerken, die früher hart umkämpft war. Bar und Restaurant sind im Burghof.
❶ tgl. 10.00 – 16.00 Uhr; Eintritt: 3 CUC

UMGEBUNG VON CIENFUEGOS

***Jardín Botánico Soledad** Der Jardín Botánico Soledad (15 km südöstlich von Cienfuegos), ein etwa 1 km² großer botanischer Garten, liegt auf dem Gelände einer ehemaligen Forschungsstation für Nutzpflanzen. Diese wurde 1901

Sehenswert: der Botanische Garten mit all seinen Kleinoden

Guantánamo • ZIELE 175

von Edwin Atkins gegründet, dem Besitzer der heutigen Zuckerfabrik Pepito Tey. Auf 45 000 m² seiner Plantage ließ er anfangs Zuckerrohr für wissenschaftliche Untersuchungen anbauen, später kamen noch andere Nutzpflanzen (z. B. Edelhölzer, Obstbäume) dazu. 1919 entstand dann der Botanische Garten, der heute von der kubanischen Akademie der Wissenschaften betreut wird. In dem Park sind 2300 Pflanzen aus allen Kontinenten zu sehen, darunter 28 Bambusarten, 305 verschiedene Palmenarten (60 davon stammen aus Kuba) und 89 Ficusarten. Auch die Sammlungen von Hülsenfrüchten, Kakteen, Orchideen und Süßwasseralgen sind einzigartig. Leider hatte der Park unter dem Hurrikan Lilly 1996 schwer zu leiden; 80 % seiner Fläche wurden beeinträchtigt und 20 % der Pflanzen zerstört.

> ! **Populäre Kaskade**
>
> Inmitten des Waldes zu Füßen des Pico San Juan (1156 m) in der Sierra del Escambray befindet sich der Wasserfall »El Nicho« (ca. 40 km östlich von Cienfuegos, Eintritt 9 CUC). Man kann abtauchen in den kleinen Pools oder die bergige Umgebung bis zum Hanabanilla-Stausee auf dem Pferderücken erkunden (zu buchen in den Hotels).

❶ tgl. 8.00 – 17.00 Uhr; Eintritt: 3 CUC

Etwa 20 km südlich von Cienfuegos an der Ostseite der Bucht erstreckt sich die ***Playa Rancho Luna**, ein wunderbarer Badestrand mit Hotelanlagen und ein ausgezeichnetes Tauchrevier. In einem kleinen **Delfinario** (Finca Las Auras) zeigen Delfine und Seelöwen, was sie können – allerdings ist nicht sicher, ob es geöffnet bleibt, da es seit kurzem auch auf Cayo Santa Maria ein Delfinario gibt.
❶ Öffnungszeiten wechselnd, i.d.R. Do. – Di. 9.00 – 16.00 Uhr; Eintritt: 10 CUC, Shows: 10.00 u. 14.00 Uhr, Mitschwimmen 50 CUC, Foto extra.

Guantánamo

✦ K 5

Provinz: Guantánamo
Höhe: 0 – 5 m
Einwohner: 220 000
Entfernung: 910 km von Havanna, 86 km von Santiago de Cuba

Das Lied zur Stadt kennt jeder Kubareisende, die Hymne über das schöne Bauernmädchen aus Guantánamo (»Guantanamera«), aber auch das berüchtigte Internierungslager der Amerikaner auf ihrer Marinebasis im äußersten Südosten Kubas an der Guantánamo Bay. Trotz der Bekanntheit wird die Provinzhauptstadt selten von Touristen besucht.

Guantánamo erleben

EVENTS
Fiesta de la Guantanamera
Das alljährliche Fest Anfang Dezember bietet Konzerte und Folklore, französische Tumba und franco-haitianische Traditionen. Jeden Samstag finden die »Noches Guantanameras« mit Straßenfest auf der Calle Pedro A. Pérez statt.

AUSGEHEN
Casa de la Trova
Calle Maxímo Gómez entre Calle Donato Marmol y Bernabe Varona
tgl. 9.00–24.00, Konzerte ab 10.00 Uhr
Traditioneller Musikklub, wo man der »Guantanamera« eventuell begegnen kann.

ESSEN
La Cubanita ⊙
Calle José Martí/Ecke Calle Flor Crombet
Tel. 021/32 79 23
Einfaches Lokal nahe Parque Martí: typisches kubanisches Menü mit viel Schweinefleisch oder Huhn, von Reis und Bohnen begleitet.

ÜBERNACHTEN
Caimanera:
Hotel Caimanera (Islazul) ⊙
Loma Norte (25 km südlich von Guantánamo-Stadt im Sperrgebiet)
Tel. 021/49 94 15
www.islazul.cu
Kleines Hotel (mit 17 Zimmern) mit Blick auf die US-Marinebasis von Guantánamo. Nur für Gruppen, mind. drei Werktage vorher bei Islazul oder im Hotel Guantánamo buchen, Pass mitnehmen.

Hotel Guantánamo (Islazul) ⊙
Calle 13 Norte entre Calle Ahogados y 2 de Octubre (an der Plaza Mariana Grajales)
Tel. 021/38 10 15, www.islazul.cu, www.hotelguantanamo.com
124 einfache Zimmer etwas außerhalb des Stadtkerns in einem dreistöckigen Bau. Pool, Disko.

SEHENSWERTES IN GUANTÁNAMO

Parque Martí
Guantánamos Hauptplatz – und bis zur Revolution beliebtester Treffpunkt der amerikanischen Seeleute – ist der Parque Martí. Hübsche Gebäude aus dem 19. Jh. umrahmen den Platz mit der Kathedrale Santa Catalina de Ricci, darunter einige Sehenswürdigkeiten wie die hübsche neoklassizistische Markthalle Plaza del Mercado Agro Industrial und der herrlich kitschige Palacio del Matrimonio, der Hochzeitspalast in Altrosa sowie das schöne Eckhotel Martí..
Auffallend sind die **Kakteen auf den Dächern** der Häuser. Es heißt nämlich, der Kaktus könne den bösen Blick abwenden. Stirbt er, so steht dem Besitzer ein schlechtes Jahr bevor.

Steingarten/ Steinzoo
Außerhalb der Stadt kann man einen unter Denkmalschutz stehenden Zoológico de Piedra besuchen mit Tierplastiken, die von dem lokalen Künstler Angel Iñigo Blanco geschaffen wurden und fortge-

setzt werden von seinem Sohn Angelito. Bisher umfasst der steinerne Zoo 425 Figuren, mit dabei ist eine Riesenschlange, die mit einem Zebra kämpft, Elefanten und Nashörner, aber auch kleinere Tiere..

UMGEBUNG VON GUANTÁNAMO

Etwa 25 km südlich von Guantánamo (an der westlichen Seite der gleichnamigen Bucht), an der Grenze zur US-Marinebasis, liegt Caimanera, das von Fischfang und Salzgewinnung lebt. Von der gegenüberliegenden (westlichen) Buchtseite bei Caimanera kann man das US-Lager vom Hotel Caimanera aus mit Fernrohren einsehen, ebenso verdeutlicht hier ein Modell die Lage. Da hier das Sperrgebiet beginnt, muss man zwei Kontrollpunkte passieren, um in die Stadt zu gelangen. Touristen ist der Besuch von Caimanera mit seiner starken Militärpräsenz nur im Rahmen eines Gruppenausflugs mit Führer und behördlicher Erlaubnis gestattet, Pass mitnehmen (mind. drei Werktage zuvor über Hotels in Santiago, Baracoa und Guantánamo zu organisieren). In südlicher Richtung befindet sich der Zaun, der den Stützpunkt umgibt. Um der Gefahr von Grenzkonflikten vorzubeugen, wurden die US-amerikanischen Wachtürme zurückversetzt. Der Gedanke, dass hier **das größte Minenfeld der westlichen Hemisphäre** vor einem liegt, erzeugt ein recht mulmiges Gefühl.

Caimanera

Der **amerikanische Marinestützpunkt** (116 km²) liegt etwa 25 km südlich von Guantánamo. Bevor Kuba in die Unabhängigkeit entlassen wurde, sicherten sich die Vereinigten Staaten weitere Einflussmöglichkeiten. So wurde ihnen im Jahre 1901 ein Interventionsrecht eingeräumt, das in der Verfassung im sog. Platt-Amendment verankert ist. Infolgedessen musste Kuba der US-amerikanischen Regierung in einem 1903 geschlossenen Pachtvertrag das Gebiet an der Bucht von Guantánamo überlassen. Anfangs hatte lediglich ein kleiner Militärposten bestanden, doch nach dem Zweiten Weltkrieg wurde er zu einem großen Hafen und einem Luftwaffenstützpunkt ausgebaut. Bis zur Revolution 1959 war er die Basis einer der größten Arbeitgeber Kubas und damit ausgesprochen wichtig für die Wirtschaft der Region. Nach den Attentaten am 11. September 2001 benutzen die USA (seit 2002) den Stützpunkt als Internierungslager für vermeintliche Terroristen der al-Qaida und der Taliban. Die Frage bleibt, wie die Zukunft aussehen wird. Dem kubanischen Staat stehen laut Pachtvertrag 2000 US$ jährlich zu – eine Summe, die zwar gezahlt, seit 1960 aber nicht mehr angenommen wird. Abgeschlossen wurde die Vereinbarung für einen Zeitraum von 99 Jahren, doch da eine Kündigung nur im gegenseitigen Einverständnis möglich ist, kann man so schnell keine Änderung erwarten. Der Vertrag wurde 2003 von den Amerikanern eigenmächtig verlängert.

Guantánamo Bay (▶ Baedeker Wissen S. 178)

Guantánamo Bay Naval Base

Guantánamo

Nach der Invasion in Afghanistan wurden mehrere Hundert der Mitgliedschaft bei al-Kaida oder den Taliban Verdächtige in das Gefangenenlager auf dem US-Stützpunkt geschafft, um sie vor Militärgerichte zu stellen. Doch der Oberste Gerichtshof der USA wies dieses Vorhaben nach zahlreichen Beschwerden von Häftlingen zurück. Präsident Obama versprach bei Amtsantritt 2009 die Schließung des Lagers innerhalb eines Jahres. Davon ist heute keine Rede mehr.

Herkunft der Häftlinge

In Guantánamo wurden Häftlinge aus 48 Staaten inhaftiert. Die meisten von ihnen stammten aus Afghanistan und Saudi-Arabien. Die Grafik zeigt die Zahl der Häftlinge aus den zehn häufigsten Herkunftsländern.

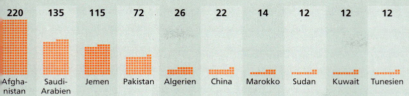

220	135	115	72	26	22	14	12	12	12
Afghanistan	Saudi-Arabien	Jemen	Pakistan	Algerien	China	Marokko	Sudan	Kuwait	Tunesien

Was geschieht mit den Häftlingen?

Am 11. Januar 2002 kamen die ersten 20 Gefangenen nach Guantanamo. Viele werden seit Jahren ohne Verfahren oder richterliches Urteil festgehalten und müssen mit Menschenrechtsverstößen und unwürdigen Verhörmethoden bis hin zum berüchtigten Water Boarding leben.

9 Inhaftierte starben während der Haft

112 sind noch heute in Haft

insgesamt **780** Inhaftierte

659 entlassene/abgeschobene Häftlinge

Verurteilungen

©BAEDEKER

Nur sieben Häftlinge wurden bisher in Militärgerichts-Verfahren verurteilt, die nicht internationalen Normen entsprechen. Sechs der Verurteilten, von denen zwei dem »Water Boarding« unterzogen wurden, droht die Todesstrafe.

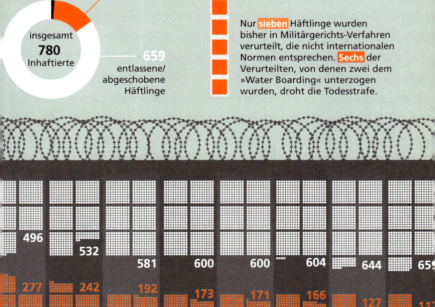

2008	2009	2010	2011	2012	2013	2014	2015
496	532	581	600	600	604	644	659
277	242	192	173	171	166	127	112

** Guardalavaca

✴ K 4

Provinz: Holguín
Höhe: 0 – 30 m
Entfernung: ca. 800 km von Havanna, 54 km nordöstlich von Holguín

Mehrere Buchten mit feinsandigen Stränden, Meerestrauben und Palmen spenden Schatten, türkis schimmert das Meer. Eine paradiesische Kulisse an der Nordküste Kubas, über die Kolumbus schon 1492 schwärmte: »Das ist das schönste Land, das menschliche Augen je gesehen haben.« Heute ein Urlaubermekka mit Luxushotels an einem abgelegenen Ort, der sich »Hüte die Kuh« nennt ...

Im Hinterland Guardalavacas mit seinen sanften Hügeln kann man Kuba in seiner ursprünglichsten Form erleben. Hier findet man noch **viele kleine private Anwesen** mit Bohíos, Euphorbienzäunen, Palmenhainen und Bananenplantagen. Bei Ausflügen nach Banes, Bariay oder Cayo Saetía kann man so das kubanische Landleben kennen lernen.

UMGEBUNG VON GUARDALAVACA

Chorro de Maíta
Auf der Straße nach Banes gelangt man an eine Abzweigung, die zum **Museo Arqueológico Chorro de Maíta** (5 km östlich von Guardalavaca) führt. In dessen Umgebung wurde ein großer **Indianerfriedhof** (1490 – 1540) mit 108 Skeletten gefunden, unter ihnen auch das eines europäischen Mönches. Forscher fanden heraus, dass alle eines natürlichen Todes gestorben waren. Zudem konnte man aufgrund der Begräbnisformen und der vielfältigsten Grabbeigaben (Gold, Koralle, Kupfer und Muscheln) auf unterschiedliche Bestattungsrituale schließen. Eine kleine Fotodokumentation beschreibt zudem die Ausgrabungs- und Forschungsarbeiten vor der Eröffnung des Museums im Jahre 1990. Besichtigen kann man die **nachgebildete Fundstätte**.

Gegenüber vom Museum gibt es ein sehenswertes nachgebautes **Taíno-Dorf** (Aldea Taína) mit Freiluftrestaurant und »indianischer« Show.

Museum: tgl. 9.00 – 17.00 Uhr, Eintritt: 2 CUC; **Taíno-Dorf:** tgl. 9.00. –17.00 Uhr, Eintritt: 5 CUC, Show gegen 14.30 Uhr

Banes
Die kleine Stadt **Banes** (32 km südöstlich von Guardalavaca) mit ihren bunten Häusern und hübschen Veranden ist relativ jung; sie wurde erst Ende des vorletzten Jahrhunderts gegründet. Außer als Ge-

Schon Kolumbus geriet beim Anblick der Strände von Guardalavaca ins Schwärmen.

burtsort des Diktators Batista ist Banes vor allem wegen der präkolumbischen Funde, die hier gesammelt und erforscht werden, bekannt. Ungefähr 100 Ausgrabungsstätten gibt es in der Gegend – man weiß daher, dass die Region bereits vor 6000 Jahren besiedelt war und dass es sich hier um eine der ältesten indianischen Kulturen in der Karibik handelt. Das ***Museo Bani-Indocubano** (Museum für indokubanische Kultur) birgt eine der besten archäologischen Sammlungen Kubas – benannt nach dem mächtigen Kaziken Bani. In der sorgfältig präsentierten Ausstellung wird anhand von Keramiken, Werkzeugen, Grabbeigaben und Schmuck der Alltag der Taínos lebendig gemacht. Von den etwa 14 000 Objekten – Fundstücke vom nahe gelegenen Indianerfriedhof Chorro de Maíta und anderen Ausgrabungsstätten – sind nur etwa 1000 ausgestellt. Das bedeutendste Stück der Sammlung ist ein goldenes Amulett in Form einer Frau.
❶ Di. – Sa. 9.00 – 17.00, So. 8.00 – 12.00 Uhr; Eintritt: 1 CUC

Die Begeisterung, die aus den Briefen Christoph Kolumbus' spricht, als er von den ersten Eindrücken auf Kuba berichtet, lässt sich durchaus nachempfinden, sieht man die weite Bucht, das türkisfarbene Meer, leise wogende Palmenhaine und die sanften, grünen Hügelketten an der **Bucht von Bariay.** Der Admiral landete an der Bucht (40km westlich von Guardalavaca) am 28. Oktober 1492. Auf der Suche nach Gold verließ er Kuba am 12. November wieder, nicht

*Bahía de Bariay,
*Parque Monumento Nacional Bariay

ZIELE • Guardalavaca

Guardalavaca erleben

VERKEHR

Ein Open-air-Doppeldecker-Touristenbus verkehrt tagsüber (unregelmäßig) zwischen den diversen Buchten und Hotels (Tagesticket 5 CUC p.P., ab 9.00 Uhr am Playa Turquesa). Außerdem kann man mit Kutschen fahren (Preis vorher verhandeln, ca. 2 CUC am Strand).

ESSEN

Doña Bárbara €

Cuartro Caminos, Yaguajay (ca. 3 km südl. von Guardalavaca)
Mobil-Tel. 052 44 71 16
chef Auberto holt seine Gäste mit dem buick ab in den gemütlichen Paladar, wo kubanische Klassiker wie Huhn, Garnelen und Cocktails aufgetischt werden

El Ancla €

Playa Guardalavaca
Tel. 024/43 03 81, tgl. 11.00 – 22.30 Uhr
Das Restaurant am westlichen Ende des Strandes ist spezialisiert auf Meeresfrüchte und kreolische Küche.

Pizza Nova/Rico Pizza/El Playa €

Calle 1era, Playa Guardalavaca
Tel. 024/43 01 37
Man sitzt nicht so gemütlich, der Name wechselt öfter mal, aber die Pizzen sind immer gleich gut – man schaut dem Pizzabäcker quasi über die Schulter …

ÜBERNACHTEN

Memories Holguín Beach Resort (vormals: Occidental Grand Playa Turquesa) €€€€

Playa Turquesa, Yuraguanal, Raf. Freyre
Tel. 024/43 05 40,
www.memoriesresorts.com
Preisgekrönte Vier-Sterne-Herberge mit legobunten zweistöckigen Häusern (500 Zimmer), italienisches und asiatisches Restaurant sowie nicht weniger als sieben Pools, die zum Teil in kleinen Kaskaden ineinander fließen.

Paradisus Río de Oro (Melía) €€€€

Playa Esmeralda
Tel. 024/43 00 90, www.meliacuba.com
Strandresort der Topklasse (ultra-all-inclusive), eines der schönsten in Kuba: Die Anlage erstreckt sich in einem Tropengarten an einem relativ kleinen Strand (mit Hängematten!). Italienische und kubanische Küche und sogar ein japanisches Restaurant! Auch der Spa ist asiatisch inspiriert mit türkischem Bad und »Bali-Shower«.

Playa Pesquero (Gaviota) €€€

Playa Pesquero, Rafael Freyre
Tel. 024/43 35 30
www.gaviota-grupo.com
Eines der größten Hotels Kubas (fast 1000 Zimmer): eine kleine Stadt mit Straßennamen und einem »Boulevard« zum Bummeln, Shoppen und Tanzen. Allein rund um die Poollandschaft kann man sich verlaufen. Zweistöckige Häuser mit jeglichem Komfort, 8 Restaurants und Bars.

Sol Río de Luna y Mares Resort (Melía) €€€

Playa Esmeralda
Tel. 024/43 00 30, 43 00 60
www.meliacuba.com
Die beiden angenehmen Hotelanlagen in zwei- bis dreistöckigen Häuschen teilen sich eine Bucht an der Playa Esmeralda, das Río de Mares (Tel. 024/ 43 00 60)

liegt näher am Meer. Riesenpool, behindertengerechte Zimmer, etwas abgewohnt, aber das Buffet ist immer noch Spitzenklasse.

Brisas Guardalavaca (Cubanacán) ❸❸❸
Calle 2, Playa Guardalavaca
Tel. 024/43 02 18
www.brisasguardalavaca.com
Zwei familienfreundliche All-inclusive-Hotels am sehr schönen östlichen Ende des Palmenstrandes mit 437 großen Zimmern im vierstöckigen Hotelbau (Balkone mit Meerblick oder Bergpanorama) oder in wesentlich besseren zweistöckigen, etwas verschachtelten Häusern.

Villa Cayo Saetía (Gaviota) ❸❸
Cayo Saetía, Mayarí (Provinz Holguín, östlich von Guardalavaca)
Tel. 024/51 69 00, -1
Einziges in die Jahre gekommenes Hotel mit zwölf rustikalen Blockhütten am Strand der Insel, Restaurant mit Wildspezialitäten. Reit- und Safariausflüge.

Villa Islazul Don Lino ❸❸–❸
Bahía de Bariay, Playa Blanca
(ca. 30 km westlich von Guardalavaca)
Tel. 024/43 03 08, -10
www.islazul.cu
Einsam gelegene rustikale Bungalows (alles inklusive) mit Meerblick, teils aus dem 2. Stock der neueren Blockhütten. Der Strand an der Mini-Bucht ist etwas felsig, Sand nur aufgeschüttet, dafür gibt es aber einen Pool, vorwiegend kanadische und kubanische Gäste. Freundliche Angestellte.

ohne 13 Eingeborene mitzunehmen, die er am spanischen Hof vorführte. Es gibt verwirrenderweise mehrere Orte an der Bahía de Bariay, die mit Denkmälern und **Gedenksteinen an die Ankunft von Kolumbus** auf Kuba erinnern und den vermeintlichen Landungsort bezeichnen. An der historisch wahrscheinlich korrektesten Stelle der Landung in der Bucht auf der Cayo Bariay (Punto del Gato an der westlichen Seite der Bucht) steht heute ein nachgebautes kleines **Taíno-Dorf** mit einigen Bohíos und indianischen Alltagsgegenständen aus der damaligen Zeit. Etwas weiter nördlich auf der Cayo Bariay wurde 1992 ein **monumentales Denkmal** anlässlich der 500-jährigen Entdeckung Amerikas errichtet (mit Restaurant-Bar und einem nachgebauten Taino-Dorf mit einer nicht sehr authentischen Tanzeinlage von »Indianern«). Die kubanische Künstlerin Caridad Ramos Mosquera entwarf dafür ein Ensemble aus mehreren Teilen, ein Symbol

Götterstatuen und antike Säulen: Zusammentreffen von neuer und alter Welt

für die Invasion Europas in die Neue Welt: Inmitten eines Palmenhains stehen 16 in einem Bogen angeordnete indianische Idole (Götter- und Menschenbilder), in die eine Formation keilförmig angeordneter griechischer Säulen eindringt. Zudem geben Lautsprecher Geräusche, die die Konquistadoren damals hörten (Meer, Wind, Tierstimmen etc.), verstärkt wieder. Die Straße zur Bucht von Bariay geht bei dem kleinen Ort **Fray Benito** ab; zurzeit wird sie ausgebessert.

❶ tgl. 9.00 – 17.00, letzter Einlass 16.30 Uhr; Eintritt: 8 CUC Meist wird die Bucht im Rahmen eines Tagesausflugs ab den Hotels besucht, dabei macht man auch einen Abstecher mit der touristischen Bahn in die Zuckermühle Rafael Freyre, manchmal auch nach Gibara (ca. 50 CUC).

> ### BAEDEKER TIPP
>
> ### ! Unter Delfinen und Seehunden
>
> Auf der kleinen Insel Cayo Jutía, inmitten der Bahía de Naranjo (rund 8 km von der Playa Guardalavaca), kann man in einem Aquarium den Delfinen und den Seehunden Fernanda, Bonny und Vito bei ihren Kunststücken zusehen, beim Schwimmen und Schmusen – oder gleich mitschwimmen und mitschmusen. Parque Natural Bahía de Naranjo, tgl. 9.00 – 21.00 Uhr (Seelöwen-Show 10.30 Uhr, Delfinshow gegen 12.00 Uhr).

Interessant ist auch ein Ausflug zu den **Kalksteinhöhlen von Mayarí** (70 km südlich von Guardalavaca), wo ein großer Teil der präkolumbischen Werkzeuge, die man auf Kuba fand, entdeckt wurde. s. S. 140).

*Cayo Saetía Safaris in Kuba – auch das ist möglich. Das Inselchen Cayo Saetía teilt sich der Besucher mit Zebras, Antilopen, Wasserbüffeln und anderen exotischen Vierbeinern und Gefieder. Aber nicht nur mit der Kamera wird auf dieser Jagdinsel geschossen ... Die Insel südöstlich von Guardalavaca, 120 km von Holguín entfernt, ist nur durch einen schmalen Kanal vom Festland getrennt. Über eine Zugbrücke gelangt man auf das 42 km² große Areal. Vor nicht allzu langer Zeit war das Gebiet noch hohen Parteifunktionären vorbehalten, die sich auf der Insel beim Jagen und Hochseeangeln erholen konnten. Dies erklärt auch, warum hier exotische Tiere zu finden sind. Sie wurden ausgesetzt, um ein »afrikanisches Jagdambiente« zu schaffen.

Doch nicht nur das **Safariangebot** macht den Reiz dieses Ortes aus. Kleine, abgeschirmte Buchten mit weißen Sand laden zum Baden und Faulenzen ein, auf dem Rücken der Pferde kann man die Umgebung durchstreifen und auf die Suche nach Zebras und Straußen gehen. Es gibt zudem die Möglichkeit zu segeln und zu angeln, und Tauchern bietet das der Nordküste vorgelagerte Korallenriff eine farbenprächtige Tier- und Pflanzenwelt. Ausflüge, auch mit dem Helikopter, werden von Santiago de Cuba, Holguín, Santa Lucía und Guardalavaca aus angeboten.

Havanna • ZIELE

✱✱ Havanna

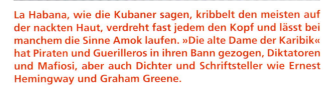

✦ C 2

Provinz: Havanna
Höhe: 0 – 10 m
Einwohner: 2,3 Mio. (Großraum rund 3 Mio.)
Entfernung: 860 km von Santiago de Cuba

La Habana, wie die Kubaner sagen, kribbelt den meisten auf der nackten Haut, verdreht fast jedem den Kopf und lässt bei manchem die Sinne Amok laufen. »Die alte Dame der Karibik« hat Piraten und Guerilleros in ihren Bann gezogen, Diktatoren und Mafiosi, aber auch Dichter und Schriftsteller wie Ernest Hemingway und Graham Greene.

Die 500-jährige Diva hat sich seit den UNESCO-Sanierungen in den 1990ern hübsch herausgeputzt, v. a. in der Altstadt mit ihren kopfsteingepflasterten Gassen: Mittelalterlich anmutende Festungen trotzen am Hafeneingang, endlose Säulengalerien und Arkaden umgeben die Plätze, hochherrschaftliche Paläste bezaubern mit üppig bepflanzten Patio-Innenhöfen, bunten Mosaikfenstern und Marmor, wohin das Auge schaut. Havanna besitzt Hunderte von herrlich verschnörkelten Palacios und Kolonialbauten, viele als prachtvolle Hotels wiederbelebt. Dafür mussten allerdings auch viele Habaneros weichen – in die Neubau-Plattensiedlungen am Stadtrand. Je weiter man die **restaurierte Bilderbuchaltstadt** verlässt – man muss nur den eleganten **Boulevard Paseo del Prado** überqueren –, desto mehr bröckeln die Fassaden, im Bezirk **Centro** fällt nicht selten auch schon mal ein Balkon oder ein ganzes Haus in sich zusammen. Hier nagen der Zahn der Zeit und v. a. der Ozean an den Fassaden, am meisten gefährdet ist die **berühmte Uferstraße, der Malecón**.

Blick auf Havannas Skyline von der Festung El Morro

Highlights Havanna

► **»Viva la Revolución!«**
Ein bisschen Revolutionskunde gehört in Kuba dazu – im Museo de la Revolución im früheren Präsidentenpalast. Ein solidarisches Muss für jeden Che-Guevara-Fan und Möchtegern-Revoluzzer.
►Seite 210

► **Malecón**
Einmal die 8 km hoch und wieder runterschlendern, von den Wellen nass werden und von Musikanten begleitet – auf der schönsten und lebhaftesten Uferpromenade der Welt.
►Seite 216

► **Fortaleza de San Carlos de la Cabaña**
Auf den Spuren der Piraten durch die weitläufige Festung (viel schöner als das viel besuchte Pendant El Morro!) und zur allabendlichen »Cañonazo«-Zeremonie.
►Seite 222

► **Essen mit Panorama, Mojíto mit Sonnenuntergang**
Traumpanorama im 36. Stock des FOCSA-Hauses: im französischen Restaurant La Torre mit Malecón-Blick, in der Bar mit Sonnenuntergang.
►Seite 217

► **Tropicana**
Federboas und Kandelaber, endlos lange Beine, Tanz und Erotik, Folklore und Artistik – die weltberühmte Cabaret-Show sollte keiner verpassen!
►Seite 191

► **Oldtimertour**
Im Stile der Fiftys durch Havanna ruckeln und scheppern.
►Seite 188

► **Casa de la Música**
Für Salseros und Salseras ein Muss – hier schwingen die Hüften zu den berühmtesten Salsabands.
►Seite 191

Trotzdem: Musik ist allgegenwärtig, schallt aus quasi jedem einsturzgefährdeten Hauseingang, Tag und Nacht, v. a. die erbarmungslos schnulzigen Latino-Schlager. Der Malecón führt bis zum **modernen Geschäftsviertel Vedado** mit seinen Art-decó-Villen und Hochhäusern, darunter die berühmtesten Hotels aus den 1950er-Jahren, als Havanna mit Kasinos und frivolen Nachtklubs noch die Lasterhöhle der Karibik war. Man nimmt an, dass Havanna zum ersten Mal im Jahre 1514 als Siedlung San Cristóbal de la Habana an der kubanischen Südwestküste gegründet wurde. Wegen schlechter Bedingungen musste sie allerdings dreimal verlegt werden; erst 1519 wählte man den jetzigen Ort an der Nordküste. Dies erwies sich später als goldrichtig, denn der **Hafen von Havanna** wurde zu einer wichtigen Drehscheibe in der Neuen Welt. Von hier starteten die ersten Expeditionen auf das Festland, die Stadt wurde Ausgangspunkt für die Besiedlung der Insel durch die Konquistadoren und Hauptumschlagplatz für den Sklavenhandel in Mittelamerika und der Karibik. Zu-

Havanna • ZIELE 187

dem sammelten sich hier die Flotten, die mit großer Ladung zurück nach Spanien fuhren. 1538 brannten französische Piraten die Stadt mit Hilfe von Sklaven nieder, im Juli 1555 fiel Havanna den Plünderungen des französischen Seeräubers Jacques de Sores zum Opfer. Nach diesem Schlag ordnete der spanische König Philipp II. eine bessere Absicherung des Hafens an. Zuerst entstand die **Festung La Fuerza** (1558 – 1577), dann wurde die **Hafeneinfahrtsbefestigung El Morro mit der Zwillingsbastion La Punta** (1589 – 1630) auf der gegenüberliegenden Seite ausgebaut, so dass feindliche Schiffe unter Kreuzfeuer genommen werden konnten. Trotz all dieser Maßnahmen entdeckten die Engländer eine Lücke in der Verteidigung; sie landeten im Juli 1762 östlich von El Morro und nahmen von dort aus die Stadt ein. Doch nur ein Jahr später fiel Kuba durch den Frieden von Fontainebleau im Tausch gegen Florida an die spanische Krone zurück. Nachdem die Spanier zurückgekommen waren, legten sie sogleich die **Festung La Cabaña** an, die einen zusätzlichen Schutz bieten sollte.

In der folgenden Zeit wurde viel in die **architektonische Gestaltung der Hauptstadt** investiert: Prachtvolle Gebäude wurden errichtet und wunderschöne Plätze und Flaniermeilen angelegt. An Geld mangelte es nicht, denn aus dem Sklaven- und Zuckerhandel erzielte man hohe Gewinne. Unter dem Gouverneur Tacón wuchs Havanna in den 1830er-Jahren ständig weiter, und die Stadtmauern fielen. Noch bevor 1893 eine Wasserleitung für die expandierende Stadt gebaut wurde, galt **Havanna als die fortschrittlichste Stadt Lateinamerikas** (►Baedeker Wissen S. 213). 1898 kam es zu einer bis heute ungeklärten Explosion des US-Kreuzers Maine im Hafen von Havanna. Dies war der Anlass für eine **Seeschlacht bei Santiago** gegen die Amerikaner, nach der die Spanier ihre letzte Kolonie aufgeben mussten. In den nächsten Jahrzehnten **stieg der Einfluss der USA** in Kuba immens: Havanna wurde zu einem Vorort Miamis und New Yorks in der Karibik – ein riesiges Vergnügungsviertel mit eleganten Hotels und Clubs, Kasinos und Bordellen.

Das alles änderte sich sehr schnell nach dem Sieg der Revolution 1959. Von nun an wurde in die Volksbildung, das Gesundheitswesen und die Stadtentwicklung investiert. Aufgrund der Wirtschaftshilfe seitens einiger Ostblockstaaten unter der Führung der Sowjetunion war eine kontinuierliche Fortentwicklung der Stadt möglich. Spätestens seit dem Beginn der Spezialperiode 1990 fehlte es an Baumaterialien und Geld, die Stadt zerfiel allmählich. Aufgehalten wurde dieser Prozess bisher lediglich in Habana Vieja. Durch die Sanierungsmaßnahmen mit Hilfe der UNESCO und unter Leitung des Stadthistorikers Eusebio Leal Spengler wurde Havannas Altstadtkern im vergangenen Jahrzehnt zu einem wahren Freiluftmuseum mit viel Flair und vorbildlich restaurierten Palästen (Hotels) und Gassen, durch die heute Touristen und Habaneros wandeln.

Havanna erleben

AUSKUNFT

Asistur
Paseo del Prado 208 entre Calles Colón y Trocadero (in der Casa del Científico), Centro
Tel. 07/866 44 99, 24-Std.-Notruf: 07/866 83 39, www.asistur.cu

Cubatur
Calle 23, Vedado Tel. 07/833 35 69
Calle 15 Nr. 410 entre Calles F y G, Bez. Plaza, Havanna, Tel. 07/836 20 76
www.cubatur.cu

Infotur
Z. B. Calle Obispo Ecke San Ignacio, Habana Vieja Tel. 07/863 68 84
www.infotur.cu

VERKEHR

Die Altstadt erkundet man zu Fuß, **Fahrradtaxis** (Bici-Taxis) eignen sich für kürzere Strecken innerhalb des Bezirks (Kurzstrecke 1–3 CUC, längere Strecken ggf. handeln). Es gibt **Cocotaxis,** das sind die gelben, knatternden »Eier« oder Dreirad-»Oldtimer« (feste Preise, mind. 5 CUC pro Fahrt). Die Taxis heißen jetzt alle **»Cubataxi«**, wobei die weißen Ladas rund 20 Prozent billiger als die anderen klimatisierten Taxis sind (manche fahren noch unter altem Namen wie Panataxi; Cubataxi-Tel. 855 55 55, Normalpreis: erster km 1 CUC, jeder weitere km 0,75 CUC, Taxi vom Havanna Airport: ca. 15 25 CUC je nach Stadtteil, teurer sind Fahrten nachts und außerhalb von Altstadt und Centro). Preiswerter sind **Taxis particulares** (alte Ladas, handeln!) und »Colectivos« (Oldtimer, die als Sammeltaxis auf einer festen Route verkehren). Diese privaten Taxis fahren entlang der Hauptstraßen auf einer festen Route und dürfen seit 2011 nun auch offiziell Ausländer mitnehmen, hier zahlt man i.d.R. in einheimischer Währung, dem CUP (moneda nacional, es gelten Festpreise, d.h. pro durchquertem Bezirk 10 CUP (= 0,50 CUC/= 0,40 €), Stadtfahrten kosten max. 20 CUP/ = 0,80 €. **Habana Bus Tour**: Drei doppelstöckige Open-air-Touristenbusse verkehren (theoretisch!) im 40-Minuten-Takt auf drei Linien durch Havanna und die Vororte, man kann beliebig an den rund 60 Stopps ein- und aussteigen (T1 ab Alameda de Paula/Altstadt über Parque Central zur Plaza de la Revolución und zurück; T2 von der Plaza de la Revolución vorwiegend durch Miramar über Acuario und Colón-Friedhof bis zur Marina Hemingway; T3 von Parque Central/Centro Habana über Fortaleza Cabaña nach Playas del Este). Einzelticket: 3 CUC Hinfahrt, Tagesticket für alle 3 Routen (jeweils 30–90 Min.): 5 CUC, tgl.

Liebevoll gepflegte Oldtimer kann man in Havanna öfters sehen.

Havanna • ZIELE

ca. 9.00 bis ca. 18.30 Uhr, theoretisch bis 21.00 Uhr.

Metrobusse: am besten ohne Tasche und große Geldmengen reinquetschen (die »Warteschlange« an der Haltestelle unbedingt beachten, man fragt in die Runde nach »el ultimo?«; kostet wenige Centavos in moneda nacional, nicht etwa CUC).

Kutschfahrten durch die Stadt (bei Infotur zu buchen, ab Plaza de San Francisco de Asís, 1 Std. ca. 25 CUC). Fahrten mit Chauffeur im **Oldtimer**, z. B. einem 1949er Dodge oder 1956er Chevrolet (z. B. über Gran Car, Tel. 07/881 09 92, ca. 30 CUC/Std.). Man kann natürlich auch die Inhaber und Fahrer der Schmuckstücke vor dem Capitolio ansprechen. Mietwagen ►Praktische Info

EVENTS

Ob Karneval, Internationales Jazz- oder Filmfestival – wann in Havanna gefeiert wird, finden Sie unter Feiertage, Feste und Events (► S. 94). Das wöchentliche Veranstaltungsmagazin **»Cartelera«** erscheint jeden Do. neu, Konzerttipps unter www.suenacubano.com. Das englischsprachige **»What´s On Havana«** mit diversen Veranstaltungstipps findet man unter www.cubaabsolutely.com

Baila en Cuba

Bei dem internationalen Tanzfestival schwofen alljährlich im November Salseras und Salseros aus aller Welt, viele Workshops und gute Konzerte (Info: www.baila-en-cuba.de, zu buchen bei avenTOURa, Tel. in Freiburg 0761/211 69 90, in Hamburg: 040/43 28 09 96, Büro in Havanna: Edificio Barcadí, Büro-Nr. 208, Calle Monserrate 261, Altstadt, Tel. 07/863 28 00, www.aventoura.de).

EINTRITTSPREISE

Es wird jetzt leider immer öfter in Havanna versucht, Touristen im wahrsten Sinn abzuzocken für alles und jede Kleinigkeit, vielleicht dies hier als Rat: Falls es sich um ein kleineres unbedeutenderes Museum handelt, wo ein Angestellter mehr als 2 bis 3 CUC Eintritt nehmen will (ohne Quittung), oder sogar um einen Laden mit nur ein paar Vitrinen, dann sollte man dies zurückweisen und gehen (man wird dann oft genug doch umsonst oder zum Normalpreis von 1-2 CUC (mit Guide max. 5 CUC) eingelassen – der Eintritt wandert nicht selten in die Privatkasse der Angestellten bzw. Verkäufer...), z.B. bei der Casa del Habano (►S. 206), wo gelegentlich versucht wird, ganze 5 CUC Eintritt zu nehmen. Beim Fotografieren bzw. Video reicht die offizielle Preisspanne mittlerweile von 1 bis 25 CUC — extra!

SHOPPING

Der Souvenir- und Kunsthandwerksmarkt (vorher Open-air am Tacón) ist umgezogen in den **Almacénes de San José**: Souvenirs von moderner Kunst bis hin zu Witzigem und jede Menge Kitsch gibt es jetzt in diesem restaurierten Lagergebäude am Hafen, sehr viele Tourbusse und entsprechende Preise (südlich vom Rum Museum in der Avenida Desamparados Ecke Calle Cuba, nahe Iglesia de San Francísco de Paula, tgl. 9.00 bis 19.00 Uhr, leider feste Preise – oder man muss beharrlich verhandeln; Cadeca-Wechselstube vorhanden).

Alles was das touristische Herz begehrt, bekommt man im **Palacio de Artesanía**, einem alten Palast mit schönem Patio: Rum und Zigarren, Ches Konterfei auf T-Shirts und Tassen sowie Maracas, Modeschmuck ... (Calle Cuba/

Ecke Tacón 64, Habana Vieja). Zigarren kauft man nicht an der Straßenecke (▶Baedeker Tipp S. 206), sondern in der **Casa del Habano** – die beste Adresse für Zigarrenraucher mit angeschlossenem Restaurant mit kubanischer und internationaler Küche (Av. 5/Ecke Calle 16, Miramar). In dem modernen großen Kaufhaus **»Plaza Carlos III.«** kann man gucken und staunen, was die Kubaner alles kaufen können – wenn sie denn Pesos convertibles besitzen (Calle Salvador Allende/Höhe Calle Aramburu, Centro, www.carlostercero.ca). Teurer, mit Boutiquen, Cafeterias und dem besten Jazz-Club der Stadt sind die spiegelverglasten **»Galerías de Paseo«** (Paseo, am Malecón gegenüber vom Hotel Meliá Cohíba in Vedado, tgl. geöffnet). Außerdem viele Läden in der Calle Obispo (Altstadt) und in Centro in den Straßen **San Raffael** (auch: »Bulevar« San Rafael), **Calle Neptuno** und **Avenida de Italia**: eher sozialistisch als schick mit lauter Pesowaren, Friseuren und billigen Cafeterias. Ein neues Shoppingcenter mit guter Fleisch- und Wursttheke sowie Elektrowaren und Kleidung ist **»3ra y 70«** in Miramar (Ave. Tercera Ecke Calle 70, nahe des Hotels Meliá Havanna). Die **Calle Mercaderes** lockt mit einigen originellen Lädchen. Zum Schnuppern bieten sich die folgenden beiden Adressen an: In der Hausnummer 111 (nahe dem lachsfarbenen Hotel Ambos Mundos) befindet sich der Kräuterladen **Casa de las Especias de Marco Polo** mit lauter Gewürzen und Pulverchen, Herkömmliches wie Oregano und Pfeffer aber auch Exotisches wie Curry — Ingredienzen, von denen die meisten Kubaner noch nie etwas gehört haben (Mo. u. Sa. 9.00 – 17.00, So. 9.00 – 16.00 Uhr).

Ein paar Schritte weiter können Besucher sich in der Parfümerie **Habana 1791** ein »koloniales« Parfüm oder ein Geschenk nach eigenem Gusto zusammenmixen lassen, aus getrockneten tropischen Blüten und den zwölf traditionell-kolonialen Ingredienzen, etwa Rose, Jasmin, Lavendel, Orangenblüte, Ylang-Ylang, Tabak, Sandelholz und Patchouli. Dabei wird die althergebrachte Produktion im Labor demonstriert (Calle Mercaderes Nr. 156 Ecke Obrapía, Mo. bis Sa. 10.00 – 19.00, So. 10.00 – 13.00 Uhr). Männer und Aficionados schnuppern wahrscheinlich lieber weiter in der **Casa del Habano**.

AUSGEHEN

Bei den Nachmittagsmatineen zahlen die Kubaner meist in Pesos, die Ausländer ein paar CUC Eintritt, abends zahlen beide in Pesos convertibles bzw. der Tourist lädt meist ein.

❶ *Conjunto Folklórico Nacional (Patio de la Rumba)*

Conjunto Folklórico Nacional: Calle 4 Nr. 103 entre Calzada y Ave. 5, Vedado
Tel. 07/831 34 67
www.folkcuba.cult.cu
Die touristische afro-kubanische Tanzshow »Sábado de la Rumba« im Patio de la Rumba (auch: Gran Palenque) kostet ca. 5 CUC, hier kann man auch Tanz- und Percussionskurse vereinbaren. Das bekannte Folklore-Ensemble mit echten Santeros (Priestern) lässt die Batá-Trommeln sprechen und die Götter tanzen.

❷ *Bar Monserrate*

Calle Monserrate (Av. de Bélgica)/ Ecke Obrapía, Habana Vieja

Havanna • ZIELE

Tel. 07/8 60 97 51, tgl. 11.00 – 3.00 Uhr Kubanisch-ausländisches Publikum, die Drinks und die Livemusik sind gut, Essen sollte man anderswo – und unbedingt die Rechnung prüfen!

❸ Ballet Nacional de Cuba
Gran Teatro, Prado am Parque Nacional, Centro Tel. 07/86 13 07 78, 861 30 96 (wird derzeit restauriert, www.ballet cuba.cult.cu)
Alicia Alonso ist eine Legende in Kuba und weit über die Landesgrenzen hinaus bekannt. Wer statt Salsa und Rumba mal Streichersätze hören und die besten klassischen Tänzer Kubas sehen möchte, sollte sich eine Aufführung nicht entgehen lassen. Das Ballett tritt vorübergehend im Nationaltheater (Pl. de la Revolución) auf.

❹ Cabaret Tropicana
Línea del Ferrocarill y Calle 72 Marianao Tel. 07/2 67 17 17, -19
www.cabaret-tropicana.com
Show tgl. ab 22.00 Uhr (sofern es nicht regnet)
Preise: Touren ab 65 CUC (75-95 CUC inkl. Abendessen, Viertel Flasche Rum, Cola), Fotos: 5 CUC extra, Video: 15 CUC. Vorsicht: eine Flasche Rotwein kostet hier 50 CUC (nicht 15 wie von den Angestellten zuvor hingenuschelt). Absolutes Highlight: Das 1939 eröffnete weltberühmte Cabaret bietet fast 80 Jahre Showerfahrung: mit Balletteinlagen, Artistik und einem Potpourri der kubanischen Musik – eben nicht nur lange Beine und blanke Busen, sondern oft auch echte kubanische Alt-Stars (zu buchen über Hotels und Reiseagenturen mit Transport und Getränken). Beste und preiswerte Alternative ist das Cabaret Parisién (Hotel Nacional, Tel.

07/836 35 64, -67, zwei tägliche Shows: 22.00 u. 24.00 Uhr, ab 30 CUC) oder das kleine Cabaret Nacional (Calle San Rafael im Souterrain, neben dem Hotel Inglaterra, Tel. 07/863 23 61, ca. 10 CUC): nicht ganz perfekte Show, aber liebenswerte Truppe mit Profitänzern, die im Anschluss mit dem Publikum tanzen (ab 21.00 Uhr).

❺ Casa de la Música
Calle 20 entre Calles 35 y 33 Miramar, Playa Tel. 07/2 04 04 47, tgl. ab 22.00 Uhr (ca. 15 – 25 CUC, auch Nachmittagskonzerte)
Sollte man nicht verpassen! Manchmal beginnen die Bands auch erst um 1.00 Uhr morgens, aber das Warten lohnt sich: Habaneros meinen, hier ist mehr Stimmung als in der Casa de la Música in Centro (Calle Galiano), wo ebenfalls die bekanntesten Salsa- und Hip-Hop-Bands spielen. Bis der Auftritt beginnt,

Schöne Frauen in aufwendigen Kostümen im »Tropicana«

ZIELE • Havanna

Essen
1. La Guarida
2. La Torre
3. La Divina Pastora
4. Vista Mar
5. La Terraza de Cojimar
6. A Prado y Neptuno
7. Castropol
8. La Baraca
9. El Aljibe
10. Parillada
    La Casona de 17
11. El Atelier

Übernachten
1. Meliá Cohiba
2. Nacional de Cuba
3. Parque Central
4. Hotel Terral
5. H10 Panorama Habana
6. Telégrafo
7. Habana Vista Penthouse
8. Ambos Mundos
9. Palacio O'Farrill
10. Hostal El Comendador

Havanna • ZIELE 193

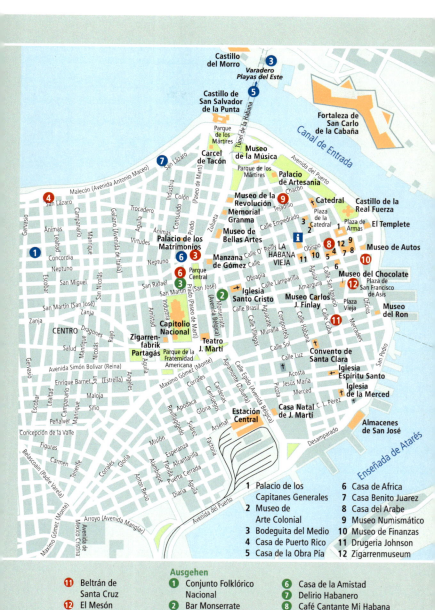

1 Palacio de los Capitanes Generales
2 Museo de Arte Colonial
3 Bodeguita del Medio
4 Casa de Puerto Rico
5 Casa de la Obra Pía
6 Casa de Africa
7 Casa Benito Juarez
8 Casa del Arabe
9 Museo Numismático
10 Museo de Finanzas
11 Drugeria Johnson
12 Zigarrenmuseum

⑪ Beltrán de Santa Cruz
⑫ El Mesón de la Flota
⑬ Villa Babi

Ausgehen
① Conjunto Folklórico Nacional
② Bar Monserrate
③ Ballet Nacional de Cuba
④ Cabaret Tropicana
⑤ Casa de la Música
⑥ Casa de la Amistad
⑦ Delirio Habanero
⑧ Café Cantante Mi Habana
⑨ El Gato Tuerto
⑩ Club Salseando El Chevere
⑪ Restaurant 1830

können die Besucher die typisch kubanischen Comedy-Animier-Shows genießen, im Laden mit CDs stöbern (tgl. 10.00 – 00.30 Uhr) oder im zweiten Stock die Piano-Bar El Diablo Tun Tun besuchen.

❻ *Casa de la Amistad*
Avenida Paseo 406 entre Calles 17 y 19, Vedado
Tel. 07/8 30 31 14, -15, ab 21.00 Uhr
Kulturzentrum mit Restaurant in einer alten Villa mit großem Garten, wo samstags die »Noche Cubana« mit Livebands und Tanzshow zum Mittanzen stattfindet (Salsa, Bolero). Jeden Dienstag heißt es »Chan Chan« mit Música tradicional (Son, La Guaracha usw.). Manchmal tanzen die Kubaner hier Polonaise, da muss man dann als Tourist mithalten ...

❼ *Delirio Habanero*
Calle 39 y Paseo (im Teatro Nacional nahe Plaza de la Revolución), Vedado
Tel. 07/8 73 57 13
Di. – Sa. 12.00 – 3.00 Uhr (auch Nachmittagsmatineen) Pianobar mit Livemusik und Blick auf den Revolutionsplatz: Boleros, Salsa, Rock und Klassik bei Snacks, Rum und Cocktails.

❽ *Café Cantante Mi Habana*
Gleich um die Ecke vom Teatro Nacional, Paseo/Ecke Calle 39 an der Plaza de la Revolución, Vedado
Tel. 07/8 78 42 73, -75
tgl. 22.30 – 6.00 Uhr
Strenge Türsteher, aber gute Salsa-Livemusik (offiziell nur für Pärchen, so sollen Prostituierte fern gehalten werden; Frauen bzw. Frauenpärchen – auch Touristinnen mit einer Kubanerin – sollten passend zahlen und einfach durchgehen).

❾ *El Gato Tuerto*
Calle 0 Nr. 14 entre Calles 17 y 19, Vedado
Tel. 07/8 36 01 12.
Winziger Nachtclub mit Live-Musik und Bombenstimmung (Boleros, Son, Jazz, Eintritt: ca. 5 CUC), darüber liegt ein Restaurant (❷❷).

❿ *Club Salseando El Chevere*
Calle 49 entre Calles C y 28a (Parque Almendares), Bezirk Kohly, Havanna-Playa
Tel. 07/866 24 74
www.salseandochevere.com
Fiesta del Casino: Open Air im Stadtpark von Havanna: Ideal zum Salsatanzen (nur Mi. 18.00 – 23.00 Uhr, Workshops 19.00 – 20.00 Uhr) mit Kubanern und Touristen aus aller Welt. Tanzanleitungen der deutschen Tanzschule Viadanza und kleinere (modern-artistische) Salsa-Tanzshows.

⓫ *Restaurant 1830*
Malecón, nahe Calle 20, Vedado
Tel. 07/8 38 30 90
tgl. 12.00 – 24.00 Uhr (Do. u. So. auf der Terrasse am Meer Show mit Salsamusik und Tanz, Bar und Night Club bis 4.00 Uhr).

ESSEN
❶ *La Guarida* ❷❷❷❷ ❷❷❷
Calle Concordia 418 entre Gervasio und Escobar, Centro
Tel. 07/8 66 90 47 www.laguarida.com
tgl.12.00 – 16.00, 19.00 – 24.00 Uhr
Das private, etwas teurere Lokal ist bekannt aus dem Film »Erdbeer und Schokolade« (▶Baedeker Wissen S. 71). Seitdem herrscht hier Andrang aller Nationen (am besten reservieren, dann muss man nicht im »Stau« auf der geschwungenen Marmortreppe draußen warten): Fisch,

Schwein, Lamm, Huhn und Kaninchen – alles in originellen Variationen und mit fantasievollen Saucen.

❷ *La Torre* ⊜⊜⊜⊜–⊜⊜

Calle 17, nahe Calles M y N, Vedado
Tel. 07/8 38 30 88
tgl. 12.00 – 24.00 Uhr
Bar (⊜) und französisches Restaurant im höchsten Gebäude Kubas (Hochhaus Edificio FOCSA, ▶ S. 217, separater Eingang). Im 36. Stock bekommt man einen der teuersten Mojítos der Stadt, aber mit dem besten Ausblick (vom Restaurant auf den Malecón, von der Bar aus auf den Sonnenuntergang).

❸ *La Divina Pastora* ⊜⊜⊜

Fortaleza de San Carlos de la Cabaña
Tel. 07/8 60 83 41
tgl. 12.00 – 23.00 Uhr
Spezialität sind Fischgerichte. Vom Restaurant hat man einen sehr guten Blick auf die Altstadt von Havanna.

❹ *Vista Mar* ⊜⊜⊜–⊜⊜

Av. 1ra 2206 entre Calles 22 y 24
Miramar
Tel. 07/2 03 83 28
Mo. – Sa. 11.00 – 24.00 Uhr
Mal was anderes: In dem Paladar der gehobenen Klasse kann man gut zum Sonnenuntergang speisen, es gibt auch Tintenfisch, Languste und Champagner, danach den Absacker am Pool.

❺ *Cojímar:*
La Terraza de Cojímar ⊜⊜

Calle Real y Candelaria (10 km östlich von Havanna)
Tel. 07/93 92 32
tgl. 11.00 – 22.00 Uhr
Schon Hemingway wusste den überwältigenden Meeresblick vom »La Terraza«

zu schätzen. Mit etwas Glück traf man hier bis zu seinem Tod 2002 dessen über 90-jährigen Bootsmann Gregorio Fuentes, der seine Geschichten zum Besten gab. Aber auch die auf Meeresfrüchte und Fischgerichte spezialisierte Küche wird einen zufriedenstellen. Der Mojíto an der Bar ist ausgezeichnet.

❻ *A Prado y Neptuno* ⊜⊜–⊜

Paseo del Prado Ecke Calle Neptuno, Centro
Tel. 07/8 60 96 36.
Beliebte zentrale Pizzeria mit italienischen und internationalen Gerichten, unbedingt probieren: Penne à la langosta oder den Grillteller.

❼ *Castropol* ⊜⊜–⊜

Malecón 107 entre Calles Genios y Crespo, Centro
Tel. 07/8 61 48 64
Eines der besten Lokale Havannas mit zwei fast immer vollen Etagen, einem Patio mit hauptsächlich Grillspeisen und einige Tische auf dem Balkon im zweiten Stock: Große und
originelle Auswahl, serviert werden Riesenportionen, etwa die leckere Lachs-Roulade, Pizza oder Tintenfischsalat sowie gute preiswerte Cocktails. Hervorragender Service

❽ *La Baraca* ⊜⊜–⊜

Calle 21 Ecke y Calle O, Vedado
Tel. 07/8 38 02 94 und 8 36 35 64, -67
Im Gartenlokal des Hotel Nacional sitzt man herrlich luftig in einem Open-air-Pavillon mit Blick aufs Meer und Havanna, die typisch kubanischen Speisen sind erstaunlich preiswert für eines der führenden Hotels in Kuba mit exzellenten Köchen, die ihre kubanisch-kreolischen Gerichte auf dem Steinkohlegrill zau-

bern, z.B. das butterweiche Steak (tgl. 12.00–24.00 Uhr).

❾ *El Aljibe* ⓔ
Av. 7ma entre Calles 24 y 26, Miramar
Tel. 07/2 04 15 83
tgl. 12.00–24.00 Uhr
Ein echter Klassiker: Auf einer hölzernen Terrasse unter Ventilatoren kann man die angeblich besten Hähnchen der Stadt probieren (»all you can eat« für ca. 12 CUC).

❿ *Parillada La Casona de 17* ⓔ
Calle 17 entre Calles M y N (gegenüber dem FOCSA-Hochhaus) Vedado
Tel. 07/8 55 31 36
Grilllokal und Bar auf zwei Etagen, oben etwas feiner. Die riesigen Portionen sprengen fast die Teller, z. B. das »Pollo-à-la-casa«-Hühnchen, aber auch der Hummer ist bezahlbar. Neben dem eher einfachen Grill-Lokal liegt die Casona del 17, eine herrliche koloniale Villa mit hervorragenden Speisen und ebensolchem Service.

⓫ *El Atelier* ⓔ
Calle 5ta No. 511, Vedado
Tel. 07/8 36 20 25
Feines Privatlokal mit französisch inspirierter Fusionküche und guter Weinauswahl, man speist in einem eleganten Saal oder auf der Terrasse.

ÜBERNACHTEN
Tipp: Hotels in der Altstadt und im angrenzenden Bezirk Centro, v. a. die Kolonialhotels und privaten Casas particulares, können sehr hellhörig und laut sein, da sie mitten im typisch kubanischen Trubel liegen (Verkehr, Reisebusse, Live-Bands, lautstarke Kubaner und Touristengruppen, alte Türen, dünne Wände,

Moderner Luxus à la cubana: Melía Cohiba

scheppernde Wasserleitungen...). Wer viel Wert auf Ruhe legt, sollte in obere Stockwerke oder um den Innenhof (meist fensterlose Zimmer!) oder gleich bei der Hotelwahl in die Bezirke Vedado oder Miramar ausweichen.

❶ *Melía Cohiba (Sol Melía)* ⓔⓔⓔⓔ
Calle Paseo e/1ra y 3ra, Vedado
Tel. 07/8 33 36 36, www.meliacuba.com
Eines der modernsten Luxushotels Havannas ist mit seinen hohen Türmen am Malecón schon weithin sichtbar. Die mit Marmor ausgestattete Hotelhalle wirkt großzügig, insgesamt stehen 462 Zimmer zur Verfügung. Beliebt auch bei Geschäftsleuten, im Club »Havanna Café« gibt es Tanzshows (ab 5 CUC). Shuttlebus in die Stadt.

❷ *Nacional de Cuba (Gran Caribe)* ⓔⓔⓔⓔ
Calle O/Ecke 21, Vedado
Tel. 07/8 36 35 64
www.hotelnacionaldecuba.com
Elegant und stolz ragt das imposante Gebäude aus dem Jahr 1930 mit seinen beiden Türmen im Stadtteil Vedado,

nicht weit vom Malecón, auf einer kleinen Anhöhe empor, von seinem paradiesischen Garten hat man einen herrlichen Blick auf das Meer und die Stadt. 461 mit allem Komfort ausgestattete, teils kleine Zimmer, 15 Suiten und eine Präsidentensuite laden zum Relaxen ein.

❸ *Parque Central* ❸❸❸❸
Calle Neptuno entre Calle Zuleta y Prado (am Parque Central)
Tel. 07/8 60 66 27, www.iberostar.com
Das mit Abstand beste Stadthotel Kubas: Zentraler geht's nicht und doch ruhig. Eleganz und Stil – vom Eintritt in die herrlich gläserne lichtdurchflutete Lobby bis ins letzte Detail der 427 Zimmer. Dachpool mit Traumblick aufs Capitolio.

❹ *Hotel Terral* ❸❸❸❸ – ❸❸❸
Malecón Ecke Calle Lealtad, Centro.
Tel. 07/8 60 21 00
www.habaguanexhotels.com
Kontrast pur: Das erste »Avantgarde«-Design-Hotel an der (lauten) Promenade Havannas - ein minimalistischer Beton-Holz-Klotz zwischen lauter bröckelnden Fassaden, die typisch sind für den hotelarmen Bezirk Centro (wo auch schon mal ein hundert Jahre alter Jugendstil-art-nouveau-Balkon abbricht). Die Terral-Balkons bieten ein Super-Meeres-Panorama aus den nur 14 stylishen lichtdurchfluteten Zimmern, rechtzeitig buchen! Auffallend professionelles Personal

❺ *H10 Panorama Habana* ❸❸❸ – ❸❸
Calle 70 Ecke Ave. 3ra, Miramar
Tel. 07/204 01 00, www.h10hotels.com
Von Weitem zu erkennen ist das zehnstöckige spiegelverglaste Hotel nahe der russischen Botschaft. die Vier-Sterne-Herberge mit der auffälligen Architektur trumpft mit ihrer Lage am Meer (nicht zum Baden, aber mit Rieden-Pool) und schönen großen lichtdurchfluteten Zoimmern auf. Es gibt eine Cadeca-Wechselstube und Bar in der Lobby und Wlan auf den Zimmern in den oberen Etagen (7.-10. Stock sowie in der Lobby und im Dachrestaurant). Es sind gute Sonderangebote möglich. ♭♭♭♭♭♭

❻ *Telégrafo (Habaguanex)* ❸❸❸
Prado/Ecke Neptuno (am Parque Central), Centro
Tel. 07/8 61 10 10
www.habaguanexhotels.com
www.hoteltelegrafo-cuba.com/de
Perfekte Kombination aus Alt und Neu, Ruinenlook mit modernem Design aus Stahl und Glas: Hinter der Fassade eines Hotelbaus von 1888 verstecken sich überraschend schicke, geradezu »stylishe« Zimmer mit Vier-Sterne-Komfort.

❼ *Habana Vista Penthouse* ❸❸❸
Calle 13 Nr. 51 Ecke/esquina Calle N (nahe der US-Vertretung), Vedado
Mobil-Tel. 05-388 78 66
www.habanavista.com
Bei Estrella López Fernández und ihrem Team wohnt man absolut TOP und merkt, dass eine neue Zeit angebrochen ist: Vier komfortable Suiten (400 m²!) mit bestem Stadt- und Meerespanorama im 15. und 16. Stock mit privatem Pool auf dem Dach eines Fünfziger-Jahre-Penthouses. In diesem Haus hat übrigens schon Mafioso »Lucky« Luciano in den Roaring Fifties einen Löwen beherbergt, im Käfig versteht sich (Minimum 2 Nächte, dafür Riesen-Frühstück, BBQ auf der Dachterrasse, Abholservice vom Flughafen, Cigar Lounge, Massagen, Pilates...).

❽ Ambos Mundos (Habaguanex) ❸❸❸–❸❸

Calle Obispo 153/Ecke Mercaderes
Cabaret Vieja,
Tel. 07/8 60 95 29, -30
www.habaguanexhotels.com
www.hotelambosmundos-cuba.com/de
Das Hotel hat eindeutig bessere Zeiten
gesehen – etwa in Hemingways Ära: In
dem Hotel kann man noch das Zimmer
besichtigen, in dem Hemingway seinen
Roman »Wem die Stunde schlägt« geschrieben hat. 54 Zimmer (teils fensterlos).

❾ Palacio O´Farrill (Habaguanex) ❸❸❸–❸❸

Calle Cuba/Ecke Chacón, Habana Vieja
Tel. 07/8 60 50 80
www.habaguanexhotels.com
www.hotelofarrill.com/de
Herrlich restaurierter Kolonialpalast, dessen 38 Luxuszimmer 200 Jahre kuba-
nisch-spanische Architekturgeschichte
darstellen: hohe Flügeltüren, ein Patio
mit Arkaden, Glasmosaiken und gläser-
nem Kuppeldach, aber mitten im Trubel
(d.h. nicht gerade geräuscharm).

❿ Hostal El Comendador (Habaguanex) ❸❸

Calle Obrapía/Ecke Baratillo (derselbe
Eingang und dieselbe Rezeption wie das
Hostal Valencia in der Calle Oficios, das
kennen die Bus- und Taxifahrer eher),
Habana Vieja
Tel. 07/8 67 10 37
Ein kleines Kolonialjuwel: Kopf einzie-
hen, wenn man das Zimmer betritt: höl-
zerne Deckenbalken, die Badewanne
steht auf geschwungenen bronzenen
Löwenpranken, der Ausblick auf den
Hafen ist schmiedeeisern vergittert.
Originell, aber etwas überteuert.

⓫ Beltrán de Santa Cruz ❸❸

Calle San Ignacio 411 entre Calles Muralla y Sol, Habana Vieja
Tel. 07/8 60 83 30 (▶ Abb. S. 113)
www.habaguanexhotels.com
Auf geht´s zur Zeitreise: Adliges Kolonialhaus, in dem einst der Forschungsreisende Alexander von Humboldt zu Gast
war: es gibt nur elf Zimmer (rechtzeitig
buchen!), die Suite Nr. 8 begeistert mit
Marmor und Terrakotta, bronzenem
Waschkrug und Waschtisch, hohem Ori-
ginal-Deckengebälk, zierlichem Holzbalkon, Vitrales-Mosaikfenster und Wandmalereien aus dem 18. Jahrhundert.
Kleine »altertümliche« Macken muss
man hier in Kauf nehmen.

⓬ El Mesón de la Flota (Habaguanex) ❸

Calle Mercaderes, nahe Plaza Vieja
Habana Vieja, Tel. 07/8 63 38 38
www.habaguanexhotels.com
Ein koloniales Schmuckstück: Die einstige Seefahrer-Taverne strahlt noch immer
maritimen Charme aus. Nur fünf große
Zimmer, nachmittags und abends Fla-
mencoshow, beliebt bei jungen Leuten.

⓭ Villa Babi ❸

Calle 27 Nr. 965 Apto. 3 entre Calles 6
y 8 (nahe der Plaza de la Recolución)
Vedado
Tel. 07/8 33 96 83, mobil 05-281 70 09
e-mail: villababi@aol.com,
maricarmenbabi2013@gmail.com
In dem schönen Haus Babis, der Filmpro-
duzentin und Witwe von Tomàs Gutiérrez Alea (Regisseur von »Erdbeer und
Schokolade«) vermietet jetzt Jorge einige Zimmer (teils mit eigenem Bad), voll-
gekritzelt mit Botschaften und Fotos der
Gäste, voller Kunst und Kitsch, Garten
mit Papayabaum und Palme.

Die La Habana Vieja genannte Altstadt liegt an der Westseite der Hafeneinfahrt. Dieser Stadtteil ist der schönste Havannas und natürlich auch der meistbesuchte. Einige der alten Prachtbauten sind in schlechtem Zustand – doch seit Beginn der 1990er-Jahre wurden viele von ihnen mit Hilfe der UNESCO restauriert. Die Hauptsehenswürdigkeiten der Altstadt liegen im Bereich der Plaza de Armas und der Plaza de la Catedral. Im folgenden Abschnitt »Kolonialer Stadtkern« wird ein **Rundgang** beschrieben, der an allen Highlights vorbeiführt. Diese Kurzroute kann natürlich noch beliebig erweitert werden. Möchte man auch die weniger spektakulären und erst teilweise restaurierten Ecken Alt-Havannas kennen lernen, kann man auch einen Gang durch die **»Südliche Altstadt«** – ausgehend von der Plaza de Armas – anschließen. Denkbar ist auch ein Abstecher auf die Prachtstraße Prado, die man am besten über die Calle Obispo erreicht. Unser Rundgang fängt an, wo alles begann …

Der Glanz kehrt zurück

KOLONIALER STADTKERN (RUNDGANG)

Einer der schönsten Plätze Havannas ist der ehemalige Exerzierplatz, die Plaza de Armas, auch Parque Céspedes genannt nach dem Nationalhelden **Carlos Manuel de Céspedes** (▶Berühmte Persönlichkeiten), dem hier in einer kleinen, palmenbestandenen Parkanlage ein Denkmal gesetzt wurde. Der Platz wurde zum **beliebtesten und vornehmsten Treffpunkt Havannas**. Auch heute lädt er zum Sehen und Gesehenwerden ein. Leseratten finden an den zahlreichen Buchständen lateinamerikanische Literatur (v. a. antiquarisch), und Liebhaber suchen hier nach literarischen Kostbarkeiten und Raritäten.

**Plaza de Armas · Parque Céspedes

Ein Tempelchen im neoklassizistischen Stil an der Ostseite des Platzes erinnert an die Gründung Havannas 1519. In seinem Hof steht

*El Templete

te der Neuen Welt. Mit ihrem Bau wurde 1558 begonnen, 1577 wurde sie fertig gestellt. Über eine kleine Zugbrücke betritt man den massiven Bau von den gegenüberliegenden Hügeln. Aufgrund ihrer Lage war die Festung ein leichtes Ziel und konnte schon bald von französischen Seeräubern eingenommen werden. Von ihren Zinnen bietet sich ein schöner Blick zur gegenüberliegenden Fortaleza de San Carlos de la Cabaña (▶S. 222), auf die Christus-Statue der kubanischen Künstlerin Jilma Madera und in Richtung Hafen. In dem Fort selbst sind heute ein Keramik- und ein Schifffahrtsmuseum, eine Galerie, eine Bar und verschiedene Souvenirläden (Zigarren) untergebracht. Auf dem Turm der Anlage kann man das **Wahrzeichen Havannas**, die ***Giraldilla** (Wetterfahne), erkennen. Die Bronzefigur stellt Inés de Bobadilla, die Gattin des Gouverneurs Hernán de Soto, dar. Sie soll hier gestanden und auf ihren Mann gewartet haben, als dieser nach Florida aufgebrochen war – vergeblich, er kehrte niemals zurück. In der einen Hand hält sie den spanischen Calatrava-Orden, den de Soto trug, in der anderen den kubanischen Nationalbaum, die Königspalme. Das Original ist im Stadtmuseum zu besichtigen. Vor dem Eingang erinnert ein Denkmal an die kubanischen Matrosen, die im Zweiten Weltkrieg bei einem Überfall deutscher U-Boote auf Handelsschiffe, starben.

❶ tgl. 9.00 – 17.00; Eintritt: 5 CUC

Palacio del Segundo Cabo

Eindrucksvoll ist der Palacio del Segundo Cabo (1772) mit seinen schönen Kolonnaden. Ursprünglich war hier das Hauptquartier der spanischen Militärverwaltung, heute sind das kubanische Buchinstitut und die Buchhandlung Bella Habana sowie eine Galerie hier untergebracht. Sehr hübsch ist auch der zweistöckige Patio – es lohnt sich, einen kurzen Blick hineinzuwerfen.

**Palacio de los Capitanes Generales

Nicht versäumen sollte man einen Besuch im **Stadtmuseum** Havannas, das sich im Palacio de los Capitanes Generales, dem ehemaligen Palast des Generalgouverneurs, befindet. Das spätbarocke Bauwerk (1776 – 1791) wurde von 1898 bis 1902 als Sitz der US-Verwaltung genutzt, bis 1920 als Präsidentenpalast und danach (bis 1967) als Rathaus. In dem schönen Innenhof des Gebäudes steht eine Kolumbus-Skulptur, des Weiteren wurden Reste der Kirche, die hier einst stand, freigelegt. Im Erdgeschoss kann man eine Sammlung religiöser Kunst des 18. Jh.s sehen. Hier steht auch das **Original der Giraldilla**, das bei einem Unwetter beschädigt wurde. In den Räumen des oberen Stockwerks sind Uniformen und Waffen des 19. Jh.s ausgestellt. Die Generäle der Unabhängigkeitskriege werden in einer Portraitgalerie gewürdigt; zudem gehören persönliche Gegenstände wie das Boot Antonio Maceos und die Totenmaske von Máximo Gómez zu den Sammlungen. Ein Raum ist dem Kampf gegen Batista und den amerikanischen Imperialismus gewidmet. Weitere Räumlichkeiten

Havanna • ZIELE

sind als Speisesaal, Cafésalon, Thronsaal für den König von Spanien, Ballsaal, Musikraum und Kapelle eingerichtet. Eine Kuriosität ist der Straßenbelag vor dem Palast. Er besteht nämlich aus Holz – und es heißt, der ehemalige Generalgouverneur habe ihn legen lassen, weil er bei seiner Siesta nicht vom lauten Hufgeklapper gestört werden wollte.

● tgl. 9.30 – 18.00 Uhr; Eintritt: 3 CUC

Die Calle Obispo (Straße der Bischöfe) erstreckt sich vom südlichen Ende der Plaza de Armas bis zum Paseo quer durch die Altstadt. In dieser hübschen, inzwischen weitgehend renovierten Geschäftsstraße, die z. T. Fußgängerzone ist, befinden sich verschiedene interessante Kolonialgebäude, z. B. das herrliche **Hotel Florida**. Das prachtvolle, lachsfarbene **Hotel Ambos Mundos** ist vor allem als Wallfahrtsort für Hemingway-Fans bekannt (►Übernachten).

Kehrt man auf die Calle Obispo zurück, führt vor dem Erziehungs-ministerium die Calle San Ignacio direkt auf den Platz der Kathedrale. Der kopfsteingepflasterte Platz ist

---

? BAEDEKER WISSEN

Fachwissen gefragt

Wenn Sie schon immer einmal Bananenblätter rauchen wollten, kaufen Sie Ihre Zigarrenkiste mit den zehn edlen Cohíbas ruhig vom wildfremden »jinetero« für 30 € auf der Straße statt für rund 200 € im Laden: Oft sind in den »original« versiegelten Kisten (»hecho en Cuba, totalmente a mano«) nur die Restprodukte vom Fußboden der Zigarrenfabrik. Wer sich auskennt, weiß, wie er die angebotene Ware zu testen hat: Er muss beispielsweise das richtige Aroma erschnüffeln können, das »Rascheln« und die Farbe müssen stimmen.

---

von arkadengeschmückten Prachtbauten umgeben, in denen heute das Restaurant **El Patio**, die Galerie Plaza und das **Museo de Arte Colonial** (►unten) zu einem Besuch einladen.

Der Platz wird von der 1748 bis 1778 erbauten ***Kathedrale** mit ihrer großartigen Muschelkalkfassade und ihren beiden asymmetrischen Türmen beherrscht. Die Jesuiten hatten mit dem Bau begonnen, doch erst nach deren Vertreibung stellte man die Arbeiten im Auftrag des spanischen Königs fertig. 1789 wurde die Hauptkirche Havannas von der Plaza de Armas hierher verlegt, zehn Jahre später wurde sie zur Kathedrale geweiht.

*Catedral

Die stark verwitterte Fassade wurde vor dem Besuch von Papst Franziskus im September 2015 restauriert. Kubanische Gotteshäuser sind i.d.R. schlicht, da die katholische Kirche nach der Revolution alle Kirchengeräte und wertvollen Ausstattungsgegenstände in den Vatikan bringen ließ. Trotzdem besticht der Innenraum mit seinem Hochaltar, der mit Gold-, Silber- und Onyxeinlagen verziert ist. Darüber ist eine Statue der Heiligen Jungfrau aufgestellt. Die Malereien im Kirchenraum stammen von dem französischen Künstler Vermay,

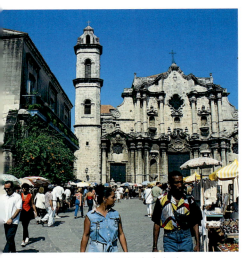

Auf dem Platz der Kathedrale ist immer viel zu beobachten.

während die meisten figürlichen Darstellungen angeblich Arbeiten des italienischen Meisters Branchini sind. Von 1796 bis 1898 soll im Hauptschiff die Grabstätte von Christoph Kolumbus gewesen sein. Nach dem Ende der spanischen Kolonialherrschaft wurden seine Gebeine nach Sevilla überführt.

❶ tgl. 10.00 – 15.00, Turmbesteigung: 1 CUC

Einen Einblick in die moderne Kunst Kubas gewinnt man im Centro Wifredo Lam (▶Berühmte Persönlichkeiten, S. 211), benannt nach einem der bekanntesten Maler der Insel. Kern der Ausstellung bildet eine interessante Sammlung seiner Werke.

❶ Calle Ignacio 22/Ecke Empedrado, links neben der Kathedrale, Tel. 07/ 8646282, www.wlam.cult.cu, Mo. – Sa. 10.00 – 16.30 Uhr; Eintritt: 3 CUC

*Museo de Arte Colonial Auf der gegenüberliegenden Seite des Platzes befindet sich im Palacio Bayona, einem der ältesten Gebäude Havannas, das Museo de Arte Colonial. Interessante Beispiele der kolonialzeitlichen Kunst, Glasobjekte und einige ausgesuchte Möbelstücke kann man hier bewundern. Westlich des Museums, in der Callejón del Chorro, befand sich das **erste Aquädukt Kubas**, an das heute noch ein Brunnen erinnert.

❶ wird derzeit restauriert; sonst gl. 9.30 – 18.00 Uhr; Eintritt 2 CUC.

Casa de Baños Ein weiteres Herrenhaus aus dem 19. Jh. steht an der Westseite des Platzes, die Casa de Baños (Haus der Bäder).

*Bodeguita del Medio Nur ein paar Meter weiter um die Ecke, in der Calle Empedrado, findet man eine weitere **Hemingway-Pilgerstätte**, die Bodeguita del Medio. Hier trank der Schriftsteller gerne seinen Mojíto, einen Cocktail aus Zucker, Mineralwasser, Limettensaft, weißem Rum und frischer Minze. Da die Bar und das Lokal meist von Touristen überfüllt sind, muss man eine Weile warten, bis man diese heiligen Hallen betreten darf.

Die Wände des früheren Künstler-Treffpunkts sind mit Unterschriften und Widmungen versehen, einige sogar gerahmt und unter Glas ausgestellt. Besonders berühmt sind die Worte Ernest Hemingways »mi Mojíto en la Bodeguita, mi Daiquirí en el Floridita«. (»Meinen Mojito im Bodeguita, meinen Daiquiri im Floridita.«)

SÜDLICHE ALTSTADT (RUNDGANG)

In der Calle Mercaderes/Obrapía steht die 2014 restaurierte **Casa de la Obra Pía**. Sie wurde bereits im frühen 17. Jh. erbaut und 1780 renoviert. In dem schönen barocken, leuchtend gelben Gebäude sind verschiedene Sammlungen ausgestellt; zwei Räume sind dem kubanischen Schriftsteller Alejo Carpentier gewidmet, ein anderer Teil birgt eine Ausstellung über den spanischen König Karl III.

Casa de la Obra Pía

❶ Di. – Sa. 9.00 – 16.30, So. 9.30 – 12.00 Uhr.; Eintritt frei

Die Casa de África auf der anderen Straßenseite beschäftigt sich mit Afrika und Kubas afrikanischem Erbe. Zu den Ausstellungsgegenständen gehört eine riesige Sammlung von Kunstwerken und Kultgegenständen. Dem Museum angeschlossen sind eine Galerie, ein Studienzentrum, eine Bibliothek und ein Veranstaltungsraum, in dem an den wichtigsten Feiertagen der Santería Musik- und Tanzaufführungen veranstaltet werden.

*Casa de África

❶ Di. – Sa. 14.30 – 18.30, So. 10.00 – 13.00 Uhr

Folgt man der Calle Obrapía in östlicher Richtung, sollte man in der Calle Oficios einen Abstecher zur **Casa del Árabe** (einem arabischen Kulturzentrum und Restaurant) und zur Casa del Obispo machen und einen Blick in das Automuseum werfen. Auf der anderen Straßenseite birgt das **Museo de Automóviles** Cadillacs und Rolls-Royces, u. a. einen Wagen des Sängers Benny Moré. Ein paar Meter weiter in der Calle Jústiz 21 liegt die **Caserón del Tango**.

Calle Oficios

Museum: tgl. 9.00 – 18.30 Uhr; Eintritt: 2 CUC

Etwa 200 m weiter südlich stößt man auf die Plaza de San Francisco de Asís, wegen ihres schönen Brunnens auch Löwenplatz genannt. Im Rahmen der Altstadtsanierung wurden der Platz neu angelegt und die Gebäude der alten Börse, **Lonja del Comercio**, und das Schiffsterminal sorgfältig renoviert. Da vor der Plaza die Bucht am tiefsten ist, befand sich hier im 17. Jh. ein großer Anker- und Löschplatz. Heute beherbergen die Gebäude an der Plaza de San Francisco de Asís staatliche Behörden und kleinere Läden und Bars sowie Restaurants der besseren Kategorie.

**Plaza de San Francisco de Asís

In der Kirche **San Francisco de Asís**, 1608 erbaut und vor 200 Jahren bei einem Hurrikan zerstört, stellt seit einigen Jahren ein dreidimensionales Gemälde das alte Kuppelgewölbe dar. Im Kircheninneren befindet sich ein **Museum** mit religiösen und obskuren Gegenstän-

BAEDEKER WISSEN

Salsa-Tanzkurse

Von einer, die auszog, Salsa zu lernen

Salsa tanzen ist eigentlich ganz einfach: Man muss immer nur auf der Stelle tippeln, so dass Pobacken und Brüste wackeln, mal schneller, mal langsamer, ab und zu »un dos tres«-Schritte nach hinten machen, dann nach vorne, sich im Takt einmal 360 Grad drehen (auf dem richtigen Bein!), den Hüftschwung nicht vergessen, ach, und die Arme ... Man sollte als Nicht-Latina oder -Latino im Tanzkurs nicht verzweifeln, denn man(n) ist selbst in Kuba nicht alleine.

Cuba libre, Chicas und Compañeros. Mögen die zahllosen Klischees den Kubanern weiterhin viele Touristen bescheren. Doch es wird höchste Zeit, sich von einigen (musikalischen) Mythen zu verabschieden.

Adiós Klischee Nummer eins: Alle Kubaner haben den Salsa-Rhythmus im Blut! Hasta la vista Klischee Nummer zwei: Die ganze »Zuckerinsel« ist ein einziger Buena Vista Social Club – allerorten glückselige Herren im Methusalem-Alter, die pausenlos ihren Kontrabass zupfen ...

Roberto ist zweifellos ein typischer Kubaner. Einer, der mit Schwarzmarktgeschäften sein 250-Peso-Gehalt (ca. 10 €) aufpeppt, um seinen beiden Kindern in der Fast-Food-Kette »Rápido« einen real existierenden Hamburger und eine ebenfalls staatliche »Tropi-Cola« bieten zu können – für die Hälfte seines offiziellen Gehalts, weil zahlbar in teuren Pesos convertibles. Der selbst am liebsten moros y cristianos (Reis mit schwarzen Bohnen) und Schweinefleisch isst und wie alle kubanischen Genossen **Che Guevara von ganzem Herzen verehrt.** Der im Angesicht weiblicher Rundungen keinen Liebesschwur unausgesprochen lässt. Nur: Roberto kann nicht Salsa tan-

zen. Der 43-Jährige beherrscht nicht einmal den Grundschritt! Dabei weiß doch alle Welt: Die Kubaner haben's im Blut! »Stimmt gar nicht. Es gibt viele Kubaner, die nicht tanzen können.«, tröstet unsere Tanzlehrerin. Früher eine berühmte Tänzerin gibt sie heute mehr oder weniger gelenkigen Ausländern Tanzunterricht in der Altstadt Havannas. »Die Deutschen denken beim Tanzen zu viel nach«, sagt sie schmunzelnd. »Ich bin schon gefragt worden, wie hoch und in welchem Winkel sie den Arm halten sollen.« Ihr Tipp: Viel Salsa hören und immer üben, z. B. beim Zähneputzen. Denn wer vorher nie Salsa gehört und den (kubanischen) Tanzstil ausprobiert hat, ist schnell mit den komplizierten Drehungen und Figuren überfordert. Eine Schülerin im Tanzkurs vergleicht Salsatanzen mit Skilaufen, eine andere sogar mit Autofahren!

Der erotischste kubanische Tanz ist eben nicht Salsa, sondern Rumba: »Beim Guaguancó nähert sich der Mann seiner Tanzpartnerin mit eindeutig sexuellen Gesten und versucht, die Frau zu »impfen« – vacunar, so nennen wir das. Und die Frau tut dann so, als wenn sie sich wehrt, aber das Ganze ist natürlich nur Koketterie.« »Es gibt

Un, dos tres... Gut aufgepasst!

auch bei uns den »galan de pared«, den Typen, der in der Disko immer an der Wand steht, hübsch und eitel, aber der eben nicht tanzen kann«, erzählt Tamara während der Tanzstunde. »Das wär' kein Mann für mich!« Lazaro, ihr 26-jähriger Freund, grinst zufrieden und fügt hinzu: »**Tanzen gehört zur Kommunikation bei uns**, und naja, ein bisschen Salsa lernt jeder Kubaner oder guckt es sich auf der Straße ab. Sonst lernt man hier einfach keine Frau kennen!« Abends im Café Cantante an der Plaza de la Revolución beim Konzert der populären Frauen-Salsa-Big-Band Anacaona zeigen Tamara und Lazaro, was eine flotte Salsa ist: wo die Hüften schwingen, die Becken auf und ab kippen und die Wirbelsäulen sich derart verdrehen, dass es in den Gelenken nur so krachen müsste. Die meisten ausländischen Besucher stampfen oder hüpfen linkisch auf der Stelle. Ab in den Tanzkurs!

Informationen

Obwohl das Salsa tanzen gar nicht so schwer ist, besser, man lässt sich den Hüftschwung von den Profis richtig vormachen. Es gibt mittlerweile mehrere gute Tanzschulen mit Profitänzern als Lehrer und Tanzpartner, v.a. in Havanna. Außerdem werden im Conjunto Folklórico Nacional und am Teatro Nacional Salsakurse gegeben, interessant sind auch folgende Internetseiten:

www.salsomania.de
www.salsa-alegre.com
www.salsanama.ch
www.SalsAlemania.de
www.salsahabana.dk

ZIELE • Havanna

den aus der Kolonialzeit (u. a. einem mumifizierten Franziskaner-mönch), außerdem kann man den höchsten Kirchturm in Havanna besteigen, was mit einem schönen **Panoramablick aus 40 m Höhe** belohnt wird.

Museum: tgl. 9.00 – 17.30 Uhr, Eintritt: 2 CUC. **Turm:** 1 CUC

Museo del Ron Havana Club

Das Rum-Museum in der Fundación Havana Club (Av. del Puerto, auch Calle San Pedro, Ecke Calle Sol) gibt einen anschaulichen und »köstlichen« Einblick in die Welt der Rum-Produktion, von den Zuckerrohrfeldern und der Fassproduktion über die Destillerie bis zum Ausprobieren in der angeschlossenen Bar, vom Añejo blanco bis zum Gran Reserva mit 15 Jahren Reife (▶Baedeker Wissen S. 90).

❶ tgl. 9.00 – 17.30 Uhr, Eintritt: 7 CUC (inkl. Drink, Führung, www.havana-club.com).

Bar bis Mitternacht geöffnet. Relativ teure Konzerte Mo. – Do. ab ca. 22.00 Uhr (Tel. 07/861 80 51), mit Dinner und zwei Rumgläschen ca. 50 CUC p.P.,

San Francisco de Paula

Von dem kleinen Platz an der Kirche San Francisco de Paula führt die Calle Leonor Pérez (ehemals Paula) Richtung Westen zum Bahnhof. Die umliegenden Straßenzüge, in denen hauptsächlich schwarze Hafenarbeiter leben, stehen zur Restaurierung an.

Die **Iglesia de Nuestra Señora de la Merced** wurde mit Spendengeldern afrokubanischer Gemeinden errichtet. Im Innenraum der Kirche kann man sehr schöne Fresken bewundern. Doch die Hauptsehenswürdigkeit ist das **Heiligenbild der Virgen de la Merced**, die hier auch als Obatalá verehrt wird (▶Baedeker Wissen S. 28). Oft sieht man hier weiß gekleidete Gläubige, Anhänger der afrokubanischen Göttin des Kopfes und der Intelligenz. Tausende ihrer Adepten strömen am 24. September, dem Feiertag der Jungfrau und von Obatalá, in die Kirche.

! BAEDEKER TIPP

Zigarrenmuseum

Sehenswertes Museum mit Ausstellungsstücken rund um die Zigarre und ihre Geschichte in Kuba, von der Plantage und Produktion bis zum Genuss der edlen Marken (z. B. im angeschlossenen Laden **Casa del Habano** mit mehr als 30 Marken). Calle Mercaderes 120 entre Obispo y Obrapía, Öffnungszeiten: Di. – Sa. 10.00 bis 17.00, So. 10.00 – 13.00 Uhr; Eintritt 1 CUC.

Casa Natal de José Martí

Das bescheidene Geburtshaus von José Martí (▶Berühmte Persönlichkeiten) in der Nähe des Bahnhofs, an der Ecke der Straßen Leonor Pérez (früher Paula) und Av. de Bélgica (Egido), zeigt diverse persönliche Gegenstände des Freiheitshelden und Schriftstellers wie auch Fotografien und Erstausgaben seiner Werke.

❶ Di. – Sa. 9.00 – 17.00, So. 9.00 – 13.00 Uhr; Eintritt 3 CUC

Havanna • ZIELE

Die Klosteranlage Santa Clara (1638 – 1644) in der Calle Cuba zwischen der Calle Sol und der Calle Luz war der erste Konvent auf kubanischem Boden, der errichtet wurde, um die adeligen Mädchen und Frauen vor den umherziehenden Seeleuten zu schützen. Im Jahre 1919 wurde das Kloster von den Nonnen verkauft, erst wandelte man ihn in einen Schlachthof um, dann in ein Verwaltungsgebäude um. Heute befindet sich hier der Sitz des Nationalen Zentrums für Restaurierung, in dem man sich über den Stand der Sanierungsarbeiten informieren und im Klostergarten viele kubanische Heilpflanzen und Bäume bewundern kann (mit kleinem Café).

Convento de Santa Clara

In ein richtiges Juwel hat sich die Plaza Vieja aus dem Jahr 1584 nach der aufwändigen, fast zwei Jahrzehnte langen Restaurierung verwandelt – für viele heute Havannas schönster Platz. Kaum zu glauben, dass das hübsche Ensemble aus Stadtpalästen (18. Jh.), in denen die reiche Oberschicht einst wohnte und damals hier noch Stierkämpfe und Exekutionen stattfanden, Ende der 1980er-Jahre abgerissen werden sollte und lange Zeit lediglich als Tiefgarage diente, während die hochherrschaftlichen Fassaden rundherum langsam aber sicher bröckelten. Große Fotos an den Häusern veranschaulichen den Sanierungsaufwand.

*Plaza Vieja

Hier begeistern nun echte architektonische Schmuckstücke, einstige Herrenhäuser wie die **Casa de los Condes de Jaruco** (»La Casona«, Centro de Arte, mit dem Staatlichen Kunstfond) an der südöstlichen Ecke mit ihrem wunderschönem Säulengang und Vitrales-Fenstern. Oder das turmgekrönte **Edificio Gómez Vila** an der nordöstlichen Ecke mit der **Cámara Oscura**. In der **Casa del Conde de Lombillo** befindet sich heute unübersehbar die **Cerveceria Taberna de la Muralla**, ein Touristenlokal mit angeschlossener Brauerei (unter österreichischer Leitung), wo man bei gutem Bier und mit bestem Blick aufs alltägliche Treiben rund um den Marmor-Brunnen verweilen kann, während Schulkinder vorbeibummeln, Pensionisten Open-air-Gymnastik treiben und Straßenhändler ihr Glück versuchen. Neben weiteren Restaurants, Museen, Fotogalerien (Fototeca), zeitgenössischen Künstlerstudios und dem Planetarium entstanden auch Appartements für hier lebende Ausländer – zu horrenden Mieten, unerschwinglich für jeden Kubaner. Für kindgebliebene Männer gibt es in der Nähe einen Laden mit winzigen Zinnsoldaten (Tienda El Soldadito de Plumo, Calle Muralla Nr. 164).

Zwei Blocks nördlich an der Ecke zur Calle Armagura sollten alle Naschkatzen unbedingt dem Schokoladen-Geruch folgen in das kleine **Museo del Chocolate**: Vorne im Konditorei-Café kann man heiße Schokolade oder einen »batido de chocolate« mit Eis trinken, die mundwässernden Schoko-Tierfiguren bewundern und sich mit Pralinen eindecken, hinten erläutert eine winzige Ausstellung mit einigen Vitrinen die Historie von Kubas Schokoladenproduktion mit

Kakao aus Baracoa – alten Fotos, Gußformen und Trinktassen aus dem 20. Jh. – man beachte die französische »bigotera«-Tasse für Männer mit Schnurrbart.

Cámara Oscura: tgl. 9.00 – 17.00 Uhr, (10 Minuten-Vorführung mit 360 Grad Live-Projektionen aus Havannas Altstadt); Eintritt: 2 CUC

Museo del Chocolate: tgl. 9.00 – 19.30 Uhr, kein Eintritt. In letzter Zeit stehen hier lange Schlangen von Reisegruppen, dann einfach später wiederkommen.

Droguería Johnson

An der Ecke Obispo zur Calle Aguiar kann man die Droguería Johnson, eine Apotheke mit kolonialspanischem Interieur und interessanten pharmazeutischen Handwerksgeräten besichtigen.

JENSEITS DER ALTSTADT

Die Sehenswürdigkeiten jenseits von La Habana Vieja liegen zwar weiter auseinander, doch ein Besuch lohnt sich, sofern man ein wenig Zeit mitbringt. Im Westen schließen sich die **Stadtviertel Centro** und **Vedado** an, nördlich begrenzt von der **Uferstraße Malecón**. Hier kann man auf dem ehemaligen **Prachtboulevard Prado** (Paseo del Prado oder Paseo de Martí) oder der Geschäftsstraße **Calle 23** (»La Rampa«) wandeln, die Plaza de la Revolución, das politische Zentrum Havannas, ansehen oder den prunkvollen Cementerio Colón besuchen.

Noch weiter westlich befinden sich das frühere Residenzviertel **Miramar**, der Stadtteil **Marianao** mit dem legendären Cabaret Tropicana (►Ausgehen) und schließlich der exklusive Yachthafen Marina Hemingway.

PASEO DEL PRADO (PASEO DE MARTÍ)

*Prachtvolle Villen auf Havannas Prachtstraße

Havannas ehemalige Prachtstraße, der Paseo José Martí, auch Paseo oder Prado genannt, führt von der Festung La Punta an der Hafeneinfahrt südwärts zum Capitolio. Der Boulevard wird von einem Mittelstreifen geteilt, der einer kleinen Allee mit Bänken, Löwenfiguren und Brunnen ähnelt. Ehemals prachtvolle Villen mit reichgeschmückten Fassaden im Art-déco- oder Kolonialstil säumen seine Seiten. Zentraler Treffpunkt ist der **Parque Martí**, ein schattiger Platz mit Palmen und Bänken. Am Paseo und seinen umliegenden Straßen zeigt sich die »alte Dame« Havanna zwar angeschlagen und verwittert, aber dennoch mit einem morbiden Charme. Trotzdem verschleiert die malerische Atmosphäre nicht Not und Armut, die hier herrschen. Ursprünglich waren die Stadtvillen für jeweils eine Familie gedacht, doch nach der Revolution mussten die Raumfluchten wegen der akuten Wohnungsnot in kleine Apartments unterteilt werden, in denen heute Dutzende von Familien leben. In viele der bis zu 5,5 m hohen Räume wurden Zwischendecken eingezogen, um zwei Etagen mit jeweils 2,5 m hohen Zimmern zu erhalten – diese nennt man **»barbacoas«** nach den Pfahlbauten der Indianer. Allerdings hat sich dieser Trick nun als problematisch für die Statik der Gebäude erwiesen, aufgrund des zusätzlichen Gewichts droht häufig Einsturzgefahr. Inzwischen wurden viele Gebäude bis auf die Fassaden abgerissen und dahinter erstreckt sich ein Neubau – versteckt hinter der schönen alten Fassade – und meist als Hotel, Restaurant und Galerie genutzt.

Zwischen dem Castillo de la Punta und dem Castillo de la Real Fuerza erstreckt sich der viel besuchte Parque de los Mártires. An seiner Nordwestspitze befindet sich zu Ehren der 1871 erschossenen aufständischen Studenten ein Mausoleum. Südöstlich davon steht ein eindrucksvolles Reiterstandbild von **Máximo Gómez** (1935), einem General der Unabhängigkeitskriege. Südlich des Monuments öffnet sich die Plaza 13 de Mayo, an der ein **prunkvoller Jugendstilpalast** steht, heute Sitz der spanischen Botschaft.

Parque de los Mártires

Auf der gegenüberliegenden Seite beherbergt ein weiterer Prachtbau (Anfang 20. Jh.) das Museo de la Música, in dem Instrumente und Dokumentationen zur kubanischen Musik zu sehen sind. Das Highlight der Ausstellung ist die Sammlung afrikanischer Trommeln des Ethnologen Fernando Ortíz. Ab und zu finden hier Konzerte statt.

Museo de la Música

Kein ungewöhnlicher Anblick: Oldtimer gehören ins Straßenbild Havannas.

ZIELE • Havanna

❶ wegen Restaurierung z.Zt. in der Calle Obrapia 509; Mo. – Fr. 8.30 – 16.30Uhr; www.museomusica.cult.cu

**Museo de la Revolución

Beeindruckend und informativ ist ein Besuch im Revolutionsmuseum, das im **ehemaligen Präsidentenpalast** (1913 – 1920) eingerichtet wurde. Für Entwurf und Bau des Gebäudes waren der kubanische Ingenieur Carlos Maruri und der belgische Architekt Jean Beleau verantwortlich, die Innenausstattung wurde von Tiffany übernommen. Das Museum zeigt eine umfangreiche Sammlung zur neueren Geschichte Kubas (Fotografien, Dokumente, Waffen). In der zweiten Etage gibt es Ausstellungen zu verschiedenen historischen Epochen; begonnen wird mit der Kolonisation und der Ausrottung der Indianer, dann folgen die Einführung der Sklaverei und die Unabhängigkeitskriege, schließlich die Okkupation durch die USA, die Oktoberrevolution und ihr Einfluss auf Kuba und zuletzt der wichtigste Teil, die Geschichte der kubanischen Revolution. Hier sind auch die berühmten, im Guerillakampf dargestellten lebensgroßen Figuren von Che Guevara und Camilo Cienfuegos zu sehen. In der ersten Etage gelangt man in das Innere der Kuppel und in den Spiegelsaal, wo man Details zum Sieg der Revolution und den anschließenden Säuberungen, um »konterrevolutionäre« Entwicklungen zu unterbinden, erfährt. Besonders interessant und ungewöhnlich für ein Museum ist der **Rincón de los Cretinos** (Kretin-Ecke), in dem entsprechende Äußerungen zu Batista und Reagan zu lesen sind.

Hinter dem Revolutionsmuseum ist in einem gläsernen Pavillon die **Yacht »Granma«** aufgestellt, mit der im Dezember 1956 Fidel Castro, Che Guevara und 80 weitere Revolutionäre, von Mexiko kommend, auf Kuba landeten. In dem kleinen Park, der die »Granma« umgibt, sind noch weitere Waffen und Fahrzeuge (Panzer, Wagen, Flugzeug etc.) aus der revolutionären Geschichte Kubas zu sehen.

❶ tgl. 9.00 – 17.00 Uhr; Eintritt: 6 CUC (Boot »Granma«: 2 CUC extra, Foto/ Video 2 CUC extra).

*Museo Nacional de Bellas Artes

Die Ausstellungsstücke des Museo Nacional de Bellas Artes (einen Block hinter dem Revolutionsmuseum: Calle Trocadero entre Agramonte, ehemals Zulueta, y Av. de las Misiones, ehemals Monserrate) teilen sich nach der Renovierung auf zwei Gebäude auf: Das erste Haus ist ein moderner Klotz, der wie ein Fremdkörper inmitten der Palacios und Bauruinen wirkt, es beherbergt kubanische Kunstwerke (Colección de Arte Cubano), angefangen mit der Arte Colonial (im dritten Stock), gefolgt von Impressionismus und zeitgenössischer Kunst mit Meistern des 20. Jhs. wie Wifredo Lam. Zwei Blocks weiter südlich am Parque Central befindet sich die Ausstellung mit Meisterwerken der europäischen Kunst, etwa Goya, Rubens und Canaletto, in einem schönen alten Gebäude, dem ehemaligen Centro Asturiano (Colección de Arte Universal, Calle San Rafael).

Das Revolutionsmuseum ist im ehemaligen Präsidentenpalast des Diktators Batista untergebracht.

❶ Di.–Sa. 10.00–18.00 So 10.00–14.00, Eintritt: 5 CUC (8 CUC für beide Gebäude); www.bellasartes.cult.cu

An seinem Turm mit der riesigen bronzenen Fledermaus kann man es von Weitem erkennen: Das Edificio Bacardí (Av. de las Misiones, ehemals Monserrate, entre Empedrado y San Juan de Díos), einst der Hauptsitz des Rum-Imperiums der Familie Bacardí, ist nach seiner langen aufwändigen Restaurierung jetzt eines der schönsten und auffälligsten Art-decó-Bauwerke der Stadt – mit vielen (ausländischen) Büros, einem Snack-Café im 2. Stock und einem Mirador-Aussichtsturm.

*Edificio Bacardí

Ganz in der Nähe an der Calle Obispo/Ecke Monserrate (Av. de la Misiones) befindet sich das legendäre Floridita, eine der Stammkneipen Hemingways. Noch immer wird ihm sein Barhocker freigehalten, Bilder erinnern an seine Besuche gemeinsam mit Gary Cooper, Ava Gardner und Spencer Tracy (▶Baedeker Wissen S. 224). Das Floridita gehört heute zu den besten und teuersten Restaurants der Stadt, für das Andenken an die berühmten Persönlichkeiten muss man etwas tiefer in die Tasche greifen.

*El Floridita

Ein wichtiger Treffpunkt der Habaneros ist der Parque Central im südlichen Abschnitt des Paseo. Wie eine kleine Oase wirkt der kleine Platz mit seinen 28 Palmen, die um die **Statue des Freiheitshelden**

*Parque Central

Im »Floridita« wird immer noch ein Barhocker für Hemingway freigehalten ...

José Martí (1905) gruppiert wurden. Man sieht hier viele Schulkinder, Paare und ältere Männer, die die jüngsten Baseball-Ergebnisse diskutieren. Um den kleinen Park liegen prachtvolle Gebäude wie das Hotel Inglaterra und das Teatro Gracía Lorca, die dem Ort einen besonderen Charme verleihen.

Calle San Rafael · Calle Cuchillo Von hier biegt die Calle San Rafael, eine der wichtigsten Einkaufsstraßen für Kubaner, in westlicher Richtung ab. Südlich davon, bei der Ecke Calle Zanja/Galliano, kann man in der Calle Cuchillo noch dem alten Chinatown Havannas nachspüren. Den Duft von Opiumschwaden sucht man hier allerdings vergebens, hinter einem großen chinesischen Tor gibt es lediglich einige Märkte und Lokale mit chinesisch inspiriertem Essen in engen Gassen.

*Teatro Lorca Das Teatro García Lorca, auch Gran Teatro oder Teatro de la Habana genannt, wurde im Jahre 1838 erbaut. Die Fassade des Schauspielhauses, das mit Ecktürmen versehen ist, wurde mit neoklassizistischen und Art-déco-Elementen verziert. Zu Beginn des 20. Jh.s gehörte es zum Treffpunkt der galizischen Gemeinde der Stadt. Heute ist das Teatro Lorca die Heimstatt (2000 Plätze) der kubanischen Staatsoper und des weltberühmten kubanischen Nationalballetts unter Alicia Alonso.

❶ wegen Restaurierung geschlossen, das Ensemble tritt momentan im Teatro Nacional auf, www.ballettcuba.cult.cu.

*Capitolio
► **3D-Abb.**
S. 214/215 Eines der Glanzlichter des Paseo ist das Capitolio, das 1929 nach amerikanischem Vorbild aus hellem Kalksandstein errichtet wurde. Sehenswert sind der runde ehemalige Parlamentssaal mit herrlicher Mosaikdecke und marmornen Säulen und die altehrwürdige Biblio-

thek, wo die Mahagonischränke bis an die hohe Decke reichen und eine Balustrade in schwindelerregender Höhe an den 3000 Büchern entlangführt. Zur Linken gibt es ein schönes Restaurant und ein Internetcafé (Mo. – Fr. 8.00 – 20.00 Uhr). Bis 1959 diente das Capitolio als Regierungssitz. Historischer Schauplatz war es 1933, als die Polizei auf eine Gruppe von Demonstranten schoss, die gegen Diktator Machado protestierten. Seit kurzem sind in den Räumlichkeiten des Capitolio die Akademie der Wissenschaften und das Ministerium für Umweltschutz untergebracht.

? BAEDEKER WISSEN

Prächtige Vergangenheit

Durch Sklavenhandel, Tabakanbau und Zuckerboom reich geworden, galt Havanna im 19. Jh. als eine schönsten Städte des amerikanischen Kontinents; sie bekam als dritte Hauptstadt weltweit eine Gasbeleuchtung (1848) und war die vierte Metropole mit einem Eisenbahnanschluss (1837).

❶ wg. Restaurierungsarbeiten bis voraussichtlich 2018 geschlossen

Die 1845 erbaute Fábrica de Tabacos Partagás (gegenüber der Rückfront des Capitolio) wurde Ende des 19. Jh.s als Zigarrenfabrik Vilay y Vilar erbaut, ebenso wie einige andere der berühmten Zigarrenfabriken Havannas. Da sie momentan restauriert wird, was mehrere Jahre dauern kann, wurde die Produktion »vorübergehend« in die ehemalige **Rey del Mundo Fabrik** verlegt — und dort gleich um die Ecke in die ehemalige **Romeo y Julieta Fabrik** (früher auch Briones Montoto, jetzt neu umbenannt in: H. Upmann Fabrik). Hier kann man jetzt den rund 200 Zigarrendrehern und »torcedores« und »torcedoras« über die Schulter schauen, während eine Stimme aus der Tagespresse und Romanen vorliest.

*Fábrica de Tabacos Partagás

Zigarrenproduktion

In der originalen **Partagás-Fabrik** hinter dem Capitolio versorgt weiterhin eine kleine Bar mit Zigarrenladen und eine Smoking Lounge die »aficionados«, die Kenner (und die es noch werden wollen), mit dem kostbaren und teuren Gut sowie Zubehör — man kann in einem herrlichen Zigarren-Ambiente schnuppern und stöbern (v.a. Cohíbas, Humidore usw.). Preiswerter gibt es kubanische Zigarren übrigens am Flughafen und in der Casa del Habano (▶S. 206). Noch billiger geht es natürlich draußen vor der Fabrik, wo diverse Schlepper von angeblichen »Kooperativen« Touristen zweifelhafte Ware andrehen wollen. (Um die Verwirrung perfekt zu machen: auch die Fabrik La Corona, bis vor einigen Jahren neben dem Revolutionspalast, hat jetzt ihren Sitz in einem abgelegenen Stadtviertel: Avenida de Mayo y Línea de Ferrocarril.)

Romeo y Julieta Fabrik: Calle Padre Varela (Belascoain) entre Calles Desagüe y Peñalver, Centro (Tel. 07/878 10 59 und 870 47 97 Mo. – Fr. 9.30 – 11.00, 12.00 – ca. 14.00 Uhr, Sa. 9.00 – 14.00 Uhr; Führung: ca. 30 Min., 10 CUC; Tickets erhält man ausschöließlich in einigen Hotels,

Capitolio Havanna

**Capitolio*

Die Kubaner haben ein etwas zwiespältiges Verhältnis zu diesem Wahrzeichen Havannas, das für eine Zeit steht, in der sich die Karibikinsel beinahe in kolonialer Abhängigkeit zu den USA befand. Unter dem Diktator Machado 1929 gebaut, war das Capitolio einst Sitz von Senat und Parlament.

❶ wegen Restaurierungsarbeiten voraussichtlich bis 2018 geschlossen

❶ Kuppel
Die Mitte der beeindruckenden Kuppel von 90 m Höhe (24-karätiger Diamant) markiert den Nullpunkt, von dem aus alle Entfernungen innerhalb Kubas gemessen werden. Der Diamant gehörte dem letzten russischen Zaren, bevor er an Kuba verkauft wurde.

❷ Statue
Unter der Kuppel befindet sich eine der größten in einem Gebäude untergebrachten Statuen der Welt, die 14 m hohe La República. Die tonnenschwere Statue wurde in Rom gegossen und mit Blattgold überzogen.

❸ Freitreppe
Eine riesige Freitreppe führt zum Eingang des Capitolio, Statuen an beiden Seiten symbolisieren Arbeit und Gerechtigkeit.

❹ Parlament
Genau vis-à-vis vom Plenarsaal auf der gegenüberliegenden Gebäudeseite befindet sich das Parlament.

❺ Bibliothek
Die Bibliothek kann — wie die einstigen Regierungsräume — besichtigt werden.

Das Wahrzeichen Havannas ist die weithin sichtbare Kuppel des klassizistischen Gebäudes, die lange der höchste Punkt der Stadt war.

z.B. dem Saratoga, nicht in der Tabakfabrik)
Partagás-Fabrik, Bar: tgl. 9.30 – 14.00 Uhr

*Palacio de los Matrimonios
Das schönste Gebäude liegt am Prado 306/Ecke Calle Animas. Der sog. Hochzeitspalast, das Standesamt für diesen Bezirk Havannas, wurde 1914 als Gesellschaftshaus für die spanische Gemeinde der Stadt erbaut. Mit etwas Glück kann man ein frischvermähltes Paar sehen.
❶ Di. – Sa. 10.00 – 13.00 Uhr

MALECÓN

Heimliches Herz der Stadt
Vom Castillo de la Punta führt der Malecón, **Havannas mehrspurige Küstenstraße**, nach Westen und verbindet so die unterschiedlichen Welten von La Habana Vieja, Centro, Vedado und Miramar miteinander. Er gilt als heimliches Herz der Stadt, an dem tagsüber junge Leute flanieren, auf das Meer hinausblicken oder versuchen, Fische zu fangen.

Am Abend wird die Uferpromenade dann Spaziermeile der Liebespaare, Treffpunkt für Musikanten, Künstler, Erdnussverkäuferinnen, Touristen, aber auch zwielichtiges Volk mit eindeutigen Angeboten. Der Malecón wurde von dem kubanischen Ingenieur Albear projektiert und im Jahre 1926 fertig gestellt. Die Avenida Antonio Maceo – so der offizielle Name – wurde zwischen 1901 und 1950 in der heutigen Form angelegt, sie ist über 8 km lang und endet an der Mündung des Río Almendares.

Die Uferstraße wechselt auf dieser Strecke mehrmals ihr Gesicht und führt an vielen interessanten Stätten der kubanischen Hauptstadt vorbei. An ihrem Anfang nahe der Altstadt stehen von Wind und Wetter gezeichnete Kolonialhäuser mit Arkaden und Kolonnaden, mit deren Restaurierung gerade erst begonnen wird. Dann folgt das moderne Havanna mit diversen Hotels, dem Denkmal für den General Antonio Maceo, dem größten Krankenhaus der Stadt, dem Sportstadion Casa de Las Américas und dem vornehmen Restaurant »1830«.

VEDADO

Villenviertel des 19. Jh.s
Westlich des Zentrums erstreckt sich der Stadtteil Vedado, an dem der oben beschriebene Malecón im Norden vorbeiführt. Vor dem Zweiten Weltkrieg war er ein vornehmer Vorort, der später durch ein neues Büro- und Geschäftszentrum ergänzt worden ist. Die Straßen dieses Stadtbezirkes sind nach amerikanischem Muster angelegt und klassifiziert und durch Buchstaben gekennzeichnet. Zur Besichti-

Havannas Malecón verbindet die Altstadt mit dem modernen Regierungs- und Vergnügungsviertel Vedado.

gung der wichtigsten Sehenswürdigkeiten Vedados bietet sich eine Route an – vom Malecón beim Hotel Nacional über die Rampa (Calle 32) zum Universitätsgelände, dann zum Platz der Revolution und zum Cementerio Colón. Da die Entfernungen hier größer sind als in der Altstadt oder in Centro, empfiehlt es sich, mit dem Auto oder Rad zu fahren.

Das **USS Maine Monumento** ist nur in wenigen kubanischen Karten verzeichnet. Es wurde im Gedenken an die 260 Seeleute errichtet, die bei der Explosion des US-amerikanischen Schlachtschiffes in der Bucht von Havanna 1898 starben. Eine 1961 angebrachte Plakette besagt: »Für die Besatzung der Maine, die der imperialistischen Gier geopfert wurde bei dem Versuch, die Insel Kuba zu erobern.«

Havannas und damit auch Kubas höchstes Gebäude, das Edificio FOCSA, steht zwischen den Calles M und N. In den 1950er-Jahren entstand dieses Apartmenthaus, in dem bis in die 1980er-Jahre vornehmlich russische Arbeiter lebten. In der obersten Etage befindet sich das Restaurant **La Torre** (▶S. 194) mit einer schönen Aussicht auf die Stadt.

Edificio FOCSA

Beim Hotel Nacional (▶Übernachten) beginnt die Calle 23, heute die lebhafteste Geschäftsstraße der kubanischen Hauptstadt. In ihrem unteren, »La Rampa« genannten Abschnitt reihen sich etliche Geschäftshäuser, Hotels, Ministerien und Niederlassungen von Fluggesellschaften (z. B. Air Berlin und Condor) aneinander, darunter auch das Hotel Habana Libre (ehem. Habana Hilton) und die staatliche Rundfunkgesellschaft.

Calle 23 (La Rampa)

ZIELE • Havanna

*La Coppelia Auch einer der beliebtesten Treffpunkte der jungen Habaneros liegt an der Rampa. Die etwas futuristisch anmutende Heladería Coppelia ist in ganz Lateinamerika bekannt für ihre Eisqualität. Cineasten interessiert sicherlich, dass das erste Zusammentreffen der Protagonisten Diego und David in dem kubanischen Film »Erdbeer und Schokolade« hier stattfand (▶Baedeker Wissen S. 71). Unten ist die »Ausländer«-Abteilung (viele Sorten Eis gegen Pesos convertible), oben die Kubaner-Abteilung mit einer kleineren Auswahl gegen kubanische Pesos. Auf der anderen Straßenseite steht das Cine Yara, eines der bedeutendsten Kinos von Havanna.
ⓘ Di. – Sa. 11.00 – 23.00 Uhr

Universidad de la Habana Auf dem Arostequi-Hügel, einige Blocks weiter südlich, liegt die Universidad de la Habana, eine Campus-Universität mit neoklassizistischen Bauten aus dem Jahr 1728. Eine riesige Freitreppe führt hinauf zum Eingang, vor dem eine Statue der Alma Mater aufgestellt ist.

*Plaza de la Revolución Südlich des Castillo del Príncipe liegt die gigantische Plaza de la Revolución, das politische Zentrum Havannas. Bei Massenveranstaltungen wie der Feier zum 1. Mai oder bei den früheren Reden des einstigen Präsidenten und Máximo Líder Fidel Castro finden hier bis zu 1,5 Mio. Menschen Platz. Die weitläufige Anlage ist auf das **Monumento José Martí** (▶Berühmte Persönlichkeiten) ausgerichtet; geschaffen wurde es von dem kubanischen Künstler Sicre. Dahinter steht auf einem sternförmigen Grundriss ein etwa 110 m hoher Obelisk. An nationalen Feiertagen wird vor diesem Monument die Bühne aufgebaut, von der Castro zu seinem Volk spricht. Im Innenhof befindet sich eine Ausstellung zum Leben des Nationalhelden – ein Fahrstuhl führt zum Aussichtsbalkon, dem höchsten Kubas! Um das Denkmal gruppieren sich moderne **Regierungsbauten** wie der Sitz des Zentralkomitees der Kommunistischen Partei Kubas im Palacio de la Revolución. Besonders eindrucksvoll ist das **Innenministerium mit dem Konterfei Che Guevaras** und der Inschrift »Hasta la victoria siempre« (»Bis zum endgültigen Sieg«), die abends erleuchtet sind. Zudem befinden sich hier das Ministerio de Comunicaciones (Ministerium für Post- und Fernmeldewesen) mit dem

Das berühmte Konterfei Che Guevaras prangt noch immer am Innenministerium.

angeschlossenen Museo Postal Filatélico (Briefmarken-Museum), die Nationalbibliothek und das Nationaltheater.

Monumento: Mo. – Sa. 9.00 – 16.30 Uhr, Eintritt (inkl. Fahrstuhl, denn jeder fährt natürlich auf den Aussichtsturm): 6 CUC

Einige Blocks nordwestlich findet man sich auf einmal vor dem groß-artigen Eingangstor zum Cementerio Colón wieder. Drei Frauenfi-guren, die Hoffnung, Glaube und Barmherzigkeit symbolisieren, schmücken das Portal; ein Spruchband mit der Inschrift »Ianua sum pacis« (»Ich bin das Tor zum Frieden«) führt hinein. Der Cementerio Colón (1870 angelegt) ist mit seinen 800 000 Grabstätten einer der größten Friedhöfe Lateinamerikas.

**Cemente-rio Colón

Mit seinen prächtigen Statuen und Marmormausoleen erinnert er mehr an eine mythische Totenstadt als an ein Gräberfeld. Viele be-rühmte Kubaner haben hier ihre letzte Ruhestätte gefunden, wie die jüngst verstorbenen berühmten Mitglieder des Buena Vista Social Club (Ibrahim Ferrer und der Pianist Rubén González), aber auch Schriftsteller wie Alejo Carpentier, Nicolás Guillén, José Lezama Lima, die Familie Céspedes und die Eltern José Martís. Eines der äl-testen Gräber ist das des Grafen von Mortera an der Hauptzufahrt. Besonders imposant sind auch das Mausoleum der Revolutionären Streitkräfte und das Grabmal für die Feuerwehrleute Havannas. Auf-fallen werden dem Besucher die Frauen, die das Grab der Amelia Goyri de la Hoz besuchen.

Im linken Feld vor der Kapelle wurde 1901 **La Milagrosa** (die Wun-dertätige), die bei der Geburt ihres Kindes gestorben war, bestattet. Der Legende nach soll ihr Mann täglich ihr Grab besucht haben. Wenn er es verließ, habe er ihr nie den Rücken zugekehrt. Andere Besucher des Friedhofs sahen seinen Glauben und auch seinen wach-senden Reichtum. Man nahm nun an, dass Amelia, wenn man Gebe-te an sie richtete, Wunder wirken könnte. Heute ist ihr Grab eine wahre Pilgerstätte geworden, voller Blumen und kleinen Täfelchen, auf denen für ihre Wundertaten gedankt wird. Filmfreaks ist der Friedhof noch als Kulisse für die Schlussszene in »Guantanamera« von Tomás Gutiérrez Alea in Erinnerung (▶Baedeker Wissen S. 71). Im Südwesten schließt an den Kolumbus-Friedhof das Gräberfeld der chinesischen Gemeinde Havannas an.

❶ tgl. 8.00 – 17.00 Uhr; Eintritt: 5 CUC

MIRAMAR UND WESTLICHES HAVANNA

Unter dem Fluss Almendares führen zwei Tunnelröhren in den Stadtteil Miramar, ein Villenviertel, das die meisten Hausbesitzer nach der Revolution verlassen haben. Hier residieren heute Botschaf-

Quinta Avenida

ter aus aller Herren Länder – v. a. entlang der von Königspalmen, Feigen- und Mandelbäumen gesäumten Quinta Avenida.

Museo del Ministerio del Interior

Das Museo del Ministerio del Interior (Museum des Innenministeriums) an der Ecke Avenida 5 und Calle 14 informiert ausführlich über die gegenseitigen Spionageaktionen der USA und Kubas und die vielen Attentatsversuche auf Castro (▶Kurioses, S. 366)
● Di. – Fr. 9.00 – 17.00, Sa. 9.00 – 16.00 Uhr; Eintritt 2 CUC

Acuario Nacional

Im renovierten Acuario Nacional (Calle Tercera entre Calles 60 y 62) kann man v. a. tropische und subtropische Fische sehen. Unregelmäßig finden Delfinshows statt und man kann Seelöwen und ihre Kunststücke beklatschen. Die Calle 60 führt vom Aquarium in südlicher Richtung in den Stadtteil Marianao. Hinter Bäumen versteckt liegt hier das legendäre **Cabaret Tropicana** (▶Ausgehen).
● Di. – So. 10.00 – 18.00 Uhr; Eintritt: 10 CUC, Kinder 7 CUC (mit kurzen Delfin- oder Seelöwenshows; www.acuarionacional.cu)

Museo Casa Compay Segundo

Eine kleine Ausstellung in der Calle 22 Nr. 103 entre Calles Primera y Tercera dokumentiert den Werdegang des berühmten Musikers: internationale Preise, Instrumente (wie seine siebensaitige Gitarre namens Armónico, die er 1920 selbst erfand) und Originalpartituren.
● Mo. – Fr. 9.00 – 16.00, www.compaysegundo.com

Marina Hemingway

Die Quinta Avenida verläuft bis an den westlichen Stadtrand Havannas. Direkt hinter dem Río Jaimanitas liegt die Einfahrt zur Marina Hemingway, einem Yachthafen mit vier Kanälen. Zu dieser Anlage gehören Apartments, Tennisplätze, eine Diskothek, diverse Läden, Restaurants und das Hotel El Viejo y El Mar (»Der alte Mann und das

Havanna • Umgebung

Meer«), derzeit nur für Lateinamerikaner geöffnet (im Rahmen der medizinischen Hilfsaktion Operación Milagro). Ein vielfältiges Angebot an Wassersportmöglichkeiten wie Schwimmen, Wasserski, Tretbootfahren, Fischen, Schnorcheln und Tauchen gibt es hier. Jedes Jahr wird von der Marina Hemingway der renommierte Hochseeangel-Wettbewerb »Torneo Internacional de la Pesca de Aguja Ernest Hemingway« ausgetragen.

❶ Ohne Visum darf man sich hier bis zu 72 Stunden aufhalten.

UMGEBUNG VON HAVANNA

Schon in der näheren Umgebung Havannas gibt es einige empfehlenswerte Ausflugsziele, die man ohne größere Umstände in einem halben oder ganzen Tag erreicht. Man kann auf den Spuren Hemingways in Cojímar und auf der Finca La Vigía wandeln, einiges über die afrokubanische Kultur in Regla und Guanabacoa erfahren, sich an den Stränden Playas del Este vergnügen oder sich im Botanischen Garten beim Lenin-Park von der Großstadt erholen.

SÜDLICHE UMGEBUNG VON HAVANNA

Etwa 20 km südlich des Stadtzentrums dehnt sich der fast 7 km² große Parque Lenin aus, ein riesiger Freizeitpark, der am Stausee der Presa Ejército Rebelde angelegt worden ist. Zu den Freizeiteinrichtungen gehören ein Amphitheater, eine Kunstgalerie, eine Leihbibliothek, ein Keramikatelier, eine Reitschule, ein Süßwasseraquarium, ein Rodeoplatz, ein Freilichtkino, eine Kleinbahn sowie mehrere Gaststätten. Eine sorgfältig ausgebaute ehemalige Zuckermühle beherbergt das Restaurant Las Ruinas. Im Pionierpalast Che Guevara erhalten kubanische Kinder und Jugendliche die Möglichkeit, ihre Talente auszuprobieren und zu fördern.

Parque Lenin

❶ Di. – So. 9.00 – 17.00 Uhr

Der Botanische Garten Havannas liegt südlich des Lenin-Parks. Auf einer Fläche von 6 km² wachsen rund 4000 Pflanzenarten aus den verschiedenen Vegetationszonen der Erde. Besonders eindrucksvoll sind die Orchideenzucht, die Kakteenabteilung und der japanische Garten. Westlich davon befindet sich ein **Zoo.**

*Jardín Botánico

❶ tgl 10.00 – 16.00 Uhr (Mo. u. Di. v.a. Reisegruppen), Eintritt: 4 CUC

ÖSTLICHE UMGEBUNG VON HAVANNA

*Fortaleza El Morro

Vom östlichen Ende des Malecón führt ein Tunnel unter der Hafeneinfahrt zur Festung El Morro (▶Abb. S. 185), einem weiteren Wahrzeichen Havannas. Das Castillo de los Tres Santos Reyes Magnos del Morro, wie die Befestigungsanlage vollständig heißt, wurde in den Jahren 1589 bis 1630 erbaut – zusammen mit der Festung La Punta auf der anderen Seite der Einfahrt, mit der sie durch eine Eisenkette verbunden war. Verantwortlich für den Bau der Anlage war der italienische Baumeister Giovanni Battista Antonelli, ab 1594 sein Neffe Cristóbal de Roda. Allerdings war auch sie nicht sicher genug; 1762 wurde sie von Briten eingenommen, woraufhin mit dem Bau der Festung Cabaña begonnen wurde. Der auffallende **Leuchtturm** stammt aus dem Jahr 1845. Kein anderer Ort bietet einen so umfassenden **Blick auf die Skyline** der Metropole. Östlich von El Morro führt die Vía Monumental, vorbei an einem Krankenhaus-Komplex und den Sportanlagen für die Panamerikanischen Spiele 1991, nach Cojímar.

❶ tgl. 8.00 – 20.00; Eintritt: 6 CUC (Museum, Foto/Video extra)

**Fortaleza de San Carlos de la Cabaña

Ebenfalls an der Ostseite, etwa 1,5 km weiter südlich, dehnen sich die Anlagen der Fortaleza de San Carlos de la Cabaña aus, der größten kolonialen Festung Lateinamerikas. Sie entstand in den Jahren 1763 bis 1774 nach dem Abzug der Engländer aus Havanna. Im Museo de Comandancia de Che Guevara, dem **einstigen Hauptquartier der Rebellen** 1951, dokumentieren persönliche Gegenstände den Werdegang des Che. Jeden Abend um 21.00 Uhr (Einlass ab 20.00 Uhr) kann man die ***Kanonenschuss-Zeremonie** (Cañonazo de las Nueve) miterleben, mit der in der Kolonialzeit das Schließen der Stadttore verkündet wurde.

> **!** **BAEDEKER TIPP**
>
> ### Auf nach Casablanca!
>
> Viele kleine, bunte Häuschen prägen Casablanca, eine kleine Siedlung südlich der Cabaña. Eine Besonderheit ist die marmorne Christusstatue, von der man einen wunderbaren Blick auf Havanna und den Hafen hat, direkt gegenüber liegt die Festung Real Fuerza. In der Nähe befindet sich die Casa del Che, heute ein Museum.

❶ tgl. 10.00 – 22.00; Eintritt: 6 CUC (Fotos/Video extra), ab 18.00 Uhr 8 CUC (mit der Cañonazo-Zeremonie), im Anschluss Open-air-Fiesta mit Tanz (5UC)

Regla

Als lebendiges Zentrum der afrokubanischen Religionen gilt der Ort Regla am südöstlichen Hafenende. Von La Habana Vieja kann man mit der Fähre (von der Festung Real Fuerza) übersetzen. Nach wie vor leben hier vor allem schwarze Hafenarbeiter, die ihre Riten und Kulte beibehalten haben. Viele tragen Halsketten in den Farben ihrer Orishas, und oft hört man das Schlagen der Trommeln (▶Baedeker Wissen S. 28).

Zwei, die sich über die schöne Festung freuen: Fortaleza de San Carlos de la Cabaña

Ganz in der Nähe der Fährstation steht die Iglesia de Nuestra Señora de la Regla, die Hauptsehenswürdigkeit des Ortes. In der einfachen Kirche wird die blau-weiß-gekleidete Jungfrau von Regla, die einzige schwarze Madonna Kubas, verehrt. Doch wird in ihr nicht nur die katholische Heiligenfigur angebetet, sondern auch die afrokubanische Göttin Yemayá, zuständig für das Meer und die Seeleute (▶Baedeker Wissen S. 28).

An ihrem Feiertag, dem 7. September, zieht eine Prozession mit ihrem Bild durch die Straßen der Stadt. Zudem wird am siebten Tag jedes Monats eine große Messe für sie gehalten. Vor der Kirche geben weiß gekleidete Santeras und Santeros eine kleine Show-Kostprobe ihrer Santería-Konsultationen (gegen ein paar CUC versteht sich) ob diese »Straßen-Priester« echt sind, lässt sich vom Laien nicht immer eindeutig feststellen.

❶ Mo. – Sa. 9.00 – 17.00, So.9.00 – 13.00 Uhr, Eintritt: 2 CUC.

Iglesia de Nuestra Señora de la Regla

Interessiert man sich für die **afrokubanische Kultur**, so sollte man keinesfalls den Besuch im historischen Museum Guanabacoas 10 km östlich von Havanna (Calle Martí 109/San Antonio y Versalles) versäumen. Neben sorgfältig zusammengetragenen Sammlungen zu Archäologie und Kunsthandwerk sieht man hier die beste Dokumentation über die afrokubanischen Religionen Santería, Regla de Palo und Abakúa. Doch am eindrucksvollsten ist der Munanso-Raum mit rituellen Gegenständen bekannter kubanischer Babaloás, wie die afrokubanischen Priester genannt werden – große Zaubertöpfe, Kleidungsstücke der Yoruba-Gottheiten oder Gegenstände der Sklaven, die die Riten ausgeführt haben.

❶ Mo. – Sa. 9.00 – 18.00, So.9.00 – 13.00 Uhr; Eintritt 2 CUC, gelegentliche Showtänze 5 CUC

Museo Histórico de Guanabacoa

Hemingway und Kuba

Der alte Mann und das Meer

Nur wenigen ist es bekannt – doch der amerikanische Schriftsteller Ernest Hemingway war ein großer Freund Kubas. 22 Jahre lang wohnte er auf der Insel, ein Drittel seines Lebens und fast die Hälfte seiner Jahre als Schriftsteller. Hemingway wurde geboren 1899 in Illinois und starb 1961 in Idaho.

In dieser Zeit entstanden Werke wie »Über den Fluss und in die Wälder«, »Paris, ein Fest fürs Leben«, »Der alte Mann und das Meer«

Wie alles begann

Seinen ersten Abstecher nach Kuba hatte Hemingway im April 1928 gemacht, als er sich auf dem Weg nach Key West befand. Vier Jahre später kam er wieder, um von nun an jedes Jahr mehrere Monate lang vor der Küste Havannas zu fischen. Das Leben hier – weit weg von seiner Familie, allein mit Jagd, Fischerei, Sauftouren und Arbeit beschäftigt – kam wohl sehr seinen Vorstellungen von Freiheit entgegen. Zu dieser Zeit entdeckte er auch die **Bars Bodeguita del Medio und Floridita**, für die er bald eine ausgesprochene Vorliebe entwickelte. Oft saß Hemingway hier ganze Nachmittage und Abende, um Dutzende von Mojítos, Daiquirís oder Papa Dobles – eine eigene Kreation bestehend aus einem Daiquirí mit einem doppelten Maß Rum – zu trinken. Wenn er danach an Land blieb, quartierte er sich im **Hotel Ambos Mundos** ein, das nach dem Spanischen Bürgerkrieg sein ständiger Wohnsitz wurde. 1940 fand Martha Gellhorn, die dritte Mrs. Hemingway, einen hübschen Landsitz in der Nähe der Kapitale, die **Finca La Vigía**. Anfangs

noch etwas skeptisch, lernte der Autor bald schon das Anwesen mit seinem traumhaften tropischen Garten lieben. Er konnte sich hier vollkommen zurückziehen, in Ruhe arbeiten, sich seinen Hunden und Katzen widmen und Kampfhähne züchten. Und was am wichtigsten war: Er konnte jederzeit ans Meer, um dort seiner Leidenschaft für das Hochseefischen nachzugehen.

Mythos Hemingway

Viele Geschichten ranken sich um seine Person. So soll er eine Spionageabwehrorganisation aufgebaut haben und mit seiner Yacht Pilar vor der Küste gekreuzt sein, um deutsche U-Boote zu jagen. Sicher ist aber, dass er den Fischer, der das Vorbild für den »alten Mann« in seinem berühmtesten Werk werden sollte, in dem kleinen Dorf Cojímar östlich von Havanna traf. Sein ehemaliger Bootsmann **Gregorio Fuentes** berichtete immer wieder gern von dieser Zeit. Man traf ihn häufig im Restaurant La Terazza in **Cojímar**, das der Schriftsteller ebenfalls in »Der alte Mann und das Meer« verewigte. Noch heute wird gerne erzählt, wie Hemingway den Besitzern der größten kubanischen Brauerei, die ihn nach der Verleihung des Nobelpreises für diesen Roman (1954) zu einer Feier geladen hatten, ganz Cojímar ins Haus brachte. So mussten die wohlhabenden Herren, wollten sie mit Hemingway reden und trinken, sich unter die Fischer mischen. Anekdoten wie diese gibt es viele – und noch heute lieben ihn die Kubaner für seine Verbundenheit mit der Insel, ihrem Volk und ihren Traditionen: Seine **Nobelpreis-Medaille** widmete er gar der Nationalheiligen Kubas, der Virgen del Cobre.

Doch wie stand Hemingway, der den schönen Seiten des Lebens sehr zugetan war, zur Revolution? Einerseits liebte er die schönen Dinge des Lebens und wollte nicht auf sie verzichten, andererseits hatte er ein schlechtes Gewissen, weil er nichts gegen die sozialen Missstände tat. Entgangen waren ihm die große Armut und die schleichende Slumbildung während der Batista-Diktatur keineswegs. Einige Passagen in »Inseln im Strom« scheinen autobiografische Züge zu tragen: »Jetzt hatten sie die Brücke hinter sich und fuhren den Abhang hinauf nach Luyanó (...) Das war jetzt das Stück der Straße, das er nicht mochte, wenn er in die Stadt fuhr, und wegen dieses Stücks nahm er sich immer einen Drink mit. Er trank ihn gegen die Armut, gegen den Schmutz, gegen den Staub von vierhundert Jahren und die Rotznasen der Kinder, gegen die abgebrochenen Palmen am Straßenrand und die Dächer, die aus Konservenblech zusammengenagelt waren, gegen das Elend der Syphilis, die nicht behandelt wurde, gegen den Unrat in den alten Flussbetten und die Hühner, die so verlaust waren, dass sie keine Federn an den Hälsen hatten, gegen die Krätze im Genick der alten Männer und den Altweibergeruch und die brüllenden Radios. Es ist eine Schweinerei, was ich mache, dachte er. Ich sollte mir das alles einmal genau ansehen und etwas dagegen tun. Stattdessen hast du deinen Drink bei dir, wie sie früher Riechsalz bei sich führten.«

Begegnung mit Castro

Mit Fidel Castro traf er schließlich im Jahre 1960 anlässlich eines **Wettkampfs im Schwertfischfang** zusammen. Hemingway hatte ihn eingeladen, damit Castro dem Sieger den Pokal überreichen könne. Womit er allerdings nicht gerechnet hatte: Der Comandante zog selbst den größten Marlin an Land! Noch heute wird in der Tradition dieser Veranstaltung jedes Jahr von der Marina Hemingway der Hochseeangel-Wettbewerb Torneo Internacional de la Pesca de Aguja Ernest Hemingway ausgetragen. Wie die meisten seiner Landsleute mag auch der kubanische Staatschef die Bücher des Schriftstellers sehr. Nach seinem Lieblingsroman befragt, berichtete er in einem Interview, es sei »Wem die Stunde schlägt«, denn er hätte sehr viel aus ihm gelernt. Schließlich handle er auch von einer Gruppe Guerilleros ...

**Finca La Vigía · Museo Ernest Hemingway

Auf dem Weg nach San Francisco de Paula (12 km südöstlich von Havanna) liegt die Finca La Vigía, das ehemalige Landhaus des Schriftstellers Ernest Hemingway, das 1887 von dem katalanischen Architekten Miguel Pascual y Baguer für sich und seine Familie entworfen und erbaut worden war. Von Hemingways dritter Frau Martha Gellhorn wurde die Finca ausgesucht. Der Schriftsteller lebte hier – mit Unterbrechungen – in den Jahren 1940 bis 1960. In dieser Zeit stellte er seinen Roman »Wem die Stunde schlägt« fertig und schrieb »Der alte Mann und das Meer«, für den er 1954 den Literatur-Nobelpreis erhielt. Hemingway wird von den Kubanern geliebt und verehrt, das Museum **wie ein nationales Heiligtum** betrachtet (▶Baedeker Wissen S. 224). Alles wurde so belassen, wie es zu Hemingways Zeiten war – so hat man den Eindruck, er sei nur kurz weggegangen. Doch er hat dem Haus seinen Stempel aufgedrückt – man findet vielerlei persönliche Sachen. Besonders auffallend sind die Bar und die Bücher, die man in jedem Raum (auch im Badezimmer) findet, seine Jagdtrophäen und überall Erinnerungen an Spanien (z. B. Stierkampfplakate). Neben der Bibliothek mit 9000 Bänden kann man auch einige Kostbarkeiten sehen: einen Wandteller von Picasso sowie Gemälde von Braque und Miró. Das Betreten der Zimmer ist verboten. Doch von dem kleinen Rundgang, der um das Haus führt, sind alle Räume gut einzusehen. Da ihr Mann ungestört arbeiten sollte, ließ Mary Welsh, Hemingways vierte Frau, direkt neben dem Haus einen dreistöckigen **Turm** bauen. Er zog es aber vor, weiterhin in seiner Bibliothek zu schreiben und seinen vielen Hunden und Katzen den Turm zu überlassen. Im untersten Stockwerk werden wechselnde Ausstellungen mit Werken junger kubanischer Künstler gezeigt, im ersten Geschoss ist eine Fotoausstellung über Hemingways Leben auf Kuba zu sehen. Darunter hängen Bilder von einem Angelwettbewerb mit Fidel Castro, von den Dreharbeiten zu »Der alte Mann und das Meer« mit Spencer Tracy

Anglerglück: Hemingway fing den dicksten Fisch (1948 mit einem Marlín)

und von der Verleihung des Nobelpreises. In der obersten Etage kann man schließlich sein Arbeitszimmer besichtigen, in dem v. a. das große Fernglas auffällt. Der Ausblick von hier ist aber auch zu verlockend – die Landschaft ist wunderschön, und an klaren Tagen sieht man bis nach Havanna. Das gesamte Anwesen La Vigía ist wundervoll. Die Finca liegt inmitten eines tropischen Gartens mit Palmen, Mangobäumen, Frangipani, Bambus und wilden Orchideen. Natürlich gehört auch ein kleiner Pool dazu, neben dem Hemingways Yacht »Pilar« aufgestellt wurde. Hier sind auch seine Lieblingshunde begraben.

❶ Mo. – Sa. 10.00 – 17.00 Uhr, Eintritt: 5 CUC (Foto inklusive, aber Video 50 CUC extra!)

*Cojímar

Die Gründung des kleinen Fischerstädtchens Cojímar (10 km östlich von Havanna) geht ins 17. Jh. zurück. Berühmt wurde es erst durch Hemingways Roman »Der alte Mann und das Meer«, in dem viel vom Lokalkolorit des Ortes, den Menschen und ihrer Lebensart eingeflossen ist. Hier hatte der Schriftsteller nämlich seine Yacht »Pilar« liegen. Obwohl die Wohnsiedlungen Havannas fast bis an den Dorfrand reichen, hat sich Cojímar den Charakter eines kleinen Fischerortes und Seebades erhalten. Es diente als Kulisse für die Verfilmung des Romanes mit Spencer Tracy (▶Baedeker Wissen S. 224). Noch viele Jahre traf man in dem mittlerweile berühmten Restaurant **La Terraza** Gregorio Fuentes, den ehemaligen Bootsmann Hemingways, der Touristen gerne von damals erzählte – auch wenn sich Dichtung und Wahrheit dabei nicht immer deckten (▶Essen). Direkt neben dem alten Fort **Fortaleza La Chorrera** Cojímars, der Festung Santa Dorotea de Luna de la Chorrera y Cojímar (1643), wurde von den Fischern ein Denkmal zu Ehren Hemingways errichtet.

Holguín

✺ J 5

Provinz:
Holguín
Höhe: 106 m
Einwohner: 300 000
Entfernung: 734 km von Havanna, 134 km von Santiago de Cuba

In der viertgrößten Stadt Kubas kann man von einem begrünten Platz (Parque) zum nächsten schlendern und in den kubanischen Alltag eintauchen – »Stadt der Plätze« nennt sich Holguín gerne. Ansonsten sehen die Touristen die Stadt meist nur aus der Vogelperspektive – hier landen die Urlauberjets für die Strände an der Nordküste bei Guardalavaca.

SEHENSWERTES IN HOLGUÍN UND UMGEBUNG

Parque Calixto García

Die meisten Sehenswürdigkeiten Holguíns liegen im Zentrum der Stadt zwischen den Straßen Libertad und Maceo, darunter auch fünf kleine Plätze. Einer von ihnen, der **Parque Calixto García**, nach dem bedeutendsten Kommandanten des ersten Unabhängigkeitskrieges gegen die Spanier, gilt als kulturelles Zentrum der Stadt. Um ihn herum sind die Casa de la Trova, die Galerie der Stadt, die Casa del la Cultura und das Museum der Provinz Holguín angesiedelt.

La Periquera

Das schöne Kolonialgebäude La Periquera (Papageienkäfig), das zwischen 1862 und 1868 als Kaserne erbaut wurde, beherbergt das historische Museum Holguíns. Kurze Zeit nach dem »Grito de Yara« (1868), dem Aufruf Céspedes' (▶Berühmte Persönlichkeiten), zu den Waffen zu greifen, um die Unabhängigkeit von den Spaniern zu erlangen, belagerte General Calixto García dieses neoklassizistische Haus, in dem spanische Soldaten kaserniert waren.

Im **Museo Provincial** (Calle Frexes 198 am Parque Calixto García) wird dem Besucher ein Überblick über die historische Entwicklung der Region gegeben. Anhand von Fundstücken wie Werkzeugen und Waffen wird die Lebensweise indianischer Ureinwohner erläutert. Das bedeutendste Exponat dieser Abteilung ist die »Hacha de Holguín«, das Wahrzeichen der Provinz. Es stellt eine Axt dar, mit einer Klinge in Form eines Mannes. Zudem gibt es eine schöne Sammlung von Kolonialmöbeln. Ein weiterer Schwerpunkt liegt auf der Darstellung der Befreiungskriege und der Revolution, v. a. im Bezug auf die Rolle der Stadt zu dieser Zeit. In einem gesonderten Teil des Hauses werden Bilder regionaler Künstler gezeigt.

❶ Di.–Sa. 8.00–16.00, So. 8.00–12.00 Uhr; Eintritt 1 CUC

> **?** **BAEDEKER WISSEN**
>
> ### Ganado criollo
>
> Um nach der Revolution die Selbstversorgung mit Milch und Fleisch zu sichern, wurde eine neue Rinderrasse, eine Kreuzung aus Holsteiner und Zeburind, gezüchtet. Es ist dem tropischen Klima angepasst, liefert hohe Milcherträge und trägt den typischen Brustlappen sowie Höcker.

Museo de Ciencias Carlos de la Torre y Huerta

Über die Calle Maceo gelangt man zum Naturhistorischen Museum Carlos de la Torre y Huerta. Hier gibt es, wie in jeder Sammlung dieser Art ausgestopfte Vögel (z. B. den kleinsten Kolibri), präparierte Fische und Mineralien zu sehen. Doch zu der Ausstellung gehört auch ein besonderer Teil, der ca. 4000 Schneckenhäuser, v. a. der Polymita picta (kubanische Buntschnecke), zeigt. In afrokubanischen Ritualen finden diese Gehäuse nach wie vor Verwendung, da man ihnen magische Kräfte zuschreibt (▶Baedeker Wissen S. 28, 145).

❶ Di–Sa. 9.00–20.00, So. 9.00–19.00 Uhr; Eintritt: 2 CUC

Holguín erleben

EVENTS
Romerías de Mayo
Bei dem größten Fest in Holguín in der ersten Maiwoche wird getanzt zu allen Musikstilen (viel Rap), außerdem Lesungen und Diskussionen, Ausstellungen sowie eine Prozession auf den Loma de la Cruz.

Carnaval
Mit Musik und Tanz und vielen Straßenständen in der dritten Augustwoche

AUSGEHEN
Casa de la Trova
Parque Calixto García
Hier spielen die lokalen Musikgruppen traditionelle Musik wie Trova und Bolero (Di. – So. 10.00 – 1.00 Uhr, 1 CUC).

ESSEN
Salón 1720 ❷
Calle Frexes 190 entre Manduley y Miró
Tel. 024/46 81 50, tgl. 12.00 – 23.00 Uhr
In einer kolonialen Villa speist man Internationales und Meeresfrüchte. Mit Terrassenbar (bis 2.00 Uhr), Boutique und Nachtklub El Jigüe (bis 5.00 Uhr). Eine kleine angeschlossene Galerie verkauft Bilder von Holguíner Künstlern.

DiMar ❷
Calle Mártires Ecke Luz Caballero (nahe Plaza de la Marqueta)
kein Tel., tgl. 9.00 – 22.30 Uhr
Seafood und Fisch in einem einfachen Lokal dieser neuen Restaurantkette

Gibara: Villa Cole ❷
Calle Cèspedes Nr. 35 entre Calles Calixto García y J. Aguero, Gibara
Tel. 024/84 44 83

In dem privaten Paladar wird leckere Hausmannskost aufgetischt, natürlich auch die Spezialitäten des Fischerorts, also jede Menge frische Meeresfrüchte, Krabben, Shrimps und vor allem Langusten in allen Variationen.

ÜBERNACHTEN
Villa Gilda ❷
Calle 18 (=Linea) 158 entre Calles Libertad y Maceo, Mobil- Tel. 05 292 29 94
www.islazul.cu, www.hotelpernik.com
Im Norden der Stadt, in einem ruhigen Wohnbezirk, liegt diese Casa mit einem privaten Apartment: separater Eingang und zwei Zimmer mit Bad und Garten..

Finca Mirador de Mayabe (Finca Mayabe) ❷
Alturas de Mayabe (8 km außerhalb von Holguín)
Tel. 024/42 21 60, www.islazul.cu
Herrlich auf dem Loma de Mayabe gelegenes Open-Air-Ausflugslokal mit Grilllokal und 24-Std.-Bar. inmitten eines Tales aus tausenden von Königspalmen, in dem die kreolischen Gerichte umso besser schmecken. Hier werden auch 24 schlichte Zimmer von Islazul vermietet, Am Wochenende und in den Ferien kann es um den schönen großen Pool voll und etwas lauter werden (rechtzeitig buchen!), in der Woche meist ruhig.

Gibara: Hostal Los Hermanos ❷
Calle Céspedes 13 ente Calles Peralta y Caballero, Gibara., Tel. 024/84 45 42.
Bei Odaly und Luis wohnt man in zwei großen klimatisierten Zimmern (mit Bad) um den luftigen Patio, toller Blick im ersten Stock vom Balkon über die Dächer Gibaras. Auch die Speisen sind sehr gut.

ZIELE • Isla de la Juventud

Iglesia de San Isidoro

Die Iglesia de San Isidoro wurde 1720 zu Ehren des Schutzheiligen der Stadt erbaut. Sehenswert ist der Altar, der ursprünglich in einer Kirche in Bayamo stand. Als diese bei einem Brand vernichtet wurde, haben gläubige Sklaven den Altar freiwillig in das immerhin 72 km entfernte Holguín getragen. Sehenswert ist auch die schöne Decke im maurischen Mudejarstil.

*Loma de la Cruz

Am Ende der Calle Maceo führen rund 450 Treppenstufen hinauf zu dem Wallfahrtsort **Loma de la Cruz**. Im Jahre 1790 soll das Kreuz hier von Bürgern der Stadt aufgestellt worden sein. In seinem Sockel findet man einen kleinen Altar für San Lázaro, dem kleine Münzen und Kerzen geopfert werden. Jedes Jahr findet am Tag des Kreuzes, dem 3. Mai, eine Prozession auf den Hügel statt. Wem der Aufstieg zu beschwerlich erscheint, kann auch die Straße hochfahren. Die Aussicht ist wirklich bemerkenswert, es bietet sich ein schöner Blick auf weite Ebenen mit Zuckerrohrfeldern und, auf der anderen Seite, auf die Straßen Holguíns.

*Gibara

In dem schönen, idyllischen Küstenort Gibara (33 km nördlich von Holguín) befinden sich drei interessante Museen: das Museum für koloniale Kunst, das historische Museum der Stadt und das naturhistorische Museum Joaquín Fernández de la Vara mit einer großen Schneckensammlung und riesigem Walskelett. Beim »**Festival Internacional del Cine Pobre**« werden seit 2003 einmal im Jahr im April/ Mai hauptsächlich engagierte Low-Budget-Produktionen aus Lateinamerika in einem Wettbewerb gezeigt.

Museen: Mo. – Sa. 8.00 – 12.00, 13.00 – 17.00, So. 8.00 – 12.00 Uhr; Eintritt: je 2 CUC

Isla de la Juventud

B/C 4

Provinz: Archipiélago de los Canarreos
Fläche: 2 200 km²
Einwohner: 80 000
Entfernung: ca. 70 km von der Südküste der Hauptinsel entfernt

Die Insel hatte schon viele Namen und vielleicht war das größte Eiland Kubas wirklich die Vorlage für Robert Louis Stevensons »Schatzinsel« (was jedoch viele Karibikinseln für sich beanspruchen). Eines ist aber sicher: Hier saß Fidel Castro 1953 in Haft. Die Unterwasserschätze locken jedoch die meisten Urlauber hierher: 56 Tauchgebiete von internationalem Rang mit Wracks, Unterwasserhöhlen, farbenprächtigen Korallen – hoch wie Kathedralen – und rund 500 tropischen Fischarten.

Kuba weiß, wo seine Zukunft liegt: Den Kindern und Jugendlichen zu Ehren wurde die Insel Isla de la Juventud genannt.

Die Isla de la Juventud (Insel der Jugend), früher bekannt als Isla de los Pinos (Insel der Kiefern), liegt zwischen Kuba und dem mexikanischen Yucatán, etwa 70 km vor der kubanischen Südküste. Sie ist mit 2200 km² die **größte Insel des Korallenarchipels Canarreos**, das sich mit 672 Inselchen vor der Südwestküste erstreckt. Die meisten der rund 80 000 Bewohner lebt in der Hauptstadt Nueva Gerona. Vom Sumpfgürtel Ciénaga de Lanier wird die Isla de la Juventud in zwei Teile geteilt: Den Süden prägen Wald und Berge, während im Norden Plantagen und Siedlungen vorherrschen. Erst diente die Insel als Zufluchtsort für Piraten, dann als Gefangeneninsel und um 1955 kurzfristig als Freihandelszone. Nachdem 1966 der Zyklon Alma die Insel verwüstet hatte, rief Castro die Jugend Kubas dazu auf, die entstandenen Schäden zu beseitigen. Mit mehr als 230 km² Plantagenland gilt die Isla de la Juventud heute als eines der **größten Anbaugebiete für Zitrusfrüchte** (besonders Grapefruits). Seit einiger Zeit werden hier auch Marmor und Kaolin abgebaut.

Bei seiner zweiten Reise in die Neue Welt soll Kolumbus 1494 auf der Insel gelandet sein und ihr den Namen Evangelista gegeben haben. Da sie weder über Goldvorkommen verfügte noch besonders günstig lag, geriet sie lange Zeit in Vergessenheit. Nur Piraten und Freibeuter kamen immer wieder hierher, worüber es einige Geschichten gibt, die angeblich auch dem Verfasser des Romans »Die Schatzinsel«, Robert Louis Stevenson, zu Ohren gekommen sein sollen. Erst **1830 wurde die Siedlung Nueva Gerona gegründet**. Später machten sich die spanischen Kolonialherren die abgeschiedene Lage der Insel

Geschichte

ZIELE · Isla de la Juventud

Essen
1. La Insula
2. Casa de los Vinos

Übernachten
1. El Colony
2. Villa Choli

Ausgehen
1. Sucu Suco

zunutze, indem sie **Verbannte hierher schickten**, so auch den kubanischen Freiheitshelden **José Martí** (▶Berühmte Persönlichkeiten). Als 17-Jähriger geriet er auf der Finca **El Abra** in Haft, bevor er im Januar 1871 nach Spanien verbannt wurde. Auch in späteren Jahren nutzte man die Pinieninsel als Gefängnisinsel.

Östlich der Hauptstadt ließ der Diktator Machado im Jahre 1928 das riesige Zuchthaus **Presidio Modelo** bauen, in dem 1953 auch Fidel Castro und 25 seiner Mitstreiter nach dem gescheiterten Angriff auf die Moncada-Kaserne landeten. Nach dem Sieg der Revolution begann man damit, die Insel urbar zu machen. Tausende von Jugendlichen kamen zu diesen »freiwilligen« Arbeitseinsätzen auf den Plantagen. Als Anerkennung dafür erhielt die Insel 1978 auch offiziell den Namen Isla de la Juventud. Mehr als 60 Schulen und Hochschulen wurden eröffnet, in denen in den besten Zeiten 20 000 Jugendliche studierten – meist aus Afrika, Lateinamerika (Nicaragua) und Asien (Nordkorea, Vietnam). Nach dem Beginn der Spezialperiode mussten wegen der schwierigen Versorgungslage einige der Schulen geschlossen werden.

Isla de la Juventud erleben

AUSKUNFT
Infobüro auf der Calle 39 (auch: José Martí o. Bulevar)/Ecke Calle 24 und im Hotel Colony (für Ausflüge in den Süden der Insel, der gesperrt ist).
Ecotur hat ein Büro nahe dem Fährhafen (für Ausflüge in den Süden): Tel. 046/32 71 01, www.ecoturcuba.tur.cu, Mo. – Sa. 8.00 – 17.00 Uhr

VERKEHR
Gut zu wissen: der zwei Mal tägliche Flug von/nach Havanna (25 Min.) ist billiger als die 4-bis 5-stündige Fähr-/Bus-Reise, aber man muss den Flug sehr frühzeitig buchen! Die Stadt selbst ist bequem zu Fuß, mit dem Fahrrad oder per Kutsche zu erkunden; private Taxis (und Kutschen) bieten sich rund um den Parque Central für Ausflüge auf der Insel an (handeln!). Der Süden der Insel ist **militärische Sperrzone** und nur über gebuchte Touren zu erkunden, z. B. in die Krokodilfarm, Höhlen und einen botanischen Garten. Terminal Kometa: Tragflächenboote und große Passagier-Katamarane verkehren täglich vom Festland (Surgidero de Batabanó), abhängig von Wetter, technischem Zustand und Bedarf (Tel. in Gerona: 046/32 44 06, 32 44 25, Terminal: Tel. 046/32 49 77), in Havanna gibt es Tickets beim Astro-Busbahnhof (inkl. Busfahrt nach Batabanó).

AUSGEHEN
❶ *Sucu Suco*
Calle 39 No. 2408 entre Calles 24 y 26, Tel. 046/32 10 07, tgl. 12.00 – 23.00 Uhr
In der etwas versteckten Bar in der Hauptstraße von Nueva Gerona spielt man Sucu-suco, die traditionelle Musik früherer jamaikanischer Immigranten.

ESSEN
❶ *Nueva Gerona: La Insula* ⊜
Calle 39/Ecke Calle 20
Tel. 046/32 18 25
Kubanische Speisen an fein gedeckten Tischen: Hühnchen oder Schweinesteak, Hummer oder Fischfilet. Die Bar bietet auch Snacks und Cocktails.

❷ *Casa de los Vinos* ⊜
Calle 41 Ecke Calle 20, Nueva Gerona
kein Tel. (15.00 – 23.00 Uhr).
Ein kleine Oase mit Vorgarten, es gibt nur einige Snacks (Brot und Fisch) zum süßen erfrischenden Pampelmusen-Wein, den die Kubaner mit Eis trinken. Abends wird manchmal getanzt.

ÜBERNACHTEN
❶ *El Colony* ⊜ ⊜
Ctra. de Siguanea, km 42
Tel. 046/39 81 81, www.gran-caribe. com, www.hotelcolony.com (private Website), in Deutschland zu buchen z.B. über Nautilus Tauchreisen (www. nautilus-tauchreisen.de) International bekanntes Tauchzentrum, außerdem Möglichkeiten zum Surfen, Reiten und Tennis, direkt am meist menschenleeren Strand, 77 Zimmer der besseren Mittelklasse im Hotel und in Bungalows. Pool. In dem abgelegenen Hotel findet alljährlich der internationale Unterwasserfotowettbewerb »Fotosub« statt.

❷ *Villa Choli* ⊜
Calle C 4031 entre Calles 6 y 8, Nueva Gerona, Tel. 046/32 31 47
rambertpena@yahoo.es
Ramberto und Familie kümmern sich herzlich um ihre Gäste mit leckerem Essen und Taxiservice.

SEHENSWERTES AUF DER ISLA DE LA JUVENTUD

Nueva Gerona
Die Inselhauptstadt Nueva Gerona (70 000 Einw.) wurde 1830 an der Nordküste der Isla de la Juventud gegründet. Erst durch den Einsatz der Regierung Castro und einem landwirtschaftlichen Aufbauprogramm gewann sie in den 1970er-Jahren an Bedeutung. Hier leben v. a. die Arbeiter der Zitrusplantagen und Steinbrüche. Das Zentrum der schachbrettartig angelegten Stadt bilden die Straßen 39 und 41, wo u. a. ein naturgeschichtliches Museum und ein Planetarium zu besichtigen sind. Berühmt ist Nueva Gerona auch für seine **Marmorwerkstätten**, die man in der Calle 23 (zwischen den Calles 55 und 57) besichtigen kann. Im Abschnitt zwischen 18 und 20 in der Calle 43 hat man Gelegenheit, Holzschnitzern bei der Arbeit zuzusehen.

*Museo del Presidio Modelo
Etwa 5 km östlich von Nueva Gerona liegt das Museo del Presidio Modelo, das heute als Museum eingerichtete ehemalige Gefängnis. Nach dem Sturm auf die Moncada-Kaserne saßen hier Fidel Castro und andere namhafte Revolutionäre ein (▶Baedeker Wissen S. 52). Vorbild für den gewaltigen Gefängniskomplex war das Joliet-Gefängnis in Illinois, USA, mit seinen fünf runden Kerkertürmen. Jeder der breiten Türme hat nur an den Außenwänden Zellen, ist ansonsten hohl und wird nur von einem Beobachtungsschacht in der Mitte überwacht. So waren nur wenige Wärter notwendig, um die Zellen, die zur Innenseite nur Gitter, keine Türen, hatten, unter Kontrolle zu halten.
❶ Mo. – Sa. 8.00 – 16.00, So. 8.00 – 12.00 Uhr; Eintritt: 2 CUC, Foto 3 CUC, Video 25 CUC!

> **BAEDEKER TIPP**
>
> **!**
>
> *Auf den Spuren Fidels & Co.*
>
> Nach dem Presidio-Modelo-Gefängnis kann man dem verrosteten Kahn am Ende der Calle 28 einen Besuch abstatten: Mit »El Pinero« kehrten Fidel Castro und seine Genossen nach ihrer Haftentlassung 1955 auf das Festland zurück.

Playa Bibijagua
Einige Kilometer östlich von Nueva Gerona erstreckt sich der Strand Bibijagua mit dunklem Marmorsand. In den nahe gelegenen Caballes-Bergen wird der schwarze Marmor abgebaut.

Museo Finca El Abra
El Abra, wo José Martí 1870 im Alter von 17 Jahren von den Spaniern gefangen gehalten wurde, liegt ungefähr 4 km südlich von Nueva Gerona. Der Freiheitsheld saß hier wegen aufrührerischer Reden gegen die spanische Kolonialregierung ein. Heute können hier noch einige persönliche Gegenstände Martís besichtigt werden. In der Nähe liegt der Embalse El Abra, ein See mit einfachem, aber nettem Ausflugslokal (❷, zahlbar in CUP)
Museum: Di. – So. 9.00 – 17.00 Uhr; Eintritt 1 CUC.

Die von amerikanischen Kolonisten gegründete Siedlung La Fé mit einigen gut erhaltenen Plantagenhäusern liegt 16 km südlich von Nueva Gerona. Das gesunde Klima und die Mineralwasserquellen trugen dazu bei, dass La Fé zeitweise als Erholungsort geschätzt wurde.

La Fé

Schon in den 1950er-Jahren wurde im Westen der Insel das Taucherparadies Cabo Francés entdeckt. Selbst unter Tauchern mit höchsten Ansprüchen wird das **Revier mit seinen wunderschönen Korallenriffen** und farbenfrohen Meerestieren und -pflanzen wärmstens empfohlen. Vom International Scuba Diving Center werden mittlerweile 56 ausgewiesene Tauchzonen angeboten.

Cabo Francés

An der Südostspitze der Isla de la Juventud kann man – nur im Rahmen einer geführten Tour – in einer Höhle Felsmalereien von Indianern besichtigen, die 1922 gefunden wurden. Die Zeichnungen an den Wänden und der Decke der Höhle werden mit Zeitmessung und Astronomie in Verbindung gebracht.
In der Nähe befindet sich ein sehr schöner Strand, der allerdings touristisch noch nicht erschlossen ist.

Cueva Punta del Este

> ### ! BAEDEKER TIPP
>
> ### *Ein Duft liegt in der Luft*
>
> Im Januar und Februar duftet die Insel nach Zitrusfrüchten von den ausgedehnten Zitronen- und Grapefruitplantagen. Im März feiert man das Fest der Toronja (Pampelmuse) und dann fließt der Piñerito in Strömen: ein inseltypischer Cocktail aus Grapefruitsaft, Rum und Eis.

⁎ Matanzas

✦ D 2

Provinz:
Matanzas
Höhe: 3 m
Einwohner: 140 000
Entfernung: 98 km von Havanna, 797 km von Santiago de Cuba

Den beiden Flüssen Río San Juan und Yumurí verdankt Matanzas seine zahlreichen, teils antik wirkenden Brücken, daher auch der Beiname »Stadt der Brücken«. Da sich auf dem Höhepunkt des Zuckerbooms Mitte des 19. Jh.s hier viele Intellektuelle und Künstler niederließen, nennt man Matanzas auch bis heute das »Athen Kubas«. Aus dieser wohlhabenden Epoche sind noch heute herrliche alte Kolonialfassaden in der Altstadt zu entdecken – teils restauriert, teils unaufhaltsam vor sich hin bröckelnd.

ZIELE • Matanzas

Essen
1. Café y Cremería Atenas

Übernachten
1. Hotel E Velasco
2. Canimao
3. Hostal Alma

Ausgehen
1. Ruinas de Matasiete
2. Tropicana Matanzas

Das Zentrum der Stadt liegt zwischen den Flüssen Yumurí und San Juan. Sehr hübsch sind die reich verzierten Häuser mit Balustraden, schmiedeeisernen Geländern und Kachelschmuck. In der Bucht liegen heute Tanker und Frachtschiffe vor Anker.

Parque Libertad Um den Freiheitspark (Parque Libertad) sind verschiedene kulturelle und politische Einrichtungen versammelt: das Rathaus, heute Sitz der Poder Popular, die Biblioteca Gener y del Monte, das Hotel Velasco und das Pharmazie-Museum (Museo Farmacéutico, auch Botica Francesa genannt.

Matanzas erleben

AUSKUNFT

Infotur
am Parque Libertad
Tel. 045/25 35 51

AUSGEHEN

❶ *Ruinas de Matasiete*
Calle 129 (außerhalb der Altstadt,
südlich der Puente Calixto García nahe
der Bahía de Matanzas)
tgl. 10.00 – 22.00 Uhr, Konzerte Fr. – So.
ab 21.00 Uhr (Eintritt ab 3 CUC)
Am Wochenende wackelt dieses alte
Gemäuer bei Tanz mit Livemusik;
Speisen gibt es ebenfalls im kleinen
Freiluftlokal.

❷ *Tropicana Matanzas*
Autopista Matanzas Varadero
(nahe Hotel Canimao) Matanzas
Tel. 045/26 53 80 und 045/26 55 55
Show in der Nebensaison nur Di. u. Do.
ab 21.30 – 24.00 Uhr, in der Hauptsaison
Mi. – So., die Open-Air-Show fällt bei
Regen aus, Eintritt: Show ab 49 CUC
In dem großen Open-Air-Theater wird
eine ähnliche, aber wesentlich preiswer-
tere Show als im berühmten Pendant in
Havanna geboten.

ESSEN

❶ *Café y Cremería Atenas* ☉
Calle 83 an der Plaza de la Vigía
tgl. 10.00 – 23.00 Uhr
Einfache Gerichte wie Pizza, Spaghetti
und Grillhühnchen und Eiscreme.

ÜBERNACHTEN

❶ *Hotel E Velasco* ☉☉
Calle Contreras entre Santa Teresa y
Ayuntamiento

Tel. 045/25 38 80-84
www.cubanacan.cu
www.hotelescubanacan.com
Mitten im Altstadtkern entpuppt sich
das frisch restaurierte Kolonialgebäude
als kleines, aber feines Juwel –
allein die neoklassizistische Lobby ist einen Abstecher hierher wert (ebenso Bar,
Restaurant und die wunderschöne Dachterrasse). Die 17 Zimmer sind modern
ausgestattet, aber auch mit antikem
Charme (allerdings teils winzig und
düster weil fensterlos, gegen kleinen
Aufpreis bekommt man die vier
Junior Suiten mit Balkon zur lebhaften
Plaza).

❷ *Canimao (Islazul)* ☉
Ctra. Via Blanca, km 4,5
Bezirk Canímar
Tel. 045/26 10 14
www.islazul.cu
Einige Kilometer außerhalb Richtung
Varadero am dschungeligen Río Canímar
gelegenes Zwei-Sterne-Hotel (nahe dem
Tropicana-Komplex) mit 120 recht einfachen Zimmern, teils mit Balkon. Pool
vorhanden. Man sollte aber keine großen Erwartungen haben : es ist ein typisches Kuba-Provinz-Hotel, in dem man
sich wochentags durchaus erholen kann.

❸ *Hostal Alma* ☉
Calle 83 Nr. 29008 entre Calles 290
(= Santa Teresa) y 292 (= Zaragossa)
Tel. 045/29 08 457
hostalalma63@gmail.com
Diese private freundliche Unterkunft
bietet Mayra in ihrem alten kolonialen
Haus. Eine schöne Dachterrasse und eine
sichere Garage sind vorhanden.

*Museo Farmacéutico (Botica Francesa)

Das schöne Pharmaziemuseum an der Avenida Milanés (Calle 83, Südseite des Platzes) geht auf die Apotheke des Ehepaars Dr. Triolet zurück: Schränke und Regale wurden dafür aus Edelhölzern angefertigt, Porzellantiegel, Destillierkolben und andere Geräte aus Europa importiert.

❶ Mo.– Sa. 10.00 – 17.00, So. 10.00 – 12.00 Uhr; Eintritt: 3 CUC (mit Führung 5 CUC)

! BAEDEKER TIPP

Festival del Bailador Rumbero

Rumba ist nicht wegzudenken aus Matanzas. Bekannte Gruppen wie Los Muñequitos de Matanzas spielen bei dem Festival zehn Tage lang im Teatro Sauto und auf den Straßen (ab dem 10. Oktober).

Am Parque Milanés ragt die neoklassizistische Kathedrale **San Carlos Borromeo** empor. Sie ist 1693 erbaut und im 19. Jh. umgestaltet worden. Recht eindrucksvoll sind die Wand- und Deckengemälde. An der Plaza de la Vigía steht das prachtvoll ausgestattete ***Teatro Sauto**, das 750 Besuchern Platz bietet. Es wurde 1862/63 erbaut und gilt als eines der bedeutendsten neoklassizistischen Bauwerke Kubas. Selbst Sarah Bernhardt soll hier aufgetreten sein.

❶ tgl. 9.00 – 17.00Uhr, Eintritt mit Führung 5 CUC, Aufführungen Fr./Sa./So. 20.30 Uhr, 5 – 10 CUC

Museo Histórico Provincial

Im Palacio del Junco (19. Jh., Calle 83 y 272) gegenüber dem Teatro Sauto ist das Museo Provincial Matanzas untergebracht. Hier erhält man einen Einblick in die Geschichte der Stadt und der Provinz.

❶ Di.– Sa. 10.00 – 12.00, 13.00 – 18.00, So. 8.00 – 12.00 Uhr; Eintritt: 2 CUC

Castillo de San Severino

Nördlich außerhalb des alten Stadtkerns wurde im 17. Jh. das Castillo de San Severino erbaut. Die markante Festung – vermutlich das älteste Bauwerk von Matanzas – wurde zum Schutz vor Piratenüberfällen errichtet (Museum Eingang Calle 230).

❶ Di.– Sa. 9.00 – 16.00, So. 9.00 – 13.00 Uhr; Eintritt: 2 CUC

UMGEBUNG VON MATANZAS

*Cuevas Bellamar

Etwa 5 km südlich der Stadt findet man den Mitte des 19. Jh.s zufällig entdeckten, von zahlreichen Geschichten umwobenen **Höhlenkomplex**. Erst 1948 wurde mit seiner Erforschung begonnen, da zuvor der Aberglaube, es handle sich im Untergrund um das Reich des Bösen, vorherrschte. Das etwa 2,5 km lange Höhlensystem mit bizarr geformten Stalagmiten und Stalaktiten wird von einem Bach durchflossen. Die größte Felsenhöhle, auch »Gotische Kammer« genannt, ist 80 m lang und 25 m breit.

❶ tgl. 9.00 – 12.00, 13.15 – 16.15 Uhr; stdl. Exkursionen: 5 – 8 CUC.

Eine liebevoll ausstaffierte Apotheke von 1882 gehört zu den Sehenswürdigkeiten von Matanzas.

Etwa 8 km westlich von Matanzas liegt das großartige Valle de Yumurí. Durch die Kalksteinschlucht hat sich der Fluss Yumurí gearbeitet, der nun in die Bahía de Matanzas mündet – ein Anblick, bei dem bereits Alexander von Humboldt ins Schwärmen geriet. Die längste Brücke Kubas, der **Puente de Bacunayagua**, spannt sich über das weite, palmenbestandene Tal, über dem Truthahngeier kreisen. Von einem Aussichtspunkt mit Bar kann man die wundervolle Aussicht genießen.

**Valle de Yumurí

* Península de Zapata
C–E 3

Provinz:
Matanzas
Höhe: Meeresspiegel
Entfernung: 140–190 km südöstlich von Havanna

Die Halbinsel und der Nationalpark Zapata sind ein Paradies für Fische, Krokodile und Vögel: Mangroven und Sümpfe, Marschland und idyllische Seen ziehen aber nicht nur die Tiere an, sondern auch die Zweibeiner zum Angeln und Sonnenbaden. Wer Strände sucht, wird auch hier an der Südküste fündig: Playa Larga, ein schmales Stück Strand in der tiefen Bahía de Cochinos, und Playa Girón am Karibischen Meer, historisch bedeutender Schauplatz der »Schweinebucht«-Invasion 1961.

SEHENSWERTES AUF DER PENÍNSULA DE ZAPATA

Gran Parque Natural Montemar Im größten Sumpfgebiet Kubas und einem der größten Mangrovenwälder weltweit (fast 5000 km², seit 2001 unter dem Schutz der UNESCO) tummeln sich Krokodile, Leguane und andere Reptilien, zigtausende von Zugvögeln aus den USA überwintern hier – ein **Eldorado für Ornithologen und Angler**. Zu den hier heute noch lebenden prähistorischen Exoten gehört ein Fisch mit krokodilähnlichem Maul, der **Manjuarí** (Deutsch: Kaimanfisch bzw. Aligatorhecht).

Touren und Infos im Nationalparkbüro (am nördlichen Ortseingang nach Playa Larga auf der westlichen Straßenseite) oder in der Finca Fiesta Campesina nördlich von Guamá (▶Baedeker Tipp). Mückenschutz und Fernglas nicht vergessen!

Die Legende erzählt, dass die Indianer in der **Laguna del Tesoro** (Lagune des Schatzes) ihr ganzes Gold versenkt haben, um es vor den Spaniern zu verstecken. Den Namen *****Guamá** erhielt der Ort nach einem Indianerhäuptling, der einen der letzten Aufstände gegen die Konquistadoren anführte, heute verewigt als eine der 32 Bronzeskulpturen im Freilichtmuseum auf der Hotelinsel Guamá (Speedboat ca.10 CUC pro Weg/Person). Zu dem Komplex gehören neben dem Resort und der Krokodilaufzuchtstation eine Töpferwerkstatt sowie diverse Restaurants und Souvenirshops. Auf der **Krokodilfarm La Boca** leben ca. 6000 Reptilien. Die Einrichtung dieser Station geht auf eine Idee der Revolutionärin Celia Sánchez zurück – ursprünglich angelegt wegen des Artenschutzes. Heute werden die Tiere aus Marketinggründen gehalten. So fängt man die Kleineren immer wieder ein, damit sich die Touristen mit ihnen fotografieren lassen können, und wenn sie nicht auf dem Grill des angeschlossenen Restaurants landen, werden sie am Ende zu Taschen und Schuhen verarbeitet (Einfuhr nach Deutschland ist verboten!).

Krokodilfarm: tgl. 9.00 – 17.00, Sommer: bis 18.00 Uhr, Eintritt: 5 CUC

> **BAEDEKER TIPP**
>
> ### ! *Finca Fiesta Campesina*
>
> Eine hübsche, typische Ausflugsfarm: Man kann sich unter Hibiskus-, Mango- und Avocadobäumen die Beine vertreten, in den Gehegen des Minizoos ein paar Krokodile besuchen, einige kubanische Rinder stehen bereits in Pose für Fotos, und die Hähne führen eine Art Showkampf in ihrer Arena auf, wenn sie denn Lust haben ... Wer das alles mag, kann nebenan in den idyllischen Bohíos des Batey de Don Pedro (Finca Don Pedro, €, Tel. 045/91 28 25, www.cubanacan.cu: zwölf einfache, aber angenehme Doppelbungalows) absteigen und auf der Terrasse im Schaukelstuhl den Sonnenuntergang genießen.

Playa Larga Ungefähr 15 km südlich von Guamá erreicht man Playa Larga, einen Strand mit einer kleinen Hotelanlage an der schön gelegenen Bahía

Pose für den Fotografen? Die Krokodile in Guamá werden heute für die Touristen gehalten.

de Cochinos (Schweinebucht). Besonders geeignet ist der Aufenthalt hier für Familien. Die Kinder können im seichten Wasser und am schattigen Strand ohne Gefahr spielen.

Die Zuckerfabrik Australia, die Castro bei der Schweinebucht-Invasion (▶Playa Girón) als Hauptquartier benutzt hatte, liegt etwa 13 km nördlich von Guamá. An die erfolgreiche Abwehr dieses Angriffs erinnern ein kleines Museum in der Raffinerie und eine Reihe von Monumenten für die Opfer der Schlacht.

Zuckerfabrik Australia

Im April 1961 wurde Playa Girón, ein Strand an der vergessenen Südküste von Matanzas, genauer gesagt an der **Bahía de Cochinos (Schweinebucht)**, Schauplatz eines der bedeutendsten Ereignisse der nachrevolutionären Zeit. Eine Truppe von Exilkubanern, die sich selbst Brigade 2506 nannte, griff Kuba mit Unterstützung der USA an, um das revolutionäre Regime zu stürzen. Die Invasion schlug fehl, denn der Widerstand der Bevölkerung war viel größer als erwartet. Innerhalb von 24 Stunden waren die 1300 Angreifer von 20 000 kubanischen Soldaten unter der Führung Fidel Castros umzingelt. Am Morgen des 19. April befanden sich fast alle Exilkubaner in Gefangenschaft. Sie wurden in die USA zurückgeschickt, im Aus-

*Playa Girón

Península de Zapata erleben

ESSEN

Laguna del Tesoro: Restaurante La Boca de Guamá ⊜⊜
am Parkplatz des Fährablegers
Strohbedecktes Restaurant, in dem meist
eine Band spielt und zum Tanzen animiert. Spezialität: Krokodilfleisch

Playa Larga: La Cueva d. l. Peces ⊜
Ctra. a Playa Girón, ca. 15 km südl. von
Playa Larga; Eintritt 3 CUC
Tel. 045/98 55 67, tgl. 9.00 – 17.00 Uhr
Ausflugslokal an einem kleinen See mit
Unterwasserhöhlen und bunten Fischen,
die man mit der bereitgestellten
Schnorchelausrüstung erkunden kann.

Punta Perdiz ⊜
etwas weiter südlich, ebenfalls an der
Landstraße nach Playa Girón
tgl. 11.00 – 22.00 Uhr
Restaurant an der weiten Meeresbucht:
Nach dem leckeren Grillteller und einer
Verdauungspause kann man im Meer
schnorcheln und tauchen gehen.

Playa Girón: Restaurant Caleta Buena (Rancho Benito) ⊜
ca. 8 km südöstlich von Playa Girón
tgl. 9.00 – 17.00 Uhr
Lokal mit Terrassenbar in der hübschen
gleichnamigen Minibucht mit Ministrand
aus Korallensand, wo man sonnenbaden, schnorcheln und tauchen kann – für
den Eintritt (ca. 15 CUC) kann man sich
außerdem am Buffet laben.

ÜBERNACHTEN

Laguna del Tesoro: Villa Guamá ⊜⊜
Tel. 045/91 55 51,
www.hotelescubanacan.com
Die einem Taíno-Dorf nachempfundene,
aber leider renovierungsbedürftige Hotelanlage verteilt sich auf zehn künstlich
angelegten Inselchen und umfasst ca.
50 Holzbungalows auf Stelzen mit einfach eingerichteten Zimmern, ein Restaurant, Souvenirladen, Diskothek.
Bootsausflüge, Angelmöglichkeiten, or-
nithologische Beobachtung. Bekannt
sind die 32 Bronzeskulpturen der kubanischen Künstlerin Rita Longa, die auf
dem Areal aufgestellt wurden.

Playa Girón: Villa Playa Girón (Cubanacán) ⊜
Tel. 045/98 72 06
www.hotelescubanacan.com
An Meer und Strand verteilen sich auf
einer Wiese rund 300 Zimmer in einem sehr einfachen typisch kubanischen
Hotelbau und Bungalows. Pool, Tauchschule.

Playa Larga: Villa Playa Larga ⊜
an der Straße nach Playa Girón
Tel. 045/98 72 12
 www.hotelescubanacan.com
Zwischen einem schönen schmalen
Strand und der Landstraße gelegene Anlage mit 60 Hotelzimmern und Reihen-
häuschen der unteren Mittelklasse. Pool,
Tauchschule, Tennisplatz

Mirtha Navarro Gonzalez ⊜
Entronque Playa Larga (im Dorf nördlich
des Strandes, ca. 50m von der Haupt-
kreuzung rechts abbiegen, dann links in
eine kleine namenlose Gasse)
Tel. 045/98 73 15
e-mail: pgmejias.mgz@infomed.sld.cu
Zwei Zimmerchen mit privatem Eingang,
Klimaanlage und Bad, ca. 500 m zum
Strand

tausch gegen Medikamente und Lebensmittel im Wert von rund 60 Mio. US$. An der Straße von ▶Guamá nach Playa Girón wurden **80 Gedenksteine** für die Opfer dieses Invasionsversuches aufgestellt. Riesige Plakate zeigen Fidel Castro im Kampfanzug mit Kalaschnikow bei der Verteidigung des revolutionären Kuba. Ein Denkmal und das ***Museo de la Intervención** erinnern an das Ereignis, anhand von Fotografien, Zeitungsartikeln und Waffen wird der Verlauf der Schweinebucht-Invasion dokumentiert. Vor dem Museum im Ort Playa Girón steht ein erbeutetes Flugzeug.

Erinnerung an die fehlgeschlagene Invasion in der Schweinebucht

In der Nähe des Dorfes breitet sich ein sehr schöner, ruhiger **Strand** aus, an dem man auch schnorcheln und tauchen kann.

Museum: tgl. 8.00 – 17.00 Uhr; Eintritt: 3 CUC

* Pinar del Río

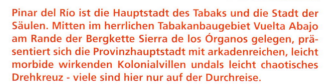

B 3

Provinz: Pinar del Río
Höhe: 30 m
Einwohner: 190 000
Entfernung: 147 km von Havanna

Pinar del Río ist die Hauptstadt des Tabaks und die Stadt der Säulen. Mitten im herrlichen Tabakanbaugebiet Vuelta Abajo am Rande der Bergkette Sierra de los Órganos gelegen, präsentiert sich die Provinzhauptstadt mit arkadenreichen, leicht morbide wirkenden Kolonialvillen undals leicht chaotisches Drehkreuz - viele sind hier nur auf der Durchreise.

Kein Wunder eigentlich, denn auch der Tabakanbau braucht Zeit und Muße, und eine Zigarre schmaucht man am besten gemütlich auf der Veranda im Schaukelstuhl. Touristen »streifen« die Provinzhauptstadt meist nur auf ihrem Weg ins Valle de Viñales und besichtigen die berühmte Tabakfabrik in der Stadt. Das Städtchen »leidet« in letzter Zeit etwas unter teils sehr aufdringlichen bis agressiven Schleppern und »jineteros« (am besten ignorieren!).

Pinar del Río, Soroa und Las Terrazas erleben

AUSKUNFT
Cubatur
Calle Martí 51/Ecke Calle Rosario

ESSEN
❶ *Rumayor* ☻
Ctra. Viñales (ca. 1 km nördlich des
Zentrums von Pinar del Río)
Tel. 048/76 30 50, -51
Di.-So. 12.00 – 22.00 Uhr
Afrokubanisch dekoriertes Touristenlokal
am nördlichen Stadtrand mit Terrasse
und Bar. Show nur noch Fr. – So. ab
23.00 Uhr (5 CUC, mit Essen: 10 CUC).

❷ *El Mesón* ☻
Calle Martí 205/Ecke Calle Comandante
Pinares y Pacheco, Pinar del Río-Stadt
Tel. 048/75 28 67
Mo. – Sa. 12.00 – 22.00 Uhr
Der alteingesessene Paladar mit vielen
Stammgästen serviert leckeres Gegrilltes
vom Huhn, Schwein und Fisch in einer
Kolonialvilla.

❸ *Paladar Nuestra Casa* ☻☻–☻
Calle Colón entre Calles Ceferino y
Primero de Enero, Pinar del Río-Stadt
Tel. 048/72 66 20
Man speist auf einer kleinen luftigen Terrasse unter Palmen: Die Fischgerichte
sind etwas teurer als die üblichen
Schweine- und Hühnchenspeisen, dazu
gibt's Reis und Bohnen, frischen Salat,
»chicharritas« (dünne frittierte Bananenchips) und Brot.

Las Terrazas:
Cafetal Buena Vista ☻☻
Complejo Turístico Las Terrazas, Autopista
Havanna-Pinar del Río, km 51 (Candela-
ria)

Tel. 082/57 86 00
Restaurant im ehemaligen Herrenhaus einer Kaffeeplantage, ca. 5 km oberhalb
des Hotels ►La Moka. Vorzügliches Essen
(tgl. 11.30 – 15.00 Uhr)

Las Terrazas: Fonda de
Mercedes/Romero ☻
Tel. 048/57 86 47
048/57 87 00 (Romero)
(gehört zum Hotelkomplex, liegt aber im
Dorf)
tgl. 12.00 – 21.00 Uhr
Auf einer Terrasse serviert »die beste Köchin im Ort« ihre Köstlichkeiten, etwa
aporreado del ternera (leckeres Rinder-
gulasch) und Guayaba-Eis. Im Restaurant
Romero einige Schritte weiter gibt es ve-
getarische »Öko«-Küche – alles selbst
angebaut und wie bei Großmuttern zubereitet.

ÜBERNACHTEN
❶ *Vueltabajo* ☻☻
Calle Martí 103 Ecke Calle Rafael
Morales
Tel. 048/75 93 81, -84
www.islazul.cu
Endlich hat auch die Provinzhauptstadt
ein vorzeigbares Hotel mitten im Zentrum: Die rosa getünchte Herberge aus
dem Jahr 1927 wurde liebevoll restauriert und bietet 24 gemütliche und gut
ausgestattete Zimmer und Mini-Suiten,
teil mit Balkönchen (natürlich zur lauten
Straße).

Las Terrazas: La Moka ☻☻
Complejo Turístico Las Terrazas,
Autopista Havanna -Pinar del Río, km 51
(Candelaria)
Tel. 048/57 86 00

Pinar del Río • ZIELE   245

www.lasterrazas.cu
Überteuertes, aber originelles kleines »Ökohotel«: In der Lobby wächst ein Baum, von der Badewanne aus hat man einen weiten Panoramablick auf das Modelldorf Las Terrazas (►S. 249) Pool, Tennisplatz. Zudem werden Privatunterkünfte bei Kubanern in komfortablen Häusern am See (☺) oder in einfachsten Holzhütten (☺) sowie Camping angeboten.

Soroa: Villas Soroa ☺☺
Ctra. de Soroa, km 8
Tel. 048/52 35 34, -56
www.horizontes.cu
Angenehme, aber einfach eingerichtete Reihenbungalows am Waldrand rund um einen großen Pool.

Soroa: Hospedaje El Alto ☺
Ctra. de Soroa, km 5,5

Mobil-Tel. 05 225 26 63
Die reinste Idylle: ruhige ländliche Casa mit Enten, Hühnern und Hausschwein im Garten. Bei Mireya können die Gäste auch gute kubanische Hausmannskost genießen.

Soroa: Los Sauces ☺
Ctra. a Soroa km 3, Candelaria.
Tel. mobil 05-228 93 72 und 05-273 82 77 (aus Deutschland: 0053/52..., ohne die Null)
email: bocourt@af.upr.edu.cu.
Eine der schönsten Casas in Kuba: Jorge und Ana haben eine kleine (preisgekrönte) Oase geschaffen: 300 Pflanzen, zahllose Obstbäume, Palmen, Riesenkakteen – wie ein kleiner Botanischer Garten. Mittendrin zwei Bungalows mit Bad, Schaukelstühle auf der Terrasse sowie ein kleiner Speise-Pavillon – rechtzeitig buchen!

SEHENSWERTES IN PINAR DEL RÍO

Das interessanteste Kolonialgebäude der Stadt ist zweifellos der Palacio Guasch (Calle Martí 202), 1914 erbaut. Das architektonisch auffällige Herrenhaus, das eine Vielzahl von Stilrichtungen vereint, beherbergt heute das naturhistorische Museum der Stadt. Der ehemalige Besitzer soll ein äußerst reiselustiger Mann gewesen sein, der allerhand Souvenirs sammelte und sein Heim dann damit schmückte. So ist ein großes Sammelsurium zusammengekommen: unter anderem ägyptische Hieroglyphen neben gotischen Wasserspeiern, griechische Säulen und Jugendstilelemente. Im **Museo de las Ciencias Naturales** sind wie in anderen Sammlungen dieser Art Vögel, Fische, Säugetiere und Muscheln der Region zu besichtigen; doch die eigentliche Sehenswürdigkeit ist ein Dinosaurier aus Beton im Innenhof des Gebäudes. Hier findet man auch ein Exemplar der seltenen Korkpalme.

Palacio Guasch

❶ Di. – Sa. 9.00 bis 17.00, Sa./So. 9.00 – 13.00 Uhr; Eintritt: 2 CUC

Das Theater (500 Plätze) an der Calle Martí/Ecke Colón ist ein besonderes Beispiel für die Säulenarchitektur der Stadt. Man sollte es

Teatro Milanés

ZIELE • Pinar del Río

auch von innen zu besichtigen, da die Bürger der Stadt bei der Innenausstattung nicht geizten und edelste Hölzer verwendet wurden.
• tgl. 9.00–17.00, Vorstellungen, Di.–Sa. 20.00, So 17.00 Uhr

*Fábrica de Tabacos

In der Nähe der Plaza de la Independencia liegt die Tabakfabrik Francisco Donatien. In dem Gebäude aus dem Jahre 1868 waren früher ein Krankenhaus, dann ein Gefängnis und seit den 1960er-Jahren eine Zigarrenfabrik untergebracht. Man hat hier die Gelegenheit, bei den verschiedenen Arbeitsgängen der Zigarrenherstellung zuzusehen: Zuerst werden die Tabakblätter sortiert, dann Zigarren gerollt und zuletzt die Banderolen angebracht.

Die Fabrik ist auf den Besuch von vielen Touristen eingerichtet; es gibt Souvenirshops, eine Bar und natürlich einen Verkaufsraum. Die Zigarren, die hier gefertigt werden, sind nicht für den Export bestimmt. Sechs Marken für den nationalen Verbrauch werden hier produziert, im Laden kann man diese und auch Exportzigarren erwerben.

• Mo.–Fr. 9.00–12.00, 13.00–16.00, Sa. 9.00–12.00; Eintritt: 5 CUC, Fotos/Filmen verboten

Ein weiteres typisches Produkt der Gegend wird in der Likörfabrik Casa Garay (Calle Isabel Rubio) hergestellt. Guayabita, ein Likör aus kleinen Guaven, wird dort erzeugt, abgefüllt und verkauft. In der Probierstube werden zwei Sorten (süß oder trocken) angeboten.

*Casa Garay

❶ Mo. – Fr. 9.00 – 16.00, Sa. bis 12.30 Uhr; Eintritt: 1 CUC

UMGEBUNG VON PINAR DEL RÍO

In westlicher Richtung gelangt man von Pinar del Río aus auf die Halbinsel Guanahacabibes, Kubas größten Nationalpark und Biosphärenreservat der UNESCO. Das Gebiet, benannt nach einem Indianerstamm, der bei der Ankunft der Spanier hier lebte, besteht zum größten Teil aus Mangrovenwäldern, in denen viele einheimische Pflanzen und Tiere leben; zudem gilt es von November bis März als wichtige Station der Zugvögel. Die Südseite der Halbinsel mit ihrem wunderbaren Strand umschließt die **Bahía de Corrientes** in einem Halbrund.

*Parque Nacional Guanahacabibes Península

Von diesem Taucherresort **María La Gorda** aus kann man faszinierende Ausflüge zu Korallenriffen und Schiffswracks unternehmen, die direkt vor der Küste liegen. Der Name der Anlage geht auf eine Venezolanerin zurück, die »die dicke Maria« genannt wurde. Sie soll von Piraten entführt worden sein, die hier Schiffbruch erlitten. Es heißt, Maria habe dann an vorbeifahrende Seeleute Trinkwasser (und eventuell auch sich selbst) verkauft, nachdem sie sich aus ihrem Sklavendasein freigekauft hatte. Im Ort La Bajada geht es zum Nationalpark (ca. 130 km südwestlich von Pinar del Rio), nur mit einem offiziellen Führer, der hier an der Estación Ecológica bereitsteht.

> ### BAEDEKER TIPP
>
> ### ❗ *Vegas Robaina*
>
> Die wohl berühmteste private Tabakplantage des mittlerweile verstorbenen Don Alejandro Robaina (»el Viejo«) ist ein Wallfahrtsort für die echten »aficionados«, Kenner, die sogar aus arabischen Ländern herfinden: Hier kann man einen Einblick in die Tabakwirtschaft gewinnen, einen Blick in die »secadero«-Trockenhütten werfen und einwandfreie Ware einkaufen. Robaina ist der einzige, nach dem eine Zigarre benannt ist: die Vegas Robaina. Ca. 15 km südwestlich von Pinar del Río, über das Dorf San Juan y Martinez (Mo. – Fr. 10.00 – 17.00 Uhr; Eintritt 5 CUC).

fünfstündige Exkursion: ca. 10 CUC (kein Eintritt für Hotelgäste)

Der Nationalpark La Güira liegt ungefähr 50 km nordöstlich von Pinar del Río in der Sierra de los Órganos. Auf dem 20 000 km² großen Gebiet wachsen viele tropische Bäume und Pflanzen. Ornithologen können im ***Nationalpark La Güira** noch einige seltene kubanische Vogelarten beobachten. Von den Höhen der Sierra La Güira bietet

Sierra de los Órganos

Der Weg zur Havanna ist weit: Rund um Pinar del Río liegt das Hauptanbaugebiet für Tabak.

sich ein wunderbarer Blick auf die umgebende Landschaft. In der **Cueva de Los Portales** (11 km westlich von Pinar del Rio-Stadt, ca. 15 km nordwestlich von San Diego de los Banos) hielt sich Che Guevara während der Kubakrise im Oktober 1962 auf. Die Höhle kann besichtigt werden, Führer für den Parque Nacional de La Güira sind zu buchen im Hotel Mirador (in San Diego de los Baños gleich neben dem Kurmittelhaus).

Höhle: tgl. 10.00 – 16.00 Eintritt 1, mit Führer 3 CUC. Führer für den **Parque Nacional de La Güira** sind zu buchen im Hotel Mirador (in San Diego de los Baños gleich neben dem Kurmittelhaus, ca. 1-4 Std. ab 5 CUC/p.P.)

San Diego de los Baños Für die heilende Wirkung seiner Thermalquellen ist der Ort San Diego de los Baños (55 km nordöstlich von Pinar del Río) in der Sierra de los Órganos bekannt. Bereits Ende des 19. Jh.s reisten Leute aus gesundheitlichen Gründen hierher; nach der Revolution wurde schließlich eine Poliklinik eingerichtet. In dem katakombenähnlichen Kurmittelhaus und Thermalbad (Balneario, wird z.Zt. renoviert) bekommen auch Ausländer Massagen (ab ca. 10 CUC), Fangotherapie (ca. 12 CUC) und Akupunktur. Direkt gegenüber am Parque Central kann man eine kleine Zigarrenfabrik besichtigen, aber auch »selbständige Tabakdreher machen sich gegenüber Touristen bemerkbar, um ihr Können im eigenen Hinterhof zu demonstrieren.

Pinar del Río • ZIELE

Keine zwei Autostunden von der Hauptstadt entfernt liegt die Bergkette **Sierra del Rosario,** die sich als Biosphärenreservat der UNESCO und als Ziel der »Öko«-Touristen einen Namen gemacht hat. Hier kann man in Bächen plantschen und unter Wasserfällen baden, Orchideen und Vögel bewundern und die schöne bergige Gegend rund um das Dorf Soroa auf dem Pferderücken oder mit dem Fahrrad erkunden.

Las Terrazas/ Sierra del Rosario

✱ LAS TERRAZAS

Die Künstlerkolonie Las Terrazas wartet mit Kunsthandwerk und Wanderwegen auf Besucher. Wer will, kann bei Bauern im Grünen übernachten. Das Modelldorf wurde vor rund 40 Jahren (1971) als landwirtschaftliche Kooperative gegründet, die damals verarmten Bauern bekamen Stromanschluss und fließend Wasser in festen Häusern.

Vorzeigedorf

Die rund 230 Familien und vor allem die damaligen Kinder arbeiten heute hier als Hotelpersonal, Künstler oder Wanderführer. Die einfachen Wanderungen sind z.B. La Serafina und Las Delicias (1 – 3 Std., Wanderungen 15 – 22 CUC), eine anspruchsvollere Wanderung führt zur Cascada del San Claudio (13 – 20 km, 6 – 8 Std., 25 CUC), wo man in spartanischen Hütten am gleichnamigen Wasserfall nächtigen kann (allerdings können diese nach Hurrikans u.U. gesperrt sein). Unterwegs lassen sich rund 80 Vogelarten beobachten bzw. belauschen, etwa winzige Kolibris, der Nationalvogel Tocororo (der Kuba-Trogon) in den Nationalfarben Kubas und der Cartacuba (Vielfarbentodi). Kubanische Flora wie die gelben Alamanda- und knallroten Ingwerblüten wachsen am Wegesrand. Nur fünf Kilometer vom Ortszentrum entfernt lohnt der Besuch des Cafetal Buena Vista, einer ehemaligen Kaffeeplantage aus dem 19. Jahrhundert (neben den Ruinen der Sklavenbaracken befindet sich heute ein Lokal im einstigen Herrenhaus, ▶Essen). Bei der beliebten Canopy-Seilbahn schwebt man über den Lago San Juan von Baumwipfel zu Baumwipfel (ca. 25 CUC inkl. Lunch).

Und so dient das frühere Modelldorf für Landwirte heute vorwiegend touristischen Zwecken. Die Besucher übernachten entweder im schönen, aber teuren Hotel La Moka oder unten im Dorf rund um den idyllischen San Juan-See bei den Kubanern in hübschen, aber einfach eingerichteten Villas oder sehr spartanisch in Pfahlhütten und auf dem Campingplatz. Am See steht auch das Museum im früheren Wohnhaus des berühmtesten und bis heute verehrtesten Las Terrazas-Bewohners: dem einstigen Holzfäller und Sänger Polo Montáñez, der 2002 bei einem Autounfall starb (bekannt für seinen größten Hit »Guajiro Natural«).

❶ Eintritt für Tagesbesucher: 4 CUC

* SOROA

Orchideen-garten
16 km südlich von Las Terrazas liegt Soroa in einem langen, schmalen Tal. Sehenswert ist der ***Orquideario** im Jardín Botanico, einem großzügig angelegten Park, der mehr als 700 Orchideenarten zeigt, von denen etwa 250 in Kuba endemisch sind. Zudem kann man eine Vielzahl von Begonien, Bromelien und tropischen Bäumen bewundern. Ein Besuch empfiehlt sich v. a. in den Monaten November bis April, wenn die Orchideen eine wahre Pracht entfalten. Aufgrund dieser besonderen farbenfrohen Fülle wird Soroa auch als »Regenbogen Kubas« bezeichnet. Eine wunderbare Aussicht auf das gesamte Tal bietet sich vom Aussichtspunkt **El Mirador de Venus**, den man nach einem Aufstieg von etwa einer Stunde erreichen kann. Bei klarem Wetter soll man von hier aus bis zum Golf von Mexiko im Norden und zum Karibischen Meer im Süden sehen können. Kurz vor der Gartenanlage führt ein schmaler, z.T. auch rutschiger Weg (ca. 500 m) zum Wasserfall ***El Salto del Arco Iris** (Salto de Soroa). Man sollte bereits morgens den Gang hierher einplanen, denn die Fälle sind bei direktem Sonnenlicht am schönsten. Nach dem Spaziergang im feuchtheißen Klima lädt das kristallklare Wasser im Bassin zu einer Abkühlung ein. Am Eingang wartet in den »Baños Romanos« ein Masseur mit Fangoschlamm und Schwefelbädern auf seine »Opfer«.

Orchideengarten tgl. 8.30 – 16.30 Uhr; Eintritt 3 CUC. **Wasserfall:** 3 CUC. **Bäder:** tgl. 9.00 – 16.00 Uhr, Behandlungen ca. 5 bis 20 CUC

Las Barrigonas
Etwa 60 km nordöstlich von Pinar del Río, auf halbem Weg nach ►Havanna, kann man bei Las Barrigonas die Hütte und das kleine Anwesen (Kleinvieh, Tabakschuppen etc.) des Bauern Umberto besichtigen. Da fast alle Reisebusse hier Halt machen, wurde daneben eine Raststätte mit Bar, Snackbar und Souvenirständen gebaut.

** Playa Santa Lucía

H 4

Provinz: Camagüey
Höhe: Meeresspiegel
Entfernung: 630 km von Havanna, 112 km von Camagüey

Ein großes Korallenriff mit 500 farbenprächtigen Fischarten und 35 Tauchplätzen zog schon die Taucherlegende Jacques-Yves Cousteau nach Playa Santa Lucía, das heute vornehmlich eine Hotelsiedlung ist. Maritime Attraktionen sind z. B. das Füttern der meist harmlosen Haie und das Beobachten der Mantas und Delfine, die sich vor dem kilometerlangen Strand an der Nordküste tummeln.

Traumhaft gelegen: das »Bucanero« am Strand Los Cocos

Der Ort selbst hat keine Sehenswürdigkeiten zu bieten, doch die Hotelagenturen haben Ausflüge in die nähere Umgebung im Programm. Wer mehr als diesen Teil Kubas kennen lernen möchte, kann Touren nach ▸Santiago de Cuba, ▸Baracoa, ▸Trinidad, ▸Camagüey und ▸Cayo Coco buchen. Ein wahres Tauchparadies ist das der Küste vorgelagerte ***Korallenriff**. Es soll das drittgrößte der Welt sein. Eine farbenfrohe und spannende Unterwasserwelt kann hier entdeckt werden mit Korallengärten, versunkenen Wracks und Unterwasserhöhlen.

UMGEBUNG VON PLAYA SANTA LUCÍA

Ruhige Wellen und einen breiten Sandstrand bietet **Playa Los Cocos** (auch Los Coquitos, 6 km westlich von Santa Lucía) an der Bucht von Nuevitas. Ganz in der Nähe befindet sich das kleine Fischerdorf La Boca mit einigen Strandlokalen. Mit einem Boot kann man auch zu den Traumstränden nach **Cayo Sabinal** (9 km westlich von Santa Lucía) übersetzen, wo es ein Restaurant (Open-Air) gibt. Auf der teilweise bewaldeten Halbinsel leben Hirsche, Wildschweine und diverse Wasservögel. Mit etwas Glück kann man Flamingos und Pelikane beobachten.

Strände

Playa Santa Lucía erleben

ESSEN

Playa Los Cocos: El Bucanero ❸
ca. 6 km westlich der Hotels in La Boca
Tel. 032/36 52 26
Ein schöner Spaziergang (oder ein Ausflug mit der Pferdekutsche) führt strand-
läufer zu diesem Lokal: Frische Meeresfrüchte an einem wunderschönen
Strand, der auch Playa Los Coquitos genannt wird. Es gibt allwöchentlich
Themenabende mit kostümierten Kell-
nern für Reisegruppen und die Hummer-
Party (in den Hotels zu buchen, ❸❸).

ÜBERNACHTEN

Club Amigo Caracol ❸❸❸
Tel. 032/33 63 02
www.hotelescubanacan.com
An einem Palmenstrand erstreckt sich
diese schöne Anlage mit unterschiedlichen und teils sehr geräumigen zweistöckigen Häusern. Pool, Tennisplatz

Gran Club Santa Lucía ❸❸
Tel. 032/33 61 09
www.hotelescubanacan.com
Das schöne Mittelklasse-Hotel (250 Z.)
ist beliebt bei Familien mit Kindern.

Abends öffnet sogar ein à la carte-
Restaurant.

Playa Covarrubias:
Brisas Covarrubias ❸❸
Puerto Padre, Provinz Las Tunas
(ca. 60 km Luftlinie, real aber 100 km
östlich von Playa Santa Lucia,
ca. 4 Fahrstunden auf teilweise sehr
schlechten Straßen), Tel. 031/51 55 30
www.hotelescubanacan.com
Sehr abgelegene All-inclusive-Anlage,
aber an makellosem Bilderbuchstrand:
Das moderne, aber schlichte Hotel kann
in der Nebensaison einsam und sehr ruhig sein, außer an Wochenenden und in
den kubanischen Ferien (180 leider sehr
abgewohnte Balkon-Zimmer mit Meerblick, Pool, 2 Restaurants, Disco). Küche
und Service sind noch ausbaufähig.

Club Amigo Mayanabo ❸
Tel. 032/33 61 84
wwww.hotelescubanacan.com
Viele (deutsche) Stammgäste zieht es in
den bunten Plattenbau (225 Z.) im
1970er-Design mit Riesenpool, Animation und Disko.

Rancho King In den Ebenen um Camagüey, das mit seinen Cowboys und Rinder-
herden einen Hauch von Wildem Westen spiegelt, lassen sich auch
Reitausflüge unternehmen. Die Farm Rancho King (26 km südwestlich von Santa Lucía) hatte bis zur Enteignung 1959 einem Texaner
gehört. Heute kann man in dem angeschlossenen Restaurant Grill-
spezialitäten genießen und ein echtes kubanisches Rodeo miterleben.
❶ tgl. 9.00 – 17.00 Uhr (Tour mit Transfer, Lunch u. Ausritt ca. 30 CUC, Kids:
16 CUC, in allen Hotels zu buchen). Shows z.Zt. nur Mi. 10.00 Uhr

Minas Auf der Hälfte des Weges nach Camagüey legen die Ausflugsbusse
manchmal einen Stopp im Städtchen Minas ein, wo man eine kleine
Krokodilfarm besucht und den Violinen- und Gitarrenbauern über
die Schulter schaut. Wer einen Tagesausflug hierher bucht, bekommt

Playas del Este • ZIELE

auch eine Bootsfahrt und einen Folkloretanz geboten. Ansonsten wartet auf die Urlauber vor der Küste eine Insel voller Leguane, und bei einem Bootsausflug in die Nuevitas-Bucht kann man mit etwas Glück auch Delfine erspähen.

Playas del Este

C 2

Die »Badewanne« der Habaneros: 18 km östlich der Hauptstadt erstreckt sich dieser 9 km lange Küstenstreifen mit kleinen Badebuchten oder langem Sandstrand unter Palmen – die Playas del Este. Zugegeben: Die Strände und das Meer sind nicht an allen Stellen paradiesisch, dafür »lebt« der Strand à la cubana, mehr als jeder andere in Kuba.

Da werden der »beisbol«-Schläger geschwungen und auch die Hüften (man übt hier Salsa mangels Batterien auch schon mal ohne Musik …). Eine Flasche Rum macht immer irgendwo die Runde, und statt Strandburgen bauen Vater und Sohn hier lebensecht wirkende Meeresschildkröten aus Sand. Die Strände heißen von West nach Ost: **Bacuranao, El Mégano, Santa María del Mar, Boca Ciega, Guanabo, Jibacoa** und **Tropico**. Im schöneren und ruhigeren Strandabschnitt Santa María del Mar logiert man in Hotels direkt am Meer oder hinter den Dünen, dafür ist hier außerhalb der Hotels nicht viel los. Am anderen östlichen Ende in Boca Ciega und Guanabo wohnt man in kleinen Stadthotels oder in Häusern bei kubanischen Familien, die ihre Zimmer am Meer und im Städtchen für die sonnenhungrigen Kubaner (v. a. im Juli und August) und die Ausländer räumen. Gut geeignet für Familien, die sich selbst versorgen oder in einem der vielen kleinen Restaurants und Paladares speisen. Etwa 60 km östlich von Havanna schließen sich die seltener besuchten und kleineren Strände von **Jibacoa** und **Tropico** an. Ganz in der Nähe, im einstigen Fischerdorf **Santa Cruz del Norte**, wird der weltberühmte »Havana Club« in der größten kubanischen Rumfabrik hergestellt.

Badeorte östlich von Havanna

> **BAEDEKER TIPP !**
>
> *Warum nicht mal selbst kochen?*
>
> Der Mercado Agropecuario in der Calle 494 entre Av. 5ta. B y Av. 5ta. C in Guanobo verkauft alles, was die Saison hergibt: Papayas und Kochbananen, Gurken, Zwiebeln und Eier, und manchmal gibt's auch Hummer (»langostas«) ganz preiswert – unter der Hand und zugeflüstert, versteht sich …

Auf der idyllischen Laguna Itabo in Santa María del Mar können Urlauber mit Paddelbooten in See stechen, Ruderboote und Kajaks aus-

Santa María del Mar

Playas del Este erleben

AUSKUNFT
Santa María del Mar
Infotur-Büros in den Hotels Tropicoco
und Las Terrazas sowie in der Av. del Sur
(Av. de las Terrazas entre Calles 11 y 12)

Guanabo
Infotur in der Av. 5ta. entre Calles 468 y
470, Tel. 07/7 96 41 39, www.infotur.cu

VERKEHR
Der »Havana Tour Bus« (Linie T3) fährt
tgl. mehrmals ab Hotel Inglaterra direkt
an die Playas del Este (3 CUC).

Unterwegs mit dem Hershey-Zug
Der alte elektrische Hershey-Zug aus
dem Jahr 1917 stoppt in Guanabo und
Jibacoa Pueblo auf seiner rund vierstün-
digen Fahrt zwischen Casablanca (Stadtteil in ▶Havanna) und ▶Matanzas. Er ruckelt durch Zuckerrohrfelder, hält nahe
der einstigen Zuckerrohrfabrik Central
Camilo Cienfuegos (auch: Hershey) und
durchquert das Valle del Yumurí (▶Ma-
tanzas), das Alexander von Humboldt
angesichts der üppig tropischen Kulisse
und tausenden Königspalmen als
»schönstes Tal der Welt« beschrieb.
(sonntags immer als siebenstündiger rei-
ner Touristen-Ausflug mit Live-Musik
und Animation ab Havanna, zu buchen
z.B. bei Cuba Real Tours in Havanna:
Ave. Paseo 606 entre Calles 25 y 26, Vedado, Tel. 07/834 42 51, Tel. in Deutschland: 0180/31 00 03 27, www.cubareal-
tours.eu, www.transhershey.com (ca.
100 US$/=90 €).

ESSEN
Boca Ciega: El Cubano ☺
Av. 5ta. entre Calles 454 y 456

Tel. 07/7 96 40 61
tgl. 10.00 – 24.00 Uhr
Hervorragendes Essen im Grill-Bar-
Restaurant der Palmares-Kette: Leckere
Garnelen in Tomatensalsa, Hühnchen in
Weinsauce, gegrillter Fisch oder Steak
werden im Speisesaal oder im Garten-
lokal serviert.

Guanabo:
Pizzeria Italiana Piccolo ☺☺–☺
Av. 5ta. entre Calles 502 y 504
Tel. 07/7 96 43 00
tgl. 12.00 – 24.00 Uhr
Ein (fast) echter Italiener in Kuba: Rusti-
kaler Paladar mit knuspriger Pizza aus
dem Holzkohleofen und kubanischen
Speisen

Guanabo: Maeda ☺
Quebec 115 entre Calles 476 y 478
Tel. 07/7 96 26 15
Miguel empfängt seine Gäste in seinem
Privatlokal mit Garten und bietet eine
außergewöhnlich große Auswahl an
schmackhaftem Essen, gute Weinkarte.

ÜBERNACHTEN
Playa Jibacoa: Breezes SuperClub
Jibacoa ☺☺☺☺ ☺☺☺
Playa Arroyo Bermej
Santa Cruz del Norte (ca. 60 km östlich
von Havanna)
Tel. 047/7 29 51 22
www.superclubscuba.com
Weit abgelegenes Strandresort der oberen Klasse »in the Middle of Nowhere«
– dafür todo íncluido für Gäste ab 14
Jahren mit rund-um-die-Uhr-Animation
und abendlichen Shows. 250 nett eingerichtete Zimmer und Appartement-Sui-
ten, drei Lokale, großer Pool, Jacuzzi, Fit-

ness Center, Wassersport. Wer sich doch mal unter die Kubaner traut: Außerhalb des Hotels haben einige private Lokale eröffnet, man kann dort bei den Anwohnern z.B. auch Reitausflüge unternehmen (unversichert, versteht sich).

Guanabo: Villa Mayada ❸❸❸
1era No. 49006 entre Calles 490 y 492
Mobil-Tel. in D (Ada): 0160 587 78 72
www.villamayada.com
Schönes Privathaus zum Abschalten direkt am Strand: Die deutschsprechenden Schwestern May und Ada vermieten eine modern eingerichtete Villa mitsamt Hängematten im Garten, Pool auf dem Dach. Das alles hat seinen Preis ...

Guanabo: Nancy Pujol Ramos ❸
1era No. 50019 entre Calles 500 y 504
Tel. 07/796 30 62
Tolle Lage: ein Haus auf den Felsen am Meer. Die zwei Zimmer teilen sich das kleine Duschbad in der Mitte (für Familien gut geeignet), ein großes Wohnzimmer. Wer will, kann kochen in der Küche. Man sitzt gemütlich auf der Terrasse im Garten (auch das Haus von Iriana daneben ist zu mieten).

An den Playas del Este zeigt man gerne, was man hat.

leihen und die Mangroven erkunden. Das Open-Air-Lokal Mi Cayito auf der kleinen Insel im See bietet preiswertes kubanisches Essen.
❶ tgl. 10.00–18.00 Uhr, am Wochenende Show um 15.00 Uhr

∗ Sancti Spíritus

✦ F 4

Provinz: Sancti Spíritus
Einwohner: 120 000
Entfernung: 348 km von Havanna, 513 km von Santiago de Cuba

Eine der ältesten Städte Kubas bezaubert mit einem schönen alten Stadtkern voller kopfsteingepflasterter Gassen und niedrigen Häuschen in Pastelltönen, Plazas mit Kolonialpalästen, Pferdekutschen und – wenigen Touristen.

ZIELE • Sancti Spíritus

BAEDEKER

> **!**
>
> *Hoch zu Ross*
>
> Einer besonderen Form des Karnevals kann man in Sancti Spíritus beiwohnen: einem großen Umzug mit Wagen und vielen Pferden. Selbst die Congaspieler trommeln hier zu Pferde.

Schon 1514 wurde Sancti Spíritus am Río Tuinicú gegründet, einige Jahre später aber wegen Insektenplagen und Piratenüberfällen an den Río Yayabo verlegt. Da der Ort über keinen Hafen verfügte, widmete man sich hauptsächlich der **Rinderzucht**, die die gesamte Region nachhaltig prägte. Der Aufschwung ging nur langsam vonstatten, und da nur wenige Arbeitskräfte notwendig waren, besaß jede Farm maximal drei Sklaven – noch heute sind 80 % der Bevölkerung weiß. Nach mehreren Bränden und Verwüstungen während der Unabhängigkeitskriege erlebte die Stadt zu Beginn des 20. Jh.s dank US-amerikanischer Investoren in der Zuckerindustrie ein Wirtschaftswachstum. Nach der Revolution, als sich in der nahe gelegenen Sierra del Escambray Konterrevolutionäre sammelten, wurde Sancti Spíritus zum **Operationszentrum Fidel Castros**. Auch später noch verweigerten hier ansässige Zeugen Jehovas immer wieder die Kooperation mit dem System. Um sie und die anderen Bauern der Region für die Revolution zu gewinnen, zog die **Theatergruppe »Escambray«** durch die Dörfer, um ihnen anhand von Theaterstücken die revolutionären Ideen nahe zu bringen.

SEHENSWERTES IN UND UM SANCTI SPÍRITUS

Parque Serafín Sánchez
Der Parque Serafín Sánchez mit seinen sorgfältig renovierten Bauwerken und der hübschen Glorieta ist der wichtigste Treffpunkt der Stadt. Das imposanteste Gebäude beherbergt die Provinzbibliothek.

*Parroquial Mayor del Espíritu Santo
An der Ecke zur Calle Menéndez steht die Hauptpfarrkirche Espíritu Santo, eines der ältesten Gotteshäuser Kubas. Mit ihrem Bau wurde bereits im Jahre 1522 begonnen. Es wird überliefert, dass der spanische Missionar und Chronist **Bartolomé de Las Casas** hier gepredigt hat. Während des 17. Jh.s musste die Kirche zweimal wieder aufgebaut werden, Turm und Kuppel stammen aus dem 18. und 19. Jahrhundert. Beachtenswert ist ihre aufwändig geschnitzte Decke aus kubanischen Edelhölzern. Wie die Brücke über den Yayabo wurde die Parroquial Mayor zum kubanischen Nationaldenkmal erklärt.

Museo de Arte Colonial
An der gegenüberliegenden Ecke (Calle Plácido) in Richtung zum Río Yayabo steht das **ehemalige Stadtpalais der Familie Iznaga**, in dem nun das Museum für Koloniale Kunst untergebracht ist. Zu sehen sind v. a. Möbel und andere Einrichtungsgegenstände dieser Zeit. Wunderschön ist auch der Patio des Hauses.
❶ Di. – Sa. 9.00 – 17.00, So. 8.00 – 12.00 Uhr; Eintritt 2 CUC

Sancti Spíritus erleben

AUSKUNFT
Cubatur
Calle Máximo Gómez 7
Tel. 041/32 85 18, www.cubatur.cu

AUSGEHEN
**Casa de la Trova
Miguel Companioni Gómez**
Calle Máximo Gómez 26 (nahe Plaza Honorato)
Di. – So. 10.00 – 2.00 Uhr (Mo. zu), ab 22.00 Uhr Live-Musik, Eintritt 1 CUC
Treffpunkt von professionellen wie auch von Amateur-Trovadores. Die bekannten lokalen Gruppen »Coro de Clave« und die betagten Musiker von »La Parranda« sollte man sich am Wochenende nicht entgehen lassen, sie spielen traditionelle Bauernmusik (»musica campesina«).

ESSEN
Mesón de la Plaza ●
Plaza Honorato Tel. 041/32 85 46
tgl. 9.00 – 23.00 Uhr
Kleines Lokal mit kubanischen Gerichten rund ums Huhn und Schwein, mit viel Reis, Bohnen und tostones als Beilagen.

Quinta Santa Elena ●
Calle Padre Quintero 60
Tel. 041/32 81 67, tgl. 10.00 – 23.00 Uhr
Kleines Patiolokal mit großer Veranda am Fluss mit Livemusik

ÜBERNACHTEN
**Carrusel Rancho Hatuey
(Cubanacán)** ●●
Ctra. Central, km 383 (4 km nördl. von Sancti Spíritus)
Tel. 041/32 83 15, www.cubanacan.cu
Das Hotel liegt etwas außerhalb von Sancti Spíritus, zweistöckige Bungalows

(insg. 74 Z.). Bar, Restaurant, Swimmingpool. Das Personal ist sehr freundlich (Zimmer-Safe besser nicht benutzen).

Hostal del Rijo (Islazul) ●●
Calle Honorato del Castillo 12/Ecke Calle Máximo Gómez (an der Plaza Honorato)
Tel. 041/3285 81, -88, www.islazul.cu
Kolonialpalast aus dem 19. Jh., herrlich restauriert mit grünem Patio und Bar auf der Dachterrasse, sehr gutes Preis-Leistungs-Verhältnis. Die 16 Zimmer (Sat.-TV, Tel., Minibar) haben teils Balkon. Restaurant

Encanto Plaza (E Plaza) ●● – ●
Calle Independencia/Ecke Av. de los Martíres (am Parque Sanchéz)
Tel. 041/32 71 02, www.islazul.cu
Kolonialhotel mit 28 teils kleinen, aber gemütlichen Zimmern (kein Geld im Zimmersafe aufbewahren!).

La Casa Azul ●
Calle Maceo 4 Sur ente Calles Los Mártirez y Doll
Tel. 041/324336, www.islazul.cu
Superzentral: Nur 300 m vom Sánchez-Platz wohnen die Gäste in einem modernen Haus bei Omaída mit Dachterrasse, etwas laut, aber nett..

Casa Bulevar ●
Calle Independencia 17 Sur, Sancti Spíritus, Tel. 041/32 26 56 und
Mobil-Tel. 05 380 83 73
Eine sehr ruhige Privatpension, dennoch zentral: Man logiert in einem hochherrschaftlichen Altbau mit eigenem Mini-Bad, dafür großer Speisesaal und ein Balkon über der schönen Fußgängerzone mit Shops und einfachen Lokalen.

258 ZIELE • **Santa Clara**

*Puente Yayabo Die idyllisch gelegene Brücke, die sich in drei großen Brückenbogen über den Yayabo spannt, wirkt in ihrer schlichten Massivität mittelalterlich, wurde aber erst in den Jahren 1817 bis 1825 gebaut.

*Callejón de Llano Direkt vor der Brücke geht nach links die Calle Padre Quintero ab und führt weiter in die Callejón de Llano. Diese Gasse ist die älteste Straße Sancti Spíritus' und entführt einen mit ihren holprigen Pflastersteinen und schindelgedeckten kleinen Häuschen **zurück in die frühe Kolonialzeit.**

Plaza de Jesús Folgt man der Calle Plácido, gelangt man an den ältesten Platz der Stadt, die Plaza de Jesús. In seiner Umgebung gibt es diverse Secondhand-Läden und auch Devisen- bzw. CUC-Geschäfte.

*Presa Zaza Der Zaza-Stausee liegt am südöstlichen Rand von Sancti Spíritus. Das Wasserreservoir ist das größte seiner Art auf Kuba. An den Gestaden des inzwischen fischreichen Süßwassersees sind diverse Erholungseinrichtungen (auch ein Hotel mit noch »echtem« sozialistischem Ambiente) entstanden. Allerdings muss man, um die Umgebung genießen zu können, ausgesprochen moskitoresistent sein.

* Santa Clara

F 3

Provinz: Villa Clara
Höhe: 200 m
Einwohner: 220 000
Entfernung: 272 km von Havanna

In der Provinzhauptstadt mit herrlicher Lage inmitten der hügligen Ausläufer der Escambray-Berge dreht sich alles um einen Mann: Der unbestrittene Held der Stadt ist Che Guevara. In Santa Clara hat der Rebell Ende 1958 die entscheidende Schlacht zum Triumph der Revolution gewonnen – als stumme Zeugen dienen heute noch ein gepanzerter Zug des Batista-Regimes und die Einschusslöcher am Hochhaushotel Santa Clara Libre. Che Guevaras Begräbnisstätte ist Pilgerort für Kubaner und Touristen aus aller Welt.

Geschichte Santa Clara wurde ursprünglich von den Konquistadoren an der Nordküste bei ▶Remedios gegründet. Nach Meinung verschiedener Wissenschaftler soll hier die indianische Siedlung Cubanacán gelegen haben, von der aus die Insel regiert wurde und die ihr den spä-

teren Namen gab. Erst 1689 wurde die Siedlung an ihren jetzigen Ort verlegt. Wegen ihrer für den Tabakanbau geeigneten Böden lebte die Region lange Zeit davon, erst später kam die Viehzucht dazu.
Berühmt und oft besungen gilt Santa Clara als **Symbol für das Ende der Batista-Diktatur**. Am 29. Dezember 1958 ließ Che Guevara hier einen Panzerzug, der zur Verstärkung der Soldaten Batistas geschickt wurde, entgleisen. Waffen und Munition fielen in die Hände der Revolutionäre, viele der gefangenen Soldaten liefen auf Ches Seite über, und mit Hilfe der eroberten Waffen konnten die Scharmützel in den folgenden Tagen entschieden werden. Fulgencio Batista verließ in der Silvesternacht das Land (▶Baedeker Wissen S. 52).

SEHENSWERTES IN SANTA CLARA

In der Nähe der nördlichen Stadtausfahrt, an der Carretera de Camajuaní (Verlängerung der Calle Independencia), erinnert das Monumento al Tren Blindado (Denkmal des gepanzerten Zuges) an den   *Monumento al Tren Blindado

In Santa Clara wird man wie sonst in keiner Stadt Kubas mit der Revolutionsgeschichte konfrontiert.

Santa Clara und Cayo Santa Maria erleben

AUSKUNFT
Cubatur
Calle Marta Abreu 10 entre Calle Gómez y Villuendas, Tel. 042/20 89 80, -81, www.cubatur.cu (auch Mopedverleih)

VERKEHR
Flughafen:
bisher nur Flüge nach/von Havanna

Cayo Santa María
Ab Caibarién führt ein 48 km langer Damm mit 46 Brücken auf die Kette der Urlaubsinseln (Pass und geringe Gebühr). Vorsicht mit dem Mietwagen auf dem meist leeren Damm: die linealgerade und breite Strecke verführt ungemein zum Rasen, ist aber mit teils riesigen Schlaglöchern und Brückenwellen (v.a. beim Übergang zu den Brücken) versehen – und beidseits nur das Meer.

Panoramic Bus
Auf den Inseln zwischen den Hotels und Delfinario verkehrt der zweistöckige Open-Air-Bus (1 CUC).

EVENTS
Am 8. Oktober wird der Todestag Che Guevaras in Santa Clara feierlicher als sonstwo im Lande begangen.

SHOPPING
Ein Teil der Calle Independencia ist »Bulevar«, d. h. Fußgängerzone mit diversen Läden, auch Kunsthandwerk

AUSGEHEN
❶ Club Mejunje
Calle Marta Abreu 107, entre J. B. Zayas y Rafael Lubián, Di. – So. 16.00 – 1.00 Uhr, Eintritt: manchmal 2 CUC

In einer Ruine gelegener Klub mit (Nachmittags-)Disko und Livemusik, Kindertheater (So.), Tanz- und Trravestieshows (Sa.) und kulturellen Veranstaltungen von Salsa bis Jazz und Rock (Alkohol nur zu den Abendveranstaltungen)

ESSEN
❶ La Concha ⊖
Ctra. Central/Ecke Calle Danielito Benitez (Tel. 042/21 81 24) und Calle Marte Abreu
Einfaches Palmareslokal an der Hauptstraße: Die Speisekarte reicht von Pizza bis Hummer, manchmal mit Musikbegleitung (Reisegruppen speisen hier oft).

❷ El Sabor Latino ⊖
Calle Esquerra 157 entre Calle Julio Jover y Berenguer
Tel. 042/20 65 39, tgl. 12.00 – 23.00 Uhr
Der empfehlenswerte Paladar serviert eine Vielzahl von Menüs rund um Schwein, Huhn und Fisch in allen erdenklichen Varianten.

ÜBERNACHTEN
❶ Santa Clara: Carrusel La Granjita (Cubanacán) ⊖⊖–⊖
Ctra. Malezas, km 2,5
Tel. 042/21 81 90, -91,
www.cubanacan.cu
5 km östlich der Stadt: Im Stil eines Indianerdorfes angelegte zweistöckige runde Bungalows mit Palmdach inmitten von Palmen und tropischen Pflanzen. 65 Zimmer. Restaurant, Pool, Disko

Cayo Santa Maria: Melía Buenavista ⊖⊖⊖⊖
Playa Madruguilla
Tel. 042/35 07 00, www.meliacuba.com

Eines der kleineren »adults only«-Hotels: Die 105-Suiten-Herberge mit Butlerservice liegt an einem Traumstrand am westlichsten abgelegenen Inselende. Hier wird nicht animiert, sondern mit Stil logiert.

Cayo Ensenachos: Iberostar ❻❻❻❻
Tel.042/35 03 00 in D: 0800 664 56 39
www.royalhideawayensenachos.ca
www.iberostar.com
Auch auf der Nachbarinsel Ensenachos liegt an einem Zwei-Kilometer-Strand – eine der exklusivsten Herbergen auf Kuba. Die Gäste werden verwöhnt mit All-inclusive-Service und Luxus der Topklasse. Designermöbel, Gourmetküche Butlerservice, neu: Kids Club.

Cayo Santa María: Melía Cayo Santa María (Melía) ❻❻❻
Tel. 042/35 20 00, 35 05 00
www.melia-cayosantamaria.com
Früher eines der besten Resorts, das langsam in die Jahre gekommen ist.

Cayo Las Brujas (westl. v. Cayo Santa María): Villa Las Brujas ❻❻
Farallón de las Brujas, Playa La Salina
Tel. 042/35 00 23, -4,
www.gaviota-grupo.com
Familiäre Anlage der unteren Mittelklasse: 23 rustikale, kleine Cabañas in Reih und Glied an einer Bucht mit Strand (Zimmer mit Klimaanlage, Sat.-TV, teils Terrasse mit Meerblick) und einem großen Restaurant.

Remedios: La Paloma ❻
Balmaseda 4 entre Calles Máximo Gómez y Ramiro Capablanca (nördliche Plaza Martí), Tel. 042/39 54 90 und Mobil-Tel. 05 271 10 33
hostalpaloma@gmail.com
Zentraler geht's nicht: Direkt an der schönen (relativ ruhigen) Plaza beherbergen Iraida und Rafael: Man wohnt wie in einem Museum zwischen Antiquitäten und Kronleuchtern, Marmorbäder (ein Zimmer fensterlos, eins zur Straße).

Manicaragua: Hanabanilla (Islazul) ❻
Lago Hanabanilla
Tel. 042/20 84 61, www.islazul.cu
Das Besondere an dem Hotel ist seine einmalige Lage am Ufer des Hanabanilla-Stausees mit wunderschöner Aussicht auf das Wasser und die umliegenden Hügel der Sierra del Escambray. Das im Sowjetstil gehaltene Hotel hat v. a. kubanische Familien als Gäste, aber auch Naturfreunde, die im See angeln oder in der Umgebung Vögel beobachten können. Bootsfahrten und Ausflüge um Restaurant Río Negro mit ausgezeichnetem kreolischen Essen (Anmeldung im Hotel)

Che Guevara und Camilo Cienfuegos, Helden der Schlacht um Santa Clara

entscheidenden Schlag für den Sieg der Revolution. An dieser relativ exponierten Stelle in Santa Clara, wo sich die Hauptstraße und die Zuglinie treffen, ließen die Rebellen unter Che Guevara den gepanzerten Zug 1958 entgleisen (▶Geschichte).
In zwei Waggons wurde ein kleines Museum aufbereitet. Dokumente und Bilder informieren über diese Aktion und ihre Folgen. Die Wagen sind mit Pritschen, Hängematten, Waffen und Munition ausgestattet.
● Mo. – Sa. 9.00 – 12.00, 14.00 – 17.30, So. 9.00 – 12.00 Uhr; Eintritt: 2 CUC

*Plaza de la Revolución
Zu Ehren des kubanischen Lieblingsrevolutionärs wurde 1987, am 20. Todestag seiner Ermordung in Bolivien, am östlichen Stadtrand ein riesiger Platz mit einer überdimensionalen Che-Guevara-Statue angelegt. Er trägt ein Maschinengewehr und weist in Richtung der Sierra Maestra, wo sich die Rebellen lange versteckt hatten. Darunter ist die Losung der Revolution **»Hasta la victoria siempre«** (»Bis zum immerwährenden Sieg«) angebracht.

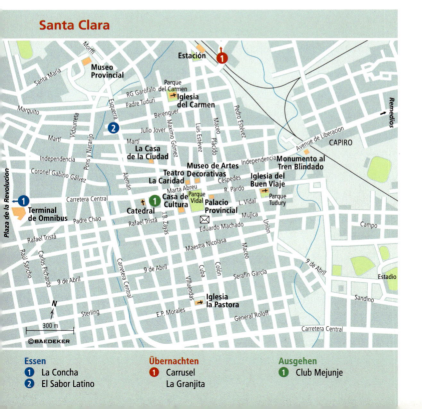

Essen
① La Concha
② El Sabor Latino

Übernachten
① Carrusel La Granjita

Ausgehen
① Club Mejunje

Santa Clara • ZIELE

Neben dem Monument wurden Reliefs mit Szenen aus seinem Leben aufgestellt, die zudem Zitate aus seinen Briefen tragen. Ein angegliedertes **Mausoleum** (Museo Memorial Monumento Ernesto Che Guevara) birgt seit 1997 die Gebeine Che Guevaras, die in Bolivien geborgen werden konnten. Das kleine Museum zeigt eine Dokumentation über sein Leben und die Geschichte Santa Claras.
Mausoleum & Museum: Di. – So. 9.30 – 16.00 Uhr. Keine Fotos erlaubt, man muss alle Taschen abgeben (sogar den Geld-Bauchgürtel)!

Der **Parque Leoncio Vidal** ist der Hauptplatz in Santa Clara, benannt nach einem General, der hier 1896 beim Kampf um die Stadt fiel. Um den früheren Armeeplatz stehen die wichtigsten kulturellen Einrichtungen der Stadt, die Bibliothek, das Theater, das Kolonialmuseum, das Kulturhaus und das Gymnasium.

Das **Teatro de la Caridad** der Wohltätigkeit war 1885 ein Geschenk der Philantropin Doña Marta Abreu an die Stadt. Ihr zu Ehren wurde ein kleines Denkmal auf dem Platz errichtet.
❶ tgl. 8.00 – 17.00, Aufführungen Di. – Sa. 20.30, So. auch 17.00 Uhr

In einem schönen Kolonialgebäude an der nordöstlichen Seite des Platzes ist das **Museo de Artes Decorativas** untergebracht mit einer Sammlung von Möbeln des 18. und 19. Jahrhunderts.
❶ Eintritt: 3 CUC

Die Iglesia de **Nuestra Señora del Buen Viaje** (1775) am Parque Tudury östlich des Parque Vidal ist vor allem wegen ihrer fein gearbeiteten Holzdecke sehenswert.

Reizvolle Landschaft rund um den Hanabanilla-Stausee

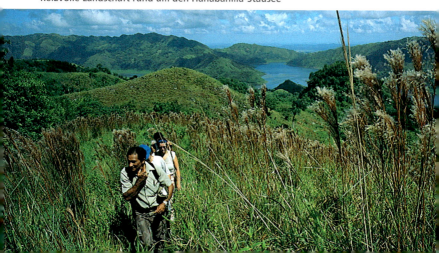

UMGEBUNG VON SANTA CLARA

*Presa Hanabanilla

Ein sehr schöner Ausflug führt zum Hanabanilla-Stausee (48 km südlich von Santa Clara). Er liegt in den Bergen von Escambray zwischen grünen Hügeln, in denen es noch einige kleine private Bauernhöfe gibt. Mit dem Boot kann man den Río Negro bis zu einem rustikalen Restaurant entlangfahren, in dem leckere kubanische Gerichte serviert werden. Zudem gibt es die Möglichkeit, Wanderungen in den Bergen zu unternehmen oder eine der kleinen Farmen zu besuchen. Mit einer Länge von über 30 km ist die Presa Hanabanilla der zweitgrößte Stausee Kubas. Er versorgt Städte wie Cienfuegos und Santa Clara mit Wasser und die Gegend um Hanabanilla mit Strom aus Wasserkraft.

Remedios Reisekarte ✦ F 3

Wer noch den ursprünglichen Charme der Kolonialzeit mit holprigen Gassen und barocken Kirchen erleben möchte, und das ganz ohne Touristenmassen, der ist in Remedios 53 km nordöstlich von Santa Clara am richtigen Platz. Remedios liegt nur 5 km von der Nordküste entfernt, einer der ersten Orte (um 1514), die von den Spaniern auf Kuba gegründet wurden. Wegen häufiger Piratenüberfälle zogen 1689 mehrere Familien weiter ins Landesinnere und gründeten dort Santa Clara. Noch heute bietet Remedios das Bild einer kleinen spanischen Kolonialstadt mit einstöckigen, schindelgedeckten Häusern und engen, verwinkelten Straßen. Nach wie vor leben die Einwohner v. a. von Zuckerrohr und Viehzucht. Um die schön gelegene **Plaza Martí**, Remedios' Treffpunkt, liegen die wichtigsten Sehenswürdigkeiten der Stadt. Dies ist der einzige Platz Kubas, an dem zwei Kirchen stehen.

> **! BAEDEKER TIPP**
>
> *Karnevaleske Auszeichnung*
>
> Alljährlich finden die »Parrandas« in und um Remedios statt: Das Fest mit konkurrierenden Karnevals- und Musikgruppen und farbenprächtigen Karossen beginnt schon im Laufe des Dezember mit buntem Kinderumzug und Feuerwerken, mit Tanz, Musik und Essensständen. Aber die Nacht am 24. Dezember ist der rauschende Höhepunkt mit Prozession, zu dem hunderte von Remedianern aus dem ganzen Land anreisen. Am 25. oder 26. übergibt der Gewinner dem Verlierer einen »Sarg« ...

Zu den beeindruckendsten Bauwerken zählt **San Juan Bautista**. Sie wurde erstmals in den 1550er-Jahren errichtet und gehört somit zu den ältesten Kirchen Kubas. Besonders sehenswert sind der vergoldete Zedernholzaltar und die geschnitzte Deckenverkleidung aus Mahagoni. An der Südseite des Platzes ragt die **Iglesia del Buen Viaje** empor, die der Jungfrau der guten Reise geweiht wurde. Ganz in der Nähe lädt das **Museo Alejandro García Caturla** zu einem Besuch ein. Das Musikmuseum ist dem kubanischen Avantgarde-Komponisten gewidmet und zeigt v. a. Erinne-

rungsstücke an ihn und sein Werk. Einen Besuch des **Museo de las Parrandas** in der Calle Máximo Gómez sollte man ebenfalls nicht versäumen. Es erinnert mit Kostümen und anderen Gegenständen an die »Parrandas« – große Umzüge mit viel Musik, Tanz, Paraden und großen Festwagen, die jedes Jahr gefeiert werden.
ⓘ Di. – Sa. 8.00 – 12.00, 13.00 – 17.00, So. 8.00 – 12.00 Uhr; Eintritt 1 CUC

5 km weiter nördlich liegt die Hafenstadt Caibarién. Von hier aus gibt es Bootsverbindungen nach Cayo Conuco sowie den Damm nach Cayo Santa Mariá und Cayo Las Brujas.

Caibarién

Ein neues Ultra-inclusive-Eiland vor den Toren des Fischerortes Caibarién und dem Kolonialstädtchen Remedios hat seine Pforten seit kurzem geöffnet: Insgesamt 10 000 Gästezimmer mit allem Komfort sind auf der zum Archipiélago Sabana-Camagüey gehörenden Insel geplant. Ein nagelneuer Damm (»pedraplén«) führt 48 km weit über das blau schimmernde Meer, ein Kontrollposten kassiert eine geringe Benutzungsgebühr. Im Unterschied zum nachgewiesenermaßen umweltschädlichen Damm nach Cayo Coco (▶S. 161) ist der Damm nach Cayo Santa María von 46 Brücken unterbrochen und soll somit die Flora und Fauna weniger beeinträchtigen (beispielsweise den ungehinderten Strom von Meereswasser und Fischschwärmen).

Cayo Santa María

Auf dem Weg nach Cayo Santa María passiert man die **Cayo Las Brujas** mit (internationalem) Flughafen, und dahinter im Osten liegt die **Cayo Ensenachos**, beides noch ursprüngliche Inseln mit einsamen, naturbelassenen Stränden, an die sich zwischen Mai und September in der Nistphase die **Meeresschildkröten** zum Eierlegen an den Strand zurückziehen. Aber auch hier wird eifrig gebaut, und mit jedem neuen Hotelbau werden die Urviecher der Ozeane weniger Möglichkeiten zum Eierablegen haben ... (wie schon auf Cayo Largo im Süden Kubas, einem der Hauptnistplätze in der Karibik, ▶S.166).

Tierische Abwechslung vom Stranddasein bietet die Marina auf der Cayo Las Brujas neuerdings mit **Delfin-Shows** in einer großen Arena in Meereswasser-Pools, dem angeblich größten Delfinario in Lateinamerika. Wer will, kann hier mit Kiki, Pepe & Co. schwimmen, schmusen und im Meereswasser »tanzen« und

Besonderes Erlebnis: Schwimmen mit Delfinen

den Seelöwen bei ihren Kunststücken zuschauen – allerdings nicht gerade ein billiges Vergnügen.

❶ Eintritt: 3 CUC. Hauptsaison: Show 15 CUC (tgl. 15.00 Uhr), Mitschwimmen mind. 60 CUC (je nach Arrangement), Kinder: ca. 40 CUC. Auch als Tagesausflug mit Katamaran-Tour und Hummer-Dinner in den Hotels zu buchen für ca. 100 CUC; Bar und Restaurant sind vorhanden, eine Hummerfarm ebenfalls, ein Aquarium ist geplant).

Pueblo Las Dunas/ La Estrella
Zwischen den Hotels Melía Cayo Santa Maria und Melía Las Dunas liegt das neue **Pueblo Las Dunas**, eine Art künstliches Vergnügungsdorf für die Gäste aller Hotels: Hinter den kolonial angehauchten Fassaden verstecken sich Piano-Bars und 24-Std.-Lokale, eine Bowlingbahn (»Bolera«, 3 CUC), Souvenirshops und die Diskothek »Marcaribe« (2 CUC). Im etwas älteren Pueblo **La Estrella** (östlich vom Royaltón Cayo Santa Maria und dem Memories Paraíso Beach Resort) kann man sich auch in einem teuren Spa und Beauty Salon verwöhnen lassen (45-Min. Massage ab 50 CUC, Maniküre ca. 15 CUC), die Cigar Lounge besuchen oder japanische Speisen ausprobieren, einen Biergarten und ein Steakhouse gibt es auch – das Angebot ist allerdings nicht inklusive! (Anreise mit Hotel-Shuttlebussen oder dem kleinen Inselzug, beide verkehren von ca. 10.00 bis 3.00 Uhr morgens verkehren).

★★ Santiago de Cuba

K 5

Provinz: Santiago de Cuba
Höhe: 36 m
Einwohner: ca. 500 000
Entfernung: 860 km von Havanna

Keine andere Stadt in Kuba versprüht mehr karibisches Flair: Das liegt zweifellos an den überwiegend schwarzen Bewohnern, aber auch an dem heißeren Klima und der herrlichen Lage zwischen dem Karibischen Meer und zu Füßen der Sierra Maestra, Kubas höchstem Gebirge.

Hier ruhen nicht nur die Wurzeln des Son, des klassischen kubanischen Rhythmus, auch die revolutionären Ideen für alle kubanischen Befreiungskriege haben in Santiago ihren Ursprung. »Die Wiege der Revolution« begeistert die Besucher mit geschichtsträchtigen Schauplätzen und kolonialer Atmosphäre auf Schritt und Tritt.
Santiago de Cuba wurde im Jahre **1515 als fünfte spanische Siedlung** auf Kuba von Diego Velázquez gegründet. Wegen ihrer günstigen Lage und ihres Naturhafens war sie von 1522 bis 1553 Insel-

hauptstadt; dann musste sie ihre führende Stellung an Havanna abgeben. Konquistadoren wie Hernán Cortés und Francisco Pizarro bereiteten sich hier auf ihre Eroberungszüge nach Mexiko und Südamerika vor. Für die Ausbeutung der Kupfermine von El Cobre wurden immer mehr billige Arbeitskräfte benötigt. Santiago wurde mit der Zeit reicher und entwickelte sich zu einem **Zentrum des Sklavenhandels**. Im 17. und 18. Jh. kam es mehrfach zu Übergriffen von Piraten; 1662 war die Stadt gar für kurze Zeit in englischer Hand. Ende des 18. Jh.s, nach dem ersten Sklavenaufstand auf Haiti, flohen etwa 30 000 Haitianer in die Gegend von Santiago, in der bis dato 10 000 Menschen gelebt hatten. Unter diesen Flüchtlingen gab es viele französische Pflanzerfamilien, die ihre **Kenntnisse der Zuckerverarbeitung und des Kaffeeanbaus** mitbrachten wie auch ihre Lebensart, die die Kultur der Region prägen sollte. Während der Unabhängigkeitskriege spielte die Stadt eine wichtige Rolle, das Ende der 386 Jahre andauernden spanischen Kolonialzeit auf Kuba sollte dann aber ein anderes Ereignis einläuten: 1898 wurden die Küstengewässer von Santiago Schauplatz der entscheidenden Seeschlacht zwischen der spanischen und der US-amerikanischen Flotte – vorausgegangen war im Februar des Jahres die Explosion eines amerikanischen Schlachtschiffes im Hafen von Havanna. Große historische Bedeutung erlangte die Stadt zudem als Ort der **ersten revolutionären Attacke unter Fidel Castro**, dem Sturm auf die Moncada-Ka-

Die Kathedrale in Santiago de Cuba am Parque Cespedes musste nach schweren Erdbeben viermal neu aufgebaut werden.

BAEDEKER TIPP

»Hello my friend ...«

Wer bei der Suche nach einem Privatzimmer (Casa particular) nicht den »jinetero«, den kubanischen Schlepper, für dessen Dienste gleich mitbezahlen will, versucht sich am besten alleine. Denn natürlich schlägt der Vermieter die Kommission auf den Zimmerpreis auf (4 – 10 €), wenn man dort im »Schlepptau« eines jineteros oder Taxifahrers erscheint ... (Gleiches gilt für Paladares, die privaten Lokale, wenn sie angeblich keine Speisekarten mit Preisen haben.) Wer dies vermeiden möchte, fragt am besten bei der Suche »unverdächtige« Passanten, ältere Leute oder Frauen.

serne am 26. Juli 1953. Obwohl diese Aktion fehlschlug, wird sie heute als Beginn der Volkserhebung (»Bewegung des 26. Juli«) angesehen (▶Baedeker Wissen S. 52). Die Geschichte gab den Rebellen Recht – am 1. Januar 1959 konnte Fidel Castro schließlich den Sieg der Revolution verkünden. Seither hat sich die Stadt sehr verändert, aus ihr wurde eine moderne Industriestadt. Mit sowjetischer Hilfe baute man in der Nähe des Hafens ein großes Kraftwerk, eine Ölraffinerie, eine Zementfabrik und die größte Textilfabrik Lateinamerikas. Auch der wachsende Tourismus in Santiago trug zur verbesserten Versorgung der Bevölkerung in diesem Teil Kubas bei.

** PARQUE CÉSPEDES

Das Zentrum Santiagos bildet der Parque Céspedes, in dessen unmittelbarer Umgebung sich die meisten historischen Sehenswürdigkeiten befinden. Ein **Denkmal in der Mitte des Platzes** erinnert an den Freiheitskämpfer Carlos Manuel de Céspedes (▶Berühmte Persönlichkeiten). Die gesamte Anlage mit hübschen Bänken und schattigen Bäumen lädt dazu ein, hier zu verweilen und das rege Treiben auf dem Platz zu beobachten. In den Seitenstraßen der schachbrettartig angelegten Stadt kann man typische architektonische Details wie vorgelagerte Balkone mit verzierten Holz- oder Eisengittern und schöne Patios entdecken. Zudem hat der Parque Céspedes für Santiago de Cuba auch als Schauplatz wichtiger historischer Ereignisse eine große Bedeutung.

*Catedral Nuestra Señora de la Asunción
An der Südseite des Platzes ragt die Kathedrale Nuestra Señora de la Asunción empor. Bereits im Jahre 1516 war hier eine Holzkirche erbaut worden, die allerdings dem Feuer zum Opfer fiel. Auch diverse Nachfolgebauten wurden durch Brand oder Erdbeben zerstört, das heutige Gotteshaus wurde erst 1922 fertig gestellt. Auch nach den Schäden durch Hurrikan Sandy und den zwei Jahre andauernden Restaurierungsarbeiten erstrahlt die Kathedrale seit 2015 wieder in nwuwm Glanz. Besonders beachtenswert ist das geschnitzte Chorgestühl aus dem 19. Jh. und das Grab von Diego Velázquez. Zwischen

Santiago de Cuba • ZIELE

den Zwillingstürmen kann man eine große Engelsfigur erkennen. Der Kirche angegliedert ist Kubas einziges Kirchenmuseum, das Museum der Erdiözese.

Museum: Mo. – Fr. 9.00 – 17.00, Sa. 9.00 – 14.00, So. bis 12.00 Uhr

Einer der ältesten Kolonialbauten Lateinamerikas und **das älteste erhaltene Haus auf Kuba** ist die Casa Diego Velázquez. 1516 – 1530 wurde die Residenz des ersten Inselgouverneurs im Mudéjar-Stil – einer Mischung aus maurischen und gotischen Elementen – erbaut. Besonders auffallend sind die vergitterten Balkone (miradores) und geschnitzten Holzdecken (alfarjes). Man gewinnt im **Museo de Ambiente Historico Cubano** Einblicke in das Leben während der Kolonialzeit. Hauptsächlich Möbel und andere Einrichtungsgegenstände aus dem 16. und 17. Jh. sind ausgestellt. Im Untergeschoss kann man sogar noch die Tiegel sehen, in denen das Gold zu Barren geschmolzen wurde, bevor es nach Spanien verschifft wurde.

**Casa Diego Velázquez

❶ Mo. – Do., Sa. 9.00 – 13.00, 14.00 – 16.30, Fr. 14.00 – 16.30, So. 9.00 bis 13.00 Uhr; Eintritt: 2 CUC, Foto 1 CUC, Video 5 CUC

Das auffallende weiße Gebäude mit den strahlend blau gestrichenen Balkonen und Fenstern war einst das Rathaus der Stadt. Heute hat die Kommunistische Partei Santiagos hier ihren Sitz. Vom Balkon dieses Hauses hielt Fidel Castro, nachdem der Diktator Batista das Land verlassen hatte, am 1. Januar 1959 seine erste Rede als siegreicher Comandante en Jefe. Tausende versammelten sich damals auf dem Platz und Millionen lauschten an den Radios.

Ayuntamiento

Die Geschäftsstraße Enramada (José A. Saco) führt direkt neben dem Ayuntamiento Richtung Hafen. Mit ihren bunten Reklameschildern, den Kutschen und den Oldtimern auf den Straßen fühlt man sich in die 1950er-Jahre zurückversetzt.

Enramada (José A. Saco)

Santiago de Cuba erleben

AUSKUNFT
Cubatur
Parque Céspedes (gegenüber vom Hotel Casa Granda), Altstadt
Tel. 022/68 60 33, 65 25 60
Av. Victoriano Garzón 364 entre Calles 3ra. y 4ta. (gegenüber Av. de Céspedes), Bezirk Reparto Sueño, Tel. 022/65 25 60
www.cubatur.cu

VERKEHR
Man kann auch als Ausländer mit den Motorradtaxis mitfahren (einen zweiten Helm hat der Fahrer i.d.R. mit), dabei sollte man etwas spanisch können und mit nationalen Pesos (CUP) bezahlen. Man kann natürlich auch die Dienste der Oldtimer am Parque Céspedes in Anspruch nehmen (1 Std. ca. 10 CUC).

EVENTS
Carnaval
Karnevalstreiben in der letzten Juliwoche, jeweils um den 25., mit um die Wette tanzenden Comparsas (Tanzgruppen) und Musikanten aus verschiedenen Stadtteilen – bunt, heißblütig und laut. Anfang Juli findet die ebenso karibischheiße »Fiesta del Fuego« statt, wo schon mal für den Karneval geübt wird.

SHOPPING
Calle Heredia
Souvenirhändler und Kunsthandwerker breiten ihre Waren auf Ständen und Tischen aus; wer nicht handeln will, geht in die staatlichen ARTEX-Läden zum Stöbern (z. B. gegenüber dem Museo del Carneval im Patio Artex, wo in der benachbarten Bar auch tgl. gegen 17.00 und 20.00 Uhr Konzerte stattfinden, oder neben der Casa de la Trova).

Quitrín
Calle Sánchez Hechavarría (früher San Jerónimo) 473 entre Porfirio Valiente y Pio Rosado, Altstadt, Tel. 022/62 25 28
In der kleinen Boutique kann man die ausschließlich weißen Abendkleider und Blusen aus Baumwolle und Strick kaufen, aber auch Herrenmode, wie die typisch kubanischen Guayabera-Hemden.

AUSGEHEN
❶ *Cabaret Tropicana Santiago*
Autopista Nacional, km 1,5
Tel. 022/64 25 79, 68 70 90
Shows in der Nebensaison nur Mi.-So. ab 22.00 Uhr, in der Hochsaison öfter
Die Disco El Tropical kostet 10 CUC Eintritt (inkl. 3 Getränke), Show: ab ca. 40 CUC (ohne Dinner), Fotos 5 CUC, Video 15 CUC!
Karibischer als in Havannas berühmtem Nachtklub präsentiert sich die Show in Santiago und endet somit fast in Karnevalsstimmung. Danach geht's in die be-

Ausgelassene Stimmung im Tropicana

Santiago de Cuba • ZIELE

nachbarte Disco El Tropical (bis 5.00 Uhr morgens).

❷ Casa de la Trova Pepe Sánchez
Calle Heredia 208, Altstadt
tgl. 13.00 – 24.00 Uhr
Eintritt: 1 CUC, Konzerte 5 – 10 CUC
Morgens, nachmittags und in der Nacht erschallt die Musik aus dem traditionellen Musikklub: Mal üben Amateure, mal sind Könner am Werk, aber beide heizen den Zuschauern ordentlich ein.

❸ Patio de los dos Abuelos
Plaza de Marte, östliche Altstadt
tgl. 9.00 – 2.00 Uhr, Livemusik 22.00 bis 2.00, Fr. auch 16.00 – 19.00 Uhr; 3 CUC
In dem schmalen Innenhof treffen sich sicherlich auch hin und wieder zwei Großväter, wie der Name besagt, aber meist vergnügt sich hier ein gemischtes Publikum bei Trovagesängen und Tanz, zur Stärkung gibt es kleine preiswerte Gerichte, Bier und Cocktails.

❹ Casa del Caribe
Calle 13 Nr. 154/Ecke Calle 8,
Bezirk Vista Alegre, Tel. 022/64 22 85
Im Garten der hübschen Villa spielen (Di. bis So ab 17.00 Uhr) Musikgruppen, am Wochenende wird eine Folkloreshow mit Elementen aus Rumba und Santería aufgeführt (15.00 Uhr). Wer trommeln will wie die Profis, kann es hier lernen.

❺ Café Cantante Niagara
im Teatro José Maria Heredia, Av. de las Américas (nahe Plaza de la Revolución)
Do. – Sa. ab 20.30 Uhr, Matineen So. 11.00 – 17.00 Uhr, Eintritt: ca. 5 CUC
Hier schwofen vorwiegend Kubaner zu Live-Bands mit Trova, Salsa und anderen kubanischen Rhythmen.

ESSEN
❶ El Cayo ❸❸–❸
Cayo Granma
Tel. 022/69 01 09, tgl. 11.00 – 18.00 Uhr
Das auf Pfählen errichtete Restaurant auf der Insel Granma ist bekannt für seinen frischen Fisch. Überwältigender Blick auf Stadt und Hafen.

❷ El Morro ❸❸–❸
Ctra. del Morro, km 8,5
Tel. 022/69 15 76
tgl. 11.00 – 18.00 Uhr
Von der Restaurantterrasse unweit von El Morro hat man einen traumhaften Blick auf das Meer. Herausragende kreolische Küche.

❸ Zun Zún ❸❸–❸
Av. Manduley 159, Bezirk Vista Alegre
Tel. 022/64 15 28
tgl. 12.00 – 22.00 Uhr
Elegantes Palmareslokal in einer Kolonialvilla mit aufmerksamer Bedienung: Man speist in diversen kleinen Räumen mit antikem Mobiliar und Gemälden oder auf der Terrasse zur Straße. Kubanische Spezialitäten wie Ajiaco-Eintopf oder internationale Gerichte, Tapas, Hummer oder Fisch – alles vom Feinsten.

❹ Salón Tropical ❸
Calle Fernández Marcané 310 entre Calles 9 y 10, Bezirk Santa Bárbara
Tel. 022/64 11 61
tgl. 10.00 – 24.00, Nebensaison 18.00 – 24.00 Uhr
Eines der besten Paladares in Kuba mit großer Auswahl auf der Speisekarte: Auf einer Dachterrasse mit 360°-Stadtpanorama genießt man Suppen, Salate, Spaghetti, Grillteller, Lamm, Bier, Weine usw. – die Preise lassen Miniportionen befürchten, aber nein! Reservieren!

❺ *Compay Gallo* **❸**

Calle San Germán Nr. 503 entre Calles Carnicería y Moncada
Tel. 022/65 83 95
In dem zentral gelegenen Paladar gibt es die übliche comida criolla, aber originell präsentiert vom Küchenchef Jorge Bringas, von Antipasti über Hühnchen bis Meeresfrüchte. Man speist auf der Terrasse oder im Innern des hübschen Kolonialhauses, selbst kubanische Starmusiker zählten schon zu seinen Gästen (das Lokal ist übrigens auch nach einem berühmten Trova-Musiker Santiagos benannt).

ÜBERNACHTEN

❶ *Melía Santiago* **❸❸❸❸**

Av. de las Américas, Bezirk Sueño
Tel. 022/68 70 70,
Tel. in Deutschland: 01802/12 17 23
www.meliacuba.com
Der moderne, riesige Glasturm sticht ins Auge und bietet sämtlichen Komfort eines 5-Sterne-Hotels einschließlich Diskothek, guten Restaurants und drei Pools. Einen hervorragenden Ausblick auf die Stadt und die umliegenden Berge hat man von der Terrasse ganz oben. 270 Zimmer, sechs Suiten

❷ *Casa Granda*
(Sofitel/Gran Caribe) **❸❸**

Parque de Céspedes
Tel. 022/65 30 21, -4
www.cubanacan.cu
Das im Kolonialstil gehaltene Casa Granda liegt zentral und hat im Obergeschoss eine riesige Terrasse mit wunderschönem Ausblick auf die Kathedrale und die Stadt. Von Cafeteria und Terrassenlokal im Erdgeschoss aus kann man das Leben im Park beobachten. Das in die Jahre gekommene Hotel wird vor allem von Individualtouristen bevorzugt. 58 Zimmer, teils fensterlos. Auch der Service lässt ab und an zu Wünschen übrig.

Villa El Saltón (Cubanacán) **❸❸**

Ctra. Puerto Rico a Filé, III. Frente
Tel. 022/56 63 26
www.cubanacan.cu
Mitten im Grünen in den abgelegenen Bergen verbirgt sich am Ende einer steilen holprigen Piste ein »Anti-Stress-Hotel« im wahrsten Sinn: 25 Reihenzimmer mit Terrasse (Tel., Sat.-TV, Kühlschrank).
Statt im Pool badet man im natürlichen Becken des Saltón-Wasserfalls. Massagen, hauseigener Psychologe, Wanderungen, Vogelbeobachtung, Reitausflüge usw.

Brisas Los Galeones
(Cubanacán) **❸❸**

Ctra. Chivirico, km 72
Tel. 022/32 61 60, www.cubanacan.cu
Eines der schönsten Hotels der Drei-Sterne-Kategorie in Kuba, sehr abgelegen und einsam: 36 Häuschen und Zimmer schmiegen sich auf einem Hügel idyllisch zwischen Karibischem Meer und Sierra Maestra. Ministrand (über eine Treppe mit 290 Stufen zu erreichen), Pool, Sauna, Tauchzentrum – eine ruhige Oase mit spektakulären Aussichten!

❸ *Casa Leonardo y Rosa* **❸**

Calle Clarín 9 entre Calles Aguilera y Heredia
Tel. 022/62 35 74
Im Herzen der Altstadt wohnt man bei dem netten älteren Paar in einem restaurierten Kolonialhaus mitsamt Balkon und Dachterrasse (eigener Eingang). Rosa kocht auch leckere kubanische Kost und serviert im Patio.

Santiago de Cuba • ZIELE

Hotel Casa Granda: Zentrale Lage und eine wunderbare Dachterrasse

❹ *Casa Mabel* ❸
Calle Padre Pico 354 entre Bartolomé Basó (früher San Basilio) y Santa Lucía, Altstadt
Tel. 022/65 53 17, rfiolp@yahoo.es
Der Architekt hat vier hübsche Gästezimmer (kleine Bäder) in den 2. Stock seines Hauses eingebaut, von der Dachterrasse beim Frühstück toller Blick über die Altstadt.

❺ *Hostal San Basilio (Cubanacán)* ❸❸
Calle Bartolomé Masó 403 (früher Calle San Basilio), Altstadt
Tel. 022/65 17 02, www.cubanacan.cu
In dem winzigen Kolonial-Schmuckstück bezaubern acht kleine, ebenerdige (hellhörige) Zimmer (TV, Minibar, Badewanne) mit Fenster zum Flur und Minipatio zu einem überzeugenden Preis-Leistungs-Verhältnis.

CALLE HEREDIA

In der Casa de Vino kann man verschiedene regionale Weine probieren, unter anderem einen, der aus Grapefruits (!) gemacht wird.	**Casa de Vino**
Das Bacardímuseum liegt ganz in der Nähe (nicht direkt an der Calle Heredia, aber im nächsten Block zwischen Enramada und Aguilera) und zeigt archäologische Funde aus verschiedenen indianischen Kulturen, ägyptische Kunstwerke, Waffen aus dem Befreiungskampf des 19. Jh.s, im Keller die einzige ägyptische Mumie in Kuba und interessante europäische und kubanische Gemälde.	**Museo Municipal Emilio Bacardí Morau**

❶ wurde bei Redaktionsschluss umgebaut; i.d.R. Mo. 13.00 – 17.00, Di. – Sa. 9.00 – 16.00, So. 9.00 – 12.00 Uhr; Eintritt: 2 CUC.

An der Ecke Porfirio Valiente (ehemals Calvario) liegt die Cafetería Isabélica, das berühmteste Café Santiagos. Hier kann man bei einer Pause eine der angebotenen Kaffeespezialitäten probieren.	**Cafetería Isabélica**
Nicht versäumen sollte man einen Besuch im Karnevalmuseum in der Calle Heredia 303. Santiagos Karneval, der berühmteste in Kuba, wurde ursprünglich »Fiesta de los Mamarrachos« (frei übersetzt: Fest der Trottel) genannt. Einflüsse aus Spanien, Afrika, Frankreich und	***Museo de Carnaval**

ZIELE • Santiago de Cuba

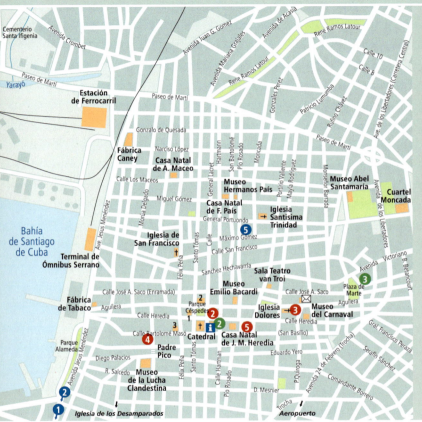

Haiti sind dabei unverkennbar – hier vereinigen sich katholische Prozessionen und höfische Menuette mit rituellen haitianischen Tänzen und den Klängen der Yorubatommeln. Große Umzüge der Cabildos und Tumbas (sozusagen kubanische Karnevalsvereine) mit buntgeschmückten Wagen, Figuren aus Pappmaché und kostümierten Tänzern gehören zum typischen Karnevalstreiben.

Eine interessante Ausstellung erläutert sämtliche Einflüsse auf die karnevaleske Tradition Santiagos und zeigt eine beachtliche Sammlung von Kostümen und Masken.

❶ Mo. 14.00–17.00, Di.–Sa. 9.00 –13.00, 14.00 –17.00, So. 9.00 –13.00 Uhr; **Folkloreshows:** Mo. – Sa. 16.00 Uhr, Eintritt: 1 CUC

Santiago de Cuba • ZIELE

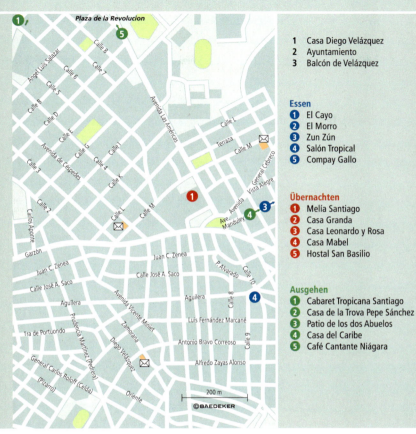

1 Casa Diego Velázquez
2 Ayuntamiento
3 Balcón de Velázquez

Essen
① El Cayo
② El Morro
③ Zun Zún
④ Salón Tropical
⑤ Compay Gallo

Übernachten
① Melía Santiago
② Casa Granda
③ Casa Leonardo y Rosa
④ Casa Mabel
⑤ Hostal San Basilio

Ausgehen
① Cabaret Tropicana Santiago
② Casa de la Trova Pepe Sánchez
③ Patio de los dos Abuelos
④ Casa del Caribe
⑤ Café Cantante Niágara

Die von Häuschen flankierte stufenreiche Treppe **Padre Pico** verbindet die Unter- mit der höher gelegenen Oberstadt. Es lohnt sich, die steilen Stufen zu erklimmen, denn von oben bietet sich eine sehr schöne Aussicht auf die Dächer der Stadt. Meist treffen sich auf dieser Straße die Männer zum Dominospielen. In der Nähe befindet sich der **Balcón de Velázquez**, Relikt einer Festung, der einen schönen Blick über den Hafen bietet (Calle Corona Ecke Bartolomé Masó, 1 CUC). Einige Schritte weiter auf der Calle Bartolomé Masó gibt das Stadtmodell »Maqueta« einen Überblick der Stadtanlage mit kleiner Café-Terrasse (€) und ebenfalls schönem Panorama.

*Aussichtspunkte

ⓘ Di.–So. 9.00–21.00 Uhr; Eintritt: 1 CUC

ZIELE • Santiago de Cuba

Fábrica de Tabaco Cesar Escalante	In der Nähe des Hafens, in der Avenida J. Menéndez/Ecke Aguilera, besteht in der Tabakfabrik Cesar Escalante die Möglichkeit, der Entstehung von Zigarren der Marke »Romeo y Julieta« zuzusehen. ❶ Mo.–Fr. 9.00–11.00, 13.00–15.00 Uhr, Eintritt: 5 CUC

** MONCADA-KASERNE

Berühmtes Angriffsziel Fidel Castros   Nordöstlich außerhalb des Zentrums liegt die ehemalige Moncada-Kaserne, in der heute eine Grundschule und ein Museum für kubanische Geschichte untergebracht sind. Das gelbe, von (rekonstruierten) Einschusslöchern gezeichnete Gebäude war das Ziel des berühmten Sturms von Fidel Castro und seinen Anhängern am 26. Juli 1953. Die 1859 errichtete, zweitgrößte Kaserne Kubas war bereits 1952 der **Ausgangspunkt für den Putsch Batistas** gewesen und darum gleichfalls ein Symbol für seine Diktatur. Der Angriff am Karnevalstag 1953 wurde in drei Etappen geplant: Fidel leitete den Sturm auf die Kaserne, Abel Santamaría den Angriff auf das Krankenhaus und Raúl Castro die Attacke auf den angegliederten Justizpalast. Ein Schuss Fidels löste sich aber zu früh – so waren die Soldaten vorgewarnt, und die gesamte Aktion schlug fehl. Die meisten Rebellen wurden gefangen genommen (unter ihnen Fidel und Raúl Castro), viele gefoltert und ermordet. Nur einigen wenigen gelang die Flucht zurück zur Granjita Siboney (▶Santiago, Umgebung), von der aus der Überfall geplant worden war. Doch auch sie wurden überrascht und hingerichtet. Gleich nach dem Sieg der Revolution 1959 (▶Baedeker Wissen S. 52) wurde in der Kaserne die Grundschule »Bewegung des 26. Juli« eingerichtet.

Eingang zum Museum mit gut sichtbaren Einschusslöchern

In dem angegliederten ****Museo Histórico 26 de Julio** (Museum des 26. Juli) wird die revolutionäre Geschichte Kubas sehr ausführlich und anschaulich aufgezeigt – begonnen mit den ersten Erhebungen gegen die Spanier unter der Führung des Kaziken Hatuey bis zu den Errungenschaften der letzten Jahrzehnte. Den Schwerpunkt der Ausstellung bilden natürlich der Sturm auf die Moncada-Kaserne und die Kämpfe in der Sierra Maestra.
❶ Di.–Sa. 9.00–16.30, Mo./So. 9.00–12.30 Uhr; Eintritt: 2 CUC, Fotos 1 CUC, Video 5 CUC

Westlich der Kaserne wurde am Platz des früheren Krankenhauses der Parque Abel Santamaría angelegt. Sehenswert sind das moderne Denkmal und das kleine Museum für den Mitstreiter Castros, der nach Gefangennahme und Folter starb.

Parque Abel Santamaría

PLAZA DE LA REVOLUCIÓN

Über die Avenida de los Libertadores, an deren Seiten Büsten von Helden der Befreiungskriege aufgestellt wurden, gelangt man auf die Plaza de la Revolución (Revolutionsplatz). Der Platz wurde anlässlich der Panamerikanischen Spiele 1991 angelegt. Hier befinden sich auch das Sala-Polivalente-Gymnasium und das Theater Heredia, eines der modernsten Theater Kubas, in dem Versammlungen, Kongresse und kulturelle Veranstaltungen stattfinden. Der Revolutionsplatz ist politisches Zentrum der Stadt. Fidel Castro hielt zu seiner Amtszeit hier jedes Jahr seine Rede zum 26. Juli, dem Jahrestag des Angriffs auf die Moncada-Kaserne, an das kubanische Volk, aber auch die großen Salsabands Kubas begeistern hier die Massen, vielleicht heutzutage mehr als Fidel Castro.

Politisches Zentrum

Die gesamte Anlage der Plaza de la Revolución wird von dem imposanten Monument für Antonio Maceo, einem Sohn der Stadt, dominiert. Ein Denkmal aus Bronze und grünem Marmor erinnert an den Freiheitskämpfer und die Macheten, mit denen er und seine Leute kämpften. Im Bereich des Treppenaufgangs befindet sich eine ewige Flamme und ein kleines Museum.

*Monumento Antonio Maceo

Folgt man der Avenida Las Americas weiter in Richtung Norden, so gelangt man zum Baseball-Stadion und zum Tropicana (▶Ausgehen), der »kleinen Schwester« des berühmten Nachtklubs von Havanna.

*Tropicana

✳✳ CEMENTERIO SANTA IFIGENIA

An der Avenida Crombet nördlich der Bucht von Santiago liegt der Cementerio Santa Ifigenia (Ende 19. Jh.). Wie die meisten kubanischen Friedhöfe wirkt auch er wie eine kleine Stadt aus marmornen Grabstätten mit Engeln und Kreuzen. Viele bedeutende Bürger der Stadt sind hier begraben. Doch das eindrucksvollste Grabmal, ein auf Säulen stehender Rundbau, wurde zweifellos für den Freiheitskämpfer und Dichter José Martí (▶Berühmte Persönlichkeiten) errichtet. Im Inneren steht eine Statue Martís, in einem tiefer liegenden Raum ist ein mit einer kubanischen Flagge geschmückter Sarg aufgestellt. Das gesamte Mausoleum wurde so konstruiert, dass immer ein Sonnenstrahl auf den Sarg fällt – bezugnehmend auf eines seiner Gedich-

Grabstätte berühmter Santiagueros

te, in dem es heißt, er wolle mit dem Gesicht zur Sonne begraben sein. In der unmittelbaren Umgebung stehen auch ein Grabmal für die Beteiligten am Moncada-Sturm und ein Mausoleum für die in Angola gefallenen Santiagueros. Ein Denkmal ehrt auch Carlos Manuel de Céspedes. Weitere Grabmonumente erinnern an die Familie Bacardí, die Familie von Frank País und an Kubas ersten Präsidenten, Tomás Estrada Palma. Seit 2003 liegt hier auch der berühmteste Musiker und Sänger des Buena Vista Social Clubs, Compay Segundo, begraben – deutlich zu erkennen ist sein Grabmal an der Gitarre und dem typischen Sombrero-Hut.

❶ tgl. 7.00 – 17.00, im Sommer bis 18.00 Uhr; Eintritt: 3 CUC, Foto 5 CUC, Video 10 CUC

⋆⋆ EL MORRO (S. PEDRO DE LA ROCA DEL MORRO)

Festung
An der Einfahrt zur Bucht von Santiago wurde in den Jahren 1640 bis 1642 mit dem Bau der Festung El Morro (Castillo de San Pedro de la Roca del Morro) begonnen, vollendet war das Fort erst gegen 1700. Eine Ähnlichkeit mit dem gleichnamigen Fort in Havanna ist nicht zufällig, denn beide wurden von dem Architekten **Giovanni Battista Antonelli** entworfen.

Während der Befreiungskriege hielt man in dem heutigen Weltkulturerbe der UNESCO Rebellen gefangen. Von der vorbildlich restaurierten Anlage (ungefähr 7 km vom Zentrum entfernt) bietet sich ein **herrlicher Ausblick** über die Bahía de Santiago, die Küste des Karibischen Meeres und die bewaldeten Höhen der Sierra Maestra. Man betritt die Befestigungsanlage über eine Zugbrücke und taucht dann in eine andere Zeit ein. In der verwinkelten Anlage mit den mächtigen Steinmauern und imposanten Kanonen fühlt man sich wie in die Kulissen eines Piratenfilms versetzt.

❶ tgl. 8.00 – 18.45, im Winter bis ca. 17.30 Uhr; Eintritt 4 CUC

⋆Museo de la Piratería
In zehn Räumen der Festung ist ein Piratenmuseum eingerichtet worden. Alte Navigationskarten, Waffen und Abbildungen von Schiffen sind hier zu sehen. Interessanterweise wird auf die CIA als modernes Beispiel der Piraterie verwiesen, was durch ein Schlauchboot und verschiedene Waffen, die in der Bucht geborgen wurden, dokumentiert wird. Öffnungszeiten: wie Festung.

❶ tgl. 9.00 – 20.00 Uhr

Estadio de Béisbol Guillermón Moncada
Kuba authentisch: Wer sich einmal unter die ausschließlich kubanischen Zuschauer mischen und bei der allgemeinen Baseball-Leidenschaft der Einheimischen mitfrönen will, sollte ins Estadio de Béisbol Guillermón Moncada (Ave. de las Américas) gehen: Sport wie er sein sollte, ohne jegliche Ablenkung durch bunte Werbespots oder Plaka-

te, bis zu 15 000 Santiagueros jubeln beim Home run der Las Avispas (Wespen), und eine Conga-Band spielt dazu »schräge« Rhythmen.
Baseball-Saison Oktober bis April: Di.–Do. u. Sa. 19.30, So. 13.30 Uhr, geringfügiger Peso-/CUP-Eintritt

Mitten in der Bucht von Santiago liegt das Inselchen Cayo Granma (vor der Revolution Cayo Smith) mit Bootswerften, Holzhäusern und einem kleinen Hafen. Es gehörte früher einem Sklavenhändler, der es als sicheren Umschlagplatz für seine Ware nutzte. Die Insel ist mit einem Boot (»El Bucanero«, 15 min.) von Punta Gorda aus zu erreichen.

Cayo Granma

WESTLICHE UMGEBUNG

Schon von Weitem kann man die ****Wallfahrtskirche** von **El Cobre** mit ihren drei gelben Türmen sehen, eingebettet in die grünen Hänge der Sierra Maestra ca. 20 km nordwestlich von Santiago.
Drei Fischern soll im Jahre 1606, als sie bei der Bucht von Nipe (▶Guardalavaca, Umgebung) zu ertrinken drohten, die Heilige Jungfrau erschienen sein, die ihnen eine Holzplanke reichte. Nach ihrer Rettung bauten die Fischer, die aus El Cobre waren, eine kleine Kapelle, um die Heiligenfigur und die Holzplanke hier aufzubewahren. Auf diese Weise wurde die **Jungfrau zur Schutzheiligen der Sklaven**, die in den nahe gelegenen Kupferminen arbeiteten. Im Laufe der Jahre wurde das Gotteshaus immer wieder vergrößert; die heutige Kir-

El Cobre

El Morro erinnert an das gleichnamige Fort in Havanna. Kein Zufall, beide wurden vom selben Architekten entworfen.

ZIELE • Santiago de Cuba

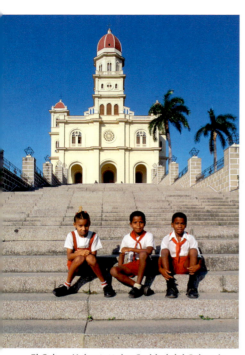

El Cobre: Heimstatt der Caridad del Cobre, in deren Figur auch Ochún verehrt wird

che stammt aus den 1920er-Jahren. Im Jahre 1916 erkannte die katholische Kirche die Caridad del Cobre schließlich als kubanische Jungfrau an. Im Raum hinter dem Altar kann man viele **wertvolle Votivgaben** bewundern. Selbst Ernest Hemingway stiftete der Caridad del Cobre seine Nobelpreismedaille, die er 1954 für »Der alte Mann und das Meer« erhalten hatte. Nachdem sie einmal gestohlen (und wieder zurückgebracht) wurde, ist sie leider nicht mehr öffentlich ausgestellt. Auch ein Amulett, das Fidel Castros Mutter der Jungfrau zum Schutz ihres Sohnes gewidmet hat, gehört zu den Votivgaben, die im Safe aufbewahrt werden. Bitten um Gesundheit sind genauso dabei wie Danksagungen für eine geglückte Flucht nach Miami. Eine Treppe führt hinauf in einen kleinen Audienzraum, der mit – meist gelben – Blumen geschmückt ist. In einer Vitrine steht die Heiligenfigur in ebenfalls gelbem Gewand. Bei den Gottesdiensten wird sie gedreht und somit der Gemeinde zugewendet. Obwohl die meisten Kubaner Atheisten sind, wird die Jungfrau von Cobre **allgemein verehrt und angerufen**, fast alle kubanischen Frauen tragen den Namen der Jungfrau Caridad im Namen. In ihrer Figur wird nicht nur eine katholische Heilige angebetet, sondern auch die **afrokubanische Göttin Ochún**, deren Farbe ebenfalls gelb ist (▶Baedeker Wissen S. 28).

❶ tgl. 6.00 – 18.00 Uhr

Chivirico An der Küstenstraße südlich der Sierra Maestra liegt 47 km westlich von Santiago der kleine Ort Chivirico. Zwar gibt es an der Südküste nicht die feinen weißen Strände wie im Norden, doch auch die Stein- und Felsenküste hat ihren Reiz. An den wenigen Sandstränden findet man einfache Unterkünfte. Unterhalb der Hotelanlage Brisas Sierra Mar (▶Übernachten) wurde eine Tauchbasis eingerichtet, zudem gibt es ein breit gefächertes Sportangebot (Tennis, Volleyball, Angeln, Surfen etc.).

Santiago de Cuba • ZIELE

Wer die wunderschöne und menschenleere Küstenstraße von Chivi-rico aus weiter westwärts befahren will (Richtung Marea del Portillo oder Pilón) sollte sich unbedingt zuvor bei den Reise- bzw. Mietwa-genbüros in Santiago nach dem aktuellen Straßenzustand erkundi-gen. Die 1997 tiptop asphaltierte und breit ausgebaute Küstenstraße ist durch die Hurrikans der letzten Jahre (v.a. 2005, 2008 und 2012) derart verwüstet worden, dass westlich von Chivirico nicht nur Erd-rutsche die Fahrbahn ständig erneut blockieren, eine Brücke und ein Tunnel sind immer gesperrt und man muss durch ein (flaches) Flüss-chen. Teile der Fahrbahn sind direkt über der Steilküste weggebro-chen und unterspült. Wer hier dennoch entlangfahren will, sollte es nur mit einem allradbetriebenen Jeep wagen – und dies ist kilome-terweit auch dann nur im Schritttempo möglich (für die 100 Kilome-ter mindestens fünf Stunden einplanen und früh losfahren!).

ÖSTLICHE UMGEBUNG

Auf der Hauptstraße zum Baconao-Park erreicht man nach kurzer Zeit die Granjita Siboney (14 km südöstlich von Santiago). Diese Hühnerfarm (granjita) **hat den Rebellen um Fidel Castro als Tar-nung gedient**, als sie den Sturm auf die Moncada-Kaserne vorberei-teten. Entlang der Strecke, die die Rebellen damals nahmen, erinnern heute Gedenksteine an die Opfer dieser Aktion. Jedes der 26 Mahn-male ist anders gestaltet; auf ihnen sind die Vornamen und Berufe jedes Einzelnen vermerkt. Abel Santamaría, der gemeinsam mit Fidel und Raúl Castro die Moncada-Attacke leitete, hatte diese Farm ange-mietet, in deren Garten Fahrzeuge, Uniformen und Waffen versteckt wurden. Nachdem der Angriff fehlgeschlagen war und sich einige der Beteiligten hierher gerettet hatten, wurde das Anwesen am 28. Juli 1953 überfallen. Keiner überlebte. Nach der Machtübernahme der Revolutionäre wurde die Granjita Siboney zum nationalen Denk-mal und in ein Museum umgewandelt. Bilder, dokumentarisches Material und persönliche Gegenstände der Rebellen erläutern die Ereignisse.

*Granjita Siboney

❶ Mo. 9.00. – 13.00, Di. – So. 9.00. – 17.00 Uhr, Eintritt: 1 CUC

Südlich der Ortschaft Siboney erstreckt sich die Playa Siboney. Dieser Strand gehört zu den schönsten in der Umgebung von Santiago. Ungefähr 28 km östlich von Santiago dehnt sich der **Parque Nacio-nal de Gran Piedra** aus. Unbedingt besuchen sollte man den Jardin Botánico und La Isabélica, eine der ersten Kaffeeplantagen. Beein-druckend ist die Vielfalt der Pflanzen, die man hier finden kann: die kubanische Nationalblume Mariposa, Sonnenblumen, Agaven, Pini-en, Bambus, Mangobäume und Mahagoni. Hat man den Parkplatz erreicht, folgt ein Aufstieg über ungefähr 450 Stufen, teils über eine

Playa Siboney
Parque Nacional de Gran Piedra

schmale Eisentreppe. Mit Hilfe einer Leiter besteigt man dann schließlich den großen Felsen. Wenn das Wetter es erlaubt, bietet sich ein überwältigender Rundblick. Bei guten Sichtverhältnissen kann man bis nach Haiti und Jamaika sehen. Auf der Südseite dieses Ausläufers der Sierra Maestra entstanden die **ersten Kaffeeplantagen Kubas**, die von geflohenen Haitianern zu Beginn des 18. Jh.s hier angelegt wurden und heute als Weltkulturerbe unter dem Schutz der UNESCO stehen. Besichtigen kann man die leicht verwitterte **Finca La Isabélica** (ungefähr 2 km vom Gran Piedra entfernt), die heute als **Museum für Kaffeeverarbeitung** dient. Auf dem Gelände der ehemaligen Plantage kann man noch Kaffeesträucher finden und sehen, wo die Bohnen getrocknet und gemahlen wurden.

Gran Piedra: tgl. 8.00 – 16.00 Uhr; Eintritt: 2 CUC (Wanderinformationen und Buchung auch bei Ecotur: www.ecoturcuba.co.cu oder in Hotels)
Cafetal y Finca Isabélica: tgl. 9.00 – 17.00 Uhr; Eintritt: 2 CUC, **Jardín Botanico Ave de Paraíso:** Di. – Sa- 8.00 – 16.30 Uhr; Eintritt: 3 CUC.

Parque Nacional de Baconao

Folgt man der Straße weiter und biegt dann vor dem Dorf Siboney links ab, gelangt man zum Parque Baconao (ca. 40 km südöstlich von Santiago), der wegen seines artenreichen Baumbestandes von der UNESCO als **schützenswertes »Reservat der Biosphäre«** anerkannt ist. Auf eine Länge von ungefähr 52 km sind verschiedenste Freizeiteinrichtungen verteilt, die in der Nebensaison recht einsam und verlassen sein können: eine Art prähistorisches Tal, eine Old-

Das Valle de la Prehistoria soll Spielberg zum Kassenknüller »Jurassic Park« inspiriert haben.

timer-Sammlung, ein Automobilmuseum, ein Aquarium mit Delfinarium sowie das durchaus für eine Nacht akzeptable Strandhotel
Costa Morena. Hinter Bacanao ist die Küstenstraße nach Guantánamo (Militärgebiet) gesperrt.

Valle de Prehistoria: tgl. 8.00 – 17.00 Uhr; Eintritt 1 CUC.

Museo Nacional de Transporte: 1 CUC, **Acuario**: Di. – So. 9.00 – 17.00
Uhr, Eintritt 7 CUC inkl. **Delfin-Shows** in der Saison: 10.30 und 14.30 Uhr,
Delfin-Mitschwimmen ca. 40 CUC extra

Außerhalb der Saison wechselnde Zeiten! Der Besuch des Parks ist auch als
Tagestour-Paket von den Hotels aus zu buchen (ca. 70 CUC).

Seit Steven Spielbergs Film wird das Valle de la Prehistoria (prähis-   **Valle de la**
torisches Tal) auch »Jurassic Park« genannt. Man versteht auch   **Prehistoria**
schnell den Grund, denn auf einmal findet man sich zwischen Dino-
sauriern, Mammuts und Steinzeitmenschen wieder.

❶ tgl. 8.00 – 17.00 Uhr, Eintritt: 1 CUC

Eine Sammlung liebevoll gepflegter Oldtimer bietet das Museo Na-   **Museo**
cional de Transporte. Darunter ist ein Cadillac aus dem Besitz des   **Nacional de**
Sängers Benny Moré zu sehen, außerdem das kubanische Modell   **Transporte**
Maya Cuba (1960), ein winziges Auto mit einem Zylinder – das einzige Modell, das jemals produziert wurde.

❶ tgl. 8.00 – 17.00 Uhr, Eintritt: 1 CUC

Verschiedene Strände wie Siboney, Cazonal und Baconao laden auf   **Strände**
dem Gelände des Nationalparks zum Baden ein. An der **Playa Dai-**
quirí landeten 1898 die US-Truppen nach der erfolgreichen Seeschlacht gegen die spanischen Kolonialherren Kubas. Es wird erzählt,
ein amerikanischer Soldat habe den berühmten Cocktail nach diesem Strand benannt, der heute für Privatpersonen gesperrt ist.

** Trinidad

F 4

Provinz: Sancti Spíritus
Höhe: 40 m
Einwohner: 75 000
Entfernung: 335 km von Havanna, 77 km von Sancti Spiritus

**Das kubanische Trinidad ist ein koloniales Kleinod, das sich
hinter den Escambray-Bergen an der Südküste versteckt. Seit
die UNESCO das bildschöne Städtchen 1988 als Weltkulturerbe
unter Denkmalschutz stellte, gehört Trinidad mit seinen
prunkvollen Kolonialpalästen aus der Ära der Zuckerbarone
auf jede Reiseroute.**

ZIELE • Trinidad

Am Nachmittag, wenn die Reisebusse wieder abgefahren sind, wird es in den holprigen Gassen wieder ruhig, hinter den schmiedeeisernen Fenstergittern plaudern die Hausfrauen mit den Nachbarinnen (ohne fotografiert zu werden), und die Ziegenkutsche mit den Schulkindern hat wieder Vorfahrt. Ein Abstecher in die Sklavenzeit führt von Trinidad per Bahn in eine der schönsten Landschaften Kubas – das Valle de los Ingenios.

Geschichte Im Jahre 1514 wurde die Stadt als eine der ersten Siedlungen von Diego Velázquez de Cuéllar, dem ersten spanischen Gouverneur Kubas, in der Hoffnung gegründet, in den nahen Wasserläufen Agabama und Tayabo Gold zu finden. Da die Vorkommen aber nur sehr

Übernachten
1. Iberostar Gran Hotel
2. Hotel E La Ronda
3. Casa Sandra y Victor
4. Hostal Las Palmas
5. El Capitán
6. Vista al Mar

Essen
1. Plaza Santa Ana
2. Trinidad Colonial
3. Sol Ananda
4. Taberna La Canchánchara
5. La Coruña

Ausgehen
1. Casa de la Trova
2. Casa de la Música
3. Disko-Höhle Ayala
4. Ruínas de Segarte

Trinidad erleben

AUSKUNFT
Cubatur
Calle Antonio Maceo 447/Ecke Calle Zerquera (ex Calle Rosario)
Tel.: 041/99 63 10 und 041/99 61 10
tgl. 8.30 – 20.00 Uhr, www.cubatur.cu

VERKEHR
In Trinidad selbst sind viele Straßen für Autos (Parkgebühr fast überall 1 CUC), Pferdekutschen oder Taxameter-Taxis gesperrt. Einen Ausflug in das **Valle de los Ingenios**, das Tal der Zuckerfabriken, unternimmt man von Trinidad aus am besten per Rad, auf dem Pferderücken, mit dem Taxi oder mit der regulären täglichen Bahn ab Trinidad bis Manaca-Iznaga, außerdem fährt die Diesellok (»Trén turístico«) wieder ins Valle de los Ingenios, Abfahrt: ca. 9.30 Uhr (man sollte frühzeitig da sein, Tickets gibt es ab ca. 8.45 Uhr), Rückkehr ca. 14.00 Uhr, ca. 10 CUC.
Zu den Stränden: Derzeit fährt der Shuttle-/»Trinibus« zweimal tgl. von Trinidad zur Playa Ancón: 10.00 und 14.00 Uhr (ca. 1-stündige Tour mit Stopps auch bei den Hotels an Playa Ancón, Playa Aguilar und Playa La Boca; 2 CUC, Ganztagstickets 5 CUC p.P.). Außerdem fährt ab Cubatur in der Calle Abreu ein Transtur-Bus über La Boca nach Playa Ancón (9,00, 11.00, 13.00, 15.00 Uhr).
Nach **Topes de Collantes** kommt man mit dem Mietwagen, Taxis, Tourbussen oder per Rad (für Mountainbiker optimal). Nicht-Radler sollten einen motorisierten Ausflug buchen, z. B. die populäre »Rambo-Tour« auf Militärlastern, weil die Straße von Trinidad aus extrem steil und teilweise mit Schlaglöchern versehen ist.

EVENTS
Fiestas Sanjuaneras
Drei Tage lang tobt am letzten Juniwochenende der Karneval durch die Altstadtgassen, wie in diesen Tagen auch die wilden, nicht selten betrunkenen »Cowboys« auf ihren Gäulen.

SHOPPING
Open-Air-Markt
In der Calle Jesús Menendez (nahe der Casa de la Trova) in der Altstadt findet man viele Händler mit Gehäkeltem und Spitzenarbeiten, Souvenirs und Kunsthandwerk. Auch in der Callejón de Peña, rechts um die Ecke vom Museo Histórico (Calle Simón Bolívar).

Taller Alfarero
Calle Andrés Berro Macías 9, Altstadt
Mo. – Fr. 8.00 – 12.00, 14.00 – 17.00 Uhr
Keramikwerkstatt mit kleinem Laden

AUSGEHEN
❶ Casa de la Trova
Calle Echerrí 29, Altstadt
tgl. 10.00 – 1.00 Uhr
Mittlerweile eine von Reisegruppen »besetzte« Touristenbar, abends mit geringfügigem Eintritt und ein paar Kubanern, die zu Son und Salsa »vortanzen«.

❷ Casa de la Música
Plaza Mayor (oberhalb der Treppe), Calle Juan Manuel Márquez, Altstadt
tgl. 10.00 – 1.00 Uhr
Traditionelle Livemusik wie Danzón und Trova oder auch Lesungen im Patio, außerdem Salsa-Tanzkurse (im Laden gibt es viele gute CDs zu kaufen). Abends trifft man sich zu Salsakonzert und Tanz(-Show) auf dem großen Platz unterhalb der Treppe. Die Show beginnt ab ca. 22.00 Uhr (open air).

ZIELE • Trinidad

❸ Disko-Höhle Ayala
In dem Gewölbe oberhalb des Hotels Las Cuevas schwoft man jede Nacht (außer Mo.) ab 22.30 Uhr bei Tanz und Lightshow. Eintritt: 3 CUC (inkl. Getränk)

❹ Ruínas de Segarte
Calle Jesús Menendez, Altstadt
Kleine, rund um die Uhr geöffnete Bar mit Patio und Livemusik, afrokubanische Shows, aber auch Salsa. Snacks und Cocktails (tgl. 10.00 – 24.00 Uhr).

ESSEN
❶ Plaza Santa Ana €€
Plaza Santa Ana
Tel. 041/99 64 23, tgl. 9.00 – 22.00 Uhr
Kolonialvilla mit großem, luftigem Patio, die einst ein Gefängnis war: Nach dem Essen der leckeren kreolischen Gerichte kann man Billard spielen und im angeschlossenen Souvenirladen z. B. nach Musikkassetten und CDs stöbern.

❷ Trinidad Colonial €€–€
Calle Antonio Maceo 51
Tel. 041/99 64 73 , tgl. 9.00 – 22.00 Uhr
Vornehmes Speiselokal in altem, ehrwürdigem Haus aus dem 19. Jh., kreolische Gerichte, mittags am Buffet mit Livetrio (viele Busgruppen), abends à la carte und ebenfalls mit Música.

❸ Sol Ananda €€
Calle Rubén Martínez Villena 45 (an der Plaza Mayor)
Tel. 041/99 82 81
In einem der ältesten Häuser der Stadt speist es sich wie in einem Museum: Das feine Lokal am Hauptplatz ist mit antiquitäten dekoriert. Bei Kerzenlicht werden Gerichte von Huhn (Pollo al Casabe) und Schwein über Lamm bis Languste serviert, einiges mit überraschend asiatischem Einfluss, aber selbstverständlich passend mit Silberbesteck und manchmal bei kubanischen Live-Rhythmen.

Im Stil der Kolonialzeit: das El Jigüe

❹ Taberna La Canchánchara €
Calle Rubén Martínez Villena
Tel. 041/99 41 36
In dieser Bar sollte man das gleichnamige Getränk aus Rum, Limonensaft und Honig probieren und sich dabei kubanischen Rhythmen hingeben.

❺ La Coruña €
Calle José Martí 430 entre Fidel Claro y Santiago Escobar
Tel 041/99 47 51, tgl. 11.00 – 22.30 Uhr
Durch die Wohnstube der Kolonialvilla geht's in den schönen begrünten Patio oder auf der Dachterrasse, wo man Kreolisches speist, während der Haushahn kräht.

ÜBERNACHTEN
❶ Iberostar Grand Hotel
€€€€ – €€€
Calle José Martí 262 (Parque Céspedes)
Tel. 041/99 60 70, www.iberostar.com

Eine Perle mitten im Stadtzentrum: Hier wohnt man luxuriös wie ein Zuckerbaron (z.T. Butler-Service), wunderschöne Lobby, sogar Gourmet-Küche und Wlan gibt es hier – Raritäten in Kuba!

Peninsula Ancón:
Brisas Trinidad del Mar ◉◉
12 km entfernter Strand
Tel. 041/99 65 00
www.hotelescubanacan.com
Die einstige Vier-Sterne-Anlage im Stil einer Kolonialsiedlung mit Plazas und Kirchturm ist renovierungsbedürftig (all-inclusive). Schöner Strand, Pool, Tennis-platz, Massagen. Etwas für junge Leute mit Animationsbedarf

Topes de Collantes: Kurhotel Escambray / Los Helechos (Comple-jo Topes de Collantes) ◉◉
Sierra del Escambray,
Tel. 042/54 01 17
www.gaviota-grupo.com
Das Kurhotel mitten in den Bergen von Escambray bietet professionellen Service und Behandlungen: Pool, Sauna, Dampf-bad, Massagen, Akupunktur, Hydrothe-rapie, Kosmetik und Anti-Stress-Thera-pie mit geschulten Psychologen usw. Etwas familiärer ist das kleine Hotel Los Helechos (gleiche Tel./Website).

❷ Hotel E La Ronda ◉◉
Calle José Martí 238 (nahe Parque Céspedes/Central), Altstadt
Tel. 041/99 40 11
www.hotelescubanacan.com
Kleine hübsche Nostalgie-Herberge mit 16 einfachen, kleinen Zimmern um ei-nen Patio. Bar auf der Dachterrasse

❸ Casa Sandra y Victor ◉
Calle Maceo (Gutierrez) 613A entre Cal-

les Piro Guinart (Boca) y Pablo Pisch (Guaurabo)
Tel. 041/99 64 44, mobil: 05-244 78 46
www.hostalsandra.com
Professionelle Casa bei netten Leuten: In dem grünen Haus am Ende einer ruhi-gen Gasse mitten in der Altstadt haben die Gäste zwei klimatisierte Zimmer für sich – mit Veranda, Schaukelstühlen u. Speisesaal. Dachterrasse, sicheres Parken

❹ Trinidad-Casilda:
Hostal Las Palmas ◉
Calle Real 145, Trinidad-Casilda
(ca. 4 km außerhalb)
Tel. 041/99 52 00
www.trinidad-cuba.de
Der Deutsche Jörg und seine kubanische Frau haben fast schon eine Luxus-casa gebaut: Mini-Pool, tolles Bad, reich-haltiges Frühstück, kubanische Haus-mannskost, Garten mit Mangobäumen.

❺ Playa La Boca: El Capitán ◉◉
Playa La Boca 82, Carretera Ancón
(ca. 6 km von Trinidad)
Tel. 041/99 30 55, mobil: 05-290 92 38
captaincasanovatrinidad@yahoo.es
Die schönste (etwas teure) Casa nahe La Boca thront über der Felsenküste: Die große Villa vom jungen Pärchen Yilenis und Maikel bietet zwei Zimmer im Haus. Der Clou ist der große Garten mit Meeresveranda (leider kein Strand).

❻ Vista al Mar ◉
Calle Real 47
Playa La Boca (ca. 6 km von Trinidad),
Tel. 041/99 37 16.
Bei Manolo und Silvia Menéndez wohnt man in drei schönen komfortablen Zimmern, vorne mit großer Terrasse und Meerblick (privates Bad, Parkmöglich-keit).

gering waren, brach Hernán Cortés mit vielen Trinitarios nach Mexiko auf, um dort Reichtümer zu suchen. Dies führte dazu, dass Trinidad lange Zeit vor sich hin schlummerte. Im Laufe des 17. Jh.s siedelten sich Familien aus Sancti Spíritus an. Wegen der für den Seehandel ausgesprochen günstigen Lage entwickelte sich Trinidad zu einem lebhaften **Umschlagplatz für Waren und Sklaven**, die auf den immer wichtiger werdenden Zuckerrohrplantagen gebraucht wurden. Durch den Zuckerboom erlebte Trinidad gleichsam ein goldenes Zeitalter, unterstützt durch Sklavenhandel und Viehzucht. Mit dem Ende der Sklaverei kam die Zuckerproduktion zum Erliegen, die Stadt geriet in Vergessenheit. Seit den 1950er-Jahren steht die Altstadt unter Denkmalschutz, nach der Revolution wurde mit umfangreichen Restaurierungen begonnen. 1988 wurde sie von der UNESCO zum Weltkulturerbe erklärt, da sie neben Havanna und Camagüey als das **größte Ensemble kolonialer Bauwerke** auf Kuba gilt.

Kanonenrohre und Singvögel
An vielen Straßen fallen in die Erde gebohrte Kanonenrohre auf, die als Schiffsballast nach Trinidad gebracht wurden; sie sollten Fußgänger und Gebäude vor den schweren hochrädrigen Kutschen der Zuckerbarone schützen. Eine weitere Eigentümlichkeit Trinidads liegt in der Vorliebe für Singvögel. Ab und zu kann man hier Leute mit ihren Vogelkäfigen spazieren gehen sehen, und an jedem Sonntagmorgen treffen sich die Vogelfreunde mit ihren Lieblingen zu einem Trällerwettstreit.

SEHENSWERTES IN TRINIDAD UND UMGEBUNG

**Kolonialarchitektur
Bei einem Spaziergang durch das koloniale Viertel im Norden Trinidads mit seinen Straßen aus Kopfsteinpflaster, den darüber hinwegklappernden Pferdekutschen sowie den **bunten einstöckigen Häusern mit Fenstergittern und Veranden** fühlt man sich in die frühe Kolonialzeit zurückversetzt. Ein Teil der Stadt ist für Autos gesperrt. Überall kann man noch erkennen, dass die Trinitarios, deren Reichtum aus Viehzucht und Zuckerrohrplantagen stammte, sehr wohlhabend waren.

*Parque José Martí
Der Parque José Martí (auch Parque Trinidad oder Plaza Mayor) ist der Mittelpunkt der Stadt, um den sich die Kathedrale und einige in Museen verwandelte Bürgerhäuser gruppieren. Mit seinen Palmen, weißen Zäunen und bronzenen Windhunden verbreitet er einen eigenen Charme.

**Museo Romántico (Palacio Brunet)
Im ehemaligen Stadthaus des Zuckerbarons Nicolás Brunet y Muñoz, das um 1740 erbaut wurde, ist heute das Museo Romántico unterge-

Schön gelegen: Iglesia de la Santísima Trinidad mit der Sierra del Escambray, deren Ausläufer bis nach Trinidad heranreichen.

bracht. Der Besuch des Museums lohnt sich schon allein wegen seiner besonders exquisiten Einrichtung. Die Möbel aus Edelhölzern, Kunstgegenstände sowie Kristall aus Böhmen, Porzellan aus Meißen und Sèvres u. v. m. stammen allerdings nicht aus dem Besitz der Familie, sondern wurden aus allen Teilen des Landes zusammengetragen. Besonders sehenswert sind neben einzelnen erlesenen Stücken (z. B. einem Bettrahmen mit Einlegearbeiten aus Perlmutt) auch die Küche und das Badezimmer. Vom Balkon im zweiten Stockwerk bietet sich ein schöner Blick auf den Platz und den Konvent San Francisco (1745) mit seinem eindrucksvollen Glockenturm.
❶ Di. – So. 9.00 – 17.00 Uhr; Eintritt: 2 CUC

Die Ostseite des Parque Martí wird von der Iglesia de la Santísima Trinidad (Kirche der Heiligen Dreifaltigkeit, 1884 – 1892) eingenommen. Bereits im 17. Jh. war an derselben Stelle ein Vorgängerbau aus Holz errichtet worden. Beachtenswert ist der gotische Altar, der aus 18 verschiedenen Hölzern angefertigt wurde. In einer kleinen Kapelle findet man eine **Christusfigur** (»Cristo de Veracruz«), die eigentlich für eine Kirche in Mexiko bestimmt war. Da das Schiff dreimal beim Auslaufen aus dem Hafen in einen starken Sturm geriet, nahm man das als Zeichen dafür, dass die Statue in Trinidad bleiben sollte.

Iglesia de la Santísima Trinidad

Das Architekturmuseum widmet sich den Besonderheiten der Kolonialarchitektur in Trinidad. Besonders augenfällig sind bereits bei Spaziergängen durch die Stadt die **fantasievoll gestalteten Verzierungen der Fenster- und Türgitter** – eine Auswahl wird im Muse-

Museo de la Arquitectura Trinitaria

um gezeigt. Ein weiteres echt trinitarisches Detail findet man an den rundbogigen Fenstern. Das Halbrund schmücken keine bunten Glasornamente wie etwa in Havanna, sondern es wird durch strahlenförmig angelegte Lamellen unterteilt. Dadurch wird der Wind zur Kühlung in das Haus gelassen, aber die Sonne draußen gehalten. Das einstöckige Haus (1738), das das Museum beherbergt, repräsentiert mit Patio und Säulengang selbst ein gelungenes Stück Kolonialarchitektur. Es gehörte einst einem der reichsten Männer Trinidads, dem Zuckerbaron Sánchez Iznaga.

❶ Sa.–Do. 9.00–17.00 Uhr, jeden 2. So. geschl.; Eintritt: 1 CUC

Galería de Arte Universal (Palacio Ortíz) Im ehemaligen Museo Alejandro de Humboldt, einem gelben Haus mit blauen Fenstern, ist eine Galerie untergebracht, in der v.a. Werke junger Künstler aus Trinidad gezeigt werden. Die naturkundliche Sammlung befindet sich nebenan im Archäologischen Museum.

*Museo de Arqueología y Ciencia naturales Guamuhaya Alexander von Humboldt hat sich im März 1801 drei Tage lang in Trinidad aufgehalten und war damals zu Gast in dem Gebäude, in dem sich heute das Archäologische Museum befindet. Diverse Funde (Werkzeuge, Keramiken, Skelette) und Schaubilder verdeutlichen das **Leben der indianischen Ureinwohner** wie auch die Epoche der Sklaverei. Zu den Exponaten gehört sogar eine Zahnbürste, die einem Konquistador gehört haben soll – möglicherweise Hernán Cortés, der in einem Vorgängerbau dieser Stadtvilla gewohnt hat, bevor er nach Mexiko aufbrach. In der neu hinzugekommenen naturhisto-

Trinidads Kolonialarchitektur aus der Zeit des Zuckerbooms befand auch die UNESCO für auszeichnungswürdig.

Trinidad • ZIELE

rischen Sammlung aus dem ehemaligen Humboldt-Museum werden vor allem Pflanzen und Tiere Kubas gezeigt, die entweder beinahe ausgestorben oder nur in Kuba heimisch sind.
❶ Sa. – Do. 9.00 – 17.00 Uhr; Eintritt 1 CUC

Die kopfsteingepflasterte Calle Simón Bolívar ist der am besten restaurierte Straßenzug Trinidads. Man findet hier eine Vielzahl von Souvenirläden, kleinen Restaurants, Cafés und das ausgesprochen interessante Stadtmuseum (Museo Municipal).

Calle Simón Bolívar

Das schönste Gebäude Trinidads gehörte ursprünglich der Familie Borel. Da die Tochter, der das Haus zugesprochen wurde, eine verheiratete Cantero war, ist es heute auch unter dem Namen Palacio Cantero bekannt. Das Haus wurde 1827 bis 1830 erbaut. Sein Besitzer war nicht nur ein reicher Plantagenbesitzer, sondern auch Dichter, Arzt und Anhänger der schönen Dinge des Lebens. So sollen in seinem marmornen Badezimmer Putten gestanden haben, die Gin und Eau de Cologne spendeten. Das jetzt in dem Gebäude untergebrachte Stadtmuseum zeigt wunderschöne Kolonialmöbel, hübsche Wandmalereien und diverse luxuriöse Gegenstände aus Glas und Porzellan. Auch der teilweise bemalte Patio ist mit einem Ziehbrunnen und vielen Pflanzen sehenswert. Um ihn herum liegen Räume, die den verschiedenen Epochen der Stadtgeschichte seit 1514 gewidmet sind: **Kolonisation, Zuckerboom und Sklaverei, Unabhängigkeitskriege** und **Revolution**. An die Zeit der Sklaverei erinnern Glocken, die auf den Plantagen geläutet wurden, und auch Folterwerkzeuge. Von den oberen Stockwerken und dem Dach bietet sich eine überwältigende Aussicht auf die Stadt und ihre Umgebung.
❶ Sa. – Do. 9.00 – 17.00 Uhr; Eintritt 2 CUC

**Museo Municipal (Palacio Cantero)

Weiter südlich stößt man an der Calle General Izquierdo/Ecke Calle General Hugo Robert auf eines der schönsten Bürgerhäuser der Stadt, den Palast der Familie Iznaga, der derzeit zu einer Fünf-Sterne-Herberge umgebaut und restauriert wird.

Palacio Iznaga

Ganz in der Nähe kann man in der Calle Antonio Maceo eine Tabakfabrik besichtigen. Unter den Augen von Che Guevara und Camilo Cienfuegos werden hier der Tabak vorbereitet, die Zigarren gerollt, mit Banderolen versehen und verpackt.

*Fábrica de Tabacos

Nördlich vom Parque Martí sieht man den Glockenturm des ehemaligen Franziskanerklosters. Dort kann man eine ganz besondere Ausstellung besuchen. Das Museo de la Lucha contra Bandidos dokumentiert die Kämpfe, die die kubanische Miliz in den 1960er-Jahren gegen die konterrevolutionären Gruppen in der Sierra del Escambray auszufechten hatte. Vom gelb-weißen **Glockenturm**, der von der

Museo de la Lucha contra Bandidos

Dreieckshandel

Ohne Sklaven kein Zucker

Als »Dreieckshandel« bezeichnet man den Warenhandel zwischen Europa, Afrika und Amerika ab etwa 1680, der mit dem Verbot des englischen Sklavenhandels 1807 endete. Viele europäische Nationen – vor allem Briten, Franzosen, Spanier, Portugiesen und Niederländer – profitierten davon.

❸

Kuba
Zwischen 1500 und 1800 wurden 12 Millionen Afrikaner, von denen nur 10 Millionen ankamen, nach Amerika verschleppt. In Kuba wurden sie gegen Baumwolle, Tabak und ab dem 17. Jh. hauptsächlich gegen Zucker eingetauscht.

▶ **Sklaven**
Die afrikanischen Sklaven wurden auch in der Karibik gnadenlos ausgebeutet. Als Ende des 16. Jahrhunderts die Nachfrage nach Zucker immer weiter stieg, wurde die Karibik Hauptexporteur. 1783 gab es bereits 100 Plantagen mit jeweils rund 500 Sklaven. Nach fünf Jahren waren die Sklaven meist am Ende ihrer Kräfte. Wenn sie nicht von allein starben, wurden sie getötet und es trat ein neuer Sklave an ihre Stelle. Erst zwischen 1812 und 1844 ereigneten sich einige Sklavenaufstände, die jedoch schnell scheiterten.

❶ Großbritannien
Hier nahm der Dreieckshandel um 1530 seinen Anfang. Erst waren es englische Kaufleute, die zur westafrikanischen Küste segelten und Alkohol, Glas, Eisen, Stoffe und Gewehre gegen Sklaven eintauschten. Kurze Zeit später beteiligten sich auch portugiesische, spanische, französische, niederländische und deutsche Handelskompanien.

❹ Europa
Zurück in Europa wurden die preisgünstig produzierten Kolonialwaren weiterverkauft und der Dreieckshandel begann wieder von vorn. 1803 trat das erste Verbot des Sklavenhandels in Europa in Kraft, 1807 folgte England. Jedoch wurde er in Amerika weiterhin offiziell praktiziert, bis 1888 auch in Brasilien das letzte Verbot erlassen wurde.

❷ Afrika
Da sich der Menschenhandel als besonders einträglich erwies, wurden kriegsgefangene, verschleppte oder auch von ihren Häuptlingen und Königen verkaufte Afrikaner versklavt. Zwei Drittel von ihnen waren Männer unter 35 Jahren. Sie wurden in Schiffen über den Atlantik nach Mittelamerika gebracht und weiterverkauft.

©BAEDEKER

▶ Der Sklaventransport
Die Sklaven wurden von ihrem Käufer zunächst gebrandmarkt, selektiert und dann in Schiffen zusammengepfercht. Alte Handelsschiffe, meist Briggs oder Schoner, wurden für diese Zwecke umgebaut. Um möglichst viele Sklaven unterzubringen, wurden Zwischendecks in den Schiffsrumpf eingezogen. Die Sklaven wurden oft liegend auf engen Massen-Pritschen angekettet und verbrachten so die 6–8 Wochen lange Überfahrt. Unhygienische Zustände und erhöhte Todesraten waren die Folge.

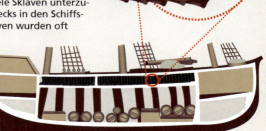

ehemals an dieser Stelle stehenden Iglesia de San Francisco de Asís stammt und als Wahrzeichen Trinidads gilt, bietet sich ein wunderschöner Blick.
● Di. – So. 9.00 – 17.00 Uhr, jeden 2. So. geschl.; Eintritt 1 CUC

Casa Templo de Yemayá

In der Casa Templo de Yemayá erfährt man Wissenswertes über die Santería in dem kleinen »Privatmuseum« vom **Santero-Priester** Israel Bravo Vega (▶Baedeker Wissen S. 28). Er spricht auch durchaus offen über den teuren Hokuspokus, der mit Touristen oft getrieben wird mit allerlei mitzubringendem »Zubehör« (mindestens eine Flasche Rum, Zigarren, Blumen usw.), und er demonstriert gerne eine kleine »Reinigungs«-Zeremonie ohne diese Mitbringsel (Calle Rubén Mártinez Villena, nahe Plaza Mayor.
● tgl. ca. 8.00 – 16.00 Uhr, kein Eintritt (Spende erwünscht, v.a. wenn eine Konsultation und Zeremonie stattfand)

Iglesia de la Popa

Von den nordöstlich außerhalb des Stadtzentrums auf einem Hügel thronenden Ruinen der Iglesia de la Popa hat der Besucher einen reizvollen Blick auf Trinidad und die Küste. Zu dieser ersten Kirche Trinidads führt vom Parque Martí aus die Calle Simon Bolívar in den recht ärmlichen Stadtbezirk. Derzeit entsteht hier ein Luxushotel.

*Playa Ancón

Ungefähr 12 km südwestlich von Trinidad erstreckt sich die Halbinsel Ancón. Hier gibt es noch einen 5 km langen karibischen Traumstrand, an dem bislang nur wenige Hotels stehen. Von hier aus wer-

Alltag jenseits kolonialer Städte: Viehzucht sowie Anbau von Tabak und Zuckerrohr bestimmen das Leben im Valle de los Ingenios.

den Unterwasserexpeditionen zu den Jardines de la Reina, einem in südöstlicher Richtung vorgelagerten Archipel, sowie touristische Katamarantouren, z. B. zur Cayo Blanco, angeboten.

BAEDEKER TIPP

! *Bilderbuchpanorama*

Auf einer steilen Anhöhe (4 km östlich von Trinidad) findet man den **überwältigendsten Ausblick** in Kuba. Dort gibt es auch eine Bar, in der man kleine Gerichte bekommen kann (Mirador de la Loma del Puerto, Ctra. a Sancti Spíritus, tgl. 8.00 –21.00 Uhr).

** VALLE DE LOS INGENIOS (VALLE SAN LUÍS)

Östlich von Trinidad führt die Hauptstraße in das wunderschön gelegene Valle de los Ingenios, das seinen Namen von den **fast 50 Zuckermühlen** ableitet, die hier Ende des 19. Jh.s angesiedelt waren. In diesem Tal lag der Ursprung für den Reichtum Trinidads, der ohne die Arbeit der Sklaven niemals hätte erwirtschaftet werden können. Entlaufene und Freigelassene brannten während des ersten Befreiungskrieges sämtliche Plantagen und Zuckermühlen nieder, so dass nur noch wenige Ruinen vorhanden sind. Das landschaftlich reizvolle Gebiet mit Palmen, Feldern und kleinen Höfen kann von einem **Mirador** mit Open-Air-Lokal (◎) auf der Strecke nach Iznaga überblickt werden. Am Horizont wird es von der Sierra del Escambray begrenzt. Das Tal steht, wie die Stadt Trinidad, unter dem **Schutz der UNESCO**.

»Tal der Zuckermühlen«

Inmitten des Tales liegt das **Dorf Manacas Iznaga**, das im 19. Jh. von der größten Zuckerplantage Kubas – Eigentum der Familie Iznaga – umgeben war. 50 m ragt hier der Torre de Iznaga (12 km nordöstlich von Trinidad, Abb. S. 134), eines der **kubanischen Nationaldenkmäler**, empor. Man kann den siebenstöckigen Turm besteigen, allerdings ist das ein ziemlich wackeliges Unterfangen. Doch von oben bietet sich ein **überwältigender Blick auf das Tal**. Ursprünglich dienten Türme wie dieser zur Beaufsichtigung der Sklaven, die auf den Zuckerrohrplantagen arbeiteten. Die Glocken riefen sie zur Arbeit, ein Wächter konnte von oben das ganze Tal überblicken und Brände oder Aufstände melden. Entstanden ist der Torre anlässlich einer Wette zwischen den Söhnen der Familie Iznaga, denn es war in den Kreisen der Zuckeraristokratie üblich, sich nach der Ernte zu treffen und seine Gewinne auf möglichst extravagante Art auszugeben. So setzte sich einer der Iznagas zum Ziel, den tiefsten Brunnen graben zu lassen. Daraufhin ließ sein Bruder direkt daneben den Turm errichten, dessen Höhe die Tiefe des Brunnens noch übertreffen sollte. Von dem Brunnen ist nichts mehr erhalten. Neben dem Turm kann man die **Hacienda Iznaga** besichtigen, in der heute ein sehr schönes Restaurant untergebracht ist. Eine Ausstellung unterrichtet über die Entwicklung der regionalen Zuckerindustrie. An der

*Torre de Iznaga

Rückseite des Hauses sieht man noch fünf unterschiedlich große Nischen, in denen die Sklaven angekettet und gefoltert wurden.

❶ tgl. 8.00 – 17.00 Uhr; **Turmbesteigung** 1 CUC.
Restaurant Iznaga: tgl. 10.00 – 17.00 Uhr, Tel. 041/99 72 41

TOPES DE COLLANTES

Nationalpark in der Sierra del Escambray
Die nach der Sierra Maestra **zweithöchste Bergkette in Kuba** lockt Ausflügler mit Wasserfällen und herrlich erfrischenden Badepools, einsamen Kaffeefincas und landwirtschaftlichen Kooperativen, üppig grünen Tälern voller Eukalyptusbäume und Kiefern.

Im Parque Nacional Topes de Collantes kann man sich bei Wanderungen zu Füßen des Pico San Juan (1156 m) vom kolonialen Sightseeing in Trinidad erholen – oder in dem stalinistisch wirkenden **Kur- und Berghotel Escambray** ein paar Tage ausruhen und sich fachmännisch behandeln lassen. Die Palette der hier angebotenen Behandlungen reicht von Thalasso-Therapie über Physiotherapie bis zur »Grünen Medizin« und zieht **vor allem Kurgäste aus Lateinamerika** an. Die Clínica Central Cira García verfügt über modernste Geräte und hat sich auf plastische Chirurgie, Hepatitis und Lungenleiden spezialisiert.

Salto de Caburní
Eine der beliebtesten Touren durch die wunderschöne Landschaft der Sierra del Escambray führt zu den 65 m hohen Caburní-Wasserfällen. Der Weg geht östlich des Kurhotels ungefähr 7 km eine Felswand entlang, eine teils anstrengende Wanderung (ca. 3 Std.), besonders nach Regen, wenn die steilen Pfade glitschig sind – 400 m Höhenunterschied müssen überwunden werden!

Salto Javira
Zwar fällt die Kaskade Javira im Nationalpark El Cubano nur läppische 10 m abwärts, aber dafür versteckt sich hinter dem Wasserfall-Vorhang eine wunderschöne Tropfsteinhöhle, in die man von den smaragdgrünen Pools hineinschwimmen kann. Die Wandertour und holprig-abenteuerlichen Ausflüge in »camiones« (Lastern) können in Trinidads Reisebüros gebucht werden.

*Finca Codina
Mit einem geländegängigen Militärlastwagen kann man auch zur Finca Codina, 1910 von einem katalanischen Kaffeepflanzer angelegt, fahren. Das Anwesen, heute ein Ausflugslokal mit Musikgruppen und Souvenirständen, gilt als **Geheimtipp für Vogelliebhaber,** doch bei Spaziergängen in der Umgebung begegnen einem mitunter auch Schmetterlinge, Kolibris und eine Vielzahl von Pflanzen – sogar die **kubanische Nationalblume Mariposa.** Nach diesem Ausflug kann man den speziellen Hauscocktail der Finca aus Ingwer, Honig und Rum versuchen.

Ein Tal zeigt sich von seiner schönsten Seite: Hier wächst der Tabak zwischen steil aufragenden Kalksteinhügeln, den Mogotes.

versuchen.
★★ Valle de Viñales

— ✴ B 3

Provinz: Pinar del Rio
Einwohner: 25 000
Entfernung: 160 km von Havanna, 28 km von Pinar del Rio

Wie ein Gemälde präsentiert sich die Landschaft im Tal von Viñales inmitten der Sierra de los Órganos: Bucklige Kalksteinhügel (»mogotes«) erheben sich Elefantenrücken gleich aus der rostbraunen Erde der Tabakplantagen und Königspalmen recken ihre Wipfel im ersten Sonnenlicht aus dem morgendlichen Nebel über den Feldern.

Die Gegend ist eine der schönsten in Kuba und steht unter dem Schutz der UNESCO. Viele Tagesausflügler aus Havanna und Urlauber bevölkern das Dorf, neuester Trend ist das Klettern an den senkrechten Felsen – Superpanorama inklusive!

Die stark verwitterten und mit wucherndem Grün bewachsenen Felsen waren einstmals die Säulen eines gewaltigen Höhlensystems, das sich vor 160 Mio. Jahren ausgeformt hatte. Aufgrund der Kalksteinverwitterung stürzten viele der Höhlendecken ein. Etliche der Talböden, auf denen heute im Wechsel mit Tabak, Mais, Malangas und

Berühmte Mogotes

Bohnen angebaut werden, zeigen den Verlauf alter Höhlengänge an. Einige Höhlen können zu Fuß oder mit dem Boot auf Touren erkundet werden, teils ist dies jedoch sehr touristisch (viele Busreisegruppen) und hat nichts mit Ökotourismus zu tun (Motorboote und Disko in der Cueva de Viñales und Cueva del Indio!). Ganz anders die Exkursionen in das 46 km umfassende Höhlensystem der ***Gran Caverna de Santo Tomás** (ca. 16 km südwestlich von Viñales), der **größten Höhle Kubas** und zweitgrößten in Mittelamerika: Hier geht es mit einem Höhlenfachmann und Schutzhelm durch die

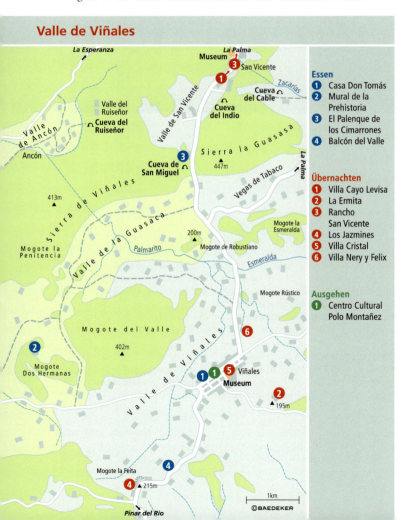

(noch) unbeleuchteten Höhlengänge in die Tiefe, entlang an beeindruckenden Stalagmiten und Stalaktiten; es gibt Touren mit verschiedenen Schwierigkeitsgraden.

Höhle: tgl. 9.00 – 16.00 Uhr, 1,5-Std-Wanderung mit Führung: ca. 10 CUC (zu buchen in den Hotels).

Auf den fruchtbaren roten Böden wird Tabak angebaut, der in Schuppen getrocknet und dann zu Zigaretten und Zigarren weiterverarbeitet wird. Dazwischen liegen kleine Bauernhöfe mit grünen Feldern und Palmen. Der beste Ausblick auf das Viñales-Tal bietet sich von dem **Aussichtspunkt** (Mirador) in der Nähe des Hotels Los Jazmines (▶Übernachten, Hotelparkplatz mit Souvenirständen).

Tabakanbau ▶Baedeker Wissen S. 36, 105

SEHENSWERTES IM VALLE DE VIÑALES

Das kleine Städtchen Viñales (5000 Einw.) inmitten des Tals leitet seinen Namen von einem Weinberg (span. viña ab), den ein kanarischer Einwanderer im 19. Jh. hier anlegen wollte. Es ist ein ausgesprochen idyllischer Ort mit einer verschlafenen Plaza, einem hübschen Kirchlein, einstöckigen Häusern mit Schindeldächern und einer kleinen Pinienallee entlang der Hauptstraße. Als Beispiel für die ländliche koloniale Architektur Kubas wurde Viñales unter Denkmalschutz gestellt.

*Viñales

Überrascht findet man sich – etwa 5 km westlich von Viñales – in der ursprünglichen Natur des Valle de las dos Hermanas (Tal der zwei Schwestern) vor einem etwas grellen Kunstwerk, dem Mural de la Prehistoria, wieder. Er entstand zu Beginn der 1960er-Jahre auf eine Initiative von Celia Sánchez, einer ehemaligen Guerillera und der späteren Sekretärin Fidel Castros. Entworfen wurde diese Darstellung der Evolutionsgeschichte des Menschen von Leovigildo González Morillo, einem Schüler des bekannten mexikanischen Muralisten Diego Rivera. Bei der Ausführung dieser Arbeiten auf der 120 m hohen und 180 m breiten Wand wurde er von Bauern und Arbeitern aus der Umgebung unterstützt. Alle fünf Jahre werden die Farben der Wandmalerei wieder aufgefrischt.

Mural de la Prehistoria

❶ tgl. 8.00 – 18.00 Uhr
Restaurant 9.00 – 16.00 Uhr (viele Gruppen, mittags viel Trubel); Eintritt: 3 CUC inkl. ein Getränk, Reitausflug: 5 CUC/Std.

> **!** **BAEDEKER TIPP**
>
> ### *Kubas Kletterparadies*
>
> Man geht in Viñales nicht nur in den Untergrund – auch steil in die Höhe zieht es hier manch einen Wagemutigen, wo er kopfüber im Felsen hängt, mit Traumpanorama: Den Kletterfans konnte das Viñales-Tal nicht lange verborgen bleiben. Man muss aber die eigene Ausrüstung mitbringen (www.escaladaencuba.com, www.cubaclimbing.com).

Valle de Viñales erleben

AUSKUNFT

Parque Nacional de Viñales (Centro de Visitantes)
Ctra. a Pinar del Río, ca. 2 km südlich von Viñales (nahe dem ▶Jazmines Hotel), http://pnvinales,webindicario.com (span)
tgl. 8.00–20.00 Uhr
Führer sind hier Pflicht, Touren tgl. um 9.30 und 14.30 Uhr (sofern Interesse besteht), können auch über die Tourismusbüros gebucht werden, z. B. in den Hotels und neben dem Restaurant ▶Casa de Don Tomás an der Hauptstraße sowie bei Cubanacán, Calle Salvador Cisneros 63 (Hauptstraße gegenüber der Kirche), Tel. 048/79 63 93 (Fahrrad-/Mopedverleih, Internet).

Weitere Informationen
Infos und Buchung auch über:
Ecotur (www.ecoturcuba.tur.cu)
Wanderungen werden allerorten von privaten Guides angeboten oder im Visitor Center (nahe Hotel Los Jazmines, Länge 3-15 km, 6-15 CUC, z.B. nach Palmerito für ca. 6 CUC).
Mofas zum Ausleihen gibt es derzeit nur im Lokal Casa Don Tomás auf der Hauptstraße Salvador Cisneros (s. u.), pro Tag ca. 24 CUC.

VERKEHR

Ein kleiner Shuttlebus oder neuerdings auch ein doppelstöckiger Open-air-Bus namens »Viñales Bus Tour« verkehrt ab dem Hauptplatz Parque Viñales an der Hauptstraße von ca. 9.00 bis 17.30 Uhr alle ein bis zwei Stunden zwischen den Sehenswürdigkeiten (elf Stationen) und hält auch an den Hotels Los Jazmines und La Ermita. Man kann nach Belieben ein- und aussteigen (5 CUC p.P.).

AUSGEHEN

Die meisten Musikklubs und Diskotheken liegen einen Steinwurf voneinander entfernt entlang der Hauptstraße Salvador Cisneros (man hört und sieht gegen 21.00/22.00 Uhr, wo etwas los ist, etwa im »Patio del Decimista« und gegenüber im »El Viñalero«). Salsa-Tanzstunden gibt es im Centro Cultural Polo Montañez.

❶ *Viñales: Centro Cultural Polo Montañez*
Calle Salvador Cisneros (Hauptstraße am Kirchplatz)
tgl. 10.00–24.00 Uhr (Eintritt 1 bis 5 CUC)
Kleines Bar-Lokal in einer Kolonialvilla an der zentralen Plaza, benannt nach dem populären und 2002 auf dem Höhepunkt seiner Karriere verstorbenen »Guajiro-natural«-Sänger: abends ab 22.30 Uhr Livemusik oder andere kulturelle Veranstaltungen, nebenan Kunstgalerie.

ESSEN

❶ *Viñales: Casa Don Tomás* €€
Calle Salvador Cisneros 140 (Hauptstraße)
Tel. 048/79 63 00
tgl. 10.00–22.00 Uhr
Man speist Kreolisches (Fisch, Huhn, Hummer) in dem Paladar in der schönen alten Villa von 1889, hinten im Patio, auf der Terrasse oder dem Balkon mit Blick aufs Treiben in Viñales.

❷ *Mural de la Prehistoria* €€
Valle de Viñales
Tel. 048/79 33 94, 79 62 60
tgl. 9.00–16.00 Uhr
Die Spezialität im Restaurant Mural

Valle de Viñales • ZIELE

direkt bei den prähistorischen Felszeichnungen: cerdo asado y ahumado, estilo Viñales (in einer köstlichen Marinade eingelegtes und im Holzofen geschmortes Schweinefleisch, dazu eine kreolische Soße und »viandas cocidas« (malanga, yuca, boniato).

❸ El Palenque de los Cimarrones ⓔⓔ–ⓔ

Ctra. de Puerto Esperanza, km 36
Tel. 048/79 62 90
tgl. 12.00 – 16.00 Uhr, abends nur für Gruppen
Hinter der Viñales-Höhle (auch: San-Miguel-Höhle) verstecktes Open-Air-Ausflugslokal am Fuße eines der Mogotes-Riesen: V. a. Busreisegruppen genießen hier Kreolisches bei »Sklaven«-Bedienung und Folkloreshow und den »Sklaven-Schnaps« Chinguerito. Die Disko am Höhleneingang ist Do. – So. geöffnet, ab 22.00 Uhr mit afro-kubanischer Show (in der Nebensaison nur Samstag- und Sonntagnachmittag; Höhlen-Eintritt: 5 CUC, Konzerte bis 25 CUC).

❹ Balcón del Valle ⓔⓔ–ⓔ

auf der Ctra./Landstraße 241 nahe dem Hotel Los Jazmines und Visitor Center, ca. 3 km von Vinales, ca. 30 Min. zu Fuß vom Dorf auf der nicht ganz ungefährlichen Landstraße
Mobil-Tel. 05 223 89 69
Richtig gute kubanische Küche, frisch vom eigenen Feld – und das auch noch mit dem besten Panorama Kubas: In dem rustikalen Stelzen-Paladar sitzt man hoch über dem Viñales-Tal auf zwei kleinen Terrassen und wird von Fidel bestens bedient. Sunset-Cocktail bei herrlicher Ruhe. Der atemberaubende Blick verlangt allerdings etwas höhere Preise.

ÜBERNACHTEN

❶ Cayo Levisa: Villa Cayo Levisa ⓔⓔ

Fähre nach Cayo Levisa ab Puerto Palma Rubia (20 Min.): hin tgl. 10.00 u. 18.00 Uhr, zurück 9.00 u. 17.00 Uhr (return-Ticket 15 CUC, Tagesausflug von Viñales inkl. Lunch: 34 CUC).
Tel. 048/75 65 01, Tel. in Havanna 07/690 10 05, www.hotelescubanacan.com
Die gut ausgestatteten, aber überteuerten Bungalows (u. a. Sat.-TV) der oberen Mittelklasse verteilen sich in zwei Reihen an einem schönen schmalen Strand (insgesamt ca. 3 km) zwischen Mangroven, blau schimmerndem Meer und dem sichtbaren Korallenriff (Strand kann je nach Jahreszeit/Hurrikans weggespült sein!).

❷ La Ermita ⓔⓔ–ⓔ

Ctra. de La Ermita, km 1,5
Tel. 048/79 60 71
www.hotelescubanacan.com
Auch dieses ältere Hotel fügt sich harmonisch in die Landschaft ein und bietet einen zauberhaften Ausblick. 64 Zimmer, Restaurant, Swimmingpool.

❸ Villa Rancho San Vicente ⓔⓔ–ⓔ

Ctra. de Puerto Esperanza, km 33 (7 km nördlich von Viñales)
Tel. 048/79 62 01
www.hotelescubanacan.com
53 angenehme Zimmer in Blockhütten und Beton-Reihenhäuschen verteilen sich in einem schönen waldreichen Gelände um einen großen Pool. Auf der anderen Straßenseite liegt der moderne Neubau (ebenfalls mit großem Pool).

❹ Los Jazmines ⓔⓔ–ⓔ

Ctra. de Viñales, km 2,5

Tel. 048/79 62 05
www.hotelescubanacan.com
Die einmalige Lage des Hotels etwas erhöht im Valle de Viñales garantiert einen faszinierenden Ausblick auf die fruchtbare Landschaft. 62 Zimmer und 16 Bungalows, die momentan nach und nach renoviert werden, Pool. Auf dem Rücken der Pferde lässt sich die Umgebung erkunden. In der Hochsaison sollte man reservieren.

Allerdings ist das Restaurant nicht besonders gut, daher empfiehlt es sich, nur mit Frühstück zu buchen und im Dorf in den zahllosen Privatrestaurants lecker und üppig zu speisen – keine 50 m vom Hotel z.B. im Paladar La Casa Verde. Aber keine Sorge, man wird überall angesprochen. Um den Pool herrscht vor allem an Wochenenden kubanischer Trubel...

❺ *Villa Cristal* ❸
Calle Rafael Trejo 99, Viñales
Mobil-Tel. 05-270 12 84
www.villacristalcasa.com
Ein klimatisiertes Zimmer in einem extra-Häuschen im Garten bei Ani (gute Köchin) und Francisco (guter Salsa-Tänzer), die beide in der Tourismusbranche arbeiten: ruhig, freundlich und sehr beliebt (rechtzeitig buchen!).

❻ *Villa Nery y Felix* ❸
Carretera al Cementerio Nr. 8 (250 m hinter der Tankstelle, rechter Abzweig)
Mobil-Tel. 05-239 18 21
e-mail: felis@correodecuba.cu.
Das ältere nette Ehepaar bietet ein klimatisiertes Doppelzimmer mit eigenem Bad, man speist auf der Terrasse zum Minigarten, etwas eng, aber okay. Garage vorhanden.

Wundervoller Blick vom Balkon des Hotels Los Jazmines

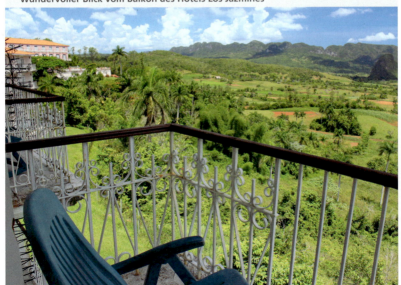

Valle de Viñales • ZIELE

Im Viñales-Tal gibt es eine Menge Höhlen, z. B. die Cueva de los Ci-marrónes (od. San-Miguel-Höhle) mit Diskothek und Restaurant **El Palenque** (▶Essen) und die Cueva del Indio, 5 km nördlich von Viñales: Sie soll einst einem Häuptlingssohn, der mit der Tochter eines anderen Häuptlings davongelaufen war, als Versteck gedient haben. Die Höhle wurde von einem Fluss ausgewaschen und kann in Teilen zu Fuß und auch mit dem Boot besichtigt werden. Dabei sind sehr schöne Tropfsteinformationen zu sehen – und mit etwas Fantasie sind auch eine Schlange, ein Seepferdchen und die drei Schiffe des Kolumbus zu erkennen. Man sollte den Vormittag mit den Busgruppen meiden, dann findet man in der Umgebung der Höhle mit etwas Glück seltene Tiere und Pflanzen wie den Tocororo, die Korkpalme oder die Mariposa.

*Cueva del Indio

❶ tgl. 9.00 – 17.30 Uhr; Eintritt: 5 CUC

Viele Tagesausflügler aus Havanna und Viñales kommen zum Schnorcheln nach Cayo Levisa oder schwärmen zu den 23 Tauch-stellen vor der Küste aus. Die restlichen Gäste frönen dem Nichtstun und Faulenzen, denn Sehenswürdigkeiten gibt es keine, und nur ein einziges Bungalowhotel beherbergt die Insulaner (▶Übernachten). Auf dem winzigen Eiland leben noch die Baumratten Jutías, man sollte nicht erschrecken, wenn man die katzengroßen Nager nachts auf den Wegen zwischen den Bungalows sieht. In Sichweite im Westen liegt das Inselchen Mégano, an dem Hemingway einst ankerte.

*Cayo Levisa

Schnorcheln (15 CUC), **Tauchen** (ca. 40 CUC inkl. Tauchausrüstung). Die Fähre verkehrt ab dem Örtchen Puerto Palma Rubia (20 Min.): hin tgl. 10.00 u. 18.00 Uhr, zurück 9.00 u. 17.00 Uhr (return-Ticket 15 CUC, Tagesausflug von Viñales inkl. Lunch: 34 CUC).

Ein beliebter (Rad-) Ausflug führt von Viñales nordwärts entlang der sagenhaften Mogotes-Kegel und Höhlen an die dünn besiedelte Küste. Immer wieder gibt es übrigens von hier aus Fluchtversuche auf abenteuerlichen Bootskonstruktionen gen Miami (nur 150 km entfernt). Macht man einen kleinen Abzweig auf der Hälfte des Weges zur Cayo Jutías, kommt man an dem kleinen Fischerstädtchen Puerto Esperanza vorbei (25 km nördlich von Viñales) – verschlafe-ner geht es kaum, aber man kann hier in den Privatlokalen auch hervorragende Langusten essen. Weiter geht's derart gestärkt auf die Jutías-Insel (25 km westlich), die über einen 4 km langen Damm zu erreichen ist: An dem 6 km langen schneeweißen Strand lässt es sich gut aushalten beim Tretbootfahren, Schnorcheln und Sonnenbaden, ein kleines Lokal und Imbisse versorgen die Ausflügler mit kubani-scher Kost (❸). Die einzige Sehenswürdigkeit auf dem unbewohnten Eiland ist der Leuchtturm, außerdem gibt es eine kleine Tauchbasis..

Cayo Jutías/ Puerto Esperanza

❶ Zutritt zur Insel tgl. 8.00 – 18.00 Uhr; keine Übernachtungsmöglichkei-ten). Tagestour ab Viñales ca. 22 CUC, Tauchgang 35 CUC

★★ Varadero

◈ D 2

Provinz:
Matanzas
Höhe: 0 – 5 m
Einwohner: 20 000
Entfernung: 144 km von Havanna, 835 km von Santiago de Cuba

Der Strand ist endlos, die Zahl der Hotels ebenfalls. Auf der Halbinsel Hicacos empfängt Kubas Urlaubsort Nummer eins die sonnenhungrigen Gäste aus aller Welt. Hier herrscht »todo incluído« – (fast) alles inklusive: 20 km Strand und Rund-um-die-Uhr-Animation in den zahlreichen komfortablen Hoteldörfern, und wer will, kann Tauchen, Fallschirmspringen und Parasailing betreiben. Die Zeiten der Polizeikontrolle am Eingang zu der schmalen Península sind glücklicherweise seit einigen Jahren vorbei. Und da die Kubaner mittlerweile auch offiziell in ihrem eigenen tropischen Hotel-Paradies urlauben dürfen, geht in den Hotels im Ortszentrum am Wochenende richtig die Post ab.

Wer den Alltag der Kubaner wenigstens ein bisschen kennen lernen möchte, sollte die Poollandschaft für einen Tag hinter sich lassen und nach ▶Matanzas, der nächstgrößeren Provinzhauptstadt, oder nach ▶Cárdenas fahren.

Varadero

Essen

Übernachten

Geschichte

1910 nahm das Hotel Varadero seinen Betrieb auf. Die schwerreiche amerikanische Industriellenfamilie DuPont erwarb 1930 ein riesiges Anwesen und ließ sich eine luxuriöse Ferienresidenz errichten (▶ Abb. S. 307). Diesem Beispiel folgten noch etliche andere wohlhabende US-Amerikaner, aber auch einflussreiche Kubaner wie der damalige Präsident Batista. Während der ersten Tourismuswelle in den 1950er-Jahren wurde mit US-amerikanischen Mitteln das Hotel Internacional mit Kasino gebaut. Nach dem Sieg der Revolution am 1. Januar 1959 enteignete die neue Regierung die Anwesen entlang des Strandes. Die von den einstigen Besitzern verlassenen Villen wandelte man in Hotels und Ferienmietwohnungen um – so wurde der Traumstrand von Varadero für das kubanische Volk und Touristen aus den Ländern des ehemaligen Ostblocks geöffnet. In den 1990er-Jahren zog es immer mehr kanadische und europäische Touristen in den All-inclusive-Badeort (mittlerweile mehr als 500 000 im Jahr), während die Kubaner jahrzehntelang nur als Hotelangestellte oder »Helden der Arbeit« den Kontrollposten auf die Halbinsel passieren durften.

SEHENSWERTES IN VARADERO

*Playa de Varadero

Die Playa de Varadero, über 20 km lang, flach, feinsandig und von schattenspendenden Pinien bestanden, gehört zu den schönsten Stränden im karibischen Raum. Zahlreiche ehemalige Luxusvillen im Ortszentrum zeugen vom Glanz früherer Jahre, als Varadero noch Treffpunkt des amerikanischen Finanzadels war. Bei einem

❸ Sol Palmeras
❹ Casa Bertha y Alfredo
❺ Casa Betty y Jorge

Ausgehen
❶ Tropicana Matanzas
❷ Casa de la Música
❸ Snackbar Calle 62

Varadero erleben

AUSKUNFT
In allen großen Hotels

Cubatur
Av. Primera/Ecke Calle 33 Tel.
045/66 72 17; www.cubatur.cu

VERKEHR
Der knallrote Cabriobus für die Varadero
Beach Tour verkehrt an 42 Haltestellen
zwischen den weit verstreuten Hotels
und der kleinen Stadt, man kann während der zweistündigen Fahrt die Strecke
beliebig oft unterbrechen (9.00 – 20.30
Uhr, Tagesticket 5 CUC). Außerdem gibt
es eine Bimmelbahn, die im Zentrum Varaderos verkehrt. Ansonsten Taxameter-
Taxis und Pferdekutschen (handeln!)
Die Cocotaxis verlangen mind. 5 CUC
pro Fahrt im Zentrum (1-5km). Als Richt-
linie fürs Handeln gilt 0,50 CUC pro km!
Bei offiziellen Taxis geht man von 1 CUC
pro km aus, bei privaten Taxifahrer mit
den Oldtimern (offiziell 1,25 CUC pro
km). Ein Taxi von den abgelegenen
Strandhotels ins Stadtzentrum kostet ca.
15 CUC, zum Flughafen 25-50 CUC (je
nach Verhandlungsgeschick und Art des
Taxis und der Lage des Hotels...).

SHOPPING
Ein großer Markt mit Kunsthandwerk,
Souvenirs, Gemälden usw. breitet sich
an der Av. Primera zwischen den Calles
44 und 46 aus. Das Plaza América zwischen den Hotels Melía Las Américas
und Melía Varadero ist ein Einkaufscen-
ter mit diversen Läden, Boutiquen, kleinem Supermarkt, Bars und Lokalen,
Post, Bank, Internet-Café, Reisebüros
und Kongresszentrum (Autopista del
Sur, km 11, tgl. 10.00 – 20.30 Uhr).

Casa del Ron
Av. Primera entre Calles 62 y 63
tgl. 9.00 – 23.00 Uhr
Für Freunde der hochwertigen (und
hochprozentigen) Alkoholika ist dies
der Himmel auf Erden: alle Sorten
Havana Club Rum und andere Spirituosen; Laden und kleine angeschlossene Bar mit Modell einer alten
Destillerie.
Die Casa del Habano nebenan wartet
auf die Zigarren-Aficionados (tgl.
9.00 – 19.00 Uhr).

AUSGEHEN
❶ *Tropicana Matanzas*
Autopista Matanzas – Varadero
Tel. 045/26 53 80
Mi. – So. ab 22.00 Uhr
Show in der Nebensaison nur Di. u. Do.
ab 21.30 und 24.00 Uhr, in der Hauptsaison Mi. – So.; die Open-air-Show fällt
bei Regen aus
Eintritt: 49 CUC ab Hotel mit Transport,
Begrüßungsdrink)
Am Canimar-Fluss (eine halbe Stunde
Busfahrt von Varadero) erhebt sich die-
ser auffällige Neubau: Ähnlich dem Vor-
bild in Havanna geht hier mit langbeini-
gen Revuetänzerinnen und Folkloreshow
die Post ab.
Ähnliche Cabaretshows in Varadero fin-
den regelmäßig in der Disko Cueva del
Pirata (nahe dem Hotel Sol Palmeras,
tgl. 22.00 – 3.00 Uhr, ca. 10 CUC) statt
und unregelmäßig zu Festtagen im
Anfiteatro Varadero (am westlichen
Ortseingang).

❷ *Casa de la Música*
Av. de la Playa Ecke Calle 42
Tel. 045/66 38 88

Las Américas: Exklusives Luxusrestaurant in der Villa DuPont

Hier treten die besten House-, Reggaetón- und Salsa-Bands auf, es ist immer heiß und voll, Sehen- und Gesehenwerden à lo cubano – inklusive der obligatorischen Hüftwackel-Performances junger Damen aus dem Publikum, auch Modenschauen, Tanzwettbewerbe, im Anschluss Disko.
Langfinger sind leider auch zugegen (Mi. – So. ab 22.30 Uhr, die Konzerte beginnen oft viel später! Eintritt ab 10 CUC, gut auf die Tasche aufpassen!).

❸ *Snackbar Calle 62*
Av. Primera Ecke Calle 62
Unscheinbare Open-air-Bar mit allabendlicher Live-Musik auf einer Bühne - von Reggaetón über Merengue bis Salsa, nachmittags geht´s los, aber richtig Schwofen kann man erst später in der Nacht, wenn Kubaner und Touristen sich mischen, bis alles auf der Straße tanzt (tgl. ab 8.00 – ca. 2.00 Uhr).

ESSEN
❶ *Las Américas/Mansión Xanadú* ©©©© – ©©©
Ctra. de la Américas, km 8
Tel. 045/66 84 82
Führungen tgl. 10.00; Restaurant 12.00 – 16.00, 19.00 – 22.30, Bar 10.00 – 23.45 Uhr
www.varaderogolfclub.com
Lokal für festliche Gelegenheiten in der Villa DuPont, gute französische Küche, aber überteuerter Hummer (unbedingt reservieren). Im dritten Stock empfängt die Sunset-Bar »Casa Blanca« zu Live-Musik und Tanz (tgl. 17.00 – 19.00 Uhr).

❷ *La Vaca Rosada* ©© – ©
Calle 21 Nr. 102 entre Ave. Primera y Segunda
Tel. 045/61 23 07, tgl. 18.00 – 24.00 Uhr
Romantisches Ambiente auf der Dachterrasse des Paladars und eine hervorragende Küche (Meeresfrüchte und Steaks, aber auch Pizza und Pasta), ; große Cocktail-Auswahl.

❸ *Esquina de Cuba* Ⓒ
Av. Primera/Ecke Calle 36, Zentrum
Tel. 045/61 40 21
tgl. 10.00 – 23.00 Uhr
Im Stile der Fiftys eingerichtete Bar, Café und Open-Air-Restaurant an der Hauptstraße. Gute kubanische Hausmannskost wie »ropa vieja« (»alte Wäsche«: geschmortes »zerfallenes« Rindfleisch), Brathähnchen, gegrilltes Schweinesteak, aber auch Fisch und Meeresfrüchte. Donnerstags »Old Fashion Night« mit Livemusik.

❹ *Casa del Miel* Ⓒ
Av. Primera entre Calles 25 y 26 (nahe ETECSA-Telefonbüro)
Tel. 045/66 77 36
Für den großen Hunger (oder große Familien): Klimatisiertes einfaches Lokal, in dem auch die Kubaner gerne essen: gute Pizza und Spaghetti, Hühnchen und Pfeffersteak, Seafood und auch Kuchen zum Nachtisch – alles zu Spottpreisen (nur der Hummer sprengt die Preise mit ca. 18 CUC). Natürlich gibt's hier auch Honig zu kaufen.

Weitere Empfehlungen
Im **Parque Retiro Josone** im Ortszentrum gibt es drei weitere sehr gute Restaurants, die kreolische, italienische oder internationale Speisen servieren (z.B. Dante mit italienischem Essen). Ein neuer, unglaublich guter Paladar ist **Salsa Suarez** (ⒸⒸ Nr. 103 Calle 31, Tel. 045-612009) — hier stimmt alles: wunderbares Ambiente, phantasievollen Gerichte und eine gute Weinauswahl.

ÜBERNACHTEN
❶ *Iberostar Varadero* ⒸⒸⒸⒸ
Ctra. Las Morlas, km 17,5 (Punta Hicacos)
Tel. 045/66 99 99, Tel. in Deutschland: 01805/00 70 14
www.iberostar.com
Eines der besten Hotels im Pauschalparadies Varadero, weit abgelegen am Ende der Península: schöne zweistöckige Häuser in Kolonialarchitektur mit fast 400 Zimmern, familienfreundlicher Service, aber auch viele Honeymooner und ältere Gäste aus aller Welt. Unaufdringliche Animation, täglich durchaus anspruchsvolle Shows. Herrlich-gigantische Pool-Landschaften an drei Pools, Wlan auf dem Zimmer.

❷ *Royalton Hicacos Resort & Spa* ⒸⒸⒸⒸ
Ctra. Las Morlas (Autopista del Sur), km 15
Tel. 045/66 88 44
www.royaltonresorts.com
Ein traumhaft »verschachteltes« Hoteldorf (»ultra-all-inclusive«) mit 404 originellen Suiten (teils Concierge-Service) und Wellness-Spa. Hochzeitsarrangements durch »persönlichen Hochzeitskoordinator«, aber hier lassen sich nicht nur Flitterwöchner verwöhnen. Drei Pools, vier hervorragende Restaurants, sechs Bars, Fitnesscenter usw.

❸ *Sol Palmeras (Melía)* ⒸⒸⒸⒸ – ⒸⒸⒸ
Ctra. de las Morlas (Autopista del Sur)
Tel. 045/66 70 09
Tel. in Deutschland: 01802/12 17 23
www.meliacuba.com
Riesiges halbmondförmiges Strandresort der Luxusklasse mit üppig grüner Poollandschaft, 407 großen Zimmern, 200 Bungalows und allem Komfort – etwas in die Jahre gekommen, wird derzeit nach und nach renoviert.

Varadero • ZIELE

❹ *Bertha y Alfredo* ❸❸–❸

Calle 14 entre Primera y Playa
Tel. 045/61 28 33
Mobil-Tel. 05 311 21 86
Casa mit Top-Lage: Von der privaten
Casa geht es nur ein paar Schritte zum
weißen Stadtstrand. Das Ehepaar ver-
mietet ein kleines Häuschen mit eige-
nem Eingang, drei Zimmer, Küche, Son-
nenliegen und sogar einen kleinen Pool
im Garten. Alfredo kann gut kochen,
Bertha ist für die Cocktails zuständig.
Wenn die Casa besetzt ist: einfach beim
Nachbarn Jorge fragen ...

❺ *Casa Betty y Jorge* ❸❸–❸

Calle 31 Nr. 108A, entre Av. Pimera y
Tercera, Varadero-Zentrum
Tel. 045/61 25 53
Bettylisbet@yahoo.es
Endlich darf man auch offiziell bei den
Kubanern in Varadero wohnen; Betty
und Jorge haben daher nicht lange ge-
zögert und eröffneten gleich im November 2010 die (offiziell) erste Privatpension in dem Pauschalort. Gut, wenn
man spät in Varadero landet: zwei recht
kleine Zimmer (eins mit Küche), separater Eingang und eigener kleiner Patio
(ac, TV, DVD, Kühlschrank, BBQ-Grill).
Der Strand ist nur 100 Meter über die
Straße entfernt. Die netten Gastgeber
sprechen gut englisch und geben viele
Tipps.

Strandspaziergang kann man in kleine Cafés und palmengedeckte
Bars einkehren, um einen echten kubanischen Kaffee oder einen Mojíto zu probieren, oder sich vom Duft der Garnelenspieße und anderer Köstlichkeiten in die Grillrestaurants locken zu lassen.

Am westlichen Ortseingang befindet sich ein sehr gutes Restaurant **Casa de Al ·**
(❸❸❸–❸❸) in der Avenida Kawama – dabei handelt es sich um das **»Mi Casita«**
ehemalige Ferienhaus des Gangsterbosses Al Capone.

Varaderos Hauptstraße, die Avenida Primera, durchzieht die Halbin- **Avenida 1**
sel ungefähr in ihrer Mitte. Es gibt hier einige besonders schön verzierte, Ende des 19. Jahrhunderts erbaute Ferienhäuser. Doch nicht
nur das – entlang der Hauptstraße des Ortes reihen sich Läden, Restaurants, Cafés und Galerien aneinander, zum Teil sehr weit auseinander gelegen, und auch ein Hospital, die Polizeistation und eine
Apotheke findet man hier und immer mehr Straßenmärkte mit
Kunsthandwerk und Souvenirs. Zudem lässt sich das alltägliche Treiben eines Touristenortes besonders gut beobachten: Urlauber und
Kubaner, aufgepäppelte US-Schlitten und Pferdedroschken.

Das Museo Municipal, in dem man einiges zur Geschichte Varaderos **Museo**
erfahren kann, liegt am Ende der Calle 57 neben dem Strand. **Municipal**
❶ tgl. 10.00 – 18.00 Uhr, Eintritt 1 CUC

In dem ehemaligen Anwesen des Diktators Fulgencio Batista (Av. 1/ ***Parque**
Ecke Calle 58) befindet sich heute der Freizeitpark Retiro Josone mit **Retiro Josone**

einem kleinen See. Läden, drei gute Restaurants, eine Guarapo-Bar mit frisch gepresstem Zuckerrohrsaft und viele Souvenirstände liegen über die schlicht gestaltete Parkanlage verstreut.

❶ tgl. 9.00 – 23.00 Uhr

Das ehemalige Anwesen des Tycoons DuPont, heute Mansión Xanadú genannt, beherbergt eines der teuersten und exklusivsten Restaurants Varaderos: **Las Américas** (▶Essen, Abb. S. 307). Von der obersten Etage der Villa, der Sunsetbar, bietet sich ein atemberaubender Ausblick auf Varadero, den Strand und das Meer. In der eleganten Villa kann man in sechs edel eingerichteten, etwas in die Jahre gekommenen Zimmern wohnen. Auf dem Gelände ist ein großzügig konzipierter Golfplatz mit 18 Löchern angelegt.

Mansión Xanadú

In der Nähe der Marina Chapelín (nahe dem Hotel Royalton Hicacos & Spa) liegt ein Delfinarium, in dem zweimal am Tag Vorstellungen gegeben werden. Zudem kann man mit den Tieren schwimmen (▶Tipp, S. 312).

Delfinario El Laguito

❶ tgl. 9.00 – 17.00 Uhr; Eintritt: Erwachsene 15 CUC, Kinder 5 CUC
Show: tgl.11.00, 15.30 Uhr, Mitschwimmen: 9.30, 11.30, 14.30, 16.00 Uhr,
Show und Mitschwimmen: Erw. 93 CUC, Kids: 73 CUC (5 bis 10 CUC extra
für Video/Foto). Preiswerter zu buchen über die Hotels

Am östlichen Ende Varaderos wurde 1961 die Cueva de Ambrosio entdeckt, in der viele Fledermäuse leben. Anhand von Felszeichnungen fanden Experten heraus, dass die Halbinsel bereits in präkolumbischer Zeit von Indianern besiedelt war. Außerdem wurden in der Höhle afrikanische Figuren gefunden, was darauf schließen lässt, dass sie von Sklaven für heimliche Kulthandlungen genutzt wurde. Kurze Naturpfade führen durch einen letzten Rest des geschützten Gebietes am Ostende der Peninsula, der Reserva Ecológica Varahicacos, das leider in den letzten Jahren größtenteils verbaut wurde. Hier steht El Patriarco, ein ca. 500 Jahre alter Riesenkaktus.

*Cueva de Ambrosio / Reserva Ecológica Varahicacos

❶ Autopista Sur km 16, tgl. 9.00 – 16.30 Uhr; Eintritt: 5 CUC

UMGEBUNG VON VARADERO

Nordöstlich vor der Halbinsel Hicacos beginnt das korallenriffgesäumte Archipel von Sabana, eine der Nordküste vorgelagerte Kette von Inselchen und Klippen. Sehr abwechslungsreich bietet sich dessen westlichster Teil dar, der besonders gern von segel-, angel- und tauchsportbegeisterten Feriengästen aufgesucht wird.

*Archipiélago de Sabana

Einige Palmen spenden Schatten an einem der schönsten Strände in der Karibik. Die Playa de Varadero ist mehr als 20 km lang.

ZIELE • Varadero

BAEDEKER TIPP

Tour Cayo Blanco

Um die Tiere sehen zu können, sollte man sich einen Yacht-Ausflug gönnen. Denn da auf dem Katamaran mind. 40 Passagiere sind, auf der Yacht nur wenige, können die mehr Zeit mit den Delfinen verbringen.

Auf die kleine Ausflugsinsel **Cayo Blanco** mit weißem Strand und die benachbarten Eilande stechen täglich von der Marina Chapelín und Marina Gaviota die Katamarane in See, man kann am Korallenriff schnorcheln und auf Deck sonnenbaden. Bei der Tagestour werden ein kreolisches Mittagessen (Hummer, Garnelen, Hühnchen) und Cocktails auf der Insel oder an Bord serviert, ein Abstecher führt zur Delfinshow, der Ausflug ist auch als reine Sunset-Tour am Nachmittag möglich. Wem es am Strand und zu Wasser zu langweilig wird, kann auch in die Luft gehen: Skydiving als Solo- oder Tandemsprung. Vom Centro Internacional de Paracaidismo auf dem alten Kawama-Flugplatz (nahe Marina Acua) geht es mit einer Antonov oder einem russischen Helikopter in die Luft, der Tandem Master öffnet nach 35 Sekunden Freiflug beim Tandemsprung den Fallschirm und man trudelt selig zehn Minuten abwärts, mit Traumpanorama bis zur Landung auf der schneeweißen Varadero Beach. Die Ausrüstung und Skydive-Lehrer sollen professionell sein, der Sport wird seit den 1990ern angeboten – ob man sich derartiges traut, in einem Land der Mangelwirtschaft, muss jeder für sich selbst entscheiden

❶ Centro Internacional de Paracaidismo/Varadero, Int. Skydiving Center (Club de Aviación), Ctra. Via blanca 1,5, Tel. 045/61 12 20, www.skydivingvaradero.com; Solo-Sprung ca. 50 CUC, Tandem ca.180 CUC + Video 60 CUC, in manchen Hotels zu buchen).

Cárdenas
✦ Reisekarte
D 2

Die Stadt (130 000 Einw.) liegt nur einen Katzensprung südöstlich vom Urlaubsmekka Varadero entfernt, aber kaum ein Ort in Kuba ist untouristischer. Es gibt wahrlich nicht viel zu sehen, Pferdekutschen und ein paar Oldtimer rumpeln durch die schachbrettartig angelegten Straßen. Dabei ist Cárdenas gar nicht so unbedeutend: Hier werden Rum und Fahrräder hergestellt – ohne die Kuba undenkbar wäre – und eine kleine Werft baut Schiffe. Und einige (tragische) »Helden« aus Geschichte und Gegenwart gibt es hier auch ... 1999 war Cárdenas weltweit in den Schlagzeilen: Von hier stammte die Frau, die mit ihrem fünfjährigen Sohn Elián in einem überladenen Boot gen Florida flüchtete. Sie starb, der Sohn überlebte den Fluchtversuch durch die Rettung der US-Küstenwache – das Drama zwischen Kuba und den USA nahm seinen Lauf. Am Ende des politischen Gerangels kehrte Elián 2000 zu seinem Vater nach Cárdenas zurück. Im **Museum** (Av. 6 entre Calles 11 y 12) kann man sich die kubanische Sicht auf die Tragödie ansehen.

Museo de Batalla de Ideas: Di. – Sa. 9.00 – 17.00, So. 9.00 – 13.00 Uhr; Eintritt: 3 CUC

Das Zentrum der Stadt bildet der **Parque Colón** mit einer von dem spanischen Künstler Piquier geschaffenen Statue (1862) von Christoph Kolumbus. Im Jahre 1850 wurde an dieser Stelle erstmals die kubanische Flagge gehisst. Mitte des 19. Jh.s entstand hier auch der erste Zuckerverladeplatz Kubas, La Dominica. Heute sammeln sich hier die Droschken, mit denen man eine Rundfahrt durch die Stadt machen kann. Fährt man auf der Hauptstraße Av. Céspedes weiter Richtung Bahía de Cárdenas, stößt man auf das Denkmal zur Erinnerung an die 1850 erstmals hier gehisste kubanische Flagge, einen riesigen Fahnenmast. Von hier hat man eine schöne

> **BAEDEKER TIPP !**
>
> ### Ausflug in den Dschungel
>
> Der Ausflug führt in den Touristikpark Río Canímar: Erst geht es mit dem Kajak oder Motorboot in die dschungelartig anmutende Uferlandschaft um den Río Canímar. Wer will, kann dann bei einer Touristenfarm auf den Pferderücken umsteigen oder im Fluss baden, einfach faul in der Hängematte baumeln oder einen der Schaukelstühle besetzen (vier- bis fünfstündiger Ausflug mit kreolischem Essen im Restaurant kann in allen Hotels in Varadero gebucht werden!). Der Ausflug kostet ca. 40 CUC (Kids 25 CUC).

Aussicht übers Meer bis nach Varadero. Am Parque Colón steht auch die 1846 errichtete **Kathedrale**. Bemerkenswert sind ihre bunten Glasfenster. An der **Plaza Molokoff** fällt eine Markthalle mit Jugendstilornamenten ins Auge. Sie wurde aus Eisen konstruiert und ist von einer 16 m hohen Kuppel gekrönt. Auf der Straße **Skulpturen** nach Varadero (18 km) erinnern einige skurrile Plastiken (z. B. Krebs) an einen Bildhauerwettbewerb in den 1960er-Jahren zum Thema »Sonne, Sand und Meer«. Das **Museo Oscar María de Rojas** (am Parque Echevarría/Ecke Calle 4) gehört zu den ältesten Museen in Kuba (1900 eröffnet) und ist in einem ehemaligen Rathaus untergebracht. Es beherbergt sehenswerte historische und naturkundliche Ausstellungsstücke wie Münzen, Schmetterlinge, Muscheln sowie Waffen und Dokumente aus den Befreiungskriegen.
❶ Di. – Sa. 10.00 – 18.00, So. 9.00 – 12.00 Uhr

Wenn man von der Hauptstraße auf die Straße Richtung Flughafen einbiegt und dieser bis kurz vor dem Flughafen folgt, sieht man auf der linken Seite einen großen Parkplatz und ein Restaurant. Von dort kann man über Holzstufen zur Cueva Saturno gelangen, einer wunderschönen Tropfsteinhöhle mit klarstem   Wasser, in dem man schwimmen und schnorcheln kann – allerdings vormittags zusammen mit anderen Reisegruppen. 5 km davon entfernt befindet sich der weiße Sandstrand Coral Beach mit einer kleinen Bar. Traumhafte Bedingungen zum Schnorcheln gibt es hier, eine tolle Unterwasserwelt. Allerdings sollte man aufpassen, sich an den Felsen nicht zu verletzen. Der Schnorcheltrip ist nur bei passenden Wetterbedingungen zu empfehlen.

Ausflugstipp: Cueva Saturno und Coral Beach

PRAKTISCHE INFORMATIONEN

¡Buenos días! — Wie Sie mit diesem Kubaner darüber hinaus ins Gespräch kommen und andere nützliche Infos finden Sie auf den nachfolgenden Seiten.

Anreise · Vor der Reise

ANREISEMÖGLICHKEITEN

Mit dem Flugzeug
Die deutschen Fluggesellschaften Condor und Air Berlin bieten mehrmals wöchentlich von mehreren deutschen Flughäfen Direktflüge nach Kuba an. Air Berlin fliegt nur noch nach Varadero, Condor direkt nach Holguín, Havanna, Varadero und seit dem Winter 2014/15 nach Santa Clara (für die Cayo Santa María-Inselkette). Neuerdings fliegt die Eurowings (Germanwings) nach Varadero, außerdem die Iberia, KLM und Air France sowie Cubana Airlines. Die Flugzeit von Mitteleuropa nach Kuba beträgt 10 – 12 Stunden. Die Flugpreise bewegen sich je nach Reisezeit zwischen 900 und 1300 €. Die **innerkubanischen Flüge** z. B. nach Cayo Largo, Santiago de Cuba, Cayo Coco, Isla de la Juventud und Baracoa sollte man rechtzeitig buchen.

Mit dem Schiff
Segelfreunden bieten die Yachthäfen von Havanna (Marina Hemingway, Tarara), Varadero (Acua, Chapelín, Gaviota und Paradiso), Camagüey (Santa Lucía), Cienfuegos (Jagua), Guardalavaca (Puerto de Vita), Holguín (Bahía de Naranjo), Santiago de Cuba (Punta Gorda), Manzanillo, Trinidad (Ancón), Cayo Largo (Marina Marlín), Cayo Santa María und Isla de la Juventud ausgezeichnete Anlegemöglichkeiten. Um die kubanische Zwölf-Meilen-Zone zu befahren, nimmt man über Kanal 68 mit den kubanischen Behörden Funkkontakt auf. Im karibischen Raum operierende **Kreuzfahrtschiffe** legen in den Häfen bzw. vor den Stränden von Havanna, Santiago de Cuba, Cienfuegos, Cayo Largo und der Isla de la Juventud an. Der Viermaster »Star Clipper« steuert fünf Häfen in Kuba an (u.a. in Trinidad-Casilda und Cienfuegos).

Pauschalreisen
Kostengünstiger als Individualreisen sind für Kuba Pauschalreiseangebote, die Flug, Unterkunft und auch Teil- bzw. Vollverpflegung beinhalten.

EIN- UND AUSREISEBESTIMMUNGEN

Reisedokumente
Deutsche, österreichische und Schweizer Staatsbürger benötigen für die Einreise nach Kuba einen **Reisepass**, der bei Ausreise noch mindestens sechs Monate gültig sein muss. Kinder benötigen einen Kinderreisepass, ebenfalls mit biometrischem Bild. Ferner muss man bei der Einreise nach Kuba eine gebührenpflichtige **Touristenkarte** vor-

Anreise · Vor der Reise • PRAKTISCHE INFOS

FLUGGESELLSCHAFTEN
Cubana de Aviación
Calle 23 No. 64, esq. Infanta, Vedado
Havanna
Tel. 07/8 38 44 46, 8 38 10 39
www.cubana.cu

Air Berlin
Tel. 030/34 34 34 34
www.airberlin.com
in der Schweiz: 0848/73 78 00
in Österreich: 0820/77 78 00

Condor
Tel. *01 80/6 76 77 67
www.condor.com
in der Schweiz: 0840/26 63 67
in Österreich: 0810/96 90 22

Air Berlin-/Condor in Havanna
Calle 23 No. 64 (nahe Malecón)
Tel. 07/833 35 24, -25

FLUGHÄFEN
José Martí International Airport
Avenida Nguyen Van Troi

Tel. 07/2 66 46 44
http://havana.airportcuba.net

Aeropuerto Playa Baracoa
Carretera Panamericana km 15, Caimito,
Artemisa (30 km südw. v. Havanna)
Tel. 07/203 06 68, -86
Terminal für Cayo Largo-Flüge

*Juan Gualberto Gómez
International Airport*
Varadero (Provinz Matanzas)
Tel. 045/24 70 15
http://varadero.airportcuba.net

Frank País International Airport
Carretera Central, Vía Bayamo, km 15,
Holguín
Tel. 024/46 25 12
http://holguin.airportcuba.net

International Airport of Cayo Coco
Cayo Coco, Jardines del Rey
Provinz Ciego de Avila
Tel. 033/30 91 65
http://cayococo.airportcuba.net

legen, die maximal 30 Tage gültig ist. Man erhält sie ab ca. 25 – 35 €
über Reiseveranstalter (wird zugesandt mit den Reiseunterlagen), bei
den Airlines direkt am Flughafen, bei der kubanischen Botschaft/
Konsulat (22 €) oder spätestens bei der Einreise beim kubanischen
Zoll (20 CUC). Allerdings lassen sich die meisten Fluggesellschaften
beim Check-in bereits die Touristenkarte vorlegen und können u.U.
die Mitnahme verweigern. Sie wird nur ausgestellt bei Vorlage einer
originalen Auslands-Reisekrankenversicherungs-Police, die für alle
Reisenden seit Mai 2010 mitgeführt werden muss (bei mitversicher-
ten Ehepartnern sollten am besten auch beide im Schein genannt
sein, die reguläre Versicherung einer deutschen Krankenkasse gilt
nur in der EU!). Diese meist günstige extra-Auslandskrankenversi-
cherung ist ohnehin sinnvoll und ratsam. Bei schriftlichem Antrag
auf eine Touristenkarte schickt man den Antrag (s. www.cubadiplo-
matica.cu/alemania/EN/home.aspx) mit einem frankierten Rü-
ckumschlag/Einschreiben und mit einem Verrechnungsscheck bzw.
neuerdings auch mit einer Kopie der Banküberweisung (in Höhe der

Gebühr für die Touristenkarte und zusätzlich 25 € für die postalische Erledigung) sowie einer Kopie der Aulandsreisekrankenversicherungs-Police an die Botschaft. Für die jeweils aktuellen Bestimmungen sollte man sich rechtzeitig auf der Website oder telefonisch bei der Botschaft erkundigen (s. S. 320). Geschäftsreisende, Fotografen und Journalisten benötigen ein **Visum** von der kubanischen Botschaft.

Haustiere Hunde und Katzen benötigen einen veterinäramtlichen **Heimtierausweis**. Er enthält u. a. ein amtstierärztliches Gesundheitszeugnis (höchstens 30 Tage alt), ein mindestens 20 Tage und höchstens elf Monate vor der Einreise ausgestelltes Impfzeugnis (Tollwut, Staupe) sowie ein Passbild. Die Zertifikate müssen vom kubanischen Konsulat legalisiert werden. Außerdem muss das Tier einen Mikrochip oder eine Tätowierung tragen.

Zollbestimmungen Bei der **Einreise** nach Kuba sollte man nur Dinge des persönlichen Bedarfs mitnehmen. Übermengen können beschlagnahmt werden, weil sie als unerlaubte Geschenke angesehen werden. Frische Wurst-, Milchprodukte, Gemüse oder Obst werden bei der Einreise beschlagnahmt, da die Einfuhr aus gesundheitspolizeilichen Gründen verboten ist. Elektrogeräte dürfen ebenfalls nur in dem Maß eingeführt werden, in dem sie für den persönlichen Bedarf bestimmt sind, nicht als Geschenke für kubanische Staatsangehörige. Das Gepäck sollte 25 kg nicht überschreiten. Für Geschenke (nichtkommerzielle Einfuhr) ab einem Gegenwert von 50 bis 250 US-Dollar wird Zoll in Höhe von 100 % erhoben. Nähere Auskünfte dazu erteilt die zuständige kubanische Auslandsvertretung (▶Auskunft). Außerdem dürfen max. 10 kg Medikamente, 400 Zigaretten, 500 Gramm Tabak, 50 Zigarren und 2,5 l alkokoholische Getränke eingeführt werden. Die Einfuhr von Drogen, Pornografie, Waffen und Explosionsstoffen sowie konterrevolutionärer Literatur und kubanischer Pesos ist verboten.

Ebenfalls verboten ist die **Ausfuhr** von Lebensmitteln, Schildpatt, Korallen und Schmuck aus Korallen. Der Export von Gegenständen aus Gold, Silber und anderen Edelmetallen sowie von Edelsteinen muss deklariert werden. In den letzten Jahren wurden wiederholt eigentlich wertlose kunsthandwerkliche Gegenstände, die auf Touristenmärkten gekauft worden waren, bei der Ausreise von den kubanischen Zollbehörden mit dem Hinweis beschlagnahmt, es handele sich um kubanisches Kulturgut. Auskünfte hierzu sowie Ausfuhrgenehmigungen erteilt: Fondo Cubano de Bienes Culturales, Hauptbüro: Casa Matriz, Calle 17 Nr. 157 entre Calles K y L, Vedado, Plaza Tel. 07/833 08 34, www.fcbc.cu und Zweigstelle an der Plaza Vieja (Havanna Altstadt) in der Casa de los Condes de Jaruco (»La Casona« Centro de Arte). Die Genehmigung kostet nur wenige Pesos, erspart aber möglichen Ärger bei der Ausreise. Seit 2009 gelten **strengere Ausfuhrbestimmungen für Tabakprodukte**: Es können dann nur noch bis zu 20 lose Zigarren ausgeführt werden, ohne Nachweise über Herkunft und Kauf vorlegen zu müssen. Bis zu 50 Zigarren können unter der Bedingung ausgeführt werden, dass sie sich in verschlossenen, versiegelten und mit offiziellem Hologramm versehenen Originalverpackungen befinden. Mehr als 50 Zigarren können nur unter Vorlage einer Originalrechnung, die von den offiziell dazu genehmigten staatlichen Geschäften ausgestellt werden muss, ausgeführt werden. In dieser Rechnung muss die gesamte Tabakmenge erfasst sein, deren Ausfuhr beabsichtigt ist. Es ist auch in diesen Fällen unabdingbar, dass die Zigarren sich in verschlossenen, versiegelten und mit offiziellem Hologramm versehenen Originalverpackungen befinden. Weitere Auskünfte sind auf der Website des kubanischen Zolls unter www.aduana.co.cu erhältlich.

Beliebtes Mitbringsel: kubanischer Rum

Bei der **Wiedereinreise in die EU-Länder Deutschland und Österreich** dürfen von Personen über 17 Jahren folgende Warenmengen zollfrei eingeführt werden: 2 l Spirituosen unter 22 Vol.-% oder 1 l Spirituosen über 22 Vol.-% oder 2 l Schaum- oder Likörwein oder 2 l sonstiger Wein, 200 Zigaretten oder 100 Zigarillos oder 50 Zigarren oder 250 g Rauchtabak. Andere als mengenbegrenzte Waren (ausgenommen Goldlegierungen und -plattierungen, unbearbeitet oder als sog. Halbzeug) bleiben bei der Einfuhr aus Kuba bis zu einem Warenwert von 430 € abgabenfrei (Kaffee, Tee, Parfüm sowie Geschenkartikel). Die Einfuhr von Lebensmitteln aus Kuba ist beschränkt. In Duty-free-Shops kann man Waren für den persönlichen Verbrauch zollfrei bis zu einem Wert von 430 € einkaufen (Personen unter 15 Jahren bis 175 Euro). Weitere Informationen unter www.zoll.de. Bei der **Wiedereinreise in die Schweiz** liegt die Freigrenze für Personen über 17 Jahren bei 200 Zigaretten oder 50 Zigarren oder 250 g Rauchtabak. Ferner sind 2 l alkoholische Getränke mit bis zu 15 Vol.-% Alkoholgehalt und 1 l mit mehr als 15 Vol.-% Alkoholgehalt abgabenfrei, ebenso Geschenke im Wert bis 300 Franken pro Person.

Die Einfuhr von lebenden Urlaubssouvenirs und Produkten aus Pflanzen und Tieren, die unter Artenschutz stehen, ist verboten. Dies gilt insbesondere auch für die auf Kuba gelegentlich angebotenen schwarzen Korallen, Korallenschmuck, verarbeitete Krokodilhäute, Schildkrötenpanzer und Schildpatt. Verstöße gegen das Washingtoner Artenschutzabkommen werden in Deutschland, Österreich und der Schweiz streng geahndet.

Artenschutz

Auskunft

AUSKUNFT IN DEUTSCHLAND, ÖSTERREICH UND DER SCHWEIZ

Kubanisches Fremdenverkehrsamt
c/o Kubanische Botschaft (s.u.)
Tel. 030/44 71 96 58
www.cubatravel.cu

Cubanacán International
Spreeufer 6, D-10178 Berlin
Tel. 030/30 87 43 33
www.cubanacan.de

AUSKUNFT IN KUBA
Infotur – Información Turística
Calle Obispo/Ecke San Ignacio, Habana Vieja (Havanna-Altstadt)
Tel. 07/8 63 68 84 Miramar
Tel. 07/204 70 36 sowie weitere Büros am Flughafen José Martí (Terminal II/III)
www.infotur.cu

Cubatur
Hotel Habana Libre, Calle 23 Vedado, Havanna
Tel. 07/ 55 49 41, 8 33 35 69
www.cubatur.cu

Asistur
Prado 208 entre Calle Colón y Trocadero, Havanna
Tel. 07/8 66 44 99, 8 66 83 39 (24 Std.)
www.asistur.cu
Medizinische Hilfe, rechtliche Beratung, internationaler Geldtransfer usw.

DIPLOMAT. VERTRETUNGEN
In Deutschland
Kubanische Botschaft Deutschland
Stavangerstr 20, D-10439 Berlin

Konsularabteilung (hier erhält man die Touristenkarte)
Gotlandstr. 15, D-10439 Berlin
Tel. 030/44 73 70 23 (AB!)
dir. Konsular-Tel.: 030/44 79 31 09/-105
(Mo/Di./Do./Fr. 14.00 – 16.00, Mi. 8.30 bis 11.30 Uhr)
Öffnungszeiten: Mo/Di./Do. 8.30 bis 11.30, Mi. 14.00 – 16.00 Uhr
www.cubadiplomatica.cu/alemania/EN/ ConsularServices.aspx

Außenstelle der Botschaft in Bonn
Kennedyallee 22-24, 53175 Bonn
Tel. 0228/30 90
recep-od-bonn@botschaft-kuba.de

In der Schweiz
Kubanische Botschaft Schweiz
Gesellschaftsstr. 8
CH-3012 Bern, Tel. 031/3 02 21 11
www.cubadiplomatica.cu

In Österreich
Botschaft der Republik Kuba:
Kaiserstraße 84
A-1070 Wien
Tel. 01/8 77 81 98
www.cubadiplomatica.cu

In Kuba
Deutsche Botschaft Kuba
Embajada de la República Federal de Alemania
Calle 13, No. 652/Ecke Calle B
Vedado, Havanna
Postanschrift: Apartado 6610, Havanna
Tel. 07/8 33 25 69, 8 33 25 39
www.havanna.diplo.de

Elektrizität • PRAKTISCHE INFOS

Schweizerische Botschaft Kuba
Embajada de la Confederación Suiza
5ta Avenida No. 2005 entre 20 y 22
Miramar, Playa 3328
Havanna
Tel. 07/2 04 26 11, 204 27 29
www.eda.admin.ch/havana

Österreichische Botschaft Kuba
Embajada de la República de Austria
Ave. 5ta A No. 6617 esq. 70
Miramar, Playa Havanna
Tel. 07/2 04 28 25, 2 04 23 94
www.bmeia.gv.at

INTERNET
www.dtcuba.com
Ausführliche offizielle Infos und Adressen in englischer Sprache

www.cubainfo.de
Website des Fremdenverkehrsamts mit
z. T. veralteten Preisen und allgemeinen
Infos für Einsteiger

www.suenacubano.com
mit aktuellen Konzertterminen in
Havanna, vor Ort aber immer nochmal
nachfragen

Weitere Adressen
www.kubaforen.de
http://promociones.egrem.co.cu
(aktuelle Konzerttermine)
www.ecoturcuba.tur.cu
(Wanderungen, Jeep-Safaris etc.)
www.desdecuba.com/generaciony
(Generación Y - von der Bloggerin Yoani
Sánchez)

Elektrizität

Die Stromspannung beträgt auf Kuba zumeist 110 Volt. Die Lei-   Hinweis
tungsnetze etlicher Hotelanlagen führen jedoch Wechselstrom mit
einer Spannung von 220 Volt. Um mitgebrachte Elektrogeräte (Fön,
Rasierapparat usw.) benutzen zu können, benötigt man gelegentlich
einen Adapter (Zwischenstecker, adaptador), der in Kuba nicht oder
nur sehr schwer erhältlich ist. Wegen Energieknappheit kann es gelegentlich zu Stromausfällen kommen. Die Mitnahme einer Taschen-
lampe wird empfohlen.

Etikette

Eines ist zweifellos richtig und in Kuba nicht zu überhören: **Kuba ist**   Musik
laut! Wer lärmempfindlich ist, sollte Oropax mitnehmen oder Kubas
Städte meiden. Musik ist allgegenwärtig, schallt aus quasi jedem einsturzgefährdeten Hauseingang. Bei Stromausfall kommt immer je-
mand mit Batterien für den Gettoblaster daher, und schon geht es
mit Musik weiter bis tief in die Nacht. Die »Chan Chan« und »Guantanamera« schmetternden Trios spielen vorwiegend für Touristen –
pausenlos in jedem Hotel-Patio und Restaurant, am Pool und selbst

am Strand. Eine musikalische Überdosis riskiert der Reisende in Trinidad und Santiago de Cuba. Dazu mischen sich die Klänge von Hip-Hop, Techno, ohrenbetäubendem Reggaetón und Merengue oder die erbarmungslos schnulzigen Latinoschlager und die seit vorrevolutionären Zeiten dahingeschmachteten Boleros.

Kubanische Komplimente
Ob mit oder ohne Musik, die kubanischen Männer machen ihrem Ruf als Latinos alle Ehre. Allein reisende Frauen sollten auf »piropos« gefasst sein: mal laut hinterhergerufen oder hingezischelt, mal voller Poesie und verbaler Blumensträuße, mal witzig oder vulgär oder auch mit derart revolutionärem Pathos, dass sie selbst Che Guevara zum Leben erwecken könnten: »Te quiero – hasta siempre!«, ich liebe dich auf immer und ewig, willst du mich heiraten – und das schon nach ein paar verliebten Blicken! »Ay mi madre, mulata, tienes una buena salud«, sagt einer mit anerkennendem Blick auf die meist »ausladenden« Pos, »meine Güte Mulattin, du bist aber gut in Schuss!« Keine Frage, die Kubanerinnen sind einsame Spitze im Hüftschwingen, diesem die-Straße-Entlangschaukeln. Wer als Touristin lieber unbehelligt bleiben möchte, versucht dies gar nicht erst nachzuahmen (ist ohnehin zwecklos), reagiert nicht auf die Anmache (wie die meisten Kubanerinnen auch) und trägt nicht allzu aufreizende Kleidung – und wenn das alles nichts hilft, tut ein resolutes »no moleste, por favor« (bitte nicht belästigen) oft Wunder.

Geduld ist eine Tugend
Ebenso wie der kubanische Gang und die piropos gehört eine schier unerschöpfliche Portion Geduld zum kubanischen Leben (oder ist es Fatalismus?). Daran könnten sich auch die Hotelgäste ein Beispiel nehmen, wenn sie nach einem langen, anstrengenden Strandtag mit stundenlangem Schmoren in der karibischen Sonne am Abend vor dem Hotelrestaurant auch noch Schlange stehen sollen (weil es um 20.00 Uhr in der Hochsaison nämlich rappelvoll ist) und es dann – endlich am prall gefüllten Buffett angelangt! – wieder nur millimeterweise vorangeht. Die neuen First-Class-Hotels, die sich durchaus mit 5-Sterne-Hotels anderswo messen lassen, sollte man buchen, wenn man auf entsprechenden Service und gutes Essen großen Wert legt und es sich auch leisten kann.

Ansonsten empfiehlt sich ein solidarischer Gedanke an die Einheimischen: Die Kubaner sind **Weltmeister im Schlangestehen** vor ihren Peso-Läden, den Behörden oder an Haltestellen – und oft bekommen sie für ihre Essensmarken nicht einmal das Gewünschte, weil es zuvor wieder auf dem Schwarzmarkt verscherbelt worden oder für die Touristen gedacht ist!

»Wer ist der Letzte?«
So ist es kein Wunder, dass eine **Verabredung mit Kubanern** durchaus mit einer kleinen Wartezeit verbunden sein kann. Vielleicht kam auch der einmal am Abend verkehrende Bus wieder mal nicht. Oder

Geld • PRAKTISCHE INFOS

er kam sogar, hielt aber gar nicht erst an der Haltestelle an – weil er wie eine Sardinenbüchse gefüllt war. Wer übrigens als Tourist an einer Haltestelle, in einem Laden oder in der Bank warten muss und keine ordentliche Warteschlange erkennbar ist, fragt die Anwesenden korrekterweise nach »el último?«: »Wer ist der Letzte?« Ist man mit Kubanern in einem (nicht Peso-)Restaurant verabredet, versteht sich von selbst, dass man die Kubaner einlädt.

Kubaner legen Wert auf **Höflichkeit und korrekte Kleidung**. Hier wird immerhin einer Frau noch die Hand beim Aussteigen aus dem Auto gereicht! Am Abend macht man sich selbstverständlich fein, Shorts sind in Restaurants eindeutig fehl am Platz. Große kubanische Leidenschaften sind Domino und Baseball und daher immer ein guter **Stoff für Unterhaltungen** – wenn man denn des Spanischen mächtig ist und darüber hinaus das kubanische Spanisch versteht! Denn hierzulande wird hoffnungslos genuschelt, das »S« und ganze Wortenden werden kurzerhand verschluckt (vom Fisch »pescado« bleibt so nur noch »pecado«), das »V« wird fast immer zu »B« (so wurde aus Havanna »La Habana«). **Politische Themen** sollte man mit Fingerspitzengefühl angehen oder meiden, um den Gesprächspartner oder Gastgeber nicht eventuell in Verlegenheit zu bringen. Wem die Kubaner ihr Vertrauen schenken, mit dem reden sie auch Klartext!

Worüber man spricht und worüber nicht

Geld

Seit November 2004 gilt als offizielles Zahlungsmittel für Ausländer nur noch der Peso convertible (in manchen Touristenorten inoffiziell auch der Euro), der US-Dollar wurde abgeschafft. Der **Peso convertible (CUC)** ist eine Art künstliche Währung und kann nur in Kuba umgetauscht werden, am Ende der Reise kann er wieder zurückgetauscht werden. CUC-Noten sind zu 1, 3, 5, 10, 20, 50 und 100 Pesos convertibles im Umlauf, die Münzen zu 1, 5, 10, 25 und 50 Centavos sowie 1 und 5 Pesos convertibles.

Offizielles Zahlungsmittel

Der Wert des Peso convertible entspricht dem US $ 1:1 (d. h., man bekommt für den Euro derzeit etwa 1,11 Peso convertible, 1 CHF = 1,02 CUC, Stand Ende Oktober 2015). Beim Umtausch von US $ in CUC wird eine Gebühr von 10 % fällig! Der **»echte« kubanische Peso** (1 CUP à 100 centavos) ist für Touristen in Reisegruppen kaum anwendbar, hier ist der Wechselkurs Euro zum kubanischen Peso 1:30 (Stand Okt. 2015). Der kubanische Peso gilt auch für Ausländer (noch) in den Stadtbussen (»camellos«), auf den privaten Bauernmärkten (»agromercados«), in manchen privaten Sammeltaxen in den Städten (»taxis particulares«, die bestimmte Strecken mit meh-

BAEDEKER TIPP

Kartenverlust

Bei Verlust von Bank- und Kreditkarten kann man seit Mitte 2005 den Sperr-Notruf unter **Tel. +49/11 61 16** anrufen. Bankkarten können auch weiterhin unter **Tel. +49/18 05 02 10 21** gesperrt werden.

reren Fahrgästen abfahren), auf dem Land an den einfachen Imbissständen (für Kubaner).

Die meisten Hotels, Restaurants, Souvenirgeschäfte, Mietwagen- und Reiseunternehmen akzeptieren **gängige Kreditkarten**, sofern sie nicht von US-amerikanischen Banken ausgestellt sind. Nicht als Zahlungsmittel angenommen werden: Kreditkarten und Traveller-Checks von American Express und Diners Club, die Visa Card der Citibank, die EC-Karte, girocard, SparCard und Maestro/VPAY sowie Eurocheques (EC, Maestro). Dies wird sich wahrscheinlich in der näheren Zukunft ändern. Dennoch gilt: Man sollte sich jedoch keinesfalls ausschließlich auf Kreditkarten verlassen und vergleichsweise viel **Bargeld** mitnehmen, vor allem bei Reisen außerhalb der großen Städte. Das Geld sollte man an unterschiedlichen Stellen verteilen, den Koffer im Hotelzimmer immer abschließen, einen Zimmersafe am besten mit eigener Nummernkombination versehen.

In Havanna möglich: Geldabhebung mit VISA-Kreditkarte und MasterCard, Pass und PIN auch am Schalter in einigen Bankfilialen (z.B. Banco Financiero Internacional oder Banco Metropolitano sowie in den Cadeca-Wechselstuben einiger größerer Hotels in Havanna, i.d.R. 3% plus, zusätzliche kubanische Gebühren in Höhe von 1,5 bis 3%). Bislang funktioniert das Abheben an Geldautomaten mit VISA, allerdings noch nicht mit Mastercard. In einigen größeren Hotels der gehobenen Kategorie werden zwar Kreditkarten akzeptiert – theoretisch! – in der Praxis scheitert es nicht selten an der nicht funktionierenden Technik (ebenso an den Geldautomaten, den »cajeros automáticos«, die es aber mittlerweile in vielen größeren Orten gibt). Traveller-/Reiseschecks sind in Kuba nicht mehr nützlich (da Amex den Verkauf von Reiseschecks Ende 2015 eingestellt hat).

Geldwechsel Die Ein- und Ausfuhr von Pesos (CUC/CUP) ist verboten, Bargeld kann an den Geldschaltern am Flughafen, vieler Banken, den Cadeca-Wechselstuben (Casa de Cambio) und Hotelrezeptionen **getauscht** werden. Dabei ist in der Regel der Reisepass vorzulegen. Die Banken haben im Allgemeinen Mo. – Fr. von 8.30 – 12.00 und 13.30 – 15.00 Uhr geöffnet, in den großen Touristenorten evtl. auch Sa. vormittags, Cadecas meistens von Mo – Sa. zwischen 8.00 und 17.00 Uhr, in den großen Touristenorten und Hotels oft auch am Sonntag und länger bis 20.00 Uhr. **Quittungen** über jeglichen Geldwechsel sollte man aufbewahren, da sie beim Rücktausch auf Verlangen vorgelegt werden müssen.

Gesundheit

Das kubanische Gesundheitswesen ist gut ausgebaut, es gibt jedoch nach Einschätzung des Auswärtigen Amtes kein verlässliches Rettungssystem. Praktisch alle Touristenhotels verfügen über einen medizinischen Notdienst (Erste Hilfe). Ernstere Fälle werden in den Polikliniken behandelt. Wer auf Kuba ärztliche Hilfe in Anspruch nimmt und Arzneimittel kauft, muss die fälligen Rechnungen sofort vor Ort begleichen. Der Abschluss einer **Reise-Krankenversicherung** mit Rücktransport im Notfall ist bei der Einreise seit 2010 vorgeschrieben.

Erste Hilfe

Die Insel Kuba ist derzeit malaria- und seuchenfrei. Spezielle Impfungen sind daher nicht erforderlich. Aufgrund der eingeschränkten Versorgungslage wird empfohlen, für den persönlichen Bedarf Medikamente in ausreichenden Mengen mitzunehmen. **Internationale Apotheken** gibt es nur in der Hauptstadt Havanna: Farmácia Internacional, Ave. 41 esq. 20, Miramar, Playa sowie in den Hotels Comodoro (Miramar), Habana Libre (Vedado) und Sevilla (Centro).

Impfungen, Medikamente

Auf den Genuss von **Leitungswasser** sollte man unbedingt verzichten. Im heißen und feuchten Sommer 2012 wurde in einigen Provinzen des Landes ein Anstieg von Magen-Darminfektionen verzeichnet, in der Region Granma sogar Choleraerkrankungen, es gab einzelne Fälle auch in Havanna. Die Ansteckungsgefahr für Reisende ist bezüglich Cholera ohne engen Kontakt zu Erkrankten, beispielsweise in Krankenhäusern, sehr gering. Neben Standard-Hygienemaßnahmen ist bislang nur im Einzelfall je nach Reisestil und erst nach persönlicher tropen-/reisemedizinischer Beratung eine Impfung sinnvoll. Empfehlenswert sind Auffrischimpfungen gegen Tetanus, Polio, Diphtherie sowie evtl. Hepatitis A. Eine Reihe von Kurkliniken und Kurhotels hat sich auf die Behandlung von Ausländern (derzeit meist Lateinamerikaner und Kanadier) spezialisiert, vor allem in Havanna, Topes de Collantes (Kurhotel Escambray) bei Trinidad und San Diego de los Baños bei Pinar del Río.

Weitere Informationen

Literaturempfehlungen

Arenas, Reinaldo: Reise nach Havanna, München: dtv, 1999. Geschichten von ganz unterschiedlichen Kubanern und ihren (Alp-)Träumen, eine handelt von einer geheimnisvollen Schönen, die einen kubanischen Macho im New Yorker Exil um den Verstand bringt – höchst makaber und amüsant.

Castro, Alicia: Anacaona. Aus dem Leben einer kubanischen Musikerin, München: Econ, 2002 Die Frauenband ist auch heute noch in der jüngeren»Ausgabe« populär in Kuba. Anacaona bestand im Havanna der 1930er aus elf Schwestern, und eine, Alicia Castro, erzählt von Jazz, Mambo und Cha-Cha-Cha, dem Durchbruch und der Zeit nach der Revolution.

Cubanísimo, Frankfurt/Main: Suhrkamp, 2001 Geschichten aus Kuba von verschiedenen Autoren.

Diaz, Jesús: Erzähl mir von Kuba, München: Piper, 2001 Ein Roman über einen Kubaner in Miami und seine für die kubanischen Emigranten so typische Hassliebe zu dem nur 150 km entfernten Heimatland – ironisch und doch voller Sehnsucht.

Erazo Heufelder, Jeanette: Havanna Feelings, Bergisch Gladbach: Lübbe, 2001. Der 80-jährige»Star«-Journalist Campoamor lässt die Roaring Fiftys im»Las Vegas der Karibik« wieder auferstehen: Seine Erinnerungen erzählen von der Freundschaft mit Ernest Hemingway, von Legenden und Skandalen, von der Mafia, Diktatoren und Rebellen.

dies.: Fidel. Ein privater Blick auf den Máximo Líder, Frankfurt: Eichborn, 2004. Die deutsche Autorin konnte Castro persönlich kennen lernen und schrieb ein interessantes »Nachschlagewerk« über Castro in Schlagwort-Kapiteln, etwa Machismo, Legenden und Kochleidenschaft ...

Estévez, Abilio: Dein ist das Reich, Berlin: Luchterhand, 2003. Der phantastische Roman des kubanischen Autors über das vorrevolutionäre Kuba im Jahr 1958, voller Magie und Albtraumvisionen.

Fernández, Alina: Ich, Alina. Mein Leben als Fidel Castros Tochter, Hamburg: Rowohlt, 1999 Fidel Castro einmal aus ungewohnter, nämlich familiärer Perspektive; seine uneheliche Tochter schreibt aus dem Exil in den USA über ihre Beziehung zu Castro und Kuba.

Fuentes, Norberto: Die Autobiographie des Fidel Castro, München: C. H. Beck, 2005. Ein alter, enger Freund von Castro, der heute in den USA lebt, schlüpft in dessen Rolle und erzählt aus dem kubanischen Alltag des Máximo Líder.

Hagemann, Albrecht: Fidel Castro, München: dtv, 2002. Wer hätte gedacht, dass der 14-jährige Fidel 1940 einen Brief an den US-Präsidenten Roosevelt schrieb und um eine Zehn-Dollar-Note bettelte? Diese und andere Anekdoten in einer lesenswerten Biografie.

Bücherstand mit Revolutionsliteratur an der Plaza de Armas

Hemingway, Ernest: Inseln im Strom, Hamburg: Rowohlt, 1999. Das wohl persönlichste Buch von Hemingway, der von seinen Erlebnissen im Zweiten Weltkrieg und Abenteuern auf dem Meer erzählt.

ders.: Der alte Mann und das Meer, Hamburg: Rowohlt, 1999. Nobelpreisgekrönter Kubaroman, der den beinahe mythischen Kampf zwischen einem Fischer und einem Schwertfisch erzählt.

Karnofski, Eva: Die Straße der Tugenden, Berlin: Horlemann, 2008. Der Roman erzählt anhand einer Famlienchronik von 50 Jahren kubanischer Revolution.

Lang, Miriam (Hg.): Salsa Cubana – Tanz der Geschlechter, Hamburg: Konkret, 2004. Ein Buch gegen die vielen Klischees über Kuba und die Kubaner – lesenswert, wenn man etwas hinter die Kulissen schauen möchte.

Miller, Tom: Ein Amerikaner auf Kuba, Hamburg: National Geographic, 2003. Der amerikanische Kubaliebhaber, Landeskenner und Reiseschriftsteller erzählt höchst amüsant von seinen Abenteuern bei vielen Aufenthalten in Kuba.

Padura, Leonardo: Das Havanna-Quartett, Zürich: Unionsverlag, 2013. Spannender Krimi-Zyklus aus dem heutigen Havanna, kritisch und mit Abstechern in die Zeit vor der Revolution. Die vier Bände sind auch einzeln erhältlich: Ein perfektes Leben, Handel der Gefühle, Labyrinth der Masken, Das Meer der Illusionen.

Politycki, Matthias: Herr der Hörner, München: Goldmann, 2007. Ein deutscher Roman auf den Spuren des Afro-Kultes Santería in Santiago de Cuba, für Anfänger etwas schwer zu verstehen.

Ponte, Antonio José: Der Ruinenwächter von Havanna, München: Kunstmann Verlag, 2008. Roman des bekannten Exil-Kubaners über den äußeren und inneren Zerfall Kubas.

Roy, Maya: Buena Vista. Die Musik Kubas, Heidelberg: Palmyra-Verlag, 2000. Kenntnisreiches Buch über die Geschichte und Herkunft der diversen Klänge, Musikrichtungen und Bands aus Kuba mit beigelegter CD mit einigen historischen Aufnahmen.

Sánchez, Yoani: Cuba Libre. Von der Kunst, Fidel Castro zu überleben. Heyne, 2010. Die Texte der berühmten Bloggerin, die vom »Time Magazin« vor einigen Jahren zu den hundert einflussreichsten Menschen der Welt gekürt wurde: Poetisch und unterhaltsam schildert sie die Absurditäten des kubanischen Alltags, in dem es zwar Herzoperationen gibt, aber kein Aspirin oder frische Zitronen auf dem Markt.

Schwarzwälder, Barbara: Havanna. Literarische Spaziergänge, Hamburg: Rotbuch, 2001. International renommierte kubanische Autoren wie Alejo Carpentier und Miguel Barnet über ihre Liebe zu Havanna und den Habaneros, viele interessante Anekdoten, mit s/w-Alltagsfotos und Chronologie.

Schelling, Cornelia von / Wöhrl, Ann-Christine: Frauen in Havanna, München: Frederking & Thaler, 2001. Eines der besten Bücher über Kuba aus den vergangenen Jahren. Hier kommen 14 Habaneras zu Wort, von der Revolutionärin bis zur Jinetera.

Skierka, Volker: Fidel Castro, Berlin: Kindler, 2001. Die erste umfassende und hoch gelobte Lebensbiografie des kubanischen Staatschefs aus der Sicht eines deutschen Autors und Lateinamerika-Experten mit vielen bisher unbekannten Dokumenten – exakt recherchiert, spannend, informativ.

Bildbände und ein Hörbuch

Salas, Osvaldo/Salas, Roberto: Kuba. Eine Revolution in Bildern, Berlin: Aufbau-Verlag, 1999. Der Band dokumentiert mit einzigartigen Bildern aus den 1950er- und 1960er-Jahren und spannenden Texten das Geschehen in Kuba.

Hemingways Kuba, Hildesheim: Gerstenberg, 2000. Der Bildband nimmt den Leser mit auf eine Zeitreise in die Geschichte, von den legendären 1930ern bis in die Roaring Fiftys.

Tuengler, Bodo: Havana — The Sleeping Beauty, Berlin: Jovis-Verlag, 2007. Dreisprachiger Fotoband über Havanna mit dem Schwerpunkt auf den verfallenden Preziosen aus den 1950er-Jahren.

Kuba. Eine akustische Reise zwischen Havanna und Santiago de Cuba, Berlin: Geophon 2006, Hörbuch-CD m. Booklet. Kuba für die Ohren.

Sehr interessant ist auch das **Thema Film in Kuba.** Weniger bekannte Informationen und ausführliche Empfehlungen findet man unter ▶ Baedeker Wissen S. 71.

Medien

In den meisten großen Hotels gibt es Satellitenfernsehen, über das CNN und andere amerikanische Programme ausgestrahlt werden. Manchmal ist sogar die Deutsche Welle empfangen. Wer der spanischen Sprache mächtig ist, hat vier nationale Fernsehsender zur Verfügung: »Tele Rebelde« und »Cubavisión« sowie zwei Bildungssender, darüber hinaus Regionalsender in den Provinzen. Der Rundfunksender Radio Martí sendet von den Exilkubanern aus den USA.

Fernsehen

Der **Touristensender »Radio Taíno«** bringt in englischer Sprache Hinweise auf Veranstaltungen und andere Neuigkeiten von touristischem Interesse. Die wichtigsten der insgesamt fünf großen kubanischen Rundfunksender sind **»Radio Rebelde«**, der während der Revolution von den Rebellen gegründet wurde und heute noch Sprachrohr der Regierung ist, sowie **»Radio Reloj«** mit Nachrichten rund um die Uhr. Darüber hinaus gibt es eine Vielzahl an Regionalsendern in den einzelnen Provinzen.

Radio

Offizielles Organ der KP Kubas ist die Tageszeitung **»Granma«** (www.granma.cu; auch auf Deutsch), von der monatlich eine internationale Ausgabe erscheint, die man auch in deutscher Sprache bei Verlag 8. Mai (www.jungewelt.de) und der GNN Verlagsgesellschaft in Köln (www.gnnverlag.de) anfordern kann. Wöchentlich erscheinen **»Trabajadores«** (www.trabajadores.cu; spanisch/engl.), hg. vom Gewerkschaftsverband, sowie **»Juventud Rebelde«** (www.juventudrebelde.cu; nur spanisch), eine Zeitung für die Jugend. Das Magazin »Bohemia« (www.bohemia.cu) erscheint ebenfalls wöchentlich.

Kubanische Zeitungen

Ausländische Zeitungen sind auf Kuba kaum erhältlich, mit etwas Glück aber Wochenmagazine in großen Hotels.

Fremdspr. Zeitungen

Notruf

Polizei
Tel. 106 (Polizei in Havanna: 867 77 77)

Krankenwagen
Tel. 108

Feuerwehr
Tel. 105

Autopanne
Die 24-Stunden-Notrufnummern stehen auf den Unterlagen der jeweiligen Mietwagenfirma.

Asistur
Tel. 07/866 85 27, 866 44 99
Versicherung, Krankheit, Rücktransport

Post · Telekommunikation

Post (Correos)
Es gibt auch in allen größeren Hotels Postschalter. Eine Postkarte von Kuba nach Europa kostet 0,75 CUC, ein Brief 0,90 CUC, oft werden Postkarten mit bereits aufgedruckter Marke verkauft. Die Beförderung kann zwei bis vier Wochen dauern.

Telefonieren
Von den größeren Hotels kann man direkt bzw. über einen »operador« nach Europa telefonieren, die Minute kostet ca. 4 CUC. Günstiger ist das Telefonieren mit Telefonkarten, die in vielen Hotels erhältlich und auch sonst auf Kuba immer öfter zu finden sind.
Die Karten für Auslandsgespräche (»propia«) gibt es à 10/15 CUC und »verbrauchen« ca. 1 € pro Min. Spottbillig sind die Inlandsgespräche mit kubanischer Peso-(CUP-)Telefonkarte an öffentlichen (meist lauten) Telefonzellen und an privaten Telefonen.

Mobil telefonieren
Da die Zahl der Handy- und Smartphonebenutzer in Kuba steigt, richtet die Regierung seit Juli 2015 Wlan-Hotspots ein, 35 Stellen landesweit. In Kuba besteht eine Funkversorgung für das GSM-Netz, Telefonieren mit dem eigenen Handy ist mit jedem deutschen Anbieter möglich, jedoch fallen hohe Roaminggebühren an und das GSM-Netz ist nicht immer flächendeckend funktionsfähig, v.a. ausserhalb der Ballungsräume. Die Miete von Mobiltelefonen (»teléfono movíl«) kostet bei Cubacel/Etecsa gegen Personalausweis ca. 6 CUC pro Tag, eine kubanische SIM-Karte fürs eigene Handy eine einmalige Gebühr (30 – 40 CUC Gebühr, www.etecsa.cu). Mit einer Cubacel-Prepaidkarte kostet das Inlandsgespräch in Kuba ca.0,20 bis 0,45 CUC/pro Min. (nachts 23.00 – 7.00 Uhr nur 0,10 CUC/Min.) und Anrufe nach Deutschland ca. 1,20 bis 1,80 CUC pro Min. Einzelheiten zu Tarifen und Preisen sollte man beim Provider erfragen, s. auch www.cubacalls.de (Cubacell-Tarife)

Preise · Vergünstigungen • PRAKTISCHE INFOS

VORWAHLEN

nach Kuba

00 53
Die nachfolgende 0 der Vorwahl der Stadt in Kuba entfällt.

von Kuba

nach Deutschland: 119 49
nach Österreich: 119 43
in die Schweiz: 119 41
Die nachfolgende 0 der Ortsnetzkennzahl entfällt.

Komplizierte Ortsvorwahlen!

Wie oben bereits ausgeführt, gilt die hier im Buch genannte Vorwahl (ohne die Null), sofern man von Deutschland,
Österreich oder der Schweiz (bzw. aus Havanna!) einen anderen kubanischen Ort anruft.

Ruft man allerdings innerhalb Kubas von unterwegs aus in einer anderen kubanischen Stadt (bzw. Provinz) an, gilt oft **eine andere Vorwahl** (z.B. für Baracoa wählt man aus D, A, CH 0053-21..., aus Havanna 021..., aber aus allen anderen kubanischen Provinzen 01-21...).

Bei Problemen sollte man die Auskunft 113 (operadora) anrufen, noch besser: in die örtlichen Etecsa-Telefonbüros gehen und **nach der jeweiligen aktuell geltenden Vorwahl fragen**. Aber selbst auf diese Auskünfte ist nicht immer Verlass.

Internet

In einigen Touristenorten wie Havanna und Varadero sowie in den besseren Hotels gibt es Cyber-Cafés und Internetverbindungen (für E-Mail-Abfrage), derzeit steigt die Zahl der Internetcafés rapide Alle lokalen Büros der Telefongesellschaft ETECSA verfügen in ganz Kuba über Kabinen für E-Mail-Abfrage (leider oft sehr langsam).

Preise · Vergünstigungen

Günstig unterwegs

Unter den Reisezielen in der Karibik nimmt Kuba bisher noch einen günstigen Platz ein – sofern man **»todo incluído«** reist, d. h. als Pauschaltourist. Sobald man auf eigene Faust unterwegs ist, kann der Urlaub auch hier teuer werden. Vor allem Mietwagen sind mit Tagespreisen ab 40 – 50 € vergleichsweise teuer.

Und was sehr billig ist, hat seine landestypischen Macken: In den preiswerten und sehr einfachen »Campismo«-Bungalows muss man beispielsweise darauf gefasst sein – sofern die Anlage nicht ohnehin nur für Kubaner geöffnet ist –, dass

BAEDEKER TIPP

Was kostet wieviel?

Übernachtung im DZ: ab 25 CUC
3-Gang-Menü: ab 12 CUC
Einfache Mahlzeit: ab 2 bis 4 CUC
Tasse Kaffee: 0,50 bis 1 CUC
Mojito: 2 bis 6 CUC
Mineralwasser: 1 CUC
Taxifahrt in Havanna: 2 bis 5 CUC

es nur Kaltwasserduschen und kein Bettzeug gibt, dafür aber hin und wieder Stromausfälle ...

An Orten und Plätzen, wo gewöhnlich mehr Kubaner als Ausländer und Touristen verkehren, gilt: Oft stehen auf den Speisekarten und an den Kassen die **Eintrittspreise mit einem Dollarzeichen**, gemeint sind meist aber die Pesopreise für Einheimische ... (mit ein bisschen Erfahrung blickt man bald durch und versteht, dass ein Bier nicht »$ 10« und ein Konzertticket in der Casa de la Musica nicht »$ 100« kostet, sondern kubanische Pesos – für die Kubaner wohlgemerkt, denn der Ausländer zahlt hier mittlerweile den entsprechenden Gegenwert in Pesos convertibles, d. h. circa 10 CUC für das Konzert).

Reisezeit

Für Europäer ist die angenehmste Reisezeit auf Kuba von **November bis April** während der »Trockenzeit« mit Durchschnittstemperaturen um 25 ° C. Die meisten Niederschläge fallen während der »Regenzeit« von Mitte Mai bis Oktober. Die Regenfälle treten während dieser Zeit zwar plötzlich und sehr kräftig auf, meistens kommt aber genauso schnell die Sonne wieder hervor, so dass man trotzdem reisen kann.

Die Monate Juli und August gelten als heißeste und drückendste Monate. Die Temperaturen erreichen dann über 30 ° C, die Luftfeuchtigkeit beträgt bis zu 82 %. Außerdem besteht in den Sommer- und Herbstmonaten (vor allem September/Oktober) die Gefahr tropischer Wirbelstürme.

In den Provinzen Pinar del Río, Havanna und Matanzas kann es in den Wintermonaten zu unangenehm kühlen Nordwinden kommen.

? BAEDEKER WISSEN

Hurrikans

Wussten Sie, dass sich jedes Jahr etwa zehn tropische Wirbelstürme über dem Nordatlantik bilden, von denen etwa die Hälfte Hurrikanstärke erreicht? In Kuba trifft es v. a. zwischen Juni/Juli und November den Westen des Landes verstärkt: Am schlimmsten waren Michelle (2001), Lilly (2002), Dennis (2005), Ike (2008) und Sandy (2012). Dennoch: In Kuba gibt es ein hervorragendes Warn- und Evakuierungssystem für die Bevölkerung, so dass das Land meist nicht so schlimm betroffen ist wie andere karibische Inseln, etwa Haiti und Jamaika.

Die Südküste Kubas ist im Allgemeinen wärmer als die Nordküste, im Osten der Insel gibt es weit weniger Niederschläge als im Westen (ausgenommen ist die feuchte Regenwaldregion bei Baracoa: Hier ist die Niederschlagsmenge mit jährlich 3000 mm die höchste in Kuba).

Sicherheit

Kuba ist im Vergleich zu anderen karibischen Staaten ein relativ sicheres Reiseland. Doch mit den steigenden Touristenzahlen und angesichts der jüngsten Massenentlassungen steigen auch die Begehrlichkeiten. Grundsätzlich sollte man einige überall geltende Vorsichtsmaßnahmen beachten, v. a. in Städten wie Havanna (hier hauptsächlich in der Altstadt, im Centro und an den Playas del Este) und Santiago de Cuba sowie in den bekannten Strandorten und in den Touristenhotels. Größere Geldbeträge und Wertgegenstände im **Hotelsafe** (am besten mit Zahlenkombination) aufbewahren, keinen teuren Schmuck zur Schau stellen, Mietwagen immer abschließen und keine Sachen darin liegen lassen, Handtaschen und Fotoapparate eng am Körper tragen, einsame Gegenden und nachts unbeleuchtete Straße meiden (v. a. in Havanna). Frauen sollten ihre teure Lieblingsunterwäsche oder die bei Santera-Priesterinnen beliebten weißen Kleider nicht im Hotelzimmer offen herumliegen lassen (sondern im Koffer verschließen). Gelegenheit macht gerade auch in Kuba Diebe, wo es keine schöne oder nur unerschwinglich teure Damenunterwäsche zu kaufen gibt. Die Restaurantrechnungen sollten stets geprüft werden. Das Auswärtige Amt warnt vor dem Aufbrechen von Schlössern von Reisetaschen an kubanischen Flughäfen. Wertsachen wie Fotoapparate, Geld oder Schmuck gehören nicht ins Gepäck! Wer auf Nummer sicher gehen will, reist mit Hartschalenkoffern.

Vorsichtsmaßnahmen

Thema Mietwagen: Da es bei der Abnahme des Mietwagens möglicherweise zu Unstimmigkeiten kommen kann, empfiehlt es sich, den Wagenzustand, Tankfüllung, Ersatzreifen und Wagenheber zu prüfen und Schäden registrieren lassen. Ist man schließlich unterwegs, sollte man Nachtfahrten vermeiden. Tramper kann und sollte man mitnehmen (auch um den Weg besser zu finden), aber Vorsicht vor immer häufigerem Diebstahl, v.a. bei zusteigenden Pärchen oder Jugendlichen, oder Ablenkungsmanövern an Tankstellen. Am besten, nimmt man nur ältere Damen mit Enkeln oder Hausfrauen mit ihren vollen Einkaufstaschen mit. Nachts nur in privaten Garagen der Casas particulares parken oder auf bewachten Parkplätze (gegen einen kleinen Obolus für den privaten Wächter, meist 1-2 CUC). Übrigens: Lichthupen Entgegenkommender auf der Autobahn/Landstraße bedeutet Polizeikontrolle! Ein weit verbreiteter Trick: ein (nachts) zerstochener Reifen wird von »zufällig« vorbeikommenden »hilfsbereiten« Kubanern am Morgen gewechselt – gegen Trinkgeld, versteht sich. Reifen-Reparatur-Werkstätten (taller de autos) finden sich in Städten schnell oder Reifen-Reparateure (ponchera), die Reparatur eines Reifens kostet meist auch nicht mehr als 1 CUC.

Mit dem Auto unterwegs

PRAKTISCHE INFOS • Sicherheit

Jineteros Für ihre aufdringlichen bis aggressiven **Schlepper** bekannt sind Havanna und Santiago de Cuba, in letzter Zeit auch Pinar del Río, Trinidad, Camagüey und das eher noch verschlafene Gibara – am besten ignorieren und weiterfahren bzw. vorsichtig weiterfahren. Teils wird mit polizeiähnlicher Uniform und Trillerpfeife versucht, die Autofahrer auf der Autobahn zum Anhalten zu bewegen. **Zigarren** kauft man als Nicht-Experte am besten im Laden. Wer 25 edle Cohibas für ganze 50 € auf der Straße statt für offizielle 400 € ersteht, muss damit rechnen, dass es sich um Abfälle vom Fußboden der Zigarrenfabrik oder gar Bananenblätter handelt – trotz »original« versiegelter Kisten und Banderolen. Wer an vertrauensvolle Kubaner gerät, kann auch Glück haben und echte, »abgezweigte« Ware günstig erhalten.

Geld Noch längst nicht ausgestorben ist der uralte Trick, völlig wertlose Pesos Cubanos (CUP statt CUC!) als CUC gegen € zu tauschen – bitte **niemals auf der Straße Geld tauschen!** Bei den vielen derzeit aus den Boden sprießenden Paladares/Privatlokalen immer vorher die Karte mit den Preisen zeigen lassen (v.a. in Havanna) – damit man sein schlichtes Abendessen nicht am Ende mit Gourmetpreisen bezahlt. Restaurantrechnungen sollte man in Touristenlokalen in Havanna immer prüfen und ggf. beanstanden. Ebenso muss man mittlerweile auch in Banken beim Geldwechsel, Reisebüros und in Supermärkten die Quittung kontrollieren (falls erst gar keine Rechnung herausgegeben wird, dann freundlich aber bestimmt ein »comprovante« oder »factura« verlangen). Oft wird von Museumsangestellten versucht, überhöhten Eintritt zu verlangen, der dann in ihre Taschen wandert. Man sollte auch hier eine Quittung (comprovante, factura) verlangen. Bettelnden Frauen mitsamt Kinderschar kein Geld geben, auch kein Essen kaufen. **Aber keine Angst:** Mit ein bisschen Menschenkenntnis und vor allem einigen Spanisch-Kenntnissen lassen sich die oben genannten Probleme bald erkennen und beherrschen.

PROSTITUTION

Wirtschaftliche Not treibt die meisten kubanischen Prostituierten in dieses Milieu, oft ist es für sie die einzige Möglichkeit, an die **begehrten Devisen** heranzukommen und die streng rationierte Lebensmittelversorgung etwas aufzubessern bzw. von den nur gegen Pesos convertibles erhältlichen Luxusgütern etwas abzubekommen. Da die Grenzen zwischen freundlicher Unterhaltung am Strand, auf der Straße oder beim Tanzen und geschäftstüchtiger Anmache manchmal fließend sind, kann zu große Naivität Folgen haben. Besonders nachts ist an gewissen Orten Vorsicht angebracht.

Sprache

Die offizielle Landessprache auf Kuba ist Spanisch. Viele Kubaner, besonders Reiseleiter und Hotelangestellte, sprechen aufgrund der früheren Beziehungen zur ehemaligen DDR auch gut Deutsch. Auch Englischkenntnisse sind bei vielen Einheimischen vorhanden. Dennoch ist die Beherrschung der spanischen Sprache oder wenigstens einiger Grundphrasen für Touristen von großem Vorteil. Einige typisch kubanische Ausdrücke und Redewendungen finden Sie am Ende des »offiziellen« Spanisch-Sprachführers.

Spanischkenntnisse von Vorteil

▶Urlaub aktiv

Sprachkurse

Es bedarf einer gewissen Zeit der Gewöhnung, mit der Aussprache des **kubanischen Spanisch** zurechtzukommen. Endsilben werden oft verschluckt, und insgesamt wird sehr schnell geredet. Dazu kommen kubanische Ausdrücke indianischen Ursprungs. Die Vokale werden kurz und offen ausgesprochen. Langvokale (Boot, lieb) existieren nicht, ebenso wenig geschlossenes e und o (Weg, groß). Es gibt nur **drei Betonungsregeln**: 1. Die vorletzte Silbe wird betont, wenn das Wort auf einen Vokal oder auf -n oder -s endet: Pedro, Carmen, aficionado. 2. Die letzte Silbe wird betont, wenn das Wort auf einen Konsonanten endet (außer -n und -s): Madrid, español. 3. Abweichungen von diesen beiden Regeln werden durch einen Akzent gekennzeichnet: médico, información.

Aussprache

Sprachführer Spanisch

Auf einen Blick

Ja./Nein.	Sí./No.
Vielleicht.	Quizás./Tal vez.
In Ordnung!/Einverstanden!	¡De acuerdo!/¡Está bien!
Bitte./Danke.	Por favor./Gracias.
Vielen Dank.	Muchas gracias.
Gern geschehen.	No hay de qué./De nada.
Entschuldigung!	¡Perdón!
Wie bitte?	¿Cómo dice/dices?
Ich verstehe Sie/dich nicht.	No le/la/te entiendo.
Ich spreche nur wenig …	Hablo sólo un poco de …
Können Sie mir bitte helfen?	¿Puede usted ayudarme, por favor?

PRAKTISCHE INFOS • Sprache

Ich möchte …   Quiero …/Quisiera …
Das gefällt mir (nicht).   (No) me gusta.
Haben Sie …?   ¿Tiene usted …?
Wie viel kostet es?   ¿Cuánto cuesta?
Wie viel Uhr ist es?   ¿Qué hora es?

Kennenlernen

Guten Morgen!   ¡Buenos días!
Guten Tag!   ¡Buenos días!/
Guten Abend!   ¡Buenos tardes!/¡Buenos noches!
Hallo! Grüß dich!   ¡Hola!
Ich heiße …   Me llamo …
Wie ist Ihr Name, bitte?   ¿Cómo se llama usted, por favor?
Wie geht es Ihnen/dir?   ¿Qué tal está usted?/¿Qué tal?
Gut, danke. Und Ihnen/dir?   Bien, gracias. ¿Y usted/tú?
Auf Wiedersehen!   ¡Hasta la vista!/¡Adiós!
Tschüss!   ¡Adiós!/¡Hasta luego!
Bis bald!   ¡Hasta pronto!
Bis morgen!   ¡Hasta mañana!

Unterwegs

links/rechts   a la izquierda/a la derecha
geradeaus   todo seguido/derecho
nah/weit   cerca/lejos
Wie weit ist das?   ¿A qué distancia está?
Ich möchte … mieten.   Quisiera alquilar …
… ein Auto   … un coche.
… ein Boot   … una barca/un bote/un barco.
Bitte, wo ist …   Perdón, dónde está …
… der Bahnhof?   … la estación (de trenes)?
… der Busbahnhof?   … la estación de autobuses/la terminal?
… der Flughafen?   … el aeropuerto?

Panne

Ich habe eine Panne.   Tengo una avería.
Würden Sie mir bitte einen   ¿Pueden ustedes enviarme
   Abschleppwagen schicken?   un cochegrúa, por favor?
Gibt es hier in der Nähe eine   ¿Hay algún taller por aquí cerca?
Werkstatt?
Wo ist bitte die nächste Tankstelle?   ¿Dónde está la estación de … servicio/a
                                 gasolinera más ….cercana, por favor?

Sprache • PRAKTISCHE INFOS

Ich möchte … Liter …
… Normalbenzin.
… Super./…Diesel.
… bleifrei./…verbleit.
Voll tanken, bitte.

Quisiera … litros de …
… gasolina normal.
… súper./… diesel.
… sin plomo./… con plomo.
Lleno, por favor.

Unfall

Hilfe!
Achtung!
Vorsicht!
Rufen Sie bitte schnell …
… einen Krankenwagen.
… die Polizei.
… die Feuerwehr.
Haben Sie Verbandszeug?
Es war meine (Ihre) Schuld.
Geben Sie mir bitte Ihren Namen
   und Ihre Anschrift.

¡Ayuda!, ¡Socorro!
¡Atención!
¡Cuidado!
Llame enseguida …
… una ambulancia.
… a la policía.
… a los bomberos.
¿Tiene usted botiquín de urgencia?
Ha sido por mi (su) culpa.
¿Puede usted darme su nombre
   y dirección?

Einkaufen

Wo finde ich …
… einen Markt?
… eine Apotheke?
… ein Einkaufszentrum?

Por favor, dónde hay …
… un mercado?
… una farmacia?
… un centro comercial?

Übernachtung

Können Sie mir bitte … empfehlen?

… ein Hotel
… eine Pension
Ich habe ein Zimmer reserviert.
Haben Sie noch …
… ein Einzelzimmer?
… ein Zweibettzimmer?
… mit Dusche/Bad?
… für eine Nacht?
… für eine Woche?
Was kostet das Zimmer mit …
… Frühstück?
… Halbpension?

Perdón, señor/señora/señorita. . . . . . .
   ¿Podría usted recomendarme …
… un hotel?
… una pensión?
He reservado una habitación.
¿Tienen ustedes …
… una habitación individual?
… una habitación doble?
… con ducha/baño?
… para una noche?
… para una semana?
¿Cuánto cuesta la habitación con
… desayuno?
… media pensión?

PRAKTISCHE INFOS • **Sprache**

Arzt

Können Sie mir einen guten Arzt
   empfehlen?
Ich habe …
  … Durchfall.
  … Fieber.
  … Kopfschmerzen.

¿Puede usted indicarme
   un buen médico?
Tengo …
  … diarrea.
  … fiebre.
  … dolor de cabeza.

Bank

Wo ist hier bitte …
  … eine Bank?
  … eine Wechselstube?
Ich möchte Schweizer Franken
   in Euro wechseln.

Por favor, dónde hay por aquí …
  … un banco?
  … una oficina/casa de cambio?
Quisiera cambiar …
   francos suizos en euros.

Post

Was kostet …
  … ein Brief …
  … eine Postkarte …
nach Deutschland?
Briefmarken
Telefonkarten

¿Cuánto cuesta …
  … una carta …
  … una postal …
para Alemania?
sellos, estampillas
tarjetas para el teléfono

Zahlen

0	cero	11	once
1	un, uno, una	12	doce
2	dos	13	trece
3	tres	14	catorce
4	cuatro	15	quince
5	cinco	16	dieciséis
6	seis	17	diecisiete
7	siete	18	dieciocho
8	ocho	19	diecinueve
9	nueve	20	veinte
10	diez	21	veintiuno(a)
22	veintidós	100	cien, ciento
30	treinta	200	doscientos, -as
40	cuarenta	1000	mil
50	cincuenta	2000	dos mil
60	sesenta	10000	diez mil
70	setenta	1/2	medio

Gerne würde man den Grund der Freude erfahren. aber wie fragen?

| 80 | ochenta | 1/4 | un cuatro |
| 90 | noventa | | |

Restaurant/Restaurante

Wo gibt es hier …	¿Dónde hay por aquí cerca …
… ein gutes Restaurant?	… un buen restaurante?
… ein nicht zu teures Restaurant?	… un restaurante no … demasiado caro?
Reservieren Sie uns bitte für heute Abend einen Tisch für vier Personen.	¿Puede reservarnos para esta noche una mesa para cuatro personas?
Auf Ihr Wohl!	¡Salud!
Bezahlen, bitte!	¡La cuenta, por favor!
Hat es geschmeckt?	¿Le/Les ha gustado la comida?
Das Essen war ausgezeichnet.	La comida estaba excelente.
almuerzo, comida	Mittagessen
botella	Flasche
cena	Abendessen
camarero/mozo	Kellner
cubierto	Gedeck, Besteck
cuchara	Löffel
cucharita	Kaffeelöffel
cuchillo	Messer
desayuno	Frühstück
lista de comida	Speisekarte
plato	Teller

sacacorchos	Korkenzieher
tenedor	Gabel
taza	Tasse
vaso	Glas
ahumado	geräuchert
a la plancha	gegrillt
a punto	medium
bien hecho	durchgebraten
crudo	roh
empanado	paniert
frito	frittiert
guisado	geschmort
hervido	gekocht
jugoso	blutig

Desayuno/Frühstück

café con leche	Milchkaffee
café cortado	Espresso mit Milch
café solo	Espresso
café descafeinado	koffeinfreier Kaffee
chocolate	Schokolade
churros	im Fett gebackene Hefekringel
factura	süßes Stückchen
fiambre	Aufschnitt
huevo tibio	weiches Ei
huevos fritos	Spigeleier
huevos revueltos	Rühreier
jamón crudo/cocido	roher/gekochter Schinken
jugo de fruta	Fruchtsaft
lágrima	Milchkaffee mit wenig Kaffee
mantequilla	Butter
medialuna	Croissant
mermelada	Marmelade
miel	Honig
pan/bolillo/pan tostado	Brot/Brötchen/Toast
queso	Käse
té con leche/limón	Tee mit Milch/Zitrone

Entradas, Sopas/Vorspeisen, Suppen und Eintöpfe

buseca	Kuttel-Gemüsesuppe
caldo	Brühe
cazuela	Eintopf

Sprache • PRAKTISCHE INFOS

empañada	kleine Pastete
locro	Eintopf (Fleisch mit Mais)
matambre	eine Art kalter Rinderroulade
puchero	Eintopf (Fleisch mit Gemüse, Kartoffeln)
sopa de fideos	Nudelsuppe
sopa de pescado	Fischsuppe
sopa de verduras/sopa juliana	Gemüsesuppe
tortilla	Omelette

Pescados y Mariscos/Fische und Meeresfrüchte

atún	Thunfisch
besugo	Brasse
centolla	Königskrabbe
corvina	Adlerfisch
dorado	Goldmakrele
langostinos	Riesengarnelen
lenguado	Seezunge
ostras	Austern
pejerrey	La-Plata-Ährenfisch
pulpo	Krake
róbalo	See-, Wolfsbarsch
salmón	Lachs
surubí	Welsart
trucha	Forelle

Carne y Aves/Fleisch und Geflügel

achuras	Innereien
asado de tira	gegrilltes Rippenstück
bife	Steak
cabrito/chivito	Zicklein
carne picada	Hackfleisch
cerdo/chanco	Schwein
ciervo	Wild
charqui	Dörrfleisch
chinchulines	gegrillter Dünndarm
cochinillo	Milchferkel
chorizo	Grillwürstchen
chuleta	Kotelett
conejo	Kaninchen
cordero	Lamm
criadillas	Hoden

escalope	Schnitzel
estofado	Schmorfleisch
hígado	Leber
lechón	Spanferkel
lengua	Zunge
lomo/filete	Lenden- oder Rückenstück
milanesa	paniertes Schnitzel
mollejas	Bries
morcilla	Blutwurst
parrillada	Grillplatte (Fleisch)
pato	Ente
pavo/guajolote	Pute
pollo/gallina	Huhn/Henne
riñones	Nieren
res	Rind
ternera	Kalb
ubre	Euter
vacio	Hüftsteak

Ensalada y Verduras/Salat und Gemüse

arroz	Reis
arvejas	Erbsen
berenjenas	Auberginen
chauchas	Bohnen
calabacitas	Zucchini

Bananen sind keine Mangelware im Tropensozialismus, es gibt sie frittiert und gebraten ...

batata/papa dulce	Süßkartoffel
cebollas	Zwiebeln
choclo	gekochter Mais
espárragos	Spargel
espinaca	Spinat
lechuga	Kopfsalat
papas	Kartoffeln
patatas fritas	Pommes frites
pepinos	Gurken
perejil	Petersilie
(pimiento) morrón	rote Paprikaschote

Postres, Pasteles/Nachspeisen, Gebackenes

alfajor	gefüllte Kekse
anchi	Dessert aus Maismehl und Zitrusfrüchten
café helado/copa de helado	Eiskaffee/Eisbecher
crema	Sahne
dulces	Süßigkeiten, Desserts
dulce de batata	Süßkartoffelaufstrich mit Frischkäse
dulce de leche	Karamellcreme
dulce de membrillo	Paste aus Quittenmus
flan	Karamellpudding
frutas en almíbar	Kompott
galletitas	Kekse
helados	Eis
nieve	Fruchteis, Sorbet
pan dulce	Kuchen, ähnlich dem ... italienischen Panettone
panquéque	Mürbekuchen
pastel/pay de frutas	Kuchen/Obstkuchen
tocino del cielo	Dessert aus Eiern, Zucker, Sahne

Frutas/Obst

cerezas	Kirschen
ciruelas	Pflaumen
damascos	Aprikosen
durazno	Pfirsich
limón	Zitrone
manzana	Apfel
melones	Honigmelonen
membrillos	Quitten

naranjas	Orangen
nueces	Nüsse
peras	Birnen
plátanos	Bananen
sandías	Wassermelonen
uvas	Weintrauben

Bebidas/Getränke

aguardiente	Schnaps
agua mineral	Mineralwasser
con/sin gas	mit/ohne Kohlensäure
cerveza	Bier
chopp	Glas Fassbier
gaseosa	Softdrink
jugo/exprimido de naranja	Orangensaft
leche	Milch
licuado	Mixgetränk aus Fruchtmus, ...Milch und Wasser
porrón	Halbliterflasche Bier
vino	Wein
blanco/tinto	weiß/rot
rosado	rosé
trocken/süß	seco/dulce

Kubanische Besonderheiten

amigo, chevere	Freund
autopista	Autobahn
bodega	Laden, wo man mit Lebensmittelkarte einkauft
campesino/guajiro	Bauer
candela	Kerze, umgangsspr.: Streit, Ärger
casa	Haus
casa particular	Privatwohnung mit zwei Zimmern
castillo, fortaleza	Burg
cayo	Insel
chavito	CUC
ciudad vieja	Altstadt
compañero/a	Genosse/Genossin
sandías	Wassermelonen
comprovante	Rechnung

Sprache • PRAKTISCHE INFOS

finca	Bauernhof
frio	Kühlschrank
fula	umgangssprachl. Dollar, Devisen
gua gua	Bus
guapa	hübsche Frau
jinetera/o	Prostituierte, Straßenhändler/Schlepper
libreta	Lebensmittel-Bezugsschein/-heft
mambí(ses)	Befreiungskämpfer (Mz.) im 19. Jh.
multa	Strafgebühr
nylon	Plastiktüte
paladar	Privatrestaurant
rejas	Holzgitter von kolonialen Gebäuden
santería	afrokubanischer Kult
santero	Santería-Priester
socio, compay, chevere	Kumpel
vaquero	kubanischer Cowboy
vitrales	bunte Mosaikfenster
zafra	Zuckerrohr-Ernte

Typische Redewendungen und Revolutionsphrasen

no es fácil	das (Leben) ist nicht leicht ...
la lucha	der tägliche Kampf
ay mi madre!	ach, Du meine Güte!
oyé	hör mal ...
mira	guck mal ...
oigo, digame	hallo (am Telefon)
dímetu	ach, was Du nicht sagst!
alabao	na sowas! Ist das die Möglichkeit!
mi amor, mi cielo, mi vida ...	meine Liebe, mein Himmel, mein Leben (Kosenamen, auch für ein unbekanntes Gegenüber, z.B. Telefonauskunft)
por la izquierda, por detrás	links- oder hintenrum, d.h. auf dem Schwarzmarkt
que es la mecánica	wie funktioniert das? (Schwarzmarkt)
que cosa más grande	was für ein Ding!
claro que sí	alles klar, natürlich
coñó	verdammte Sch...
que bolá	was ist passiert, was ist los?
hacer la botella	Autostopp, trampen
Hasta la victoria siempre!	Bis zum ewig währenden Sieg!
patria o muerte	Vaterland oder Tod!
venceremos!	Wir werden siegen!

Toiletten

Gut funktionierende Toiletten sind außerhalb der Hotels und gehobenen Restaurants leider sehr rar in Kuba (D steht für »damas«, H für »hombres« meist in touristischen Anlagen, sonst auch »mujeres« oder »caballeros«). Auf den meisten Flughäfen, Autobahnraststätten oder (Bus-) Bahnhöfen wird i.d.R. von einer Toilettenfrau für Sauberkeit gesorgt, nicht so in allen anderen öffentlichen oder Lokaltoiletten. Allerdings sollte man in Kuba immer etwas Toilettenpapier bei sich haben (begehrte Mangelware, die man bei der Angestellten kaufen kann), das Wasser kann sowohl in der Toilette als am Handwaschbecken abgestellt sein! Es reicht übrigens, der Toilettenfrau einige Centavos zu hinterlassen, auch wenn sie hartnäckig auf einen ganzen CUC besteht.

Verkehr

Straßenzustand und Gefahren

Auf allen Straßen ist mit z. T. riesigen Schlaglöchern und defekten Belägen zu rechnen. Oft behindern tiefer liegende, die Straßen kreuzende Bahngleise den Fahrfluss. Lediglich auf der Autobahn ist der Straßenzustand einigermaßen akzeptabel, aber auch hier kreuzen Bahngleise mancherorts ohne Warnschild!

Daher wird angeraten, auch dort trotz geringen Verkehrs langsam zu fahren, denn **allerlei Hindernisse können den Weg kreuzen:** Kühe, Schweine, Hühner, Ochsenkarren, Fahrradfahrer, Fußgänger, Reiter, Droschken, Straßenhändler und vieles mehr. Ampeln hängen oft so hoch, dass man sie nicht sieht, Baustellen werden nicht immer angekündigt. Besonders gefährlich wird es nachts, denn die wenigsten Fahrzeuge und Fahrräder sind mit funktionierenden Lichtern ausgestattet. Die Ausschilderung von Ortschaften ist oft nicht vorhanden (deswegen ist es hilfreich, immer wieder mal einen Tramper mitzunehmen, der einen zum Ziel lotst). Da Laster oder auch Autos oft keine funktionierenden Bremslichter haben, ist ein untrügliches Zeichen fürs Bremsen: Der linke Arm des Fahrers hängt lässig aus der Kabine, hält er den Arm gestreckt aus dem Fenster, dann will er gleich links abbiegen, zeigt der Arm mit geknickten Ellbogen nach oben, will er rechts abbiegen.

Auf Kuba gelten die **international üblichen Verkehrsregeln.** Verstöße gegen die Geschwindigkeitsbeschränkungen werden streng geahndet. **Geschwindigkeitsbeschränkungen** auf Autobahnen (autopista): 100 km/h (allerdings stellenweise Riesenschlaglöcher und unbeschilderte Bahngleise); Landstraßen (carretera central): 80 km/h; innerorts 50 km/h und vor Schulen 40 km/h. Fahren nach Alkoholgenuss ist verboten, dies gilt auch für Beifahrer und sämtliche Mitfahrer! Strafzettel unterwegs nicht in bar bezahlen, sondern an die Mietwagenagentur schicken lassen bzw. bei Wagenabgabe dort bezahlen. »PARE« heißt »STOP«. Hier kommt es häufiger zu Betrugsversuchen von Polizisten, die an solchen Kreuzungen gezielt auf Mietwagen warten und die Buße persönlich kassieren wollen.

Benzin

In allen größeren Städten gibt es **Cupet-Tankstellen**, die 24 Stunden am Tag geöffnet sind und an denen Touristen gegen Pesos convertibles tanken können. 1 l Super 94+90 octan (»especial«): ca. 0,85 bis 0,95 € (der Wagen wird meist vollgetankt übergeben, man zahlt die Tankfüllung mit und gibt den Wagen mit fast leerem Tank wieder ab, d.h. ein gefüllter Tank ist bei Abgabe nicht notwendig). Bei längeren Ausflügen mit dem Mietwagen und bei Landüberfahrten sollte stets dafür gesorgt werden, dass das Benzin mindestens bis zur nächsten Cupet-Tankstelle ausreicht, da auf dem Land die Benzinversorgung keineswegs gesichert ist.

Mietwagen

Die international bekannten Mietwagenfirmen sind auf Kuba nicht vertreten. In allen Tourismuszentren, an den Flughäfen in Havanna und Varadero und in den großen Hotels gibt es Vertretungen der kubanischen Mietwagenagenturen. Voraussetzung für das Mieten eines Autos sind ein nationaler Führerschein, das Mindestalter von 21 Jahren und als Sicherheitsleistung die Vorlage einer Kreditkarte bzw. eine Kaution von ca. 200 CUC.

Mietwagen sind in Kuba vergleichsweise teuer und knapp — man kommt offenbar kaum der Nachfrage nach, obwohl die Flotte vor kurzem erneuert und erweitert wurde. Man sollte daher frühzeitig über deutsche Veranstalter buchen und reservieren (es gibt trotzdem immer wieder Probleme in der Hochsaison wegen fehlender Wagen – auch trotz Reservierung!). Empfehlenswert sind Mietwagen-Hotel-Pakete (Flexi-Drive mit Hotel-Gutscheinen/Voucher). Bestes Kartenmaterial: Guia de Carreteras (126 S., zu erhalten bei Mietwagen- und Reise-Agenturen in Kuba). Mietwagenpreise liegen bei ca. 50 € pro Tag inklusive Versicherung (z.B. Kleinwagen in der Nebensaison für 3-6 Tage zzgl. Kaution in Höhe von ca. 200 €). Die Versicherung muss mit Hinterlegung eines unterschriebenen Kreditkartenvouchers abgeschlossen werden (der wird bei Nicht-Schadensfall am Ende zurückgegeben bzw. zerrissen).

Da es immer mal Probleme geben kann, sollte man bei der **Abnahme des Wagens** folgendes prüfen: Wagenzustand (Beulen, Kratzer, Reifen), Tankfüllung, Ersatzreifen und Wagenheber prüfen und Schäden registrieren lassen. Nachts nur auf bewachte Parkplätze/Garagen. Tramper kann und sollte man mitnehmen, aber Vorsicht vor (immer häufigerem) Diebstahl, vor allem bei Pärchen. Sein Handy sollte man gegebenenfalls mitnehmen wegen eventueller Pannen auf abgelegenen Strecken. Lichthupen Entgegenkommender bedeutet Polizeikontrolle!

Touristentaxis sind an einem gelben Schild auf dem Dach oder einem »T« erkennbar. Sie haben alle Taxameter und halten an den Hotels und touristisch interessanten Plätzen. Außerhalb dieser touristischen Orte ist es oft sehr schwierig, ein Taxi zu bekommen, vor allem nachts. Die Taxis heißen jetzt alle Cubataxi, wobei die weißen Ladas rund 20 Prozent billiger als die anderen klimatisierten Taxis sind (Cubataxi/ehemals Panataxi Tel. 8 55 55 55). Stadtfahrten mit den privaten taxis particular (Sammeltaxis auf festen Routen) kosten 10-20 CUP (moneda nacional), also 0,50-1 €.

Inzwischen gibt es auch mehr und mehr **Privatleute**, die mit oft abenteuerlichen Autos ihre Dienste anbieten. Es ist auf jeden Fall ratsam, den Preis vorher auszuhandeln, mit Pannen muss gerechnet werden. Mittlerweile fahren auch private Taxifahrer auf den Viazul-Strecken etwa zum gleichen Preis (p.P.), dadurch ist man etwas flexibler und schneller (sie warten oft an den Viazul-Bahnhöfen). Wer mehrere Tage einen Privatchauffeur für Überlandfahrten mieten will, sollte natürlich verhandeln (zunehmende Konkurrenz!) und darauf achten, dass der Fahrer englisch spricht. Auch die Sightseeing-Bustouren in den jeweiligen Orten (Varadero, Viñales, Baracoa...) werden neuerdings oft von Privattaxis angeboten.

Bicitaxistas warten in Camagüey auf Kunden

ÖFFENTLICHE VERKEHRSMITTEL

Bringen Sie Geduld mit!

Aufgrund Benzinmangels und der schlechten Versorgungslage mit Ersatzteilen ist der öffentliche Verkehr auf Kuba nur bedingt funkti-

Verkehr • PRAKTISCHE INFOS

onstüchtig; überall an den Haltestellen sieht man Menschenmengen, die stundenlang auf Bus oder Zug bzw. eine andere Mitfahrgelegenheit warten.

Für Touristen werden von den Reisegesellschaften vollklimatisierte **Busse** zur Verfügung gestellt, die alle touristisch interessanten Plätze der Insel anfahren (Buchung in den Hotels). Gute Verbindungen bietet die Busgesellschaft **Viazul**. Hauptsitz ist Havanna. Von hier verkehren Busse u. a. nach Pinar del Río, Valle de Viñales, Varadero, Santiago de Cuba, Trinidad, aber auch von Trinidad nach Varadero. Neben dem Viazul-Busbahnhof in Nuevo Vedado (Tel. 07/881 11 08) kann man auch reservieren bzw. zusteigen am allgemeinen Zentralen Busbahnhof in Vedado (Res.-Tel.: 07/8 70 33 97, www.viazul.com). Am sichersten ist es jedoch frühzeitig am Abreisetag zu erscheinen, um das Ticket zu kaufen, v.a. in der Hochsaison und in stark frequentierten Büros (wie Havanna und Varadero). Seit 2011 gibt es einen neuen Bus-Service von Cubanacán: Bei **»Conectando Cuba«** verkehren die von mehrsprachigen Reiseleitern begleiteten Busse auf sechs verschiedenen Routen zwischen den Tourismusgebieten direkt von Hotel zu Hotel, man wird abgeholt und spart somit Taxikosten. Außerdem sind bei Langstrecken (nach Santiago, mehr als 5 bis 6 Stunden) eine Mahlzeit und Filme im Ticketpreis enthalten. Infos und Buchung: Cubanacán (www.cubanacan.cu), Transtur, Infotur u.a. Reisebüros (Preise ähnlich wie Viazul, Reservierung am besten 1 bis 3 Tage zuvor). Die billigeren »Astro«-Busse dürfen neuerdings offiziell nur noch einheimische Fahrgäste mitnehmen, die Tickets zahlen Kubaner in der Landeswährung CUP (Peso Cubano).
Die **Stadtbusse** sind meist hoffnungslos überfüllt. Wer es dennoch wagen will, hält genügend Kleingeld bereit und lässt Wertsachen und Tasche am besten gleich im Hotel.

Busverkehr

Einige Reisende in Kuba nehmen mittlerweile auch die **»camiones«,** ein sehr landestypisches und billiges, aber auch zeitaufwändiges Verkehrsmittel über Land (meist zahlen auch Ausländer in »moneda nacional«, den kubanischen Pesos, müssen aber ebenso in der Schlange stehen und warten).

Lkw

Auch Fahrten mit der Bahn sind recht abenteuerlich, mit stundenbzw. tagelangen Verspätungen muss gerechnet werden. Auskunft: u. a. Infotur, Informacion Turística in Havanna (▶Auskunft) und Estación Central. Die Fahrt (der Großteil davon nachts) **von Havanna nach Santiago** dauert rund 12 – 17 Stunden. Die meisten Züge fahren aufgrund der Mangelwirtschaft (fehlender Diesel) nur alle zwei bis drei Tage, ebenso der »tren francés« zwischen Havanna und Santiago, der mittlerweile aber relativ zuverlässig verkehrt und komfor-

Bahn

MIETWAGEN
Transtur (Cubacar & Havanautos)
Casa Matriz, Calle L Nr. 2502 entre
Calles 25 y 27, Vedado
Tel. 07/8 35 00 00, www.transtur.cu
(vertritt auch Cubacar u. Havanautos mit
diversen Zweigstellen an Flughäfen,
Hotels und im gesamten Land)

PANNENHILFE
Die 24-Stunden-Notrufnummern stehen
auf den Unterlagen der jeweiligen Mietwagenfirma, diese organisieren dann
den notwendigen Reparatur- oder Ab-
schleppdienst, i.d.R. in Städten oder
Stadtnähe zuverlässig.

ADAC-Partnerclub
Federación de Automovilismo y Kartismo
de Cuba (FAKC) Velodromo Nacional
Via Monumental km 4,5 Habana del
Este, Havanna, Tel. 07/7 76 37 76

CUBATAXI
Tel. 8 55 55 55

BUS
Viazul
Avenida 26 y Zoologico Nuevo Vedado,
Ciudad de La Habana
Tel. 07/8 81 14 13, 8 81 56 52 und
8 81 11 08, www.viazul.cu
Filialen gibt es u. a. in Varadero (Calle 36
y Autopista) und Santiago de Cuba (Ave-
nida Los Libertadores esq. Yaroyo).

EISENBAHN
Estación Central de Ferrocarril
Habana vieja
Tel. 07/8 61 42 69, 8 62 10 06

INLANDSFLÜGE
Cubana de Aviación
Calle 23 Nr. 64 Ecke Infanta, Vedado
Tel. 07/8 38 44 46 und 07/8 38 10 39
www.cubana.cu

tabel ist (klimatisierte Klassen: primera und primera especial; one-
way 50-62 CUC, Tickets für Ausländer gibt es nur am Bhf. La
Coubre neben dem Zentralbahnhof Estación Central del Ferrocarril,
d.h. Richtung Hafen auf der Avenida del Puerto; Tel. 07/8 61 42 69
und 07/8 62 10 06, Personalausweis mitnehmen; vor der eigentlichen
Abfahrt sollte man das Ticket an einem extra-Schalter noch einmal
bestätigen lassen). Auf das Gepäck muss im Zug geachtet werden.
Weitere Verbindungen bestehen zwischen Havanna und Pinar del
Río, Matanzas, Cienfuegos, Las Tunas, Bayamo, Holguín, Santa Clara, Sancti Spíritus, Guantánamo, Morón, Ciego de Ávila und Camagüey.
Ein recht **malerischer Ausflug** ist die rund dreistündige Fahrt mit
dem einzigen elektrischen Zug Kubas von Havanna (Bahnhof Casablanca) nach Matanzas. Der »**Hershey Train**« fährt ab 6.00 Uhr
morgens täglich vier-bis fünfmal diese Strecke bzw. durch das landschaftlich herrliche Valle de Yumurí. Lernidee Reisen (www.lernidee-
reisen.de) bietet einen kleinen Ausflug innerhalb seiner Kuba-Rundreise an, benso wie Cuba Real Tours (www.cubarealtours.eu, www.
transhershey.com). Für die Liebhaber von **Dampfloks** lohnt sich ein
Abstecher in die Gegend bei Guardalavaca und Santa Clara, wo noch

Dampfloks beim Zuckerrohrtransport eingesetzt und für Reisegruppen Sonderfahrten über das zuständige Ministerium organisiert werden.

Die bequemste und zuverlässigste Art, lange Strecken auf Cuba zu überwinden, ist das Fliegen. Die Tickets sollte man sich unbedingt rechtzeitig reservieren lassen (▶Anreise). Von Havanna und zwischen den Städten gibt es Cubana-Verbindungen in die Provinzhauptstädte und auf die touristischen Inseln, außerdem fliegen Aerocaribbean und Aerogaviota (z.B. Baracoa, Cayo Largo: www.aerogaviota.com — Website nur auf spanisch).

Flugverkehr

Zeit

Auf Kuba gilt die amerikanische Eastern Time, also mitteleuropäische Zeit minus sechs Stunden. Wenn es in Mitteleuropa 12.00 Uhr mittags ist, zeigt die Uhr auf Kuba 6.00 Uhr morgens. Die Zeitverschiebung ist fast ganzjährig (im Sommer und Winter) MEZ minus sechs Stunden mit Ausnahme einer Phase von zwei bis drei Wochen um das Umstellungsdatum herum (bei uns am 28. Oktober und 31. März, bei den Kubanern einige Wochen später).

Register

A

Abakúa **223**
Abra **232, 234**
Agramonte, Ignacio **155, 157, 158, 160**
Aktivurlaub **115**
Aldea Taína **180**
Alea, Tomás Gutiérrez **71, 72, 219**
Alfonso, Gerardo **69**
Almiquí **21, 148**
Alonso, Alicia **158, 213**
Alonso, Fernando **158**
Alphabetisierungskampagne **54**
Altos de Malones **177**
Alturas del Sur **15**
Alturas de Sancti Spíritus **15**
Alturas de Trinidad **15**
Alturas Pizarrosas del Norte **15**
Álvarez, Adalberto **69**
Álvarez, Santiago **71**
Ananas **19, 44**
Angeln **115**
Anreise **316**
Antonelli, Giovanni Battista **222, 278**
Aquädukt **203**
Archipiélago de los Canarreos **13**
Archipiélago de los Jardines de la Reina **13**
Archipiélago de Sabana **311**
Architektur **63**
Ausgrabungsstätten **181**
Auskunft **320**

B

Bacardí **278**
Baconao **282**
Badestrände **126**
Bahía de Bariay **144, 181**
Bahía de Cochinos **241**
Bahía de Corrientes **247**
Bahia de Naranjo **184**
Bahn **131, 349**
Ballett **213**
Bambus **175, 281**
Banane **19, 180**
Banes **180**
Baracoa **45, 144**
barbacoas **209**
Bariay **180, 181**
Barrigonas, Las **250**
barrotes **64**
Bata **67**
Batista, Fulgencio **51, 54, 75, 181, 259, 276, 305 308, 309**
Bayamo **45, 77, 141, 149**
Befreiungsbewegungen **48**
Beleau, Jean **210**
Bernhardt, Sarah **170**
Bevölkerung **21**
Bewegung 26. Juli **75, 276**
Bildende Kunst **66**
Bildungssystem **26, 54**
Biosphärenreservat **282**
Boa **20**
Bobadilla, Ines de **200**
Boca de Dos Ríos **80**
Bodeguita del Medio **203**
Bohíos **44, 63, 180**
Botica Francesa **238**
Breu, Do·a Marta **263**
Brunet y Muñoz, Nicolás **288**
Bucht von Bariay **181**
Bucht von Corrientes **247**

Bucht von Jagua **171**
Buena Vista Social Club **67, 220**
Buntschnecke **28, 145, 228**
Bus **130, 349**

C

Cabaña, La **222**
Cabo Francés **235**
Caburní-Wasserfälle **296**
Cafe Cantante **69**
Caguama **20**
Caibarién **265**
Caimanera **177**
Camagüey **135, 154**
Camiones **131**
Caney **44, 63**
Cangilones del Río Máximo **161**
Caonao **155**
Capone, Al **305, 309**
Cárdenas **136, 312**
Caridad del Cobre **280**
Carpentier, Alejo **75, 203, 219**
Carreno, Mario **66**
Caruso, Enrico **170**
Casa de la Trova **68**
Casas particulares **111**
Castillo de Jagua **174**
Castro, Fidel **18, 21, 27f., 38, 51, 57, 59, 76, 77, 152, 154, 218, 225f., 232, 234, 241, 256, 267, 269, 276f., 281**
Castro, Raúl **51, 75, 77, 276, 281**
Cayo Blanco **308, 311**
Cayo Cantiles **169**
Cayo Coco **38, 161**
Cayo Conuco **265**
Cayo Ensenachos **265**

Register ANHANG

Cayo Granma **279**
Cayo Guillermo **161, 163**
Cayo Iguana **169**
Cayo Jutia **303**
Cayo Largo **38, 166**
Cayo Las Brujas **265**
Cayo Levisa **128, 303**
Cayo Rico **169**
Cayo Sabinal **128, 251**
Cayo Saetía **128, 180, 184**
Cayo Santa Maria **175, 265**
Céspedes, Carlos Manuel de **48, 77, 151f., 199, 278**
Cha-Cha-Cha **68**
Changó **28, 30f.**
Charanga Habanera **69**
Che Guevara **57, 148**
Chivirico **128, 140, 280**
Chorro de Maíta **180**
Christianisierung **46**
CIA **278**
Ciboney **43**
Ciego de Ávila **135, 164**
Ciénaga de Lanier **231**
Cienfuegos **38, 134, 137, 169**
Cienfuegos, Camilo **77, 210, 261**
Cienfuegos, José **170**
Cinemateca Charles Chaplin **70**
Claves **67**
Climbing **118, 299**
Cobre, El **267**
Cocktails **90**
Cojímar **133, 224, 227**
Comandancia de la Plata **153**
Coral Beach **313**
Cordillera de Guaniguanico **15**
Cordillera de la Gran Piedra **18**

Cordillera del Turquino **18**
Cortés, Hernán **267, 284, 290**
Cruz, Celia **69**
Cubanacán **259**
Cueva de Ambrosio **308, 311**
Cueva de Los Portales **248**
Cueva del Indio **303**
Cueva Punta del Este **235**
Cuevas Bellamar **136, 238**
Cueva Saturno **313**
Cupet-Tankstellen **347**

D

Dampflok **100, 165**
Danzón **67**
Delfine **169, 175, 184, 265, 311, 312**
Delgados, Isaác **69**
Demajagua, La (Zuckerfabrik) **153**
Desserts **89**
Devisenmangel **56**
Dinosaurier **283**
Diplomatische Vertretungen **320**
Domino **275**
Dos Ríos **141**
Drachenfliegen **119**
DuPont **305, 308, 311**

E

Ein- und Ausreisebestimmungen **316**
El Cobre **136, 279**
Elegguá **28, 30**
Elektrizität **14, 321**
El Nicho **175**
El Yunque **148**
Embargo-Politik **24**
Enríquez, Carlos **66**

Erleben und Genießen **82**
Escuela Nacional de Arte **66**
Espinoza, Julio García **71**
Essen und Trinken **85**
Estrada Palma, Tomás **152, 278**
Etikette **321**
Events **95**
Exilkubaner **21, 26, 54, 241**

F

Fernández, Joseíto **68**
Fernsehen **331**
Ferrer, Don José **171**
Ferrer, Ibrahim **67**
Feste **95**
Figueredo, Perucho **151**
Filin **68**
Film **69, 71, 194, 218**
Finca Codina **296**
Finca El Abra **232**
Finca Fiesta Campesina **240**
Finca La Isabélica **282**
Fische **20, 177**
Flamingos **20, 161**
Flugverkehr **131, 161, 316, 350**
Fray Benito **184**
Fuentes, Gregorio **195, 227**

G

Geld **323**
Gesellschaft **26**
Gesundheit **325**
Gesundheitssystem **25, 54**
Getränke **89**
Gibara **230**
Giraldilla **201**
Glorieta **170**

Gold **44, 45, 269**
Golf **116**
Golf von Guacanayabo **13**
Gómez, Máximo **48, 201, 210**
Gonzales, Elián **57, 312**
Gran Caverna de Santo Tomás **298**
Granjita Siboney **276, 281**
Granma **52, 154, 210**
Gran Parque Natural Montemar **240**
Gran Piedra **18, 136, 152**
Gran Zafra **55**
Grito de Yara **151, 228**
Guacanayabo-Bucht **153**
Guaguanco **67**
Guajira **67**
Guamá **20, 52, 134, 137**
Guanahacabibes **13, 18, 43, 128, 247**
Guanahatabey **43**
Guantanamera **80, 175**
Guantánamo **18, 49, 56, 175, 177f.**
Guardalavaca **140, 180**
Guayabita **247**
Guerrillakrieg **48, 54**
Guevara Serna, Ernesto (Che) **51f., 75, 77, 219, 259, 261f.**
Guillén, Nicolás **219**
Güira-Nationalpark **15**

H
Habanera **67**
Hahn von Morón **165**
Haiti **47, 145, 267, 282**
Halbinsel Ancón **294**
Halbinsel Hicacos **308, 311**
Hanabanilla-Stausee **14, 15, 137, 175, 263f.**

Handel **46, 54**
Hatibónico **160**
Hatuey **45, 144, 145**
Haustiere **318**
Havanna **38, 45, 69, 126, 133, 116, 138, 185**
-Acuario Nacional **220**
-Altstadt **199, 208**
-Ausgehen **190**
-Auskunft **188**
-Avenida de Italia **190**
-Ballet Nacional de Cuba **191**
-Bodeguita del Medio **203, 224**
- Cabaret Tropicana **191**
-Calle Baratillo **200**
-Calle Obispo **201**
-Calle Oficios **203**
-Capitolio **213f.**
-Casa de Africa **203**
-Casa de la Obra Pía **203**
-Casa del Habano **206**
-Casa de los Condes de Jaruco **207**
-Casa Natal de José Martí **207**
-Castillo de la Real Fuerza **200**
-Catedral **202**
-Cementerio Colón **219**
-Centro Wifredo Lam **202**
-Convento de Santa Clara **207**
-Drogueria Johnson **208**
-Edificio Bacardí **211**
-Edificio FOCSA **217**
-El Floridita **212**
-El Morro **185**
-El Templete **200**
-Events **189**
-Fábrica de Tabacos Partagás **213**

-Finca La Vigía **226**
-Floridita **212**
-**Fortaleza** de San Carlos de la Cabaña **222**
-Fortaleza El Morro **185**
-Habana Vieja **208**
-Hotels **196**
-Iglesia de Nuestra Se nora de la Merced **207**
-Kathedrale **202**
-Malecón **216**
-Marina Hemingway **221**
-Museo de Arte Colo nial **202**
-Museo del Ron Havana Club **206**
-Museo de la Revolu ción **210**
-Museo Ernest Heming way **226**
-Palacio de los Cabos **201**
-Palacio del Segundo Cabo **200**
-Parque Céspedes **199**
-Parque de los Mártires **210**
-Parque Martí **209**
-Paseo del Prado **209**
-Plaza de Armas **199**
-Plaza de la Catedral **201**
-Plaza de la Revolución **218**
-Plaza de San Francisco **206**
-Plaza Vieja **207**
-Restaurants **194**
-Rummuseum **206**
-San Francisco de Paula **206**
-Shopping **189**
-Tropicana **191**
-Verkehr **188**
-Zigarrenmuseum **206**

Register ANHANG

Helms-Burton-Gesetz
24, 56
Hemingway, Ernest **20,
161, 185, 195, 198, 201,
203, 212, 221, 224,
226, 280**
Hispaniola **43, 45, 46,
47, 79**
Hochseeangeln **115**
Holguín **38, 135, 140,
227**
Hotelketten **111**
Humboldt, Alexander
von **2129, 148, 239,
290**
Hurrikan **44, 175, 183**

I

Indios **21, 35, 44, 46, 180**
Iñigo Blanco. Angel **176**
Internetadressen **321**
Invasion **241**
Investoren **27, 33**
Isla de la Juventud **18,
21, 46, 51, 128, 230**
Isla de los Pinos **18, 46,
51, 231**
Isla del Sol **167**
Iznaga **295**

J

Jagdreviere **184, 249**
Jagüey **19**
Jamaika **43, 282**
Jardín Botánico Soledad
174
Jardines del Rey **161**
Jobabo **150**
Joint Ventures **33, 38, 56**
Jorrín, Enríque **68**
Juana **44**
Jutia conga **21**

K

Kaffee **18, 19, 89, 152,
282**

Kakao **18, 19**
Kakteen **154, 177, 221**
Kalksteinhöhlen von
Mayarí **184**
Karneval **67, 95, 256,
264, 273**
Kazike **44, 45**
Kegelformationen **15**
Kinder **98**
Kino **71**
Klettern **118, 299**
Kolonialarchitektur **24,
156, 201, 289**
Kolonialhotels **112**
Kolonialzeit **45, 63, 202**
Kolumbus, Christoph **35,
44, 78, 144, 145, 170,
180, 183, 202, 313**
Kommunistische Partei
26, 27
Korallenriffe **13, 166,
184, 235, 247, 250**
Korkpalme **303**
Kreuzer »Maine« **49**
Kriminalität **325**
Krokodilfarm **20, 165**
Krustentiere **20**
Kubakrise **55**
Kuba-Krise **76**
Kubismus **66**
Küche, kreolische **88**
Kunstdüngerfabrik **170**
Kur- und Gesundheits-
tourismus **118**
Küste **13**

L

La Bayamesa **151**
La Demajagua **77, 153**
La Dominica **313**
La Estrella **266**
La Farola **149**
La Güira **247**
La Habana **185**
La Redonda **165**
Las Barrigonas **250**

Las Casas, Bartolomé de
46, 256
Las Terrazas **249**
Laguna de la Leche **165**
Laguna del Tesoro **240**
Lam, Wifredo **66, 79,
202**
Landschaftsbild **14**
Landwirtschaft **34,
35, 45**
Langusten **20**
Laguna de la Leche **165**
Laguna del Tesoro **240**
Laugart, Xiomara **69**
Lecuona **68**
Leguane **20, 169**
Liberalisierung **33, 56**
libreta **33**
Literatur **327**
Loma de la Cruz **230**
Longa, Rita **165, 242**
López, Orestes **68**
Los Van Van **69**

M

Maceo, Antonio **48,
201, 277**
Machado, Gerardo **50,
232**
Madera, Hilma **200, 222**
Maja de Santa María **20**
Malangas **297**
Mambises **154**
Mambo **68**
Manacas Iznaga **295**
Manatí **20**
Mango **19, 281**
Mangroven **18, 161**
Maniok **19, 44**
Manjuari **20**
Manolín – El Médico de
la Salsa **69**
Mansión Xanadu **311**
Manuel, Victor **66**
Manzanillo **77, 140, 153**
Marea del Portillo **128**

ANHANG · Register

María la Gorda **128,**
247
Marianao **208**
Marina Hemingway
221
Mariposa **281, 296,**
303
Martí, José **49, 68, 78f.,**
149, 151f., 207, 212,
232, 277
Maruri, Carlos **210**
Matanzas **136, 235**
Mayarí **75, 184**
Media Luna **154**
Medien **331**
Medikamente **25**
Meeresschildkröten **20,**
101, 167
Meertraube **145**
Microbrigadas **65**
Mietwagen **131**
Milanés, Pablo **69**
Minas **161, 252**
Mirador de la Loma del
Puerto **295**
Mogotes **15, 138**
Moncada-Kaserne **51,**
75, 267, 276, 281
Moré, Benny **169, 206,**
283
Morgan, Henry **155**
Morón **165**
moros y cristianos **89**
Morro, El **222, 278**
Motorradtouren **116**
Mudéjar-Stil **64, 269**
Mural de la Prehistoria
299
Museo Bani-Indocubano
181
Museo de Arte Colonial
202

N
Nationalfeiertage **95**
Nationalhymne **151**

Nationalparks **129, 136,**
140, 148, 154, 183, 240,
247, 282, 296, 300
Notruf **332**
Nueva Gerona **234**
Nueva Trova **69**

O
Obatalá **28f., 207**
Ochún **28f., 280**
Oldtimer **283**
Ökotourismus **144**
Ölraffinerie **170**
Orchideen **221, 250**
Oriente **105**
Orishas **28f., 207, 222**
Oyá **28f., 159**

P
Palacio de la Salsa **69,**
197
Palacio del Valle **172,**
174
Paladares **85**
Palmen **16, 18, 175, 180,**
200, 250, 303
Pan de Guajaibón **15**
Parque Monumento
Nacional **183**
Parque Monumento
Nacional Bariay **181**
Parque Nacional Alejan-
dro de Humboldt
148
Parque Nacional de Ba-
conao **136, 140, 282**
Parque Nacional Desem-
barco del Granma **154**
Parque Nacional
Desembarco del
Granma **140**
Parque Nacional Gran
Piedra **140, 281**
Parque Nacional Guana-
hacabibes Península
247

Parque Nacional Topes
de Collantes **296**
Parque Natural Bahía de
Naranjo **184**
Parque Natural El Bagá
163
Partagás **213**
Patio de la Rumba
190
Pauschalreisen **316**
Pélez, Amelia **66**
Pelikane **20, 161**
Península de Zapata **239**
Pérez Prado, Damadso
68
período especial **33**
Pferdekutschen **165**
Pico de San Juan **15,**
18
Pico Turquino **130, 140,**
152
Pinar del Río **138, 243**
Piñerito **235**
Pinien **18, 281, 305**
Pintura Fresca **66**
Piraten **144, 264**
Pizarro, Francisco **267**
plátanos **89**
Platt-Amendment **49**
Plattenbauten **65**
Playa Ancón **294**
Playa Daiquirí **283**
Playa de Varadero **305**
Playa Girón **134, 137,**
241
Playa Larga **240**
Playa Las Coloradas **154**
Playa Los Cocos **251**
Playa Maguana **149**
Playa Rancho Luna **175**
Playa Santa Lucía **250**
Playa Siboney **281**
Playa Sirena **167**
Playas del Este **13, 253**
Playitas de Cajobabo
149

Register ANHANG

Polymita picta **144, 145, 229**
Portocarrero, René **66**
Post **332**
Prado **63**
Präkolumbisches Kuba **43**
Preise **333**
Presa Hanabanilla **137, 264, 266**
Presa Zaza **14, 258**
Presidio Modelo **233, 234**
Privatinitiative **33**
Prostitution **24**
Puebla, Carlos **68**
Pueblo Las Dunas **266**
Puente de Bacunayagua **239**
Puerto Esperanza **303**
Puerto del Príncipe **45, 155**
Punta del Inglés **18**
Punta Gorda **174**
Punto de Gato **183**

Q
Quirot, Ana Fidelia **80**

R
Radio **331**
Radtouren **116, 130**
Ramos Mosquera, Caridad **183**
Rancho King **251**
Rassendiskriminierung **54**
Rationierungen **33, 56**
Regla de Palo **28f., 223**
Reisedokumente **316**
Reisezeit **334**
Religionen **223**
Remedios **105, 264**
Reptilien **20, 240**
Revolution **51f., 66, 153f., 268**

Revolution **153**
Revolutionäre Partei **80**
Rinder **21, 228**
Río Agabama **284**
Río Cauto **14, 20**
Río Cuyaguateje **14**
Río Negro **264**
Río Tao **14**
Río Tayabo **284**
Río Yayabo **256**
Rivero, Raúl **58**
Roda, Cristóbal de **222**
Rodríguez, Arsenio **68, 69**
Rodríguez, Silvio **69, 158**
Rum **35, 90, 93, 103, 104, 211**
Rumba **67, 104, 204**

S
Saetía **184**
Safari **184**
Salsa **69, 104, 119, 204**
Salto de Caburní **296**
Salto Javira **296**
Sánchez, Celia **154, 240**
San Cristóbal de la Habana **186**
Sancti Spíritus **45, 135**
San Diego de los Baños **248**
San Francisco de Paula **133, 226**
San Salvador de Bayamo **150**
Santa Clara **258**
Santa Lucía **250**
Santa María del Mar **253**
Santamaría, Abel **276, 281**
Santeria **28f., 159, 203, 207, 222f., 294**
Santiago de Cuba **18, 38, 45, 46, 51, 75, 135, 140, 266f.**
Schiffswracks **247**

Schildkröten **101, 167**
Schnorcheln **115**
Schulen **232**
Schulpflicht **26**
Schweinebucht **55, 76, 241**
Segeln **115**
Segundo, Compay **67, 220**
Semi Vuelta **105**
Shopping **103**
Siboney **281**
Sierra de Baracoa **18**
Sierra de Cubitas **161**
Sierra de los Órganos **15, 247**
Sierra del Cristal **18**
Sierra del Escambray **15, 175, 256, 295**
Sierra del Purial **18**
Sierra del Rosario **15, 130, 249**
Sierra Guaniguanico **18**
Sierra Maestra **18, 51, 75, 130, 140, 151, 152, 276, 278, 279**
Sklaverei **47, 145, 150, 267, 288, 292f.**
Solás, Humberto **71**
Son **67, 69, 104**
Soroa **19, 138, 250**
Soto, Hernán de **200**
Souvenirs **103**
Sowjetunion **26, 33, 54, 55**
Spanier **35, 44, 45**
Sperrzone **177**
Spezialperiode **33, 56**
Sprache **335**
Sprachkurse **119**
Stevenson, Robert Louis **46, 231**
Sumpfgebiete **18, 161, 165**
Surrealismus **66, 79**
Synkretismus **80**

ANHANG • Register

T

Tabak **19, 35, 38, 44f.,
49, 105, 248, 297, 299**
Tabakfabrik **103, 106,
246, 276, 291**
Tafelberg **148**
Taínos **43, 44, 180, 183**
Tarjeta de huésped **110**
Tauchen **115, 175, 230,
235, 247, 251, 280**
Taxi **348**
Teatro Tomás Terry **170**
Telefon **332**
Terry, Tomás **170**
Theatergruppe Escam-
bray **256**
Thermalquellen **248**
Tinajones **157, 160**
Toa **146**
Tocororo **21, 149, 249,
303**
Toiletten **346**
Topes de Collantes **134,
296**
Torre de Iznaga **295**
Torres, Daniel Díaz **71**
Tourismus **33, 38, 56,
161**
Tracy, Spencer **212, 227**
Trekking **118, 129**
Trinidad **38, 45, 134f.,
283f.**
Trogón **21**
Tropfsteinformationen
303
Trova **68**
Typische Gerichte **86**

U

Überwachung **27**
Unabhängigkeit **48, 77,
80, 256**

UNESCO **185, 199, 282,
288, 295**
Urlaub aktiv **114**
US-Embargo **33**
US-Marinebasis **177**
USA **21, 33, 49, 54, 177,
221**

V

Valle de la Prehistoria
283
Valle de las dos Herma-
nas **299**
Valle de los Ingenios
135, 137, 295
Valle de Viñales **139, 297**
Valle de Yumurí **239**
Valle San Luís **295**
Varadero **13, 38, 126,
136, 304**
Varela, Carlos **69**
Vega, Pastor **71**
Vega Robaina **247**
Velázquez, Diego **45,
144**
Vereinigte Staaten von
Amerika **21, 33, 49, 54,
177, 221**
Vergünstigungen **333**
Verkehr **130, 346f.**
Vermay, Jean-Baptiste
66, 200
Villa Ada **100**
Viñales **299**
Virgen de la Caridad **160**
Virgen de la Merced **207**
Virgen del Cobre **225,
279**
Visum **317**

W

Wald **165**
Wandern **118, 129**

Wassersport **169**
Weltkulturerbe **185,
199, 282, 288, 295**
Wirtschaft **33**
Wirtschaftsembargo
55, 58
Wohnungsbau **24, 54,
65**
Wracks **251**

Y

Yacht »Granma« **51f.,
77, 210**
Yachthäfen **316**
Yara **140**
Yaya **18**
Yemaya **28f., 223, 294**
Yoruba **223**
Yucca **44**
Yumurí **149, 239**
Yumurí-Tal **136**

Z

Zapata-Sümpfe **20**
Zapateo **67**
Zaza-Stausee **258**
Zeit **351**
Zeitungen **331**
Zigarren **37f., 103f., 201,
206, 213**
Zigarrenmuseum **206**
Zollbestimmungen **318**
Zucker **33, 35, 49f., 54,
55, 288**
Zuckerfabrik Australia
241
Zuckerfabrik Pepito Tey
175
Zuckermühle **165, 295**
Zuckerrohr **14, 19, 35,
46, 230**
Zunzuncito **20, 148**

atmosfair · ANHANG

nachdenken · klimabewusst reisen

atmosfair

Reisen verbindet Menschen und Kulturen. Doch wer reist, erzeugt auch CO_2. Der Flugverkehr trägt mit bis zu 10% zur globalen Erwärmung bei. Wer das Klima schützen will, sollte sich nach Möglichkeit für die schonendere Reiseform entscheiden (wie z.B. die Bahn). Gibt es keine Alternative zum Fliegen, kann man mit atmosfair klimafördernde Projekte unterstützen.

atmosfair ist eine gemeinnützige Klimaschutzorganisation unter der Schirmherrschaft von Klaus Töpfer. Flugpassagiere spenden einen kilometerabhängigen Betrag und finanzieren damit Projekte in Entwicklungsländern, die den Ausstoß von Klimagasen verringern helfen. Dazu berechnet man mit dem Emissionsrechner auf **www.atmosfair.de** wieviel CO_2 der Flug produziert und was es kostet, eine vergleichbare Menge Klimagase einzusparen (z.B. Berlin – London – Berlin 13 €).

atmosfair garantiert die sorgfältige Verwendung Ihres Beitrags. Alle Informationen dazu auf www.atmosfair.de. Auch der Karl Baedeker Verlag fliegt mit atmosfair.

Verzeichnis der Karten und Grafiken

Top-Reiseziele	2	Guantánamo (Infografik)	178/179
Kuba auf einen Blick	22/23	Havanna, Übersichtsplan	192/193
Provinzen	24	Havanna, Kolonialer Stadtkern	199
Santeria (Infografik)	28	Capitolio (3D)	215
Exportschlager Zigarre (3D)	37	Havanna, Umgebung	220
Kubanische Revolution		Isla de la Juventud	232
(Infografik)	52/53	Matanzas	236
Tourenübersicht	124/125	Pinar del Rio	246
Tour 1	132/133	Santa Clara	262
Tour 2	136	Santiago de Cuba, Zentrum	269
Tour 3	138	Santiago de Cuba	274/275
Tour 4	141	Trinidad	284
Camagüey	159	Dreieckshandel (Infografik)	292/293
Cayo Coco	164	Valle de Viñales	298
Cayo Largo	166	Varadero	304/305
Cienfuegos	171	Übersichtskarte	U 5/U6

Verzeichnis der Karten und Grafiken ANHANG

Bildnachweis

akg-images S. 42, 45, 49, 50, 79, 226
akg-images/L.M. Peter S. 215 (2x), 216
Bilderberg/Alstills 53N S. 7, 17, 122
Bilderberg/Hans Madej S. 339
Bilderberg/Jerzy Modrak S. 14/15
Bilderberg/Peter Ginter S. 131
Bilderberg/Popperfoto S. 225
Dumont Bildarchiv/Jochen Knobloch
 S. 263
Eisenschmid, Rainer: 37 (5x)
Engelmann, Heidi: S. 4 ob., 202, 218
fotolia/robert lerich S. 86 re.
fotolia/Gresei S. 91
fotolia/D. Zidar 84, 92
laif S. 160, 217, 243
laif/Aurora/Scott Warren S. 94
laif/Celentano S. 3 ob., 98, 165, 181,
 279, 294, 297,
laif/Eisermann S. 155, 167
laif/Gonzalez S. 32, 185
llaif/Heeb S. 241, 259, 310
laif/hemis.fr/P. Escudero S. 12
laif/hemis.fr/P. Frilet S. 267
laif/Hemispheres S. 280
laif/Hoa-Qui S. 65
laif/J.P. Deya S. 74

laif/Ma Guoqiang S. 60
laif/Raach S. 2, 25, 62, 134, 174, 191,
 211, 231, 239, 270, 273, 282, 289
laif/Tatlow S. 76
laif/Tobias Hauser S. 3 unt., 4 unt., 8, 10,
 11, 19, 31, 38, 70, 73, 104, 107, 117,
 127, 142, 163, 188, 209, 212, 214, 215,
 223, 248, 255, 299, 314, U7, U8
laif/Tophoven S. 147, 196, 286
laif/Zuder S. 114
look/Ingolf Pompe S. 41, 93, 319
look/Karl Johaentges S. 87 Mitte
look/Per-Andre Hoffman S. 290
look/Uli Seer S. 82
Miethig, Martina S. 5 ob./unt., 34, 40,
 86 li., 87 ob./unt., 88, 89, 101, 108,
 110, 113, 121, 153, 173, 205, 251, 265,
 302, 307, 327, 348, U2
picture alliance/dpa S. 57, 81
Stockfood/Studio Bonisolli S. 342
Szerelmy, Beate S. 1, 5 Mitte, 183, 261,
 276
transit/Silke Roetting S. 96
transit/Michael Bader S. 111

Titelbild: Wagen in Trinidad (age foto-
stock/look foto)

Impressum

Ausstattung:
143 Abbildungen, 31 Karten und grafische Darstellungen, eine große Reisekarte
Text:
Martina Miethig und Beate Szerelmy mit Beiträgen von Jutta Buness, Heidi Engelmann, Bettina Lutterbeck, Dr. Hedwig Nosbers, Siegfried Schäuble und Andrea Wurth
Bearbeitung:
Baedeker-Redaktion (Beate Szerelmy)
Kartografie:
Christoph Gallus, Hohberg;
MAIRDUMONT Ostfildern (Reisekarte)
3D-Illustrationen:
jangled nerves, Stuttgart
Infografiken:
Golden Section Graphics GmbH, Berlin
Gestalterisches Konzept:
independent Medien-Design, München
Chefredaktion:
Rainer Eisenschmid, Baedeker Ostfildern

10. Auflage 2016

© KARL BAEDEKER GmbH, Ostfildern für MAIRDUMONT GmbH & Co KG; Ostfildern
Der Name Baedeker ist als Warenzeichen geschützt. Alle Rechte im In- und Ausland sind vorbehalten. Jegliche – auch auszugsweise – Verwertung, Wiedergabe, Vervielfältigung, Übersetzung, Adaption, Mikroverfilmung, Einspeicherung oder Verarbeitung in EDV-Systemen ausnahmslos aller Teile des Werkes bedarf der ausdrücklichen Genehmigung durch den Verlag.

Anzeigenvermarktung:
MAIRDUMONT MEDIA
Tel. 0049 711 4502 333
Fax 0049 711 4502 1012
media@mairdumont.com
http://media.mairdumont.com

Printed in China

Trotz aller Sorgfalt von Redaktion und Autoren zeigt die Erfahrung, dass Fehler und Änderungen nach Drucklegung nicht ausgeschlossen werden können. Dafür kann der Verlag leider keine Haftung übernehmen.
Kritik, Berichtigungen und Verbesserungsvorschläge sind jederzeit willkommen.
Schreiben Sie uns, mailen Sie oder rufen Sie an:

Verlag Karl Baedeker / Redaktion
Postfach 3162
D-73751 Ostfildern
Tel. 0711 4502-262
info@baedeker.com
www.baedeker.com

Die Erfindung des Reiseführers

Als **Karl Baedeker** (1801 – 1859) am 1. Juli 1827 in Koblenz seine Verlagsbuchhandlung gründete, hatte er sich kaum träumen lassen, dass sein Name und seine roten Bücher einmal weltweit zum Synonym für Reiseführer werden sollten.

Das erste von ihm verlegte Reisebuch, die 1832 erschienene **Rheinreise,** hatte er noch nicht einmal selbst geschrieben. Aber er entwickelte es von Auflage zu Auflage weiter. Mit der Einteilung in die Kapitel »Allgemein Wissenswertes«, »Praktisches« und »Beschreibung der Merk-(Sehens-)würdigkeiten« fand er die klassische Gliederung des modernen Reiseführers, die bis heute ihre Gültigkeit hat. Der Erfolg war überwältigend: Bis zu seinem Tod erreichten die zwölf von ihm verfassten Titel 74 Auflagen! Seine Söhne und Enkel setzten bis zum Zweiten Weltkrieg sein Werk mit insgesamt 70 Titeln in 500 Auflagen fort.

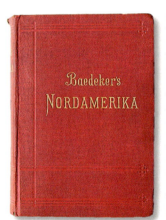

Bis heute versteht der Karl Baedeker Verlag seine große Tradition vor allem als eine Kette von Innovationen: Waren es in der frühen Zeit u. a. die Einführung von Stadtplänen in Lexikonqualität und die Verpflichtung namhafter Wissenschaftler als Autoren, folgte in den 1970ern der erste vierfarbige Reiseführer mit professioneller Extrakarte. Seit 2005 stattet Baedeker seine Bücher mit ausklappbaren 3D-Darstellungen aus. Die neue Generation enthält als erster Reiseführer Infografiken, die (Reise-)Wissen intelligent aufbereiten und Lust auf Entdeckungen machen.

In seiner Zeit, in der es an verlässlichem Wissen für unterwegs fehlte, war Karl Baedeker der Erste, der solche Informationen überhaupt lieferte. In der heutigen Zeit filtern unsere Reiseführer aus dem Überfluss an Informationen heraus, was man für eine Reise wissen muss, auf der man etwas erleben und an die man gerne zurückdenken will. Und damals wie heute gilt für Baedeker: Wissen öffnet Welten.

Baedeker Verlagsprogramm

- Ägypten
- Algarve
- Allgäu
- Amsterdam
- Andalusien
- Argentinien
- Australien

- Australien • Osten
- Bali
- Barcelona
- Bayerischer Wald
- Belgien
- Berlin • Potsdam
- Bodensee
- Brasilien
- Bretagne
- Brüssel
- Budapest
- Burgund
- China
- Dänemark
- Deutsche Nordseeküste
- Deutschland
- Deutschland • Osten
- Dresden
- Dubai • VAE
- Elba
- Elsass • Vogesen
- Finnland
- Florenz
- Florida
- Franken
- Frankfurt am Main
- Frankreich
- Frankreich • Norden
- Fuerteventura
- Gardasee
- Golf von Neapel
- Gomera
- Gran Canaria
- Griechenland
- Großbritannien
- Hamburg
- Harz
- Hongkong • Macao
- Indien
- Irland
- Island
- Israel
- Istanbul
- Istrien • Kvarner Bucht
- Italien
- Italien • Norden
- Italien • Süden
- Italienische Adria
- Italienische Riviera
- Japan
- Jordanien
- Kalifornien
- Kanada • Osten
- Kanada • Westen
- Kanalinseln
- Kapstadt • Garden Route
- Kenia
- Köln
- Kopenhagen
- Korfu • Ionische Inseln
- Korsika
- Kos
- Kreta
- Kroatische Adriaküste • Dalmatien
- Kuba
- La Palma
- Lanzarote
- Leipzig • Halle
- Lissabon
- London
- Madeira
- Madrid
- Malediven
- Mallorca
- Malta • Gozo • Comino
- Marokko
- Mecklenburg-Vorpommern
- Menorca

- Mexiko
- Moskau
- München
- Namibia
- Neuseeland
- New York
- Niederlande
- Norwegen
- Oberbayern

Verlagsprogramm ANHANG

- Oberital. Seen • Lombardei • Mailand
- Österreich
- Paris
- Peking
- Polen
- Polnische Ostseeküste • Danzig • Masuren
- Portugal
- Prag
- Provence • Côte d'Azur
- Rhodos
- Rom

- Sri Lanka
- Stuttgart
- Südafrika
- Südengland
- Südschweden • Stockholm
- Südtirol

- USA • Nordosten
- USA • Nordwesten
- USA • Südwesten
- Usedom
- Venedig
- Vietnam
- Weimar
- Wien
- Zürich
- Zypern

Viele Baedeker-Titel sind als E-Book erhältlich: shop.baedeker.com

- Sylt
- Teneriffa
- Tessin
- Thailand
- Thüringen
- Toskana
- Tschechien
- Tunesien
- Türkei
- Türkische Mittelmeerküste
- USA

- Rügen • Hiddensee
- Rumänien
- Sachsen
- Salzburger Land
- St. Petersburg
- Sardinien
- Schottland
- Schwarzwald
- Schweden
- Schweiz
- Sizilien
- Skandinavien
- Slowenien
- Spanien
- Spanien • Norden • Jakobsweg

Kurioses Kuba

Scharfe Schwiegermütter, Zebresel, improvisierte Steaks und Rücklichter sowie vergiftete Zigarren: Allerlei Kuriositäten findet man auf Kuba.

▸Galgenhumor à lo cubano
Kostprobe für den kubanischen Galgenhumor: Was sind die drei größten Errungenschaften der Revolution? Gesundheit, Bildung, Sport! Und die drei größten Mängel? Frühstück, Mittagessen, Abendbrot.

▸Versuchte Attentate auf Castro
Die merkwürdigsten Attentatsversuche oder Gedankenspiele (unter den bekannt gewordenen!) seit 1961: ein zyanidhaltiger Schoko-Shake, eine vergiftete Zigarre, ein TBC-infizierter Taucheranzug. Damit der bärtige Revolutionär an Charisma verliert, sollte gar ein Enthaarungsmittel helfen.

▸Scharfe Schwiegermütter
Eine der schärfsten Chili-Schoten ist nicht nach Indien oder Mexiko benannt, nein: nach Havanna. Und das in einem Land, in dem selbst ein Pfefferstreuer nur selten auf Restauranttischen zu finden ist. Der mexikanische Züchter der »Red Savina Habanero« taufte sie nach seiner Schwiegermutter, die aus Havanna stammte.

▸Das oder der Zebresel
Im Zoo von Ciego de Avila ist 2011 ein kleiner Esel mit gestreiften Beinen geboren worden. Bei der zoologischen Rarität, einem Zebroid, handelt es sich um eine Kreuzung aus Eselsvater und Zebramutter — eine »Zufallsliaison«, wie der Zoodirektor beteuerte.

▸Improvisationstalent 1
»Hay que inventar« (sich was einfallen lassen), so heißt das kubanische Überlebensmotto: In der schlimmsten Phase, der »período especial« nach dem Zusammenbruch der Sowjetunion, kursierten Anfang der 1990er-Jahre Rezepte, wie man aus Grapefruitschalen genießbare Steaks machen könnte.

▸Improvisationstalent 2
Mangels Benzin fahren die Klapperkisten auf Kubas Straßen auch schon mal mit Kerosin. Vielleicht nicht gerade verträglich für den Motor, aber die kubanischen Mechaniker sind gewieft und improvisieren, wo es nur geht: Mangels Originalersatzteilen für Chevis und Buicks wird die Zylinderkopfdichtung in dem alten Moskovitsch-Ersatzmotor auch schon mal aus Pappe gefertigt, und ein Kerzenlicht ersetzt das Rücklicht.

▸Deutsche Sexualerziehung
Ausgerechnet von einer Deutschen ließen sich die Kubaner in TV und Radio in Sachen Sex aufklären: Die ehemalige DDR-Bürgerin Monika Krause-Fuchs war Direktorin des »Nationalen Zentrums für Sexualerziehung« und hat die Sexualpolitik Kubas entscheidend mitgeprägt.